曹操传

何国松◎主编

吉林大学出版社

图书在版编目（CIP）数据

曹操传/何国松主编. —长春：吉林大学出版社，2009.1
ISBN 978 – 7 – 5601 – 5117 – 5

Ⅰ.①曹… Ⅱ.①何… Ⅲ.①曹操（155~220）—传记 Ⅳ.①K827 =36

中国版本图书馆 CIP 数据核字（2009）第 215050 号

书　　　名：	曹操传
作　　　者：	何国松
责 任 编 辑：	王世林
责 任 校 对：	王世林
封 面 设 计：	点滴空间
出 版 发 行：	吉林大学出版社
社　　　址：	长春市明德路421号
邮　　　编：	130021
发行部电话：	0431 – 88499826
网　　　址：	http://www.jlup.com.cn
E-mail：	jlup@ mail. jlu. edu. cn
印　　　刷：	三河市恒升印务有限公司
开　　　本：	710×1000 毫米　1/16
印　　　张：	22
字　　　数：	310 千字
版　　　次：	2009 年 1 月第 1 版　2020 年修订
书　　　号：	ISBN 978 – 7 – 5601 – 5117 – 5
定　　　价：	58.00 元

版权所有　翻印必究

前 言

在我们五千年的历史长河中,历朝历代的皇帝们占据了重要的角色,他们的存在,很大程度上影响着百姓的生活、历史的发展。皇帝作为历史的重要角色之一,是当时左右和影响国家、民族命运的关键人物,研究他们的是非功过,兴盛衰废,在一定意义上事关国家盛衰、民族兴亡、个人成败,并对现代人有极大的借鉴意义。

这套《帝王传大系》,以帝王们的一生为主线。从他们的家族渊源入手,以历史小说的形式系统地介绍帝王们一生的沉浮。在打天下与守天下的风云战场中凸显出人物的性格特点、历史功绩,最大限度地将帝王和他的大臣们的传奇人生,不遗余力地展现在读者眼前,让读者在趣味阅读的过程中,享受完美的历史文化盛宴。

尽管这些曾经叱咤风云、指点江山的帝王们已成过眼烟云,但又有谁能够遗忘他们站在历史之巅所承受与经历的一切?

恍然间,我们仿佛看到了"千古一帝"秦始皇"横扫六合"的雄伟身姿;大汉朝开国皇帝刘邦从"市井无赖"到"真龙天子"的大变身;汉武帝刘彻雄赳赳地将中华帝国带上顶峰的威风景象;光武帝刘秀苦征恶战,于乱世中成就霸业的冲天豪情;乱世枭雄曹操耍弄"奸计",玩转三国的高超智慧;亡国之君隋炀帝的骄纵狂妄;唐高祖李渊率众起义、揭竿而起,建立唐王朝的惊天伟业;唐太宗李世民玄武门兵变的狠辣果断;一代女皇武则天勇于创造命运的步步惊心;宋太祖赵匡胤"杯酒释兵权"的聪明睿智;一代天骄成吉思汗开创铁血王朝的钢铁毅力;元世祖忽必烈以蒙古铁骑横扫欧亚大陆的英雄豪迈;"草根皇帝"朱元璋从"乞丐"到"皇帝"的辛酸血泪;清太祖努尔哈赤以十三副铠甲起兵,开辟锦绣前程的创业史;大清王朝"第一帝"——皇太极夺取江山的谋略手段;少年天子顺治为爱妃做到极致的痴心情意;清军入关后的第二位皇帝康熙除权臣,平叛逆,锐意改革的天才谋略;最富争议的皇帝——雍正的精彩人生;乾隆皇帝钟情于香妃的风流韵事;慈禧太后将清朝操纵于股掌之间的惊天手段……

我们无法否认,在浩瀚无边的中国历史长河中,帝王始终是核心人物,或直接或间接地掌控着历史的船舵,所以,了解他们的传奇人生,研究他们的功过是非,仍然可以让读者借鉴与警醒!

然而,刻板的阅读模式使得纸媒每年都在流失受众,基于此,我们决定利用小说的形式去呈现帝王的传奇,语言风格也有别于传统的叙述方式。这套书在编排体例上突破了以往同类书严肃、枯燥、干巴巴的"讲授"形式,以更加细腻、更加精练、更加活泼幽默和诙谐的语言,用一种立体的方式将一个帝王的多样性与丰富性展现在广大的读者面前。

全书妙语如珠,犀利峥嵘,细述每个帝王的政治生活、历史功绩、家庭生活、情感逸事等,充满了故事性、知识性与趣味性,让读者在轻松愉悦的享受中体味人生的变化莫测;在"观看帝王大片"的过程中收取成功的法门秘诀。

为了保证书稿质量,编辑工作者查阅了大量的相关资料与文献,并且请教了很多长期从事历史教学与研究的专家学者。不过,由于时间与精力有限,本套图书或许还存在着些许错误,敬请广大的读者朋友们批评指正。

目　录

第 一 章　初入仕途立军威	怒及权贵离京都……………………	1
第 二 章　秉公执法展谋略	屡遭不测国危亡……………………	6
第 三 章　镇压黄巾居伟功	平步青云谋国事……………………	12
第 四 章　洛阳新变尝嘲讽	同商对策涉朝政……………………	20
第 五 章　借外藩联合董卓	救吾皇剿灭宦官……………………	28
第 六 章　愚大将临阵脱逃	斩吕氏虎口脱险……………………	39
第 七 章　陈留备战招募兵	折戟汴水丧卫公……………………	49
第 八 章　内讧纷升兵西迁	群雄混战刘备现……………………	57
第 九 章　直捣黑山贤才附	全力以赴讨董卓……………………	65
第 十 章　收兖州霸业伊始	定义军望梅止渴……………………	72
第十一章　群雄割据讨徐州	战胜陶谦重刘备……………………	81
第十二章　张太守兖州反叛	僵白天濮阳沦陷……………………	87
第十三章　吕布辗转易主公	晚辈丧命再西征……………………	98
第十四章　刘备归服曹营帐	吕布丧命惹疑心……………………	108
第十五章　孟德疑犹留玄德	挟天子而令诸侯……………………	120
第十六章　袁绍檄文何所惧	孟德五路攻徐州……………………	131
第十七章　得胜许都降关羽	悔将赤兔赠关公……………………	140
第十八章　官渡备战智勇全	暗藏杀心斩文丑……………………	148
第十九章　智取官渡捷报传	忠烈沮君得厚葬……………………	162
第二十章　袁绍惨死留后患	邺城告罄谏群策……………………	170
第二十一章　子承父业并肩战	袁谭违约斥孟德……………………	179
第二十二章　观沧海共展大业	悲天悯人失郭嘉……………………	184
第二十三章　巧夺荆州下江陵	玄德战术跑为先……………………	193
第二十四章　孙刘联军孔明策	形势危急祸患藏……………………	196

· 1 ·

第二十五章	战事不利疾病传　周郎巧施反间计	203
第二十六章	谋天机草船借箭　孟德心念铜雀台	214
第二十七章	借东风胜券在握　赤壁战败势已定	229
第二十八章	再西征誓夺关中　贾诩献计间韩遂	238
第二十九章	班师回朝献帝惊　皇室混乱众人忧	259
第 三 十 章	疑虑戒备丧忠贤　二荀弃世心悔痛	269
第三十一章	踏汉中征讨张鲁　敢死队斗志昂扬	281
第三十二章	张辽威震逍遥津　老骥伏枥志千里	290
第三十三章	孙刘决裂引事端　曹操拱手让汉中	304
第三十四章	节节败退拖于禁　水淹七军获全胜	322
第三十五章	大势已去心无力　穷途末路走麦城	331
第三十六章	遗志未尽空遗恨　怅断后事驾鹤归	342

第一章 初入仕途立军威
　　　　怒及权贵离京都

公元155年,也就是东汉永寿元年,一代骄子诞生,他就是三国时期的魏公——曹操,是整个三国时期的领军人物,作为一代枭雄改变了天下的局势。

曹操出生在沛国谯郡。据传言,曹在出生的时候,天空骤然间阴云密布,雷电炸响,世界瞬时变成了茫茫雨雾,大雨倾泻而下,此时,一阵婴儿的哭声混杂在这雨声中,分外鸣亮。于是东邻儒士就断言,这个孩子与天象一体,日后必成大器。

公元174年,即灵帝熹平三年,曹操二十岁,当时已是一个成熟的青年。他一表人才,被许多人知晓。再加上当时有人推荐,他被选为孝廉。当时的孝廉就代表有了做官的资格,这是许多读书人可望而不可即的事情。与曹操同时推选为孝廉的人中,他算得上是最年轻的一个了,可见,曹操是同龄人中的佼佼者。但是,曹操的外表形象却与他的内在实力极不相称,他个子小,身高一五五公分,属于"矮、短、粗"型。但他好学不倦,比别人努力。他以自己的天资并通过自己的努力,如愿以偿地战胜了许许多多与自己同龄的人,成了最年轻的孝廉。

刚二十岁的曹操,虽然年轻,但他早已急于通过仕途,实现自己的政治理想和抱负。

祖父曹腾知道曹操的心思,并且愿意成全他。曹腾请准灵帝,给了曹操一个颇为重要的正式官职,这就是洛阳的北都尉,即京城北区警备队长。警备队长具有绝对的武力权威,尤其是在京城这个地方更有权威。当时,洛阳京城因宫廷原因经常发生兵变,皇帝为了保证登基后的安宁和平稳,对京城都有许多治安方面的严格秩序。任何人都必须遵守这些秩序,而监督维护这些秩序的正是警备队。

曹操上任的第一天,即召集全体警备队员开会,首先命令大家暂时各司其职,维持原有秩序,并告诉大家,为管好北区社会治安,必须在认真调查研究的基础上,全面进行整顿革新。一旦新的制度出来,即严格施行,绝不手软。

当然这番言辞,是针对洛阳京城地区的情况而说的。他早已听说警备队长其实不好当,因为要当好,则必须严格执法,在执行秩序和制度方面,不能有丝毫异议。洛阳京城的风气非常不好,官官相护,制度很难推行。曹操仔细研究之后发现制度里面有完善的,但是处罚方面力度不大。有些制度形同虚设。于是,曹操决定从加重处罚方面下手,只有处罚如烈火,才不会有人违

犯。处罚如烈火，才不会有人敢尝试。这就要求做官的人不能讲任何情面，否则这项工作就做不好。曹操在全体警备队员会上，重申了上述道理。

曹操负责警备的京城北区有四个城门，按京城有关条例规定，严禁非法出城。要出城办事的，必须经有关方面批准，然后持牌到警备队换牌，方可出城。持牌要经过审查，换牌也要经过审查，任何一道审查不合格，都不准出城。即使合格，若警备队认为情况非常，也暂时不许出城。曹操再次明令重申这一制度，并大大加重了违规处罚。他在每个城门悬挂特制的五色木棒数十根，凡非法出城者，不论皇亲国戚，一律用五色木棒活活打死。

处罚条例一公布，果然引起很大议论，人们感到既惊叹又害怕。曹操不管这些，他想只有认真执行之后，才会归于一致。他告诫士兵，严守岗位，任何人不得擅离职守。凡有违犯者，即行拿下，当众处死。

起初，并没有人来违反，因为对于这个新来的警备队长，尚摸不清性格脾气，谁也不愿意冒险试探。况且，不少人也打听到，新任警备队长是曹腾之孙，曹嵩之子，而曹腾在宫中颇有发言权，曹嵩也是一个官员。因此，一般人便不敢轻易造次。

但是，几个月后，有一个人于深夜时分，偷偷摸摸出城。很快被值班士兵发现，立即将其缉拿。按处罚规定，士兵可以当场处死他。但是这人声称他是大宦官蹇硕的叔父。士兵当然就不敢轻举妄动了，因为在曹队长之前，凡是有特殊关系的人，即使触犯条例，都一律从轻发落，虽在表面上进行责罚，而实际上并没有处罚。而这次，非一般责罚，而是没命了。

士兵们只将那人关起来，便向曹操禀报。曹操一听非常气愤，本想首先责罚这两个士兵的，想想这样效果不好，不如先惩处了违法出城者再说。曹操暂时按下怒火，表面上不动声色，随了士兵去到城门营房。违禁者被押出来了，曹操看他大约四十岁，却生得肥头大耳，油头滑面。见了曹操并不下跪，好一副倨傲的样子。

曹操却十分冷静，并不动火，慢声问道："你是何许人？"

那人瞟了曹操一眼，应道："姓蹇名昌，宫中蹇硕是我侄子。"

曹操问："何事出城？"

蹇昌道："城外赵家相约，去赴夜宴。"

曹操问："为何不申领出城牌？难道不知规定？"

"怎么不知？"蹇昌说，"不准私自出城，是为防乱计，我堂堂蹇昌，安有作乱之理？"

曹操不语良久，最后站起来说："好，你这番道理还是明日当众讲吧！"

说完，就走了。蹇昌以为曹操把他无可奈何，便窃然一笑。

曹操走出营房，对士兵说："严加看管，不得有误！"

第二日，曹操令士兵将蹇昌押至城门之下。顿时，就有不少人前来围观。

所有的人都知道违法出城者是蹇昌,而蹇昌是大宦官蹇硕的叔父。而蹇硕正得灵帝宠信,权势如日中天。围观的人要亲眼看看,新任北区警备队长会如何处置蹇昌。

曹操有意推迟审问时间,让围观的人越聚越多,他胸有成竹,声势造得越大越有利,新官上任三把火,使任何人都不敢有所干扰。

蹇昌被押解在城墙脚下,见曹操久久未动,已有些急,便催道:"曹都尉要说什么就快说,我还要回去办急事……"

曹操暗笑:"难道你还有回去的机会吗?"

又等了一会儿,围观的人更多了,北区的市民几乎都被轰动了,都赶来,想亲眼看曹操怎么处罚。曹操这才觉得时候已到,开始审问蹇昌。

曹操大声问道:"蹇昌,你昨晚非法私自出城,被我军士拿住,还有什么话说?"

蹇昌说:"我昨晚不是说了吗?我是临时有些急事……"

曹操说:"你昨晚说是应邀赴宴,今天又说急事。那么我问你,是不是急事就可以违法出城?"

蹇昌说:"没有没有,我没有那个意思……"

"好,"曹操说,"那么我问你,你昨晚是不是违法?"

蹇昌说:"是。"心里也有了一些惶惑。

曹操一反平静,厉声喝道:"既然是违法,你还有什么话说?"

蹇昌一听,顿时惊慌,变软下口气:"曹都尉,我已认错了,以后决不会……"

曹操厉声发问:"难道处罚规定可以随意更改吗?"

蹇昌已知事情严重,忙抬出蹇硕来,求曹操道:"请曹都尉念在我侄蹇硕份上,饶我一回吧!"

曹操高声说:"我北区警备队,严格执法,不徇私情。尤其你是蹇硕叔父,更应该带头守法。今因蹇硕而饶你不死,何以正法?焉可安民?来人呀,速将蹇昌在其私自出城处就地正法!"

于是,早有持棒士兵,蜂拥而上,一阵乱棒,便将嘶叫中的蹇昌击毙。围观群众,再无议论,一片寂静。顿时,一道不可逾越的界线,在所有人心中划出,仰望城门,永远胆战心惊。

曹操在城门口当众杀了蹇昌,而且将其暴尸城门三日以示众,还写出布告,贴于北区各处。北区大街小巷都纷纷议论此事,无不称赞新任北区警备队长曹操。整个洛阳城也轰动了,都知道蹇硕叔父蹇昌被杀。达官显贵阶层更是害怕,蹇昌事件已经给他们敲响了警钟。这就使得宫廷的官僚阶层对曹操恨之入骨。

曹操的祖父曹腾知道此事后,也不无惊怵,立刻派人叫来曹操,说道:"你

知不知道杀蹇昌会有什么后果?"

曹操平静回答:"知道。"

曹腾叹了一口气道:"蹇昌乃蹇硕叔父,如此受罚,其侄子必不甘心,此事面子上他也过不去,他会无动于衷吗?目下蹇硕又正受灵帝宠信,其权势远在我等之上啊……"

曹操说:"祖父,这些我不是没有想过,可是,作为警备队长,必须严于执法,否则不如当个看门差役。曹操志向祖父知道,今日才迈出一步,第一步就不能祛邪扶正,今后还有什么用?况且我公开执法,按条例办事,没有一点徇私舞弊,光明磊落、堂堂正正,他能把我奈何。"

曹腾听了曹操所言,不能不点头称是,他心中是既惊喜,又忧虑。惊喜的是曹操确实大义凛然,富有才干,日后定大有作为;忧的是这事无论如何蹇硕也不会善罢甘休。

这事虽如曹操所言,无懈可击,但蹇硕必会在其他事上进行威胁。事已至此,只有任其发展,做好应变的准备。

正如曹腾预言,蹇硕对曹操怒不可遏,直接向灵帝诉说,称曹操欺人太甚,严于执法是借口,杀他叔父有意为难他蹇硕,他堂堂蹇硕,在宫廷内外,还有何脸面见人……

灵帝听了,也大为吃惊,没想到一个刚以孝廉任北都尉的曹操,会有如此震惊朝野之举。便对蹇硕道:"这事先行查明,再作处理。"

蹇硕摆头:"这事不好说呀……"

灵帝问:"为何不好说?"

蹇硕道:"只查此事,奈何不了曹操,说起来,他是按公开律令禁条办的此事。"

灵帝不禁为难道:"既然如此,那又如何办呢?"

蹇硕这时已冷静了许多,思索道:"我看唯有将他调离京城一法。"

灵帝说:"那就立刻传旨吧!"

蹇硕道:"不妥。立刻调离,显然表示出朝廷不主张严于执法。调离的事只有缓办,先假装奖励曹操,以示朝廷的勉励。这样,京城上下才会拥护朝廷。然后,以提升的办法,将曹操调到另一个地方去,以后再对付他……"

灵帝言道:"爱卿所言极是,就照你说的去办吧。"

于是,灵帝下旨,公开嘉奖曹操,称曹操整治社会治安,功绩显著。曹操闻讯,大为惊奇。他原以为灵帝在蹇硕的怂恿支配下,会在他这次的行为中找岔,为此他已做好了一切思想准备。但是,朝廷不但没有找岔,反而嘉奖他。他当然不会相信这会出自蹇硕和灵帝的本意,这里头一定有什么阴谋,他随时提防着。

果然不出所料,嘉奖曹操没几天,灵帝又下旨,称曹操治城有术,特将他调到兖州东部的顿丘县任知事。曹操这才明白,灵帝和蹇硕是不让他再担任警备队长了,这样也好,若是再继续下去,恐怕会得罪更多权贵,而这些人都是蹇硕的羽翼。

第一章 初入仕途立军威 怒及权贵离京都

第二章　秉公执法展谋略
　　　　　屡遭不测国危亡

　　蹇昌事件之后,得罪了蹇硕,曹操的祖父料到了曹操要有坎坷的路要走,让曹操做好准备。此时曹操只得打点行装,向祖父告辞。这时曹腾因曹操杀蹇昌的事,已受了一些影响,蹇硕在宫廷和他恶语相撞,灵帝对他的态度冷淡,想到自己的忠心耿耿,不免有些气愤。本来年迈的他,略显几分苍老。

　　曹操面对祖父,很有些过意不去,歉然道:"祖父,孙儿不孝,给你惹事了……"

　　祖父却说:"其实,我所忧者还并不在我个人,祖父年岁已大,无所谓了。我更多是想到你。你毕竟年轻,来日方长,万事才刚起头,竟遭此排斥,实在令人有些担忧……"

　　曹操却冷静笑道:"我并不以为是被排斥了,相反,却对我是一个很好的机会。警备队长,仅仅是一事之差,与知事相比,过于单纯。祖父你想想,曹操立下大志要有所作为,就必须有全面的政治才干,而做知事,正可为自己在这方面的锻炼提供大好机会。所以,我现在心中倒很高兴,巴不得立刻去就任知事一职。祖父你放心,曹操在顿丘县,一定要搞个样子出来……"

　　曹操的这番话,使祖父曹腾大感意外,他又一次发现曹操成熟多了,不仅有胆识,而且有谋略,并能在逆境中看到希望。于是,情不自禁地拉了曹操的手,拍着他的臂膀,感叹道:"看来祖父确实老了……"

　　但是,曹操的打算又一次落空,蹇硕和灵帝并不让他在顿丘县施展抱负,他们的目的,只是不想让他做警备队长。所以将他先调到顿丘县作为一个暂时的过渡。

　　当曹操到了顿丘县,刚开始调查研究,以便制定一整套整治顿丘的新方案时,朝廷又下旨调他回京,担任议郎官职,曹操这次真的灰心了,他知道议郎官的真正身份,是一个形同虚设的职务,并没有任何执法的权力。

　　蹇硕如此对待曹操确实是够毒的,削去了任何权柄,一旦有合适的机会,再进行报复。此时,曹操左右为难,他刚走上仕途,辞官显然是不可能的,辞了就不能再为官。不辞就永远地被囚禁在蹇硕给自己编的笼子里,任他宰割。最后曹操决定卧薪尝胆,暂时忍受,以后找时机改观。曹操离开顿丘县,风尘仆仆回京。议郎官就议郎官吧,乐得个清闲。这或许就是曹操的又一特点,他在任何时候,任何情况下,都能够随机应变,绝不一蹶不振,坐以待毙。能在不利的环境下,看到有利的一面。然后去充分利用有利的一面,强化自己的本领,以对付不利的环境。

曹操做了议郎官,利用充分的时间广为研读诗书,思考问题,同时提高警惕,以防不测。但是,不测之事往往难以预测。他警惕得了自身,却警惕不了自身之外的事。也许就是因为曹操的这个特点,蹇硕才会把曹操养在自己的身边。

后宫传来消息。正是曹操调任议郎官的第二年,即灵帝光和元年,曹操二十四岁,后宫中,皇后宋氏被废。因宋氏是一个有心计之人,对宦官操纵朝廷、钳制灵帝极为不满,常和宦官发生冲突。宦官集团觉得宋氏是对他们很不利的人物,因皇后身份特殊,若不及时采取措施,恐怕会有变化。外戚势力往往是因皇后所起,这是过去的教训。和帝即位时,有窦太后掌政,太后之兄窦宪即为大将军,掌握军政大权,窦家兄弟几乎个个位居要职;安帝即位时,邓太后之兄邓骘一族,也几乎独霸朝廷的决策权;公元一二五年,即延光四年,安帝去世,皇后阎氏之兄阎显立刻成为炙手人物。最令宦官们记忆犹新的则是有"跋扈将军"之称的梁冀,他是顺帝皇后梁氏的哥哥,几乎一人独霸朝政,压迫宦官。后来质帝即位,由于其早熟的才气,使他对梁冀的擅权及凶暴大为不满,常有责备之意,梁冀居然一不做,二不休,派人毒杀了质帝,拥立十五岁的桓帝继位,梁冀仍掌握朝廷的决策大权。现在皇后宋氏对宦官大为不满,若不及早想办法,防患于未然,以后不好收拾。于是,宦官决定对宋氏发起进攻,他们有计划地向灵帝屡进皇后的谗言,编造事实陷害皇后。灵帝终于对宋氏讨厌以至愤恨,一怒之下,便听从了宦官的建议,废除了宋氏的皇后身份,打入冷宫。

凡是和皇后有关的,当然要受牵连。曹操的一个表妹夫宋平是宋氏家族的人,蹇硕当然不会放过这个机会。他将曹操放在身边,就是为了等待时机加以报复。现在既然皇后被废,皇后的族人宋平又是曹操的表妹夫,东牵西连,自然也就和曹操有关了。因此,蹇硕正式奏明皇上,以曹操是宋氏亲属的名义,建议解除他的议郎官职,以解他心头之恨。灵帝即刻下旨,对曹操解职,送返故乡闭门思过。

人算不如天算,真是"天有不测风云,人有旦夕祸福"啊,曹操不得不认命了。其时祖父曹腾,因年迈体弱,已少入宫中,常居私宅,故而对此变化,也无能为力。何况蹇硕是为了宦官的利益,凡有瓜葛的,尽皆剔除,曹腾也不好说什么。

但是曹操并不沮丧,依然是踌躇满志,意在天下,他相信一定有远大的前程在等待着自己。曹腾也就聊以为慰,颇以心安了。

曹操在祖父面前的表现,并非仅仅是安慰祖父,他实实在在也是如此落拓不羁,豁达开放,心怀憧憬的。曹操回到家乡,习拳使剑,狩猎射箭,研习兵法,诵经读史,从不懈怠。兴趣来时,曹操即赋诗歌。有一次,他一边喝酒,一

边遥想,他日后仕途的理想目标,要建立一个理想世界。他想象着那个理想世界的样子,必定是十分圆满有序的,于是仿效乐府"相和歌,相和曲"的调子,写下了洋洋洒洒的一首《对酒》歌。歌曰:

  对酒歌,太平时,吏不呼门。
  王者贤且明,宰相股肱皆忠良。
  咸礼让,民无所争讼。
  三年耕有九年储,仓谷满盈,斑白不负载。
  雨泽如此,百谷用成。
  却走马,以粪其土。
  爵公侯伯子男,咸爱其民,以黜陟幽明。
  子养有若与父兄。
  犯礼法,轻重随其刑。
  路无拾遗之私。
  囹圄空虚,冬节不断。
  人耄耋,皆得以寿终。
  恩德广及草木昆虫。

  这完全是曹操想象中的一个理想世界:太平盛世,官吏绝不会上门追讨税款;皇帝贤明,大臣忠良;人人守礼,民间再无诉讼之事;良马不再作战,而是用于耕作;官爱民如子,人无私心,狱中没有犯人;国君实行仁政,连草木昆虫都受其恩泽……
  有一天,曹操在研经读史之后,一腔热血,豪情满怀,联想自己日后为官,一定以民为本,以国为本。一时兴起,又以乐府"相和歌,相和曲"的另一调式,写下了《度关山》一诗。诗曰:

  天地间,人为贵。
  立君牧民,为之轨则。
  车辙马迹,经纬四极。
  黜陟幽明,黎庶繁息。
  于铄圣贤,总统邦域。
  封建王爵,井田刑狱。
  有燔丹书,无普赦赎。
  皋陶甫侯,何有失职。
  嗟哉后世,改制易律。
  劳民为君,役赋其力。

舜漆食器,畔者十国。
　　不及唐尧,采椽不斫。
　　世叹伯夷,欲以厉俗。
　　侈恶之大,俭为共德。
　　许由推让,岂有讼曲。
　　兼爱尚同,疏者为戚。

　　曹操在此诗中明白表示,"国家权力"的执行,主要在于人民,执政者应该厉行节俭,守法爱民。曹操在诗中强烈反对役使人民。为政的目的,在使民安乐,与民共享。

　　他说:君王应巡幸四方,了解民情;奖励善良,惩罚邪恶;严格执法,既不随便大赦,也要对罪犯不咎以往。

　　他说:虞舜在食具上涂上漆釉,奢侈作风,招致十国叛离,远不如唐尧的节俭,即使宫殿里的梁柱也不加雕刻。世人称叹伯夷的美德,便是用来勉励尊崇气节。

　　他大声疾呼:奢侈是最大的邪恶,节俭是军民共同遵守的美德。如果每人都像许由一样看待权势,这个世界又何有诉讼争执。能够彻底实施兼爱尚同,即使陌生人也很快成为亲密的朋友。

　　曹操提倡节俭,诅咒罪恶,其实是有感而发,有所针对的。因为他在故乡期间,已经听说,朝廷越来越腐败。尽管在各地贪官污吏和军团官兵的无厌索取和勒索下,农民已严重破产,被迫纷纷起义,但灵帝的皇宫却声色犬马。

　　在宦官的巧妙安置下,灵帝开始不理朝政,整天寻欢作乐,玩物丧志。曹操听到这些消息后,慨叹国危,憎恨宦官。他只能借诗歌来表达自己的抱负和理想。

　　他虽然现在已经解职还乡,不会再有做官的机会了,但是他却并不这样看,他固执地认为,凡有才有德的人,是不会长久被搁置一边的。尽管朝廷是宦官当道,毕竟还有那么多文武百官料理政事。

　　因此,曹操等待着。他凭预感,觉得自己不会长期被搁置一旁。公元180年,即光和元年,也就是曹操解职还乡刚两年的时间,曹操忽感心旌摇荡,神思飞扬,再不能专心于书本之上。他预感,会有贵客临门。果然近午时分,有朝廷使者飞马驰到,相随的还有府中随员。曹操喜出望外,热情相迎。虽非客人,却比贵客还贵。使者宣旨,曹操跪听,使者宣道:曹操解职还乡两年,谨守儒道,朝夕用功,大有长进,特宣进京,复任议郎。

　　曹操十分高兴,因为牵连解职,重新任用的只有他一人。凡因过解职,重新任用,能官复原职的,也从无先例,可见朝廷对他是另眼相看了。后来曹操才弄清楚,是朝廷急需一个精通《尚书》、《毛诗》、《左传》、《春秋》及《穀梁

传》,而且又能运用在当代政事上的官员。而京城里,根本找不到这样的能人。宦官中自不必说了,他们除了善于逢迎,狡诈巨猾之外,别无他术。而百官之中,或胸腹才华不济,或过于迂腐谨小,都不满意。这才有人念起曹操来。但曹操又是刚被解职的人,谁敢冒险提出。于是,几个官员反复商议后,决定联名上书,一是说明确实只有曹操能胜任,二是即使不准,怪罪下来,因是联名,责任也就分散了。

于是,几个官员联名写好推荐曹操的奏折,说曹操精通古学,称得上是经史专家。且年轻活泼,思维敏捷,机智有术,研史习经,能与时政结合,故而是不可多得之才。又据考察,曹操一腔热血,只为朝廷,即有过火行为,也是年轻气盛之故,而其内心所向,与朝廷并无二致。前年解职,非为有过,乃受宋氏牵连而已。即便是牵连,也是过于边缘的瓜葛,实际曹与宋,并无任何往来……

几位官员联名上书之言,说得极有道理,灵帝在确实没有能胜任之人的情况下,便准许起用曹操了。朝廷此举,虽出于无可奈何,但在曹操心中,仍很满足,因为这正好说明他自身的价值和分量,这比"另眼相看他"更宝贵了。过去他不知道自己的价值有多大,只知道不断充实和提高自己。现在,他才突然发现,在"古学"的掌握和应用方面能如他的,原来并不多。正因为如此,他才能够脱颖而出。既然如此,他就更应该放开胆子去干一番事业了。他凭直觉断定,既然重新起用,他就不会再被拒于仕途之外。

曹操重新出任议郎,并不因为曾被解职而谨小慎微,畏首畏尾。虽然朝政仍是宦官把持,而蹇硕仍居宦官高位,曹操并不因此而对自己的行为和作风有所压抑和约束。

第二次党锢之祸,当时对曹操刺激很大,他始终觉得陈蕃及许多清流派人士死得冤枉,那么多有才有德的名士,都平白无故死于屠刀之下,对于国家是一大损失。曹操多年来一直于此事耿耿于怀,他甚至认为,如果在这事上不重新给个说法,将影响许多才学之士报效国家的积极性。十分认真负责的曹操,觉得身为议郎,就应该根据经史古例,多为朝廷出些主意和建议,努力使朝廷清明公正,以逐渐实现理想的政治局面。他首先想到的是多年前的陈蕃、窦武一案,他认为将陈蕃、窦武一事定为"叛乱"是不妥的,他们当年只是为了匡扶朝政,想要宦官交出大权也是为了朝廷着想,并非是反叛朝廷。而当时却以"叛乱"名义进行逮捕诛杀,因为名为"叛乱",受牵连者自然都落个可悲的下场。事隔多年后,全国上下议及此事者仍不在少数,纷纷鸣不平。

"亡羊补牢"及时挽回还不晚,朝廷要是能安抚人心,还是有希望的。于是,曹操便将他对当年陈蕃、窦武一事的看法和意见,以及当今应采取的补救措施,等等,写成有理有据的一篇意见书,上呈朝廷。其最终便是一句话:为所谓的陈蕃、窦武"叛乱事件"平反。曹操的意见书在朝廷引起极大反响,因为此时朝廷仍完全在宦官的控制中,关于"第二次党锢之祸"是一个很忌讳的事,谁敢提起?极易引起宦官集团的怀疑和恼怒。而曹操居然公开提出为"第二次党锢之祸"的首要人物陈蕃和窦武平反,这无异于晴天霹雳,令满朝官员一片震惊。朝中官员都认为曹操太冒失了,刚刚复职,又去刺老虎屁股,这一次定会使宦官更加恼怒。而曹操何尝没有想到这一点?但他这样做,一是他的气度和责任感使然,二是他想到,既是出于无可奈何要他复职,也会出于无可奈何把他继续留下,何况他是向朝廷合法上书,采纳不采纳全在于朝廷,上书本身是没有过错的。曹操预测准确,宦官集团虽然对曹操大为恼怒,但又不好把他怎么样,只得游说皇帝,不要理睬曹操。因此,曹操的意见和提议便石沉大海了。曹操上书之后,久等回音,但一天天过去了,依然没有任何反应。他感觉到其中的原因,便只有仰天长叹而已。他不得不又陷入一种心灰意冷之中,自言自语道:"这朝廷如此下去,是再也无望了……"

公元 105 年,即汉和帝永元十七年,司隶地区发生大饥荒,朝廷居然无力赈济,导致饥民相食,并涉及凉州地区,更发生了饥民以牙互咬的暴乱事件。

公元 147 年,即桓帝建和元年,荆州及扬州地区发生大饥荒,饿死者满山遍野。

公元 149 年,即建和三年,京师地区大水,加上地震,饥民尸体大街小巷到处可见,朝廷居然束手无策。

公元 155 年,即桓帝永寿元年,荆州饥荒,到处发生食人事件。

公元 166 年,即桓帝延熹九年,豫州发生饥荒,死者居半数以上,情况非常严重。

第二章 秉公执法展谋略 屡遭不测国危亡

第三章 镇压黄巾居伟功
平步青云谋国事

公元167年,汉桓帝去世。灵帝继位之后,情况更加恶劣,饥饿的农民忍无可忍,终于爆发了全面的反抗,其中规模最大的便是由张角领导的黄巾起义。

张角乃河北省钜鹿县人,他们弟兄三个,大哥张角,二哥张宝,三弟张梁。兄弟三人给人治病,用"太平道"的宗教形式,联络群众。大约十年光景,太平道传遍了青州、徐州、幽州、冀州、荆州、扬州、兖州、豫州等八个州,教徒多达几十万。

张角弟兄三人在全国范围内设置了三十六方,大方一万多人,小方六七千人,各立首领。他们还传着四句话,作为内部的暗号。四句话是:"苍天已死,黄天当立;岁在甲子,天下大吉。""苍天"是指汉朝,"黄天"是指太平道。意思是约定天下三十六方在甲子年,即公元一八四年,汉灵帝中和元年,一同举行起义,那样就"天下大吉"了。

张角要他的弟子秘密地用白土在各地写上"甲子"两个字。字有大有小。大街小巷,店铺住家的门口有"甲子"两个字,不必说了,就连州郡官府的大门,甚至京师各城门都写着"甲子"两个字。

大方的首领马元义首先召集了荆州和扬州的教徒几万人,准备跟张角商议决定哪一天起义。他亲自带着大量金银财宝到了京师,把礼物送给中常侍封谞和徐奉,约他们作为内应。他们约定甲子年三月初五日全国同时起义,内外夹攻,来推翻东汉腐朽的皇朝。马元义联络了封谞和徐奉,立即把日期通知张角,自己留在洛阳,暗地里把同党的人布置一下。

可是,在这个紧急关头,张角的弟子,马元义的助手唐周叛变,上书告了密。马元义即遭逮捕。马元义坚决拒绝了拜官封侯的"赏赐",忍受了各种惨无人道的刑罚,终于慷慨就义。朝廷得不到马元义的任何口供,可是从唐周嘴里问出了一些线索。很快捉拿了与张角有关的人,京师一地就被屠杀一千多人。

汉灵帝下诏书,嘱冀州刺史捉拿张角弟兄。张角只好临时改变计划,火速派人分头通知三十六方提前半个月,全国同时起义。所有起义者头上都裹黄巾以为标记,称"黄巾军"。

不几天工夫,三十六方黄巾军一齐攻打郡县,火烧官府,打开监狱,释放囚犯,没收官家的财物,开放粮仓,惩办赃官、土豪。不到十天工夫,天下响应。青、徐、幽、冀、荆、扬、兖、豫八个州的郡守、刺史纷纷向京师告急,汉灵帝如热锅上的蚂蚁。

汉灵帝拜国舅何进为大将军,首先保卫京师,在临近京师的八个紧要关口设置都尉,加紧防御,再发朝廷掌握的精兵,分两路去镇压起义农民。一路由尚书卢植带领,向黄河以北进军;一路由北地太守皇甫嵩和谏议大夫朱俊带领,去攻打颍川一带的黄巾军。

为配合对黄巾军的讨伐,曹操被拜为骑都尉,率五千骑兵赶赴颍川助战。

曹操第一次发挥了他的军事指挥才能,在"长社之役"中,率骑兵队全力猛冲,使张角军团大乱,成功地配合了皇甫嵩的行动,很快将黄巾军团击溃。曹操在率骑兵猛冲时,身先士卒,以他精湛的骑术,高超的剑法,所向披靡。皇甫嵩正是趁这个机会,向黄巾军发起全线攻击的。

皇甫嵩、朱俊,加上曹操,三路官兵联合,屠杀了好几万人,颍川的黄巾军被镇压下去了。他们接着去打汝南和陈国两郡里的黄巾军。逼得这儿的黄巾军头目无路可走,自杀身亡。兵无主将,各自逃散。

这场战乱结束后,皇甫嵩上个奏章,向汉灵帝报告打胜仗的情况和朱俊的功劳,还把曹操也写了上去。大将军何进请灵帝封皇甫嵩为都乡侯,朱俊为西乡侯,给曹操升了职,调任济南相。

曹操任济南相,从官阶上说是进了一大步。他临离开骑兵团的那一天,备足酒肉,与兵士同乐。意思有三:一是和骑兵团的告别仪式,二是自骑兵团打胜仗,这也是共庆胜利的祝捷酒了。三是缘于曹操的自贺意识。他认为复任议郎官,是自己能力的第一个明证。以骑都尉立军功而升任济南相,更是一次大的成功。他兴奋之际又想吟诗了,但是面对几千军士他只有以酒代诗,频频举碗,声声吆喝,好不热闹豪爽。

当时祖父曹腾已死,万贯家财都为曹嵩所有。而曹操作为父亲的唯一合法继承人,并不对富有的家财感兴趣。好像那些家财都与他无关似的,听任父亲去清点接管,他却不在意。他只对祖父怀有哀悯之情,他喜欢这个祖父,因为祖父拓展了他的宏大抱负。他不会忘记祖父对他说过的话,他一直把祖父的话看做政治教育的启蒙篇。而父亲爱财如命,目光短浅。现在有雄厚的家资,他当然不愿意曹操离开家,出去冒险闯荡。虽然到济南是去任官,但在这乱世多事之秋,以曹操的性格和脾气,怎不会没有出格惊世之举? 这是让曹操去冒险的事情。当然,曹操当然不会为父亲所阻,即使小时候,他为了兴趣爱好也不会听从父亲的。何况现在,他早已经自立成人,他更不会因父亲而有丝毫改变。父子俩只能互相成全。

于是,曹操好言安抚好父亲,便即刻走马上任了。

曹操身怀早年的政治理想,新官上任便雷厉风行。当时济南也和其他地方一样,官员腐败,贪污成风。曹操要按自己的理想去好好整治一番,他不能

容忍他管辖的官场是个腐败的官场,更不容许他统治的地方邪恶横行。他经过一番详细地了解,终于弄清各种现象和问题及其来龙去脉,他决定一一进行整顿和改革。

济南有个汉室宗亲叫刘章的,倚仗自己是皇亲,为所欲为。因其权势很大,不少另有所图的人便向他靠拢和巴结。刘章这人笃信鬼神,常与神道之人有交往。济南西城几个地痞,便投其所好,以"天龙教"教派自居,屡向刘章献媚。其中一个头子就叫陈天龙,颇通些易经八卦、阴阳五行之类。每与刘章谈,为其看手、相面、占卦,而所有手相、面相、卦相,大都吉好,因此刘章十分高兴。

有一次,陈天龙为刘章占卦之后,说:"刘皇亲鸿运通达,本次出去狩猎,定有大获,只是我观运相中有阴黑之点,如面部小痣,必须去除,方无丝毫闪失。"

刘章急问:"如何去除,请教主指点。"陈天龙道:"吾遍察皇亲四周,东南西北,四方通畅,唯有两角上,有阻滞之气,显然阴黑之点缘于此了。"

刘章拍着脑门,想着他居住的西北角到底有什么东西阻滞了他。可怎么想,也确定不了。西北角上,东西多得很,有走廊,有亭榭,有假山,还有围墙……

陈天龙这时说:"皇亲所察,过于偏小,凡属皇亲之物,皆不会有阻滞之意,显然应是围墙之外的东西。据我卜算,出西北围墙百步之外,定有近日新建之屋,那就是皇亲鸿运道上的阻滞之气了。"

刘章立即派人去看,果然西北围墙之外百步的地方,近日新修了三间大屋。刘章听了,立即派人前去拆除。并对"天龙教"教主陈天龙感谢不迭,赠以黄金白银。陈天龙暗自高兴,他这次一箭双雕,因那三间大屋主人,近日正与他有隙,他是借刘章的手,捣了他的新巢,也算解了一时之气。同时,还又得到赏赐的黄金白银。

陈天龙在他的"天龙教"颇得刘章青睐之后,便想大修天龙教教祠,以供奉龙神。他如此做有两个意图,一是扩大天龙教的影响,以抬高他自己的声望和权威;二是借机发展教民,以勒索钱财。陈天龙请求刘章批准并支持他的行动,刘章完全同意,并捐资几千两白银,用以修建天龙教教祠。曹操来到济南上任时,天龙教教祠早已修成,规模虽不算宏大,但香火却是十分旺盛,上钱敬香者,从未断绝。

曹操因调查故进了天龙教教祠,他发现进祠上贡的百姓,多带勉强之意。于是,便出了教祠,去路上拦住去祠进香上贡的百姓,打听天龙教教祠的规矩章法。

百姓开始不说,后来曹操暴露了他新任济南相的身份,并说他此来的目的,正是为了整治济南种种恶俗劣行。一妇女这才忍不住痛哭失声,向曹操历数了"天龙教"强迫百姓入教的暴行。凡不入教者,即有被骚扰打杀的可能;凡入教者,除一次性交入教费银五十两外,还要每月进祠上香敬贡一次,贡银不得低于五两。所有百姓都为此叫苦,许多人被搞得家破人亡。也有实在交纳不起的,深夜举家远逃。但要是被"天龙教"的人抓住,就要以亵渎龙神的名义,在祠门前处死。

曹操听了震惊不已,当即安抚几位百姓,说他定于近日整治此事。曹操当天就拜访刘章。刘章对曹操的名字早有知晓,当年曹操在洛阳北城门处死蹇硕叔父蹇昌,消息就很快传到刘章耳朵里。所以听说曹操任济南相时,他心中就有些打鼓。这时,听仆人来报,曹操来访,正在后厅静心养息不愿见人的刘章不由得一惊,连忙出迎。

刘章从未见过曹操,心想不知是何等高大威严的一个人物。及至见了,才大为吃惊,居然是一个矮小肤黑的人。但是,虽矮却很壮实,肤黑却两眼有神气。特别是说起话来,声音朗朗,有一股不易觉察的逼人气势,使听者不知不觉中为之折服。因此,刘章又有些畏怯了,特别是联想到他为骑都尉率几千骑兵驰骋冲杀的壮举,更是胆战心惊。

曹操自然是以尊敬的口吻向刘章问好,刘章当然也对曹操表示了热烈的欢迎之意。二人一阵寒暄,互相交谈了洛阳和济南的一些情况。最后,曹操拱手道:"此次曹操初任济南相,还望皇亲大力支持。曹操虽才力不济,但为汉室天下,努力尽心尽职是办得到的。今既来之,则必安之,则必尽责为之,皇亲定当以汉室社稷为重,不吝指教才是。"

刘章道:"那是当然,那是当然。曹相乃能人也,今朝廷既委以此任,想必已是看中了曹公的才干。此真济南人之幸也!"

曹操哈哈笑了:"皇亲真是夸奖了。不过我决不会有负朝廷之命,定当秉公办事,努力治好济南。日后如有不妥之处,还望皇亲以国家为重,多加包涵。"

刘章不由得心中一颤,曹操话中那一股逼人之气,犹如强风一道,直穿人心。于是他除了附和,不知再说什么的好,直到曹操起身告辞,他还没有回过神来。一天后,济南城内就贴出了一道禁令,禁令说:我汉室以孔学为尊,儒术为效,其余一切妖言邪说,尽皆禁止。凡有任何教派组织,从禁令发布之日起,即停止活动,三日之内全部解散。违令者一律处以重刑。

禁令一出,济南百姓,尽皆拍手称快。各种教派多是民间组织,以自愿为主,并不强迫,因此逐一解散也并不难。唯独天龙教,已成大气候,并且组织严密,具有强权,若它能解散,百姓怎不高兴?但私下里又很担心,天龙教主与刘章关系亲密非同一般,曹操有这个能耐把"天龙教"解散吗?

第一天虽然烧香火的人不是很多,但是到了第二天人就开始多了,到第三天,天龙教祠上香进贡的人大增,百姓纷纷赶来,表示自己的"忠心",生怕

陈天龙怪罪下来，一家人便不得安宁。正当天龙教教祠香烟如雾，人声鼎沸之时，一大队全副武装的士兵来了，曹操骑在一匹高头大马上，腰间佩剑，左手执鞭。当时百姓有些惊慌。

曹操策马来到教祠门前，喝道："百姓人等，不必惊惶。今天龙教教祠不遵禁令，特来查封。除教主及教祠头目，余等一概无事，依次离开教祠便罢。"曹操话一说完，上香者就纷纷涌向门外。曹操叫军士将百姓列队，一一出门，凡是头目，一概拘留。原来曹操早选了几个识得天龙教大小头目的人掺在军士中。包括陈天龙在内的天龙教大小头目十余人，一个也没有漏掉。全部用绳索捆了，结成一串。然后，收缴教祠内的所有银两，再将教祠大门以封条封了。

刚刚关押了陈天龙等人，曹操即刻又草拟第二道禁令，禁令说：自前禁令发布，所有教派，自行停止，然有极少顽固之徒，仍是置若罔闻。今已第三日最后期限，凡有迄未从令者，一概拘禁，将分别情形，处以重罚。罚处之事，属官府内务，任何人不得干预，凡徇私说情者，打五十军棍。

刘章得知陈天龙等人被捉的消息，正要亲赴曹相处请予宽大处理。不料行至半道，即有新禁令出，连忙派人去看，才知内容，不由得倒抽一口冷气，只得打道回府。

曹操亲自审问陈天龙等人，最后当场判决：处陈天龙等五人斩首。处其余八人关监。陈天龙扑通一声跪在地上，磕头求饶不止。他万万没有想到曹操居然如此武断铁面，连皇亲也奈何他不得。第二日，将陈天龙等五人押至天龙教教祠门外空地上，宣读罪行，执行砍头。济南百姓倾城出动，赶来围观，刑场上人山人海，但却寂静无声。宣判之后，执行斩首时，才爆发出欢呼。为了彻底捣毁天龙教，曹操又令群众退去，将天龙教教祠一把火当场烧毁。一边冲天大火，正在燃烧；一边即按从祠内得到的纳银上贡名册，将从教祠没收的银两，按各册上记数，一一退还原主。凡逃离济南的人，其银两暂由相府保管。

收到银两的百姓真是感激涕零，称曹操为救星。

济南城发生的这一翻天覆地的变化，使曹操铁面无私的名声传播很远。原先，因受天龙教的迫害而背井离乡远走他乡的人，又陆续回到济南来了。而且，其他地方的一些百姓，也纷纷往济南迁徙。一时间，济南成了天下太平之所，人民安居乐业，商店生意兴隆。

但是，曹操在济南肃清贪污、罢黜无能的郡县官吏的举措，自然又得罪了不少宦官及外戚豢养的特权阶层。特别是天龙教一案，使刘章对曹操恨得要死，便利用他皇亲的身份，去京城散布曹操的流言。于是，朝中上下的既得利益者，就都对曹操极端忿恨起来。

朝中上下这多么人恨曹操，曹操的好日子自然不会长了。

公元 185 年,即中平二年,朝廷下令,将曹操调为东郡太守。与济南相相比,东郡太守还更高一级,名义上曹操是升了官,而实际上,是把他从济南弄开。更有甚者,弄他到东郡任太守,显然是放在宦官能直接控制的地方,以便找机会加害于他。

曹操生性十分敏感和机智,看出这一阴谋。他左思右想,没有更好的对付办法,于是,决定来一个大胆反常的举动——辞官,曹操的理由是,近来健康状况十分不佳,特向朝廷请长假回乡养病。曹操为什么有如此举措,内心是这样想的:此时,宦官想害他的机锋已露,必须识时务避其锋芒,目前只有请假回乡,不参与政事,才是避其锋芒的最好办法。另一方面,他想到,自己年刚三十,和他同年举孝廉的不少已是五十开外的人,即使日后等个二十年,待天下的乱局较稳定后再出来当官施展抱负也不算迟。

朝中上下都大感意外,因曹操在官场风华正茂、才气横溢之时,居然告假回乡,实在不可思议。但既然曹操态度坚决,朝廷也只得恩准了他。

曹操卸服解印,即日回到安徽老家谯县。他没有住到少年时候居住的地方,而是在谯县东面约五十里的地方,选一偏僻之地,建立了一座小茅屋,独自一人住在里面。他的目的是为了清静,少干扰,以便秋夏两季读书,冬春两季狩猎。如此不问政事,不理俗务,真正过一段独自静养的生活。

可是,事实并不如曹操想的那么单纯,不久,就有人来找他了。当然来找他的并不是曹操日夕皆喜的山野之人,而是远道从京城赶来的。那人带来一封信,曹操看罢信才知道内情。

原来,冀州刺史王芬、党锢之祸主角陈蕃的儿子陈逸、名道教法师襄楷、豪吏周旌、著名的策士许攸等人共同阴谋政变,废立灵帝,诛杀宦官,为陈蕃等人报仇。经许攸建议,他们决定拉曹操加入,因曹操在洛阳城居民间声望崇高,具有民心号召力。

曹操读罢密函,顿觉不妥,赶快写信给许攸,明确表示,废立之事不能轻举妄动。

从这封信中可以看出,曹操绝不是汉皇帝的"死忠派"。许攸敢建议找他,可能便已看出曹操的真实心态。因此,曹操的反对并非政治伦理,而是政治利害。他认为要废立君王,只有在像霍光对昌邑王、伊尹对太甲的情势下,才有可能成功。那是因为太甲及昌邑均刚上任,权力未稳固。而且内朝的皇亲,外朝的大臣都不支持皇帝,反而较倾向元老权臣的伊尹和霍光,所以废立之事有成功的可能。

像王芬这种由地方发动的政变阴谋,无法在事件开始便控制政权,容易受到中央政府集合各地部队围剿,以七国之乱规模之大,都无法取胜,凭王芬以冀州之力,要想成功,几率太小,故不宜冒险妄动。

曹操的分析其实是很有道理的。但是,王芬等人既然意向已决,决不会

因曹操的反对而改变主意。至于曹操,已向来使表示,即使王芬等人不听他的劝告,要一意孤行,他曹操也不会去告发他们,装作不知道而已。

后来,事态的发展是这样的:不久,灵帝通知王芬,想到冀州去巡视,王芬认为这是千载难逢的机会,便上书表示,目前黑山贼叛乱攻掠冀州郡县,灵帝前来,正好可提升官兵士气。一方面公开集结州郡兵力,准备灵帝进入冀州便一举成擒。

正好这个时候,北方出现大片红云,太史官卜了卦表示:"北方有阴谋不宜行。"灵帝乃取消冀州行,并下令王芬集结兵力讨伐黑山贼前,先到京城述职。王芬接到圣旨后大惊,以为阴谋败露,乃举家自杀……

曹操闻知此事,非常惋惜,同时也在心中批评王芬太不冷静。不过由王芬一事,说明当时反朝廷的气氛已相当浓厚了。据曹操所知,自从第二次党锢事件后,朝臣和士族都恨透了宦官,因此对灵帝也相当失望和反感。在此之前,便有朝中大臣张均、审忠等因公然反抗宦官,指责皇帝而遇害。而且,曹操还知道另一件秘密的事情,就是冀州信都郡令阎忠,游说皇甫嵩军变之事。

皇甫嵩和曹操等人一起大破黄巾起义军以后,一时威震天下。阎忠便对他说:"至难得时运,时运一到,良机便来,所以圣者顺时运而动,智者把握机会发展。现在将军时运当头,若放弃此千载难逢良机,如何享天下之至名呢?"

皇甫嵩对他的话表示不解。

阎忠进而说明道:"天下大势只跟有能力的人走,智者不应受制于昏君。今将军春来出征,晚秋凯旋,有如天降神兵,天下群雄谁不动心,天下百姓谁不爱戴。即使商汤、周武的壮举也不如你,你却依然侍奉昏君,宁不危乎?"

皇甫嵩说:"我日夜为国事操劳,内心一点也不敢忘忠诚,如何会危险呢?"

阎忠说:"从前韩信不忘报一餐之恩,拒绝蒯通劝说,失掉了和项羽、刘邦三分天下的机会,最后才后悔死在吕后之手。当今皇上远不及刘邦、项羽,而将军势力远大于韩信……只要举兵诛除罪恶滔天的宦官,谁也不会和你正面冲突……向衰退的王朝效忠,在昏君底下做事是不能长久的,加上将军功勋盖世,难免有谗臣生忌妒之心……如果不早设法,后悔便来不及了。"

皇甫嵩摇头道:"黄巾贼人怎可比秦末项羽,这次的成功并非是我的才能,而是百姓士兵赤胆报国之故啊,你的建议是逆天而行,计划有如空中楼阁,是会闯出大祸来的。我就算受到谗臣陷害,最多不过辞职返乡而已,仍可拥忠义之名,叛逆之说,绝不敢信从。"

曹操知道,皇甫嵩虽然否决了阎忠的建议,但也没有告发或处罚阎忠。由此也可见,一般朝臣对汉皇室的合法性认同,已相当不稳定了。曹操虽住在极其偏僻的一个小茅屋里,但两耳仍然时闻京城内外的许多事。

后来,曹操听说阎忠参加了凉州韩遂等人的武装叛乱,并继五国之后,被拥立为领袖。不久,却发现自己只是傀儡,遂忧愤而终。

凉州叛乱事件,接二连三又牵引出幽州之变,并州南匈奴内侵,以及益州的暴动事件,汉灵帝不得不重新改组朝政及军政,并编组京城的五军团,以随时应付可能出现的混乱局面。

曹操便在这时候又被召进京城,以典军校尉之职,指挥军中第四大的军团。

身在茅庐的曹操,又得到了要急于召他回京的消息,并知道了是任典军校尉。他认为,这是他获得"征西将军"职位的一个大好机会。因此,便毫不犹豫地结束了隐居生活,赶到洛阳报到。

第三章　镇压黄巾居伟功　平步青云谋国事

第四章 洛阳新变尝嘲讽
同商对策涉朝政

  曹操自从隐居地点被召进京以后，就慢慢无可奈何地卷入了这一场逐渐尖锐的政治斗争中，处境一度非常尴尬。因为曹操的父亲曹嵩过继给大宦官曹腾为子，曹操也就是宦官后代了。虽然身为宦官后代，曹操却非常反对汉末擅权的宦官，他有着满腹革新救国的理想，初入官场便成了反宦官集团的主角。可是，反宦官的士大夫阶层，对这个宦官后代"志同道合者"却很不信任，常以异样的目光看待他，莫名其妙地怀疑他，经常对他冷嘲热讽。因此，使曹操在这次斗争事件中，充满着无奈和无力感。他反对宦官，但又不主张搞成大屠杀似的斗争，他擅长采用政治手段解决政治问题。他这些主张，极有可能被以异样目光看待他的士大夫阶层理解为"有二心"。曹操知道这一点，故而在作上述见解之后，又摇头叹息起来……

  跟随在曹操后面的两位将官，是他的曹家堂兄弟，由于并无血亲关系，外表也有颇大差异。着白衣的是哥哥曹仁，字子孝，他不但精通枪刀，而且擅使弓箭，能在万马奔腾中，射取指挥官。穿红褐色衣服的是弟弟曹洪，字子廉，擅使双刀，臂力过人，胆量奇大，以勇猛见称乡里。

  曹氏兄弟虽非曹操血亲，但对这位堂兄仍非常敬重，随时都紧跟其左右，宛如私人保镖一般。

  曹操三人所讨论的洛阳紧张情势，开始于当年的四月八日。这一天，汉灵帝刘宏在南宫嘉德殿处理政事，突然大汗淋漓，两眼翻白。由于情况非常严重，太医也不敢将他移往寝宫，只得就地诊治。但是诊治无效，五天后的四月十三日，汉灵帝以34岁壮龄死于嘉德殿上，在位22年。

  在后汉的皇帝中，汉灵帝刘宏与宦官的关系最为密切。刘宏并非前任皇帝刘志的儿子。在汉桓帝刘志袭杀跋扈将军梁冀一族以后，宦官势力达到了最高峰。汉桓帝刘志在37岁去世后，由于没有儿子，在窦太后、窦武、陈蕃等的支持下，12岁的刘宏，便以外藩身份入主京城。

  当时大将军窦武及太傅陈蕃，也想依照往年经验，在皇权中空阶段，发动兵变以压制宦官势力。但由于这个秘密计划因小皇帝不懂事而泄露给宦官听了，造成第二次党锢之祸。窦武、陈蕃等数百名清流派人士全部遇害。朝政从此完全落入宦官及浊流派官员手中。后汉帝国也在他们花天酒地、贪污腐化的经营管理下，奄奄一息了。

  刘宏从小在宦官的包围下长大，文则由张让、段圭等做主，武则由孔武有力的大宦官蹇硕出任新编组的京城八军总指挥官的上军校尉控制。那时,刘宏也颇有独立思考能力,只要他觉得有道理的,即使宦官全部反对,他也会不顾一切硬干到底。

公元182年,即光和五年,也就是26岁的刘宏在位的第十四年,旱灾严重,疫病流行,情况相当恶劣。刘宏便亲自祈祷上天,询问降灾的缘由。

那时,曹操身任议郎,他趁机上书表示:"天灾来自人事,当今的三公徒具虚名,不尽职责,处处掩护私党,不守法的鹰之辈放纵横行,有德行的人反而被囚禁在牢中……社会混乱的情形,比天灾更为严重……"

刘宏领会曹操所指的弊端,立刻将三公之首的司徒陈耽免职,并提升太常袁隗为司徒;严厉斥责太尉许有及司空张济,所有曾因事被免职的大臣,再度调回洛阳,并派人为议郎。一时朝野大动,颇有改革中兴的气势。

公元188年,即中平五年冬十月,也就是他去世前的半年,刘宏接受大将军何进的建议,亲自全副武装主持阅兵式。

阅兵后刘宏与大将军进行了一番对话,知道并了解了朝中的宦官危机已经严重威胁了自己的统治。刘宏对自己表示了悔恨。

事后盖勋对京城五军的副指挥中军校尉袁绍表示:"我看皇上倒是相当聪明的,他不过长期被左右所蒙蔽罢了。"

因此,盖勋建议袁绍结合有志之士,伺机诛杀宦官以清君侧。

的确,年纪逐渐长大以后,刘宏也似乎发现围绕在身旁的宦官问题严重。加上第二次党锢之祸的流血事件发生后,引发士人及平民极大的反感,宦官的实际影响力,已盛极而衰了。公元184年,即中平元年,黄巾起义爆发,刘宏便乘机大量起用"清流派"名士出掌军政大权,以和宦官分庭抗礼。像司隶军区指挥官的皇甫嵩、朱俊、卢植,新编制京城八军指挥官的袁绍、曹操、夏牟、淳于琼等人,都是当时有名的反宦官人士。

宦官当时迫于压力才对刘宏动了手脚,让汉灵帝死在了嘉德殿中。刘宏病发后的情况非常危急,因此他立刻召见大将军何进入宫商议后事,特别是继承权的问题。何进原是洛阳城的大屠宰商,家境富裕,其妹入宫为贵人,后生下王子辩。遂在张让及段圭的建议下立为皇后,何进也因而富贵。他曾出任洛阳府尹,黄巾起义后,何进奉召出任大将军,统领军政大权。

刘宏晚年时,宠爱王美人,生下了皇子协,由刘宏的生母董太后扶养。董太后曾要求刘宏改立刘协为太子,但刘宏以不宜破坏汉王室立长立嫡原则,迟疑不决。因此病发时,刘宏最担心的便是继承问题。

刘宏对此事没有过问,幕后都是董太后和大宦官蹇硕在操作此事。蹇硕势单,乃暗中和董太后商量:"若欲立皇子协,必须先诛杀何进,以绝后患。"太后应允,蹇硕乃派禁卫军埋伏于南宫,准备刺杀进宫打算和刘宏商议继承大事的何进。

皇帝侍卫长潘隐,平日和何进私交甚好,在得知蹇硕阴谋后,亲自藏身于南宫门前等待何进。没多久,何进带少数贴身护卫由平城门进入,在未抵宫门前,便见潘隐在宫门边向他递眼色,并以目视佩剑。何进立即会其意,即刻止步,回头对几个护卫说:"有诈,快走!"

于是,何进在护卫拥簇下,由小苑门奔出,抵达郊外的私宅,并嘱卫队作好防备,又马上召集袁绍及曹操等反宦官集团共议大事。

袁绍主张先下手为强,领军队入宫,尽诛宦官。但曹操表示宫内宦官人数多,且并非人人擅权作恶,玉石俱焚,于法无据。何况蹇硕等领有禁军,双方在禁宫内动刀剑火拼,更非礼法所容。双方争论不休间,潘隐又派使者至,秘报刘宏已驾崩,继承问题亟待处理,如董太后及蹇硕等乘机夺权,太子辩及何皇后都有性命危险。

曹操立刻挺身表示:"情况危急,今日之计,应先求正君位。请速以何皇后之名义召集三公及文武大臣,先扶持太子登九五之尊。为了防止蹇硕以武力阻挠,宜就近调动京师禁卫军团,以护送大臣进入南宫,完成新皇帝就任大典。一方面更应该派人说服一向较亲近皇后的张让及段珪等,劝他们保持中立,造成宦官集团的分裂,这样子便可以先孤立蹇硕,再以国家法律及制度,解除宦官擅权干政的弊端。"

曹操在危急之时,出此及时之策,在座的无不接受。何进即刻以大将军之名,调动军师禁军团五千人,由中军校尉袁绍、典军校尉曹操、右校尉淳于琼等率领,分别从城南的平城门、水宛门、津门进入,并在南宫的周围布防,严禁其他军队接近皇宫。

蹇硕知道这个消息之后,已经太迟了,不禁大惊。这事太突然了,再加上大宦官郭胜、赵忠等见机倒戈,在内宫形成对立,张让、段珪又保持沉默不愿参与此事。蹇硕自知势单力薄,赶快暂时退入北宫。

袁绍说:"大将军,大家的意思你还不明白么?是要大将军将他们立即铲除!"

何进道:"我此刻心情也和大家一样,恨不得立刻将大宦官们杀得一个不留,只是何太后说了,皇上尚小,宫中又刚经过一番打杀,目前需要一点稳定。要不然……"何进做了个挥掌劈下的动作,同时咬紧了牙齿。

既然如此,众人只得暂时罢休,但仍对何进进言:"一有机会,就得及时行动。"众人走后,何进一直在思索袁绍等人的话,越想越觉得后宫尚存的宦官,若不铲除,真是他的心腹之患……

确实,这时张让、段珪等宦官,正在采取积极的动作。他们虽然在蹇硕被击杀后,借何太后的帮助幸免于难,但也很快预感到,何进及清流派是不会放过他们的。

张让、段珪等宦官经商议后,决定采取曲线救助的方式,一是寻求保护,二是等待时机。张、段二人携带珍贵珠宝,先后去拜见何进二弟何苗及何进的母亲舞阳君,表示他二人很忠于何太后,当初董太后想废太子刘辩立刘协为太子,也是因为张、段二人拥护何太后才没有办成。现在蹇硕已死,宫中祸根已除,宦官中并不都像蹇硕,如他张让、段珪,就是反对蹇硕而站在何太后一边的。

何苗和舞阳君都分别表示,他们是相信张、段二人的,并请张、段二人放心,何进那里,有他们去说,他们会想法劝说何进不要为难张、段等宦官的。

在何苗和舞阳君那里做了工作之后,张让和段珪又以同样的手段去见已擢升皇帝祖母的董太皇太后讨好,董太皇太后开始不理他们,因为对当初张、段二人反对立皇子协一事,一直耿耿于怀。但张、段二人不厌其烦地去巴结董太皇太后,并说他们当时也是出于何进的压力,迫不得已而为之,直到现在,何进都对他们几个宦官不怀好意。

这样一说,加上他二人的反复巴结,董太皇太后便对他二人由原谅而同情起来了。最后,董太皇太后向段、张二人表示,她的兄弟骠骑将军董重在司隶区驻有重兵,足可以和袁绍的禁卫军团抗衡,他二人也就不必过于担心何进的为难甚至迫害了。

张让和段珪的第一步目的达到了,也就是说,他们寻求到了一种暂时的保护。他们便想好好利用这一机会,在后宫进一步做点文章。

首先,张让煽动董太皇太后夺权,太皇太后经过他的煽动,觉得也是挺有道理。从此和何太后起了矛盾。

在鼓动了董太皇太后的基础上,张让又暗中鼓动董重擅自调动司隶区的军队,移驻洛阳城附近,以对朝廷施加压力。

董重经张让一鼓动,再加上董太皇太后的怂恿,胆子更加大起来,竟私自将精锐部队带入京城,自己则坐镇府邸指挥。

于是,司隶军与禁卫军两大军团,便在洛阳城内互相虎视眈眈起来,双方都剑拔弩张,大有一触即发之势。

何太后见此情况,心急如焚,为了幼主的大业,必须缓和两派的争执。何太后决定主动言好,乃于四月底出面宴请董太皇太后,并由张让作陪。

酒酣耳热之际,何太后向董太皇太后致意并且建议以后,后宫不要参与朝廷的内政,结果激怒了董太皇太后。二人的仇恨加剧。

董太皇太后的言外之音,显然是说她将指使董重发动兵变,以摧毁何氏政权。两宫争吵不休,张让等假意劝退,双方不欢而散。

何太后感觉情势严重,连夜召何进入宫,紧急会商。

何进一介屠夫,根本没什么谋略,何太后找他,他也毫无办法,只得速返官邸,召集袁绍、曹操等人,共商对策。

本来态度强硬的袁绍,面对这种情况,也有些犹豫,说道:"看来眼下不能

硬来,应想想其他的办法……"

曹操没有发言,沉默着,何进在袁绍也拿不出妥当办法来的情况下,迫不及待地要曹操说说想法,曹操这才十分冷静地言道:

"目前形势,真是有些严峻,正因为如此,所以不宜轻举妄动,万万不可给对方制造事端的借口,而且,我方还应该态度尽量缓和,给对方一个尽量息事宁人的面孔。这样,方可稍弛对方紧绷的弦。在这个基础上,再敦请司隶军区前指挥官皇甫嵩出面,以他崇高的声势压制董重的军团,使之不致乱来。这样,方可按计划一步一步地剥蚀对方……"

曹操接着谈了他的详细计划,袁绍连声赞好,何进当然也就全部采纳了。何进与袁绍将禁卫军稍往后退,有意拉开一点与董重军团的距离,而实际上却按曹操的主意,趁后退之机作好应战的布防准备。而董重却认为禁卫军经不住抗衡,怯退了。这时,声望很高的皇甫嵩来到董重处,批评他这样咄咄逼人,只会给洛阳带来动乱和破坏。董重十分尊敬皇甫嵩,说:"我只不过为了自己,今禁卫军既退,我也就无意与他对峙了……"

之后,董重便将司隶军大部队退出了洛阳,只率少数护卫队坐镇京城官邸。

五月初,按曹操计,大将军何进奏请皇帝,召集三公进行特别朝议,并由负责礼法的朝臣,当朝奏议:董太皇太后系桓帝之皇后,桓帝乃从外藩入宫主政,故而董太皇太后原为藩妃,因此不宜久居宫中。

皇帝准其奏议,何进便以皇命强迫董太皇太后迁返故乡河间,并立即送出城外。董太皇太后还没有完全反应过来,就被送走了。

太皇太后一被强制送走,袁绍、袁术兄弟立刻调动部队,突击只带有少数护卫部队坐镇京城官邸的骠骑将军董重。董重其时尚处在因董太皇太后被送走的愤怒与疑惧之中,正在想对策的时候,禁卫军却包围了他的官邸,他这才知晓前前后后纯粹是一场阴谋。但是,已经太迟了,抵抗更是不可能的,还会将一家老小的性命都搭进去。因此,他主动缴械投降,并要求赦免其家族。

袁绍当众同意赦免董重家族,董重便自刎于后堂中了。

这完全是场闪电般的行动,使何进集团在一日之间便彻底摧毁了势均力敌的董重集团。而这,都是曹操奇谋妙策的规划,何进对曹操大加赞赏。

张让、段圭等见董太皇太后这股力量已溃散,只好转过头来更加讨好何太后,他们一方面加强贿赂何苗及舞阳君,祈求减轻来自何进的压力,一方面却暗中重整蹇硕残留集团,并拉拢司隶军董重军团,以求伺机报复。

屠夫出身的何进,除了屠杀,别无高策,六月中,何进不顾大臣反对,竟然毒杀软禁于河间的董太皇太后。这当然有些太过分了,立刻引起了原亲附及同情董氏集团的大臣及军团领袖的极度不满。

张让、段圭等乘此机会,大肆散布流言,以挑起更多的人对何进不满。这样一来,逐渐汇集了一股相当庞大的反何进联盟。

七月间,袁绍在军中偶然听到一个传闻,说张让、段圭等正阴谋政变,这虽然只是流言,但却引起了袁绍的警惕。袁绍便去大将军府,向何进建议。

何进认同袁绍之言,便向其妹何太后提出解除宦官统领禁卫军的职权。

可是,何太后却有自己的考虑,她害怕如此一来,外臣权势太强,会严重威胁内宫。皇帝年纪还小,缺乏自主性,容易被左右,何太后出于平衡内宫及政府力量的考虑,便表示:"宦官统领禁卫军是章帝以来的传统,祖先遗命,不得随便破坏。"

何进无可奈何,只得退出后宫,去向袁绍通报情况。袁绍摇头叹息。

张让、段圭等知道了何进要何太后解除宦官统领禁军职权的事,便决定加快反扑行动。他们一方面通过何苗及舞阳君向何太后表示忠诚,另一方面公开表示:宫内禁卫军是属于皇帝和太后的,旨在保护内廷不受权臣欺凌。太后本来有怕外臣压宫之忧,当然对张让、段圭的话信以为真。

于是,何太后逐渐亲近张让、段圭等人,使宦官力量得以东山再起。

这时,大元帅皇甫嵩又公开表示尊重并支持皇权,致使驻守司隶区的军团大多转向同情内廷,进而倾向反何进联盟,使宦官集团力量大增,逐渐能与袁绍的禁卫军团暗中较劲。

八月初,袁绍评估双方力量,知道己方情势在恶化中,乃建议何进召集驻在外藩各州郡的军团,引兵进入京城,强迫解除宦官集团的兵权,以绝后患。

何进亦感到事态严重,立即召集朝廷反宦官集团的文武官员,及清流派的士族,在大将军步广里的官邸共商大事。

前面所述的曹操、曹仁、曹洪三人,便是前往步广里的官邸参加这个秘密会议的。

这个时候,大将军官邸内已弥漫着一股不寻常的紧张气氛。

除袁绍、袁术兄弟外,主簿陈琳、侍御史郑泰、黄门侍郎荀攸、助军左校尉赵融、左校尉夏牟、左校尉淳于琼等文武大臣均在场。最引人注目的,是元老级的军团将领,现任青州的卢植,也亲自来到现场。

当曹操那矮胖身材出现在议事厅时,并未引起特别的注意,因为大将军何进,正略带紧张神色向大家说明最近的情势,以及他们的应对计划。

何进身材矮小,却是个大号胖子。他外表粗鲁,说话语气及手势上有十足的江湖味道。他原为洛阳城的屠宰商,因妹妹入宫而握有权势,在后汉以南阳家族为主的外戚集团中,他称得上是一个"异类"。但何进为人相当直爽,加上慷慨疏财,又没有官架子,所以很得清流派士族的支持,成为继二十年前殉难的窦武以后,以大将军身份主导反宦官集团的实力派领袖人物。

何进向与会的文武官员解释道:"在洛阳城内的禁卫军团,大约有一万余名;在内廷,由宦官直属的禁军则有一千余人。因此,若以掌握洛阳城为主,

第四章 洛阳新变尝嘲讽 同商对策涉朝政

我方拥有绝对优势。但是洛阳外及长安间的司隶区,驻有朝廷直辖的军团约二十余万。这些军团的立场分歧,因此无法以皇权要求他们保持中立。为顺利推动诛灭宦官的计划,我与袁将军打算征召其他大军区领袖出兵勤王,以成大业。为此,特把大家找来,想听听大家对这件事的看法。"

主簿陈琳便言道:"俗谚说:'掩目捕雀自欺也'。连捕雀这种小事都不应自欺以得志,何况国家大事?今天将军仗皇权之威,统掌军国大事,又深得文武重臣支持,在洛阳城内我们已握有绝对优势。司隶区驻军意见虽多,但彼此牵制,行动上势必犹疑。这时若想诛灭宦官,应以'鼓洪炉燎毛发'之势,当机立断,以闪电突击的手段争取胜利。如果出檄征召外藩军团,让他们仍有兵临京城的机会,万一其中有人萌生异心,倒戈一击,岂不授人以权柄?……"

这时,坐在角落里的曹操,突然大声有力地鼓掌,并且大笑起来,说道:"对,对,最好不要有流血,但这件事还有更简单的办法,根本不用劳师动众。"

曹操的举动,引起全体与会者的注意,由于曹操一向足智多谋,因此何进也很重视他的意见。便问:"孟德,又有什么奇谋计策吗?"

曹操说:"奇策倒谈不上,只是按道理来讲,这样做最不容易出错。"

接着,曹操便谈了他的看法:"司隶区内的军团虽然意见分歧,甚至有不少是亲董重军团的将领,但到底他们名义上的共同领袖仍然是皇甫嵩元帅。皇甫嵩元帅为人审慎、谦恭,若以避免内战为由要他出面压抑司隶区蠢动的部分军团,我想他一定会答应的。禁宫内的宦官部队一旦失去外援,根本成不了大事……"

何进听了,颇有些不高兴,说:"孟德对阉宦难道还存有私心吗?"

这个指责,正好说中曹操身为宦官之后的弱点,曹操一时哑口无言,不知如何回答。

侍御史郑泰立刻打圆场说:"曹将军的建议的确有道理,只是目前司隶区部队军心未定,皇甫元帅对这件事的立场也不太清楚。为今之计,是先稳定军方态度,才不至于发生内战,卢植和皇甫元帅一向私交甚笃,是否可以出面设法请皇甫元帅去稳定司隶区军团军心呢?"卢植听了,郑重地站立起来,他身材高大,声如洪钟,说话的样子便非常具有说服力:"好吧,这件任务就交给老夫负责。不过,我也要表示我的看法,我非常赞同曹将军的意见,也很不希望由外藩调动军队入京,希望大家及袁将军能审慎评估其中之利害。在此之前,我也有个建议,为了在法律名义上更能掌握司隶区各部队动态,大将军最好能说服皇上及太后,任命袁将军为司隶校尉,以便便宜行事。"

卢植字子开,冀州涿郡人,长得高壮魁梧,有190公分以上。他个性严肃,急公好义,文事、武艺又样样精通,年轻时,尝与汉末明儒马融为学,马融每在教课时,旁边必列有美女数人弹奏笙乐,在所有学生中,只有卢植从来目不斜视,视若无睹,马融甚奇之,以为这个学生日后必成国家栋梁大材。

建宁年间,卢植征为博士,不久升迁尚书,参与国家大事之决策。黄巾党人事变起,拜为中郎将,和皇甫嵩、朱俊等同时奉召为讨平黄巾军的主战军团指挥官,立下不少军功,黄巾党平灭后,卢植复任为尚书,和皇甫嵩、朱俊同时被认为是声望最崇高的三位元老重臣之一。

由于卢植地位超然,讲话有分量,何进和袁绍都不好直接反驳,曹操的建议便被列入会议记录,以审慎评估。但是以何进及袁绍为主的强硬派集团仍不顾反对,暗中派遣特使,带着伪造的皇帝密诏,星夜奔往各军区调动军马。

曹操自然早料到何进的真实态度及作为,在会议结束后,便对清流派领袖郑泰表示:"制造天下混乱者,必定是我们这位大将军何进了……"

何进派密使奔往各军区传密诏。最先表明积极态度的是董卓,董卓乃凉州刺史,手下统领二十万西凉军团。

凉州位于西方边疆,因为必须和羌人作战,又有护卫皇帝直辖司隶军区任务,所以军容庞大,兵力精良,作战力之强,仅次于司隶军区。

但是,司隶军区派系复杂,有不是由并州、豫州、兖州、冀州等派驻的军团,利害关系不一,立场复杂,相互牵制。即使皇甫嵩也仅能以其战争英雄的声望,成为名义上的领导者而已。因此,过去当董卓以西凉军团为后盾,多次违抗皇命,拒绝调动时,便有不少中央军政大员建议皇甫嵩以司隶军区部队强制董卓就范。但皇甫嵩在评估双方实力后,自知司隶军的复杂情况与自己在司隶军中的实际操纵力,仍表示宁可诉之法律以解决董卓抗命事件,而拒绝以武力相对抗。

第四章 洛阳新变尝嘲讽 同商对策涉朝政

第五章　借外藩联合董卓
　　　　救吾皇剿灭宦官

宦官篡夺了汉室的皇权,被当朝的文武百官恨之入骨,当然远在藩地的董卓也是一样憎恨宦官,剿除宦官已经成为当务之急。

现在,何进在得到董卓愿意以军力支持的文书后,十分高兴,立刻召集清流派反宦官集团会商,并对自己的计划表示十足的信心。

侍御史郑泰却十分担心董卓的本性。何进反驳道:"我们拥有皇权,又有军队,董卓敢怎么样呢?何况这些读书人,事事总是多疑,如此是不足以成大事的。"

而卢植也持郑泰的看法,说:"植素知董卓之为人,面善心狠,一入禁城,必生祸患。不如赶快派遣使者,阻止他前来,以免生乱。"

郑泰再说道:"董卓一向不尊皇帝,有不臣之倾向。现在,他又领有重兵,足以威胁朝廷。若再授之以朝政大事,不正好加速促使野心得逞吗?这样下去,一定会危及朝廷的,大将军这次诛杀宦官,是为国家清除皇上身边之佞臣,怎么可以又去借重不尊王法的人呢?请立即阻止董卓率西凉军进入司隶区,否则后悔就来不及了……"

由于大家一再反对,何进也感到有些困扰了。他一时也拿不定主意,便征求袁绍的意见。

袁绍正是一个主张借助外藩力量打击宦官的人,因为他是力主彻底消灭宦官的,所以听了大家的话,最担心何进诛杀宦官的计划有所改变。何进这时问他的意见,他便说:"其实大家不必将事情想得过分严重,董卓这人,野是野点,其实还是很听招呼的。关键是现在形势比较严峻,如果西凉军团能够牵制住司隶区亲董重的部队,便有助于我们的整个计划,这有什么不好呢?当然如果大家担心西凉军团进入洛阳会扰乱朝政,可以退而求其次,先派特使迎董卓于渑池,要求他驻扎该地,就近监视司隶区军团即可。"

袁绍的意见当然对何进很起作用,何进便又坚定了按原计划行事的决心。

郑泰再次阻止这样做,并提出强烈抗议,但何进固执己见。

郑泰无奈,只得退去,郑泰在退出后,告诉黄门侍郎荀攸说:"何公不听人言,恐将有重祸临身。"

第二天,郑泰便挂印弃官而去。

郑泰走后,尚书卢植更加心灰意冷。因卢植一向和董卓有宿怨,现在何进不听众劝,决定重用董卓,董卓必将报怨于他。卢植将此事告知皇甫嵩,并请皇甫嵩支持他离开朝廷。皇甫嵩也无可奈何，只能表示同情和理解。于是，卢植便向朝廷提出辞呈，准备告老还乡以避祸乱。

尽管两位重臣相继离去，何进并不以为然，他依旧执著于按计划行事。并且，加快了行动的步伐。他虽同意董卓的西凉军进入司隶区，但一方面也担心己方实力不足，乃派大将军府秘书王匡、骑兵都尉鲍信等返回青州，大肆征募勤皇部队。

卢植走后，皇甫嵩也动了心思，他怕董卓此次乘机夺权，便也令东郡太守桥瑁屯兵于成皋，并将司隶军区中最大的军团武猛都尉丁原的精锐部队调到洛阳附近，随时应变。

何进的整个行动，很快被禁宫里的张让、段珪获悉。张、段等人无比震惊，何进不顾后果，引外藩军团进驻司隶区，显然是即将对后宫展开屠杀行动的一个序幕。张、段二人决定先下手为强，因为情势所逼，不得不这样。

当天，张让紧急召拢赵忠、封谞、曹节、郭胜等大宦官，共商自保之道。

大宦官无不气愤至极，纷纷表示赞同。

最后商定，在八月二十五日发动事变，首先谋刺何进，以瓦解何进及袁绍集团的突击计划。事不宜迟，宦官们以缜密的头脑，制订了详细的行动方案。毫无疑问，这个十分缜密细微的计划，不愧为终日动用脑筋的宦官所为。何进、袁绍在计谋上确实低估了宦官，他们只追求大的计划，而忽略了"小"的谋算。

随着八月中，何进以袁绍领司隶校尉，从事中郎王允为河南尹，去负责监督宦官的行动以及董卓在何进授意下上书皇帝，表达勤王意愿，并进兵至平乐观的一系列事态发展，何太后也感到了问题有些严重。

为了缓和事态，何太后除了保留少数侍奉生活的小宦官外，所有中常侍小黄门一律免职，遣归故乡。

在宫中生活惯了的小黄门，顿时如丧家犬一般可怜兮兮。在无可奈何之下，纷纷涌到何进官邸，以"免职返乡，无法谋生"为由，请求何进饶他们一命。何进指着他们骂道："天下汹汹，就是你们引起的。现在董卓军团将进入京城，必会展开屠杀，我看你们还是趁早离开京城，保住自己性命的好！"

小黄门已跪在地上，一片哭声，呼天号地。何进不仅不为此动心，反而命卫士将其驱散。

小黄门的举动，使袁绍认为秘密已经暴露，不能再等待了，应该迅速向宦官发动突击。但是何进说："太后对诛杀宦官必定十分反对，目前直接行动，不太妥当，还是让董卓对京城形成压力后，再作举措，就自然顺理成章了。"

何进没有同意，袁绍只得暂停行动。

在这期间，宦官加紧他们的计划实施。

早在此前许久，张让就有意让养子娶了何太后的妹妹为妻，这时张让就

第五章 借外藩联合董卓 救吾皇剿灭宦官

向他的儿媳妇诉苦,让儿媳帮他在何太后面前说情。他的媳妇十分同情公公的处境,当即表示,一定去向母亲舞阳君陈述。他的媳妇便走到舞阳君身边,述说公公如何忠心于朝廷,但现在却被兄长何进所逼,实可怜悯,舞阳君素来接受张让等不少好处,当然就十分认同女儿的话。于是,立即着人叫来何太后,要她想法尽快缓和大将军与宦官间的矛盾。

同时,舞阳君又叫张让亲自向何太后求告。张让便在舞阳君的安排下,偕同何进之弟何苗,共同登殿向何太后禀告,藩军进入司隶区的事实。何太后无奈地叹了一口气,要他们直接和大将军谢罪。张让一听,顿觉不好,便哀求道:"太后有所不知,袁绍正急着捕杀我们。我们去了,不等于自投罗网吗?希望太后能帮助我们约大将军进宫,由臣等在太后面前直接向大将军求饶。如果他硬不肯原谅,臣等只有在太后面前请死了,免得互动干戈,危及宫内安宁。"

这一番赤诚之语不能不令何太后感动,加之何苗在旁不断附和,太后便同意了张让的请求。

于是,太后降诏宣何进登殿,以协商大将军府及宦官集团日益紧张的严重争执。

何进接到诏旨是在八月二十五日,这时大将军府正在招待清流派士族共商大事,接奉圣旨后,何进立刻准备启程登殿。

主簿陈琳表示:"内宫情势未明,太后此诏意向可疑,切不可去,去必有祸。"

何进笑着说:"太后召我登殿,有何祸事?"

袁绍也感到担心说:"如今,外藩军队入京的计谋已泄露,宦官必会反扑,大将军要进入禁宫,绝不可大意。"

曹操出谋道:"事已紧急,请先召出张让等作为人质,大将军方可入宫。"

何进哈哈大笑,以不屑的口气言道:"我们已掌握绝对优势,宦官求饶还来不及呢,哪敢对我们怎样?"

何进坚持立刻登殿,袁绍不得已表示:"大将军既非登殿不可,请准许我们动用禁卫军在宫廷四周作适当部署。并由我等引甲士护从,以防不测。"

何进说:"那就照你说的办吧,总之殿是要登的。"

于是由袁绍军团选出精兵一千,由袁术率领,布防在南宫外围。袁术全副武装,以青㻛以外为指挥中心,随时准备应变。另外,以大将军直属部队组成的护卫团,由曹操及袁绍亲自率领,护送何进入宫。

曹操更多了个心眼,他怕发生巨变,乃暗中指挥曹仁、曹洪率兵布防在宫廷及民宅间,阻断宦官可能的蠢动,防止事件扩大,带来洛阳城的全面混乱。

午后二时左右,何进一行人到达南宫大门口,请求登殿。

黄门传下太后意旨:"太后特宣大将军,余人不许进入。"

袁绍、曹操都说,若是如此,大将军就不要进去。

何进道:"已行至此,怎能不进宫。余人不许进入,也是宫中规矩,你们就在外面吧,不会有什么事的。"

于是,何进便进了南宫大门,除五六名贴身护卫外,曹操及袁绍等人都被阻于宫门外了。何进抬头挺胸,一身傲气,昂然直入。贴身护卫随其身后,跨入嘉德殿及三公府间的会议厅等待太后。

可是,等了一会儿,太后并没有来。正盼望疑惑间,忽见张让、段圭带领大群武装甲士涌来大厅。何进正要喝问,武装甲士嚷嚷着已将他团团围困。

张让大声指责何进道:"如今天下大乱,是长久弊端引来的,你怎么能将责任推到我们身上呢?难道说没有我们,朝政就马上会恢复清平吗?你可知道,先帝曾与何太后有过不快,若不是我们哭跪着劝导,使先帝回心转意,你们何家哪能有今天的富贵?想不到你们恩将仇报,欲加谋害,这不是太过分了吗?你们说我们是浊流,难道你们也敢保证你们都是清流吗?"

何进知道中计,乃和几位贴身护卫奋勇突围,嘉德殿门后立刻又拥出五十余名埋伏的甲士,将何进围个水泄不通。

何进等人奋力冲杀,终因寡不敌众,几名贴身护卫先后战死。最后只剩何进一人,凭着他杀猪的力气,击倒许多军士,且战且逃,一直退到嘉德门前。后来,终因力气用尽,而武装甲士却源源不断,几把刀几乎同时砍在他身上,他来不及大叫,就倒在血泊中了。

在一旁大喊助阵的张让这才持刀上前,又在何进微微蠕动的身躯上连砍十数刀,使其肚腹肝肠都泄流出来,其状惨不忍睹。

张让、段圭击杀何进后,便商议下一步行动。二人立即假传圣旨,宣布改组洛阳军政人事,由太尉樊陵出任司隶校尉,少府许相出任河南尹。并传令司徒府尚书,立即布达人事命令。

诏书传至司徒府,值班尚书对此突发的人事命令感到不解,乃到会议室门口,大声向嘉德殿方向呼喊,"请大将军出宫议事!"

张让便将何进首级割下,叫人丢出殿外,并大声回话:"何进谋反已伏诛,其余人马凡属被胁从者,尽皆赦免!"

门外的人一看那颗血淋淋的头,果然是何进,一下子大惊失色地叫了起来。

袁绍及曹操接到紧急通知,急速赶往司徒府。

这时候已经是下午四点钟左右,袁绍对曹操说:

"事已如此,只怪大将军不听劝告。我们只有集中优势兵力,奋力杀入宫中,救出皇上及太后再作道理了。"

曹操听了,表示担忧,说:"我看情势还可能会更加严重。我认为张让他们是有计划的,目前皇上及太后都被他们挟持着,我估算他们一方面固守在

宫内,一方面会设法攻入城内及城郊的民宅,并在那里放火烧城,造成大乱,让京城附近的部队有借口攻进洛阳。到时候,皇甫元帅不一定压制得了他们,便有可能爆发严重的内战。"

听曹操这样一说,负责京畿安全的司隶校尉袁绍也着慌起来,忙问:"曹将军,你说该怎么办呢?"

曹操这时反而十分冷静,认真分析道:"张让他们最容易突破的地方,是从北宫西南方及南宫的西北方进入全市,再从雍门及广阳门,杀入西郊及南郊的民宅。这一带,你就放心了,我已事先吩咐曹仁及曹洪加强了布防。但是,宫殿东方的步广里及永和门,以及上东门外的民宅区,布防较弱,应速派部队增补。另外,要快些派人通知皇甫嵩元帅,请他增加洛阳城西方及南方的防务,阻止司隶区及外藩军团进入,让我们有足够时间来处理洛阳城的乱局。"

袁绍听了曹操的话,连声说好,支持曹操的想法。曹操立刻出谋划策留着北宫门的出口,以减少伤亡。

这时,留守南宫门外的何进本部大将军府侍卫部队,已获得何进遇害的消息了,所有将士就如捅了马蜂窝一般全出来了,纷纷涌到长乐宫门前大声叫着,要求宫中把张让他们交出来。

袁绍、曹操闻知,立刻停止了讨论,既然军士已经闹开,得赶紧组织行动。

袁绍急急返回袁术在青琐门外的本部,坐镇指挥,并安排城东及城北的防卫工作。

曹操则赶往南宫及曹仁所布防的阵地,加强防卫,并紧急派人向在城外布防的皇甫元帅报告宫内的变故。

而何进的本部则由吴匡、张漳等率领,不等袁绍指示,便主张攻打南宫正门。何进的部队早已群情激愤,这时一呼百应,一个个奋不顾身,全力攻击。

宦官的禁卫军部队,依仗门墙坚守,进攻部队人数虽占有绝对优势,一时也占不到便宜。

双方僵持在南宫门外,直到黄昏时刻,仍毫无进展。

天色逐渐暗淡下来,袁绍见此情况也十分着急,催促袁术去加强攻势。青琐门的袁术乃下令放火焚烧青琐门。火势很猛,烧着了大门,门内的宦官部队不得不往后退。袁术叫兵士抬木柱冲倒大门,一马当先,攻入南宫。

南宫门破,张让、段圭等慌了,赶快去见太后,报告说,大将军的部队已经叛变,并已攻入南宫,到处放火焚烧,即刻就要杀过来了,请太后及皇上等快逃。

太后并没弄清真实情况,但已听见吵闹声和看见冲天的火光,顿时脸色大变,在紧急无计的情况下,太后、皇上及皇弟陈留王,只得由张、段等人挟持着,由复道走入北宫,想在那儿会合赵忠镇守在北宫的部队,再由北门撤出。

宦官郭胜率领的突击部队见青琐门起火,知道情况变化,便依计划手持火把进攻,企图放火烧城。

但是曹操早已命令曹仁布下弓箭手及五百名精锐部队,坚守宫殿及全市的道路,并下了"格杀勿论"的指令。郭胜的突击部队一来到,弓箭便如急雨般射来,郭胜的人马顿时被阻。

郭胜正要率部退回,曹洪领的精锐步刀手从天而降一般出现了,将郭胜的人全部堵住。一阵冲刺屠杀,没多久,郭胜及所属突击队全被剁成肉泥。

这时,曹操亲率的部队也由西北角攻入了南宫。

段圭挟持太后在复道北端和张让等失散,为了逃命,他也顾不得去寻找了,便决定由永安宫出东门。

适逢青州卢植在永和里官邸整理行李,准备弃官还乡,见宫中起火,便全副武装率领数名亲信,挥戈立于北宫东门的阁道下,遥遥望见段圭一人拥着何太后由阁道转向永安宫来。

卢植扯起洪钟般的大嗓子,高声叱喝:"段圭逆贼,妄敢劫持太后?"

段圭万没料到这儿也有卫队,吓得魂飞魄散,立刻回头再退入北宫。何太后在段圭仓皇中,由阁道窗口跃下。

卢植急往救护,何太后已是涕泪纵横,连说:"尚书救我了,尚书救我了!"

卢植护着何太后,退往安全处暂避。

袁绍攻入了嘉德殿,一方面指挥袁术、吴匡等清除南宫,并会同曹操部队攻打北宫;一方面和其叔父袁隗假传圣旨,捕杀宦官派的樊陵及许相等朝臣,并在嘉德殿组成指挥中心。

半夜时分,袁术部队首先攻入北宫,宦官赵忠、封谞等拼力抵抗,先后力战而死。

宦官曹节率数十位亲信杀入永安宫,准备转道攻入永和里,却遭逢何进弟弟何苗率部队攻打北宫,黑暗中一阵肉搏拼杀,曹节死于乱刀之中,几十位亲信也被砍杀。

何苗因其兄何进被杀,对宦官也恨之入骨,因此见宦官就杀,毫不留情。但是,当他刚刚杀了曹节后,就遇见了追杀宦官的吴匡等将领。吴、张二人一见到何苗,心中怒火就起,痛恨何苗过去听信张让之言,不能与何进同心,因此才酿成这一大悲剧。于是,吴匡指着何苗大声对军士喊道:

"杀何进者,轻骑将军何苗也!吏士能为报仇乎?"

何苗大惊,急忙引军退逃,但吴匡部众,一拥而上,将何苗及其部下全数砍杀。

可惜何苗就这样死在乱刀之下,在其未最后咽气之时,他真后悔不迭,实怪自己太不机敏,轻信张让表面谦卑之言,才使弟兄二人,一同死于非命……

袁绍下令部队封闭所有宫门,不许任何宦官出宫,他要将所有宦官消灭。

第五章 借外藩联合董卓 救吾皇剿灭宦官

曹操闻知,立即赶来对袁绍说:"袁将军千万不可如此,即是宦官,也不能一概而论,务必分出轻重好坏,予以区别对待。如果一应诛杀,伤及无辜,实是可悲之事……"

袁绍根本不听,愤然道:"宦官擅权,由来已久,后宫已养成这样极坏的作风。即使一般宦官,也沾染了擅权心理,若不尽除之,无异于留下祸根。"

于是,袁绍继续传命看守宫中,对后宫全面收搜。凡见宦官,不分老少,一概就地诛杀。由于大开杀戒,也不审查验身,不仅杀了无辜的宦官,就是有些年轻而无胡须的朝臣,也被误认为宦官而遭屠杀。

曹操面对这一人间地狱,极为悲愤,但也无可奈何,只得一面派人救灭宫中大火,恭请何太后先行权摄朝政;一面遣人追寻张让等,以救援皇帝以及陈留王。

早从黄昏时候起,皇甫嵩便在城南的辟雍村附近成立临时指挥部。他一方面指挥武猛都尉丁原的部队,布防洛阳通往司隶区各要道,严防外军侵入,一方面派特使奔驰于司隶区各军团间,解释洛阳城事变现况,并下达严守驻地指令,防止亲董重军团乘机妄动。

确实,当宫中发出大火之时,远远望见这一情景,驻扎在司隶区的各军团,都呈现出极端不稳状态。军团领袖们纷纷派遣使者,向皇甫嵩表示严重关切,并准备随时将部队开进洛阳城应变。皇甫嵩只得宣称:皇上及太后已完全掌握洛阳情势,为防止兵变及陷入内战,在明晨皇帝召见各军团指挥官之前,严禁任何部队调动。各部队领袖务必坚守兵营,防止士兵哄闹,并重申军中戒令。

从黄昏到凌晨这段时间里,皇甫嵩忙着安抚各军团,根本无暇关心洛阳城内的动乱。幸而曹操也不断派人报告洛阳城的情势,使这位洛阳城名义上的最高军事统帅,能较安心地坐镇在大本营内。

但是皇帝仍未找到,皇甫嵩也十分着急,他表面上镇定自若,暗中却几次密派亲信去催促袁绍和曹操,要他们尽快找到皇帝,如天明以后皇帝不出面,司隶军区会发生什么异变,谁也不敢负责。

曹操知道,皇甫嵩的担心才是最根本的问题,现在宫中有何太后暂摄朝政,已颇为安稳,当务之急,是将皇帝找回来,否则这种安稳必不长久。所以,曹操将所有精力,都投到了寻找皇帝的事上。他将所属部队分为几路,去到宫廷内外,命令任何偏僻角落也不要放过。因为张让为了逃命,是要去拣不为常人注意的地方躲的,并吩咐军士,若发现皇帝被挟持着,万不可轻举妄动,速以大范围包围,然后来禀报,以便采取有效措施,才不至于伤及皇帝。

曹操在寻找皇帝的同时,何太后及时在嘉德殿作人事任命,她任王允为司徒,杨彪为太尉,刘弘为司空,以暂时收拾宫中变局。

当初卢植本要辞官还乡的,由于宫中变化,也暂时忘了此事。并在深夜时分,也自告奋勇,偕同河南中部掾史闵贡,率领数十骑,举火把奔向北邙山,追寻皇帝及张让等的行踪。

其实,这时张让仍在北宫之内,因为北宫还在战乱中,张让拥皇帝及陈留王避于太仓附近。

二更时分,袁术及吴匡军杀入北宫,随即放手屠杀宦官,惨叫悲号之声此起彼伏,张让一行人听了都吓得发抖。张让对皇帝说:"皇上,你是看见了,他们是要对臣等斩尽杀绝啊!"说着他竟悲愤不已,只得双手掩口,将悲声压在胸内。

年轻的皇上也不免深受感染,但这时他是无论如何也救不了张让等宦官的,杀红了眼睛的士兵,谁还能听皇上喝斥。同时,皇上也暗自担忧着自己的安危,一是他怕乱军误伤,二是他怕张让等在最后无法的时候伤了他和陈留王。

随着袁术及吴匡军的攻击,太仓附近也不是久留之地。张让带数十名贴身侍卫,又要拥皇帝及陈留王离开,正行进间,碰到由永安宫转回的段珪。

段珪告诉张让:"前面也行不通了,只有奔北邙山去。"

披头散发的段珪,便引张让一行冒险突围,步出榖站。

一路倒还顺利,张、段人等不免窃喜。但是到达小平津渡口时,便一下子被闵贡部队发现。闵贡布军堵住去路,仗剑厉声责备张让,说:"尔等擅断朝政,扰乱朝纲,罪该万死,今还想挟持皇上,往何方逃窜……"

张让大喊贴身侍卫:"既然无路,只有拼死一战了!"

但是刚刚交手,贴身侍卫就死了不少,余下的纷纷跪地投降。

张让见此情况,只得转身向皇帝叩头再拜,辞谢道:"臣等死,陛下自爱!"说完,纵身跃入河中自杀。

段珪却没有这个勇气,还想逃跑,刚走几步,就被闵贡从后面飞刀击杀。鲜血进射过来,溅在皇上左袖,皇上一声惊呼,竟自有些瘫软。幸而陈留王在旁边,一把将他扶住了。

闵贡见皇上受惊,也赶紧上前搀扶,这才稳住了皇帝一颗扑通乱跳的心。

闵贡扶持皇帝和陈留王回宫,由于火烛已全部用尽,几乎难以挪步,闵贡突然看见草丛中有萤光闪烁,乃令军士捕捉萤虫,置入薄绢之内,形成微光,以烛照道路,一步步引皇帝前行。

就这样极艰难地行了许久,才模糊发现前面有民宅。闵贡这才高兴起来,亲自前往叩门。其实这家人早已听到平津河口的砍杀声,不得不开了门,却伏跪地上求饶命。闵贡好言道:"我们诛杀阉宦,与百姓无关。今皇上在此,举步维艰,特求借手推车一用。"

主人听了,一迭连声道:"有有有,拿去用就是了。"

借得手推车后,闵贡在前防卫,让皇帝与陈留王坐在车上,由兵士轮流推

第五章 借外藩联合董卓 救吾皇剿灭宦官

· 35 ·

行。许久,才到雒舍,借得两匹马。皇帝独骑一匹,闵贡与陈留王共骑一匹。又南行三里左右,看见了大片火把之光,毫无疑问这是己方的人马,闵贡便在马上高声呼叫:"皇帝在此!速来救援!"连喊两声,那边才听见,来人正是袁绍、鲍信、淳于琼等,他们专为寻找皇帝而来。一听见"皇帝在此"的声音,便惊呼喜唤起来,一行人策马上前,见了皇帝,翻身下马跪拜。

皇帝居然省事了许多,叫大家快起,现在还是回宫的要紧,要不然宫中人等会急死了。

于是,大家护着皇帝前行。

天明时刻,行至显阳苑附近,忽见前方行来大队人马,黑压压一片,犹如暴风雨到来之前的半天乌云。骑在马上的皇帝不知来的是何方军马,阵容如此之大,心中暗自吃惊。还是陈留王眼尖,远远望见旗上有一个"董"字。

袁绍立刻说:"一定是董卓的部队。"

来的的确是董卓的西凉军。

董卓自从受何进之诏,积极响应,从西凉赶来,本想直抵洛阳的,谁知由于何进等人意见不一,将他阻于渑池屯驻。他心中很不了然,但一时又无借口向洛阳靠近。自他获悉洛阳事变后,认为时机已到,好不高兴,连忙拔动军营,引兵西向。行至半途,便望见宫殿火起,火光映红了大块天空,也把他的欲望烧得火红,便命令马不停蹄,加紧夜行军,他对部下号召:"京城正在兵变,我军岂能坐视不管?速速进兵,以应其变。"

袁绍等护着皇上和陈留王遇见董卓时,董卓的西凉军已经急行军一个通宵了。董卓正骑在马上随部而动,忽有兵士来报:"皇上正在前面。"

董卓知道皇帝是因兵变而离的京城,显然也是一个通宵未曾合眼了,不由叹道:真是一场不小的变故啊!

董卓立刻停止行军,并在北邙阪奉迎皇帝。

皇上由袁绍一行人护着,董卓向皇帝行君臣之礼。

皇帝看见董卓全副武装,并带有重兵,不免有些畏惧。慌张间只顾流涕,不知如何是好,双方一时沉默,听得见风吹董军大旗的声响。

卢植见状,便策马独骑走向董卓跟前下令:"有诏却兵。"

董卓一看见卢植,立刻想起他和卢植之间的许多不快事,便不予买账,并当场讥讽:"公等诸人乃国家大臣,不能匡正王室,使国家动荡不止,何却兵之有?"

说罢,竟独骑超越卢植,直到皇帝跟前请安。

本来就有些怯惧的皇帝,此时见董卓一副傲慢态度,更不知如何是好,乃全身颤栗,无法回话。

众人着急,本应该皇上说话,大臣不能代言。正在这时,比皇帝更年幼的陈留王,忽然勒马上前,鼓起勇气斥道:"来者何人?"

董卓大感意外,但对如此问话,却不能不答,乃答道:"西凉刺史董卓。"

陈留王说:"你是来劫驾?还是来保驾?"

董卓迅速回禀:"特来保驾!"

陈留王质问道:"既来保驾,天子在此,何不下马?"

董卓顿时大惊,立刻翻身下马,跪拜于道左。

陈留王这才缓言相慰道:"将军不愧为天子良臣,不辞道途遥远,赶来保驾,实堪赞誉。今京城祸乱,源自宦官伙战,幸有朝廷一班文武,赤胆忠心,机智勇猛,已将阉臣诛杀,祸根尽除。朝廷已归于安稳正常,不必顾虑,一切按部就班,照常行事可矣!"

董卓为陈留王的一番话感到惊奇,不禁举头打量这个幼小的王爷,心想:这才是一个真正皇帝的材料,岂是幼皇刘辩所能比?联想陈留王是董太皇太后养大,与他同族,应立他为王。

这天一早,一班人返抵洛阳,董卓的西凉军队以保驾名义与皇帝随行,皇甫嵩的兵马就不便阻挡,只得让董卓的西凉军进了洛阳。

何太后听说皇帝回来了,赶快到嘉德殿去迎接。幼皇登上殿,见着太后就止不住悲伤起来。太后心中也是悲喜交集,母子二人当众相抱而泣。

皇帝即日登朝,经一番动乱之后,仿佛换了一个新天。于是,在群臣建议下,改光熹为昭宁。犹如登皇基一般,再次大赦天下,并下诏安抚洛阳警卫部队及司隶区各军团,以整顿军心。

虽然朝廷一派喜气洋洋,但又出了一件令人很不愉快的事情,在改年号的第二天,清点皇室物品时,发现了一件十分重要的东西不见了。

清点人员密奏太后,太后嘱人再细细查找,可是仍无踪影。太后只得告知皇帝,并说:"无论如何,也不能声张出去,派人暗中再行查访吧。"

就这样,表面上喜气洋洋的新政府便蒙上了一层不祥的阴影。

董卓自率西凉军入洛阳后,便不愿走了,他将大部队屯驻在洛阳城外,无异于是对洛阳的一个极大威胁。

以朝廷利益为重的皇甫嵩,在对董卓屯兵洛阳无可奈何的情况下,便果断辞去军职,告老还乡了。他认为只有这样,才可能避免和董卓发生冲突,危及刚稳定下来的朝廷。

而董卓自恃护驾有功,每日带铁甲军入城,横行街市示威,弄得人心惶惶。

司徒王允见状,乃上书推荐丁原为执金吾,虽然执金吾有很强的兵力,但丁原与皇甫嵩相比,威望就差多了,因此董卓起初并不把他放在眼里,依然每日带铁甲军入城,横行街市。

朝中百官为此都很气愤,人们又记起当初郑泰反对调董卓进京的话来,现在看来,郑泰的忧虑是完全正确的,现在董卓已充分暴露了他的野心。但是事已至此,谁还会有什么办法呢?只有叹气而已。

骑都尉鲍信私下向袁绍建议采取奇袭的办法攻击董卓。

袁绍也觉得鲍信的建议有道理,但从不果断的袁绍顾虑重重,怕此事不成,反倒惹怒了董卓,使他有了乱来的借口,于是,便推辞道:"现在刚刚杀了宦官,大家都希望安定一下,怎么能再动刀兵呢?"

鲍信又去见王允,希望王允采纳他的建议,一鼓作气,趁早除了董卓。王允也说:"董卓兵马多,不一定能拿住他。不如采取牵制的办法,过些时候有了成熟的机会再说。"

鲍信只得摇了摇头,叹了口气,带着自己的人马回到泰山去了。

第六章 愚大将临阵脱逃
斩吕氏虎口脱险

　　董卓因为拥有了庞大的军队,所以士气是没人可比的,自从宦官被剿灭之后,他就是朝中最大的隐患。朝廷中的事情都掌握在他的权下。

　　董卓还真有一套本领,不但西凉的胡人、羌人、汉人归顺他,就是何进和何苗的部下,因为受到了优待,也都心悦诚服地归顺了他。后来,董卓又收服了非常有学问的蔡邕。

　　董卓自认为有了力量,就想废去少帝,而先拥立陈留王,以后再看情况而定其他,但有些顾忌执金吾丁原手下的一员大将——吕布。于是,他用美女和赤兔马收买了吕布。吕布杀了丁原,归顺了董卓。

　　在掌握绝对优势以后,董卓便着手重组新政府的工作。首先,他以连月旱象为由,罢免司空刘弘,由自己担任司空,掌握朝政的监督权。接着,董卓又采行曹操早年建议,平反陈蕃、窦武及党人的冤狱,回复其子孙官爵,并归还其财产。

　　在这个基础上,董卓的首席谋臣李儒,便建议董卓早定废主之计。

　　董卓便先邀请司隶校尉袁绍来商议此事。袁绍不同意,二人不欢而散。

　　董卓并不因袁绍反对而中止废立之事,又在三公会议室设宴款待公卿大臣及军政首长,事前更派遣吕布布防京师警卫部队两千余名于三公府附近,俨然摆下鸿门宴。

　　当天,司徒王允、太傅袁隗率领百官皆到。

　　酒过三巡后,董卓按剑举酒致意,并宣布道:"天下之主,宜得贤明,今皇上懦弱无能,更少智慧,长此日久,何以奉宗庙?吾将依伊尹、霍光故事,废帝立陈留王。不知诸位以为如何?"

　　大臣一听,惊愕了,大家都已知三公府已布满董卓军队,惶恐不敢对付。

　　这时,群臣们已经知道,袁绍为此事和董卓顶撞之后,已在侍卫队保护下即日出城,将司隶校尉印系于上东门城上,率领直隶禁卫军团,奔往原根据地冀州寻求保护。其弟袁术得消息后,也连夜率领本部,返回了故乡寿春,司隶军区部队及其原来勤王的外藩军团,当天之中便离去了一大半。

　　连袁氏兄弟都不敢抗衡,唯有躲避,群臣还敢说什么?一个个皆闭口不言。

　　董卓更举剑大声表示:"吾意已决,有敢表示反对者,以军法绳之。"

　　这时,卢植站起来反对,最终被勒令从即日起退隐,从此不得再过问天下

大事。

去了卢植,反对的势力几乎完全排除。董卓便将废立皇帝的议案写下来,派人去交给太傅袁隗,向他征求意见。袁隗也只得提送群臣议决。

隔日,董卓再度召集群臣在崇德前殿,正式威胁何太后,废除少帝。

逼着何太后下道诏书,立陈留王刘协为帝,就是汉献帝;少帝刘辩退位,改封为弘农王。

之后,董卓早安排的人出面向献帝检举何太后迫害董太皇太后的罪行,将何进所为,一并嫁祸于她。献帝岂敢违反董卓之意,乃下诏,言何太后有逆妇姑之礼,着迁永安宫,加以软禁。

是日,改昭宁元年为永汉元年,这正是公元189年。

三日后,董卓派人给何太后送去一杯毒酒,正在永安宫哭得死去活来的何太后巴不得快点死,便一口将毒酒喝下去了。

又一日,董卓派人将舞阳君杀害。至此,何进一族全被诛灭。

十一月,董卓自立为相国,他指使亲信向皇上请求,给予他上朝时候三种特权:一、上朝可以不快步走;二、拜见皇上可以不报自己名字;三、上朝的时候,可以不摘下宝剑,不脱鞋子。

皇上当然不能不照准,因为董卓指使亲信请求皇上,不过图个形式而已。于是,董卓在朝中摆出一副僭越的样子,无视皇上与群臣。大家只有暗中叫苦,连劝阻的胆量也没有。

由于全国各地州郡没有拥护洛阳新政权的表示,董卓也深感不安。当时周毖及城门校尉伍琼,建议以官衔安抚反对派人士。董卓采纳了这个意见,便任用颍川人韩馥为冀州刺史,东莱人刘岱为兖州刺史,陈留人孔伷为豫州刺史,东平寿人张邈为陈留太守,颍川人张咨为南阳太守。

这些人都不是董卓的亲戚、朋友,也不是原来的部下,就因为他们都有些名望,特地大胆使用,好让人家知道董相国任人唯贤,大公无私。

即便是与之不和的袁绍与袁术,他也委以重任,拜袁绍为渤海太守,拜袁术为后将军留在京师里。

董卓的亲信,完全不给予显职,只充当将校里的军职而已。

袁术留在京师里怕遭董卓的毒手,扔了后将军的地位,守在南阳不动。

洛阳经过这次大变故,原先拥有军权的将领,死的死,逃的逃。即使司隶区原有的驻扎部队,不是向董卓集团投诚,便是逃离司隶区。因此,除了董卓自己的亲信外,实在已没有人可以负责洛阳城的军政工作了。但是为了提高新政权的声望,也为了争取更多的支持,这位新任的洛阳军政头子,必须是个深得人望的少壮派将领。

董卓和几位大臣反复商议和交换意见后,找到了一个公认唯一适当人选,这就是原任典军校尉的曹操。

当董卓的西凉军团进入洛阳时,曹操正指挥他的部队在宫中重整残破的宫殿及墙垣,并一一收敛遍地的尸体。他心事沉重,脸色发青,这一场亲眼目睹的动乱和残杀真使他难以忍受。

更严重的还是,随着这场流血政变的发生,董卓的西凉军乘机入京,并在京城耀武扬威,纵容军士作乱,不能不令人感到更大的担忧。

曹操虽然并不认识董卓,但他深知处在眼前的乱局,任何外藩军团的进入,对朝廷都是严重的威胁,一旦处理不善,便可能会酿成内战。

果然不久,便发生了少帝被罢,丁原遇害及袁绍亡命的事件,曹操知道祸事迟早一定会降到自己头上来,便不得不考虑自己该如何办了。

但是,他得作好充分准备,以免事到临头措手不及。

首先,曹操要求父亲曹嵩离开京城洛阳。他对父亲说:"离开洛阳是为了避祸越快离开越好。"

但曹嵩放不下京城内的庞大家产,表示必须变卖整理后才能离开。

曹操又生气,又觉父亲可笑。但是,爱财如命的父亲是绝不会听他这番道理的。曹操只得催促父亲快些变卖和处理,及早启程离京。

为了防范变故,曹操又找来曹洪,悄悄对他说:"你即日离京,急返故乡沛国谯县,秘密将家里人移往另外地方居住,一定要做到任何人也不知道……"

曹洪领命而去,曹操又遣人帮助父亲处理家财变卖杂事,使之尽快登程离去。

这样布置之后,曹操才稍许安稳,但每日依然警惕着各方面的信息。

果不其然,没过几天,曹操便接到了董卓邀请他出任骁骑校尉任命,要他掌管洛阳的所有的禁卫军。

曹操并不是汉皇帝的死忠派,他关心的是社会秩序及天下大事,特别是国家与民族的兴衰。因此,他非常不同意董卓任意破坏朝廷的作为。他深知自己势单力薄,虽然在洛阳城内拥有相当高的声望,但这只是一种虚名罢了,在政治斗争上是没有多少意义的,反而因此更容易危及身家安危。他想起当年李膺的死,不正是铁的教训么?

因此,曹操宁可暂时观望,不像袁绍一样强烈地表现他的反对意见。

可是,现在曹操面临重大抉择了。董卓的指令已经传来,观望是再也不行的,他必须作出选择。而这是他面临的一个重大的抉择:是接受,还是不接受?

若接受官职,便表示自己同意董卓在政治上的作为;若不接受,则必会立刻遭到整肃的命运,弄不好,项上人头都可能保不住。

当然,曹操是无论如何也不会接受董卓给的官职的。要不接受,就只有三十六计,走为上策。他盘算着,如何逃走?逃又逃到哪里去等等。就在他接到董卓指令必须作出回答的短暂时间内,他就这些问题,反复进行了思索

第六章 愚大将临阵脱逃 斩吕氏虎口脱险

和考虑。

最令曹操眼下感到头痛的是父亲曹嵩,这个视财如命的富翁,似乎还没有处理好他那些家财。父亲没走,他该如何办呢?

紧急中,机智的曹操又想出一条妙计,于是曹操派曹仁,去向董卓当面禀报,首先表示他曹操愿意就任骁骑校尉,并因此而感谢董卓。但是,目下他还不能立即上任,原因是由于处理前些时候的官宦事变,过分劳累,宿疾偏头痛复发,现在在治理休养,不便处理公事,还要休息调养几天之后,才能前往报到。曹操一向有偏头痛的毛病,许多官员都知道,董卓问清左右之后,也就不以为意了,便暂缓曹操的任命事宜。

这样一来,曹操便争取到了时间。他立即派遣曹仁,去对父亲曹嵩说了紧急情况。于是,曹嵩便从速贱价处理了余剩财产,在曹仁率少数家丁的秘密保护下,悄悄潜出了京城。为了安全起见,曹操要父亲绝不能返回家乡,最好奔东方的徐州避难。于是,和父亲匆匆告别。

为了让父亲一行人走得更远一点,曹操故意再拖延了报到的日期一天。他向来催上任的使者表示,隔日午时,他曹操将亲赴宰相府晋见董卓。

于是曹操回到房中,关好大门。静坐片刻之后,立刻换上外出服装,披上御寒外袍。又将早已准备好的精短兵器取出,藏于袍内。他轻轻拉开门,探头看了看外面。然后走出门来,又依旧将房门掩好。

曹操轻足细步,来到官邸后墙,一纵身翻了上去,下到外面。

为了完全避免可能的跟踪,也为了不引人注意,曹操既不带任何亲信随从,也不牵马,决定一个人以步行方式摸黑出城,再另想办法离开。

曹操由于身材矮小,再加上他有意双臂相抱,一个人走在路上,尽管有巡逻的军士发现,也未引起注意,还以为是无家可归的一个穷汉。尽管他心中很急,但行路也不匆忙,好像是随意游走着出了城的。

一旦出城,曹操就健步如飞了,身后并无追兵,他放心大胆地走着。他终于来到一个小村镇,叩开一个客栈的门,向老板买马。老板只有一匹无掌老马,问曹操要不要?曹操毫无选择的余地,只得将老马买了。幸好曹操体型不重,那老马也颇能承载他。他便辞别留他住宿的老板,只说老娘死了,赶路奔丧。

曹操策动老马,连夜不停,任寒冷的风在耳边吹。天亮了,他只是停下来吃一点东西,喂一喂马,即刻又登程上路。就这样他披星戴月,昼夜不停,一直向陈留地区赶去。

曹操要到陈留去找曹洪。曹洪按曹操的安排,先将沛县家里人转移到一个众人不知的地方,然后再回到老家变卖了所有家产,将足够的资金带在身上,在约好的陈留地区等着和曹操会合。

曹操离开洛阳的第二天上午,董卓久等曹操,却不见曹操踪影,便又派使者去催问,才知曹操已经不知去向。董卓顿时就明白过来,曹操是逃跑了。

董卓有一种受愚弄和被瞧不起的感觉,不禁勃然大怒,大骂曹操,又大骂使者。

董卓怎能咽下这口气,他立即派遣杀手朝着曹操故乡一路追杀过去,一面向全国发出通缉曹操的命令。

曹操当然会估计到董卓派人追杀,又赶了一天路之后,为了避免暴露行踪,决定抛弃坐骑,改为步行。

又走了一天一夜,到达司隶区边缘地带的中牟县时,由于饥寒难耐,乃夜出寻找食物。正行间,忽看见一队人走来,要躲已是来不及了。原来是巡夜部队,他们截住曹操,搜身之后,又再盘查。

曹操不愿作无谓杀戮,乃不加以反抗,只要求有事需要晋见县令。巡逻队便把兵器给他搜了,押着他来到中牟县城。

中牟县令已接到了董卓发出的通缉令,这时又听说巡逻队捉了一个夜行者,并且身藏兵器,就有了些怀疑。

不一会儿,巡逻队将夜行人押至,中牟县令早已起身候在堂上。中牟县令探头一看,正是通缉令榜首上画的那个曹操。县令立即叫衙役将人拿下,严加看管起来。中牟县令退堂之后,值班功曹来叩见。这时县令正为曹操的事犹豫。他也想将曹操押解京城领赏,但又因董卓名声太恶,世人尽皆唾骂,他若得了董卓之功赏,便会被许多人指责;可是,他又不好放了曹操,要是董卓日后知道了,他身家性命就难保了。

值班功曹叩见之后,议起曹操之事,县令不禁叹气。功曹就说:"我有一言不知该不该说?"

县令似乎很敏感,立即催他:"说呀,我正想听听你的高见。"

功曹就说:"当今局势正趋混乱,董卓以强盗之性,横行洛阳,朝纲为其颠倒,全国一片怨声。而满朝文武,无有敢言之人。有勇有谋有胆识如曹操者,实在罕见。今后救国家民族者,应是此人,所以曹操万不可杀。况如曹操这样声望崇高的英雄,如果因县令而丧命,定将招来万世骂名……"

功曹经过一番深思熟虑后,决定放了曹操。

中牟县令说:"不图相报,只图以曹将军之文才武略,救社稷百姓于水火足也!"

曹操更加感慨,双拳相抱再谢。

中牟县令赠曹操盘缠及马匹,连夜送他出城。曹操策动快马,以尽快脱离司隶区。

离开中牟县后,曹操不敢行走大道,他凭着高明的骑术由近路翻越山中小径,到达成皋。曹操忽然想起,他父亲有一个朋友,叫吕伯奢,就住在这附近。

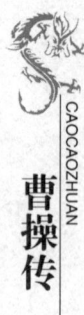

曹操行至一处客栈，正要向店主打听可有吕伯奢其人，忽见店主眨动眼睛，将他仔细打量，便立刻想起通缉令的事，一定这附近也张贴着通缉他的文告。便没来得及开口，翻身上马，转身驰去了。幸好那店主没有大声呼喊，或许因为他没有认得很清楚的缘故吧？

曹操就不敢再冒昧打听了。他躲进一片丛林中，盘算着如何打听吕伯奢的事，正巧，这时从林边走过来一个老太婆，背了个背篓，在拾干柴。曹操估计这老太婆是不会弄清朝廷通缉人之类的事的，便决定向她打听。

曹操下马走出丛林，来到老太婆面前。果然，这老太婆对他并不怎么在意，听他打听吕伯奢，就告诉他："吕家在村东，单门独户，一座大院就是。"

曹操顺她手指的方向望去，果然看见前面一个村子，村子外面，又一座独立的大院，房屋颇为高大整齐。

他谢过老太婆后，依旧又进了林丛躲避，他决定晚上才去拜访。

曹操此去想讨点吃的，而且还想打探一下父亲的消息。这时的曹操，可以说并无任何豪壮气概。全身的心思都在国家社稷和黎民百姓的身上。曹操看着好心的老太婆的背影，在树丛和草棵间时隐时现，多么自由、真实、随意。在那一瞬间，他真羡慕这个老太婆，羡慕她无拘无束无顾忌的日子……

曹操来到大路上，没有碰上任何人，他便翻身上马，借助朦胧的星光，朝前面村落走去。快要走近村子的时候。曹操勒马止了步。因为吕伯奢的家在村子那头，他是绝不能从村中穿过的。他骑在马上，凭高望过去，发现村子左边是一片林子，右边是一片田畴，只有从右边绕过去了。

也许是太寂静的原因，使马蹄声传进了村子，便引来了狗叫声。开始是一只狗在叫，后来就成了三只、五只……以至嚷成了一片。曹操就听见村中有些微微的骚动，还有灯火摇晃的影子。

曹操不能不有些警觉，不过他认真分析之后认为，村里人并不全知道有朝廷通缉的要犯从这里经过。即使知道，作为普通村民，也与他们无关。而现在村中骚动起来，显然就认为是小偷一类歹徒在村外出没了。只有小偷一类人，才可能直接与一般村民利益相关，一般人家才会有所动作。

因此，曹操就不管他们了，竟自在远离村子的田间路上走着。果然，因为他没有靠近村子，村中也就只是稍微骚动一下就算了。

曹操按照白日拾柴禾的老太婆指引的地方，找到了那座大院。他依然又引来了狗叫声，是从大门里头传出来的。他跳下马来，去敲叩大门，大门即刻开了。由于狗叫，屋里早有人来到院门后面窥听。

那开门的四十开外，大约是一位仆人。曹操问明了这是吕伯奢的家后，就向仆人报了自己的真实姓名。那仆人就叫他稍候。自己进去先告诉一声。

许久不见仆人出来，曹操心中不免纳闷：难道这么早就都上床睡了吗？

院中那条狗还在朝他吠叫，不过是拴住的，并无任何危险。

一会儿,那仆人才又出来,引了曹操进去。曹操将马匹暂时拴在一棵树上,然后随人进到客厅。

客厅内已经掌上了灯火,曹操进得门去,才看见是几张椅子上都坐了人,一数,竟是五个,最大的不过三十余岁,最小的也有二十来岁。曹操进去,五个男子都起身以礼相迎,曹操也拱手还礼,然后被指在一个空位上坐下了。

坐定之后,那个三十余岁的男子才说:"家父并不在家,早于三日前去南镇了。"曹操这才知道,在座的都是吕伯奢的儿子。他和他们从无交往,因此彼此并不熟悉,当然也就谈不上了解。即是吕伯奢,他也仅因父亲的关系见过两面。他叫他吕伯,因和父亲是朋友,便以伯叔相称。那两次都是吕伯因事到洛阳,每次都在曹嵩居处小住些日子。曹操因为公务忙,并没有和吕伯有多的接触,何况当时他也并不感兴趣。凡是父亲的朋友,他都觉得是无深谋大虑的人,人以群分之故嘛。故而他对吕伯奢也并不怎么了解,不过在他印象中,吕伯还是个颇为善良的人。正因为此,他才在这次因难路过成皋时,要来找吕伯。

所不幸者,吕伯不在,吕氏五兄弟,他又素无交往。但是既然来了,他也只得硬着头皮了,便说:"令尊大人与家父交谊甚笃,我早就常听家父谈起吕伯,并夸赞吕伯有五个聪明能干的儿子,今日一见,果然名不虚传。吕伯曾两次来京,我都曾相见,不想这次登门拜访,却无幸见他。不过与你弟兄相见,也是另一幸事。"

吕老大即说:"不知曹兄此次来访,有何贵干?即使家父不在,我等也能尽力而为……"

其他四个兄弟也唯诺附和。不知怎的,曹操总感觉他们有一种虚与应酬的意味,心中就有些不悦。不过他毕竟不了解他们,何况对于他们来说,他可以说是不速之客了,来得这么突然,哪有无应酬之语气的?

曹操便说:"我只不过因急事路过而已。登门打扰,只有两事相求……"

吕老大说:"请讲。"

曹操道:"其一,家父几日前已离京东往,势必从此路过,我想家父与吕伯有交,可能会来此处耽待,不知是否见过?"

吕老大即摇头,道:"非常抱歉,确实没有见过令尊大人,甚至也没有听家父提起过。我想是不是令尊大人赶路太急,才未及光临舍下?"

曹操点头说:"没来过就算了,或许他们走的另一条路,才没有经过这里。"

吕老大又问:"那么还有第二件事呢?"

曹操抱歉地笑了笑,说:"因急于赶路,错过了客栈,故来求食一餐,以解饥渴……在下先谢了。"

吕老大说:"区区小事,何足为谢?曹兄何不早说?"随即叫人,快摆酒饭

第六章　愚大将临阵脱逃　斩吕氏虎口脱险

因逃亡之故,曹操十分警惕,不愿喝酒,只吃了几大碗饭。

但是,吕氏弟兄强劝其喝酒的过分热情举动,却使曹操感到有些疑惑。联想最初那种虚与应酬的勉强与冷漠,曹操不能不觉得有些反常。但是,无论如何,他也不会想到他们有什么异心,毕竟吕伯与他父亲是多年的好朋友。而且他过去对吕伯的印象也是颇为良好的,吕伯的儿子们,断然不会做出对不起父亲朋友的事吧!

曹操还是决定在吕家住一宿,以缓解一下旅途奔波的劳顿。本身吕氏弟兄也盛情留他住下,并说这一带的路并不好走,摸黑赶路也许会走错了路。

是夜,曹操很早就休息了,他想明日趁早赶路,以免更多的人发现他,引起怀疑。但是,当曹操躺在床上,刚刚合上眼睛,朦胧中快要入睡的时候,却平白无故猛地一惊,翻身坐了起来。他的心在扑扑乱跳,额上浸出了一层冷汗。

这是怎么了?他一没有做梦,二没有听见什么动静,怎么会无缘无故一惊而起呢?而且,这一惊,他再也没有任何睡意了。于是,他就那么坐在床上,拥着被子,思想像脱缰的野马一般,乱奔乱驰起来。他的心依然跳得很厉害,他自己也能听到那跳动的声响。额上浸出的冷汗虽然干了,可额头却是冰冷的。他以手抚额,思前想后,渐觉有些不妥起来。

于是曹操又是一惊,翻下床来,穿好衣裳,带上兵器,躲在窗下,谛听左右。

奇怪的是,整个院子,居然毫无任何声响,难道所有的人都全部入睡了吗?记得他饭后要去休息时,吕氏弟兄还留他多聊一会儿,并说他们从没这么早睡过。算来曹操进这房子,不过半个时辰光景,他们难道就这么整齐的灭灯入睡了吗?

曹操想探个究竟,便轻轻拉开房门,走了出去。他贴着墙壁,往前摸索,轻脚细步,努力不发出一点声响。他刚刚转过墙角,就看见有两个影子走动。曹操立刻紧贴墙壁,不敢动弹。那两个人走近了,曹操听见他们正在小声说话。一个说:"是二少爷去的。"另一个说:"恐怕这阵子都到县城了。"一个说:"小声些,怕被他听见。"另一个说:"他那么早就去睡了,肯定疲于奔命,累得不行了,这会儿怕正在做梦哩……"

曹操立刻就明白是怎么回事了,看来,他先前从朦胧中猛然惊醒,完全是一种预感了。他庆幸自己那种本能的警觉,要不,今晚就会落入吕氏兄弟的陷阱之中。

毫无疑问,他得赶快离开这个地方,一刻也不能迟疑。

曹操待那两个家人走远之后,便又摸向屋子,取了一个随身包袱。马匹也不能要了,因为那样会惊动了吕家。他决定一个人逾墙出逃,步行远去。

但是,当曹操背了包袱,来到后院时,却被家人发现了。立刻就惊动了吕氏弟兄四人,纷纷赶来,阻拦曹操。

这时,他们还没有露出真面目,只是挽留曹操,叫他天明才走。曹操当然佯装不知,只说:"我已睡了一会儿,再无倦意了,不想打扰,所以独自离开。"吕氏兄弟百般阻挠。而且分别出来劝说,只是不见二少爷。

曹操正言道:"你们不用找二少爷了,恐怕二少爷已经到了官府吧!"

说着,曹操就抽出兵器,以飞快的速度,朝左右两边两下突击,五少爷和三少爷就应声倒地。吕老大和吕老四及两个家人,见曹操雪亮的兵器一闪,立刻躲避开去。随着五少爷和三少爷的惨叫,吕老大在远处喊道:"曹操,你只有缴械投降,官兵马上就要来了!"喊完又大声吆吼:"快将各处房门上锁,不要让这个朝廷要犯跑了。捉住曹操,朝廷有赏……"

曹操怒不可遏,直向吕老大追去。但在黑暗中他不怎么熟悉地形,一转眼吕老大就没有踪影。但是他看见人影就杀,一连又杀了五个人。曹操杀了他们也感到有些后悔和惋惜,但他也没有办法。一是黑暗中他分不清是家仆还是吕氏弟兄,二是他杀他们都是因为他们或用木棍之类的东西袭击他,或是正在高喊抓要犯。情势逼着他不得不杀。后来他又想,在这危急关头,吕家任何人都必与他对立,即使他不杀他们逃出去了,他们也会为追来的官兵提供线索。他应该杀了他们,才能绝了后患。这样一想,他就不那么内疚了,只是对这些不明事情真相的家仆们感到惋惜而已。

曹操提着兵器在吕家转了几个圈,再也看不到任何人影了。而几处通道的房门,确实已经上了锁。当然,要想用上锁的办法来阻拦曹操,是完全不可能的,只能说明吕氏弟兄的无知和对曹操的缺乏了解。以曹操的功夫,要逾越吕氏院房是轻而易举的事,他之所以尚未逾越,完全是为了寻找吕氏弟兄予以诛杀。现在既然一时寻找不到,他就决定先越出院房去,同时他又想到了一个逼吕氏弟兄出来的妙计。

曹操纵身一跃,上了一处短房,他像敏捷的猿猴一般,飞快地爬上屋脊,将屋脊当做坚实的道路一般,从这一间房屋跳到那一间房屋。不一会儿,他就跳出院墙,来到侧旁马厩。他随便挑了一匹壮马,在手上牵了。然后,又找来一支火把,将它点燃。他执了火把,翻上马背,沿吕氏院房一周,点燃了好几处。

熊熊燃烧的火引来了呼呼的风,火借风势就燃得更猛。吕老大和吕老四相继从火中奔出,曹操上前一人一刀将他们杀死之后,又看见一个人影在前面踉跄奔逃。

曹操策马上前,厉声喝问:"何许人也!"

那人影转过身来,扑通一声跪下了,颤颤地说:"贤侄切莫乱来,这都与我无关……"

曹操大感惊异,因为跪在他面前的正是吕伯奢。

曹操就问:"不是说你出远门去了吗?"

第六章 愚大将临阵脱逃 斩吕氏虎口脱险

· 47 ·

吕伯奢道:"完全是胡说八道,我一直在家,哪里走过?"

曹操便问:"既在家中,怎么不见你呢?"

"这个……"吕伯奢语塞了,嗫嚅说:"我有早睡的习惯……"

曹操胸中的怒火又呼地燃烧起来,要是吕伯奢明说:他知道这一切阴谋,只是很为难,不愿参与,所以才没有露面。那么,曹操尚能宽容他,不管怎么说,他毕竟是父亲的朋友。但是现在,吕伯奢支吾其词,佯装什么也不知道,就恰好暴露了他是这场阴谋的参与者。他焉有不怒火中烧之理?如此父亲朋友,宽厚长辈,竟是一个包藏狼子野心的衣冠禽兽,背叛朋友的可耻小人。

曹操直呼其名,大喊一声"吕伯奢!"。

吕伯奢一抬头,就看见一道雪亮的寒光闪来,他本能地往后一仰,与此同时,曹操的兵器就已经戳在了他的胸上。吕伯奢顿觉自己像纸一般被戳穿了,同时也像纸一般轻飘飘地飞扬起来,飘在阴风惨惨的半空中了……

曹操杀了吕伯奢后,稍作盘算,便策马向虎牢关奔去。

于是曹操快马加鞭,朝通往虎牢关的大路奔驰。果然,就在他遥遥望见虎牢关的时候,将吕老二追上了。

吕老二并不知道追来的是曹操,因为曹操无论如何也不会到虎牢关自投罗网。吕老二以为是家里的其他人赶来,忙勒马回头,问道:"何事这么赶急?"

已驰近吕老二的曹操切齿低声骂道:"畜生,就为这事!"

只见寒光一闪,吕老二就栽下了马来。

吕老二跌落马下,只喊出一声:"你……"就再也不能言语了。

曹操这才松了一口气,在夜气中望了一眼尚在沉睡中的虎牢关,然后勒转马头,飞驰而去了。

第七章　陈留备战招募兵
　　　　　折戟汴水丧卫公

　　曹操解除了危险因素之后，立刻准备赶往陈留，与事先等在那里的曹洪会合。弟兄二人真是万分高兴，因为他们的会合，就标志着董卓追捕他们已经失败。而对于他们来说也取得了第一步的成功。

　　陈留是一个大郡，离洛阳五百多里，曹操不必再怕董卓迫害他了。陈留太守张邈跟曹操和袁绍都是好朋友，而且陈留郡是属兖州管的，兖州刺史刘岱又是士大夫集团中反对董卓很坚决的一个人。曹操之所以选择在陈留和曹洪会合，就是因为在陈留有这些有利的条件。

　　曹洪将变卖家产得来的资金，全数点与曹操。

　　曹操问曹洪："你对父亲说没说要用这些钱？"

　　曹洪说："这次老爷确实与以往不同，说是对抗董卓，他举双手赞成。还说，要是招兵买马还需要钱，他可以再拿出一些。他对董卓破口大骂，说是董卓逼得他背离繁荣的京城，流落荒郊……"

　　曹操笑着点头道："连父亲这样爱财如命的人，也要舍钱以对抗董卓了，那么董卓的日子还会长么？失民心者失天下，这是最起码的道理。"

　　当日下午，曹操就去拜访了陈留太守张邈。张邈十分热情，要设宴款待。

　　曹操和张邈说明了来意，只是为招兵买马的事情而来，于是在饭前就把来意说清楚了。张邈非常明白曹操的意思，所以不但对他大加赞扬表示愿意帮助曹操，觉得曹操和自己的意向相投，而且盛情款待曹操。

　　二人又是一阵哈哈大笑，于是擎盏相碰，一饮而尽，热酒热肠，好痛快。

　　曹操得到张邈和兖州刺史刘岱的允许和支持，便在陈留广大地区张贴告示，广为募兵。曹操在募兵告示上明确写出，当今朝廷因董卓霸占而朝纲颠倒，乃是国之不幸，民之大难。今广为招募义兵，旨在讨伐董卓，为国去贼，为民去祸根。

　　告示一出，反响极大，陈留城乡广大地区，凡有识之士都议论此事，都称曹操募兵乃正义之举，并鼓动青壮年前去应招。因此募兵极为顺利，不多的时间内，竟募集数千人。而且得到了当地百姓的大力支持。

　　尽管曹操很欣赏百姓的踊跃和主动，但对于那对父子的同时应募，仍不表赞成。他亲自去见那对父子，对他们说："你父子如是积极应募，我曹操感激不尽。同时也十分欣赏和佩服你们这种意在讨逆的正义之举。但是，父子同时从军，终为不妥。任何人都上有父母，下有妻儿子女，男丁去多，岂不影

响生计?国家者,国与家之共称,家不兴,国将何盛?兵将何强呢?"曹操是在募兵处当众讲这番话的,在场的人无不感慨。于是,曹操又留给了大家一个很近情理的好印象,消息传开,不少人又都冲着这一点来应募了。

曹操将招募的人马,屯驻在陈留附近的襄邑,在那儿占据了一个很大的地方,开始了他的艰苦建军事业。

在练兵之前,要先造兵器。曹操懂得如何量才用人,他首先在招募的新兵中进行了一番调查摸底,了解谁曾为铁匠、木匠、砖瓦匠,等等。他将这些人都发动起来,砖瓦匠赶做砖瓦,用以建造工坊;木匠则做好支架、门窗。于是,打造兵器的几排工坊就建起来了。

就在这打造兵器的几排工坊中,经常看见一个矮胖而壮实的中年男子,他穿着普通的工作服装,时而在这个炉前,时而在那个炉前……

这个人不是别人,正是全军最高统帅曹操。只有极少数人认识他,更多的人并不知道他是谁,因为他不着官服,人短貌丑,说他是一个地道的黑铁匠一点不过分。有一次,他正在一个炉前挥锤帮着锻打,曹洪找来了,喊了一声"曹将军",向他报告事情。那两个已有些懒散的铁匠学徒兵听了,万分惊讶,待真正弄清确实是曹操后,竟然感动得哭了起来。

曹操身先士卒,和大家一起打造兵器的事,在所有士兵中传开了,听到的人无不感动。铁匠们被他的精神感动,更有了干劲。兵器打造了相当部分之后,曹操才开始组织操练新兵。他操练新兵也有独到之处,除了练身外,还懂得如何练心。所谓练心,就是以天下之理争取军心。他讲京城动乱,讲董卓擅权,讲国家社稷的安危,讲百姓的疾苦与如何安居乐业。最后归结到如何练好兵,方才有利于讨伐的问题上。这样自然就收到了很好的效果,全体将士,有一种正义之气。然后再绳之以军风军纪,使整个军队,努力向铁一般的紧密、结实、坚强方面发展。

曹操在襄邑艰苦建军的佳话传开,感动着不少的人。豫州地区许多独当一面的英雄豪杰,三五成群,纷纷投靠曹操的义军。因此,曹操除招募之外,又增加不少人马。就连曹洪和他训练有素的一千多武士也都来投靠曹操。

曹洪事前并未对曹操说,只想给他个意外之喜。曹操拍着曹洪的双肩,称他确是颇有心计之人。

曹洪的兄弟曹仁也不孬。曹仁在家时也酷爱习武和结交,与他有来往的好武者也有数百。当他完成护送曹嵩逃亡徐州的任务后,在返回时去了家乡,对他结交的好武者一讲,尽皆愿意跟他一道来陈留投曹操。每一个好武者又有一两个朋友,经他们各自联络,便又有丁壮数百相随。曹仁赶到陈留时已经有了一支人马,令曹操感到惊喜。

紧接着,又是夏侯惇和夏侯渊弟兄二人来投。

这会儿,夏侯惇和夏侯渊带了两千人来投奔曹操,曹操高兴得直称他们好兄弟。其实曹操的父亲本来姓夏侯,因过继给宦官曹腾才改姓的,因此,夏侯惇和夏侯渊两人实际上也就是曹操的族兄弟。

此外,来投曹操的还有阳平卫国人乐进、山阳钜鹿人李典。乐进是个矮小个儿,胆量可很奇大,什么危险的事情他都敢干。曹操见乐进粗壮笃实,而面目大方,颇有召唤力的样子,就建议他回到本郡去,再募新兵。乐进爽快答应,即日便回去了,仅五天时间,就带来一千多人,确实没有使曹操失望。

李典是钜鹿的豪强大姓,他家里的宾客就有上千人,加之他恣意感召,钜鹿随李典来陈留的,也有三千余人。

打造兵器,训练新军,征购马匹,都需要大量资金,曹操和曹洪变卖家产的钱是远远不够的,幸好有些来投的豪强大户,如李典一类豪杰,还捐助了不少资金。此外,曹操又去拜访好几个陈留的豪富。这些豪富都对曹操十分欢迎,并对曹操进行募捐。

曹操深有感慨,叹道:"凡正义之举,人们都是支持的啊!"

在这期间,曹操还幸运地碰上了他事业上的一个大贵人,陈留郡的孝廉卫兹。卫兹是陈留郡的第一个豪富世家,为人轻财重义,也是当地清流派的重要领袖。他曾拜大儒郭泰为师,因此在地方上的知识分子圈内相当的吃得开。

曹操在陈留之举,令卫兹十分赞赏,但是他还不认识曹操,只是对这举动本身很赏识而已。

以卫兹的地位声望替曹操宣传,加上他本人又带头捐出巨款,因此,很快得到地方有力人士响应,出资者尤众,立刻解决了曹操的困境。

日后,卫兹也参与了关东军团起义,在荥阳和董卓军作战时,兵败被杀。曹操非常伤心,特别立祠祭祀,以感谢他的恩情。卫兹的儿子卫臻,在曹操后来当政后即任要职。并在曹操死后的魏文帝、魏明帝朝中,皆任要职。由于曹操在世时赐予的特权,卫臻成了朝中非常敢言的正直谏官,对魏的贡献很大。

这一年,曹操正好三十五岁,乃是他艰苦创业,大获成功的开端。

东汉帝国的领域,共分为十四个行政单位,除了司隶直辖区外,分别为幽、冀、青、并、豫、徐、凉、扬、荆、益、交、兖、雍十三州,州设刺史,州下置郡,以统领各辖区的民政、财政及军政。

司隶直辖区,包括京都洛阳及故都长安附近的领域,由中央政府直接统领。

在司隶区的东方,计有兖、青、豫、徐四州:兖州包括今天山东省西南及山西省东南部;青州约包括山东省中部及东部;豫州包括今天的河南省全部;徐州包括山东省南部及江苏省北部。

在司隶区的北方,则有幽、冀、并、凉、雍五州:幽州包括今天之北京、河北北部、辽宁,加上朝鲜的一部分;冀州约今之河北省;并州包括绥远、山西北部及陕西的东北部;凉州则为今之宁夏及甘肃省、青海省的一部分;雍州则包括山西省南部、陕西省西部及宁夏之一部分。

其余扬、荆、益、交四州,则包括了整个中国的南半部:扬州大约为今之江苏南部、浙江、安徽及江西东部;荆州包括湖北、湖南及江西的中部及西部;交州在今之广东及广西省;益州则包括四川及陕西、贵州的一部分。

东汉末年黄巾党人事件后,各地方州郡情势呈现严重不稳的状况。如此一来,便逐渐使改州刺史为州牧的州郡,形成了军阀割据的局面。

袁绍和董卓闹翻后,便率领直属军团直奔冀州东部的渤海郡。董卓后来为了安抚据守在渤海郡的袁绍,特别任命他为渤海太守,并封为阮乡侯。而在另一方面,董卓则派人去冀州要求州牧韩馥,就近监督袁绍的动态。冀州牧韩馥听令于董卓,便使袁绍据守渤海郡,却陷入动弹不得的困境。

这时,东郡太守桥瑁,曾经做过兖州刺史,在太守和刺史当中算是很有威望的人,因一向对董卓最为反感,因此便假制朝廷内司徒、司空、太尉三公的联合宣告书,向各州郡发出通告,宣布董卓的罪状,号召州郡发兵去征讨董卓。

通告传到冀州,冀州牧韩馥左右为难了。他之升任冀州牧,是由董卓推举的,因此在主观上,想对董卓表示忠心。董卓叫他监视袁绍,他当然照办。果然不久,便探知袁绍在渤海郡一带招兵买马,意在和董卓作对。他要管这事,是办得到的,因渤海郡属于冀州管,太守属州牧管。韩馥正想派人去警告袁绍,叫他不要轻举妄动的时候,就接到了桥瑁声讨董卓的通告。他顿时犹豫了,不知帮哪一边的好?

韩馥召集部下商议此事,他将情况介绍了,最后说:"现在,我应当帮助董家呢还是帮助袁家?"

这时,有个助理官员叫刘子惠的,听了韩馥的话就说:"起兵是为国为民,哪儿是为董家或袁家呢?"

这句话一语中的,切中问题根本,在座的人都点头称是。韩馥顿感羞愧,脸上发红发热起来。他立即表示,响应桥瑁起兵勤王。第二天,韩馥就派人送信给袁绍,对他招兵买马之举,不仅没阻止,反而却大力支持。

袁绍得到韩馥态度鲜明的支持,便去除了一切顾虑,放开手脚大干起来了。他公开派人到各地去,约请各州郡太守和刺史一同起兵伐董。袁绍公开派人去约他们一同起兵,正如同以风助火,扇得个烈焰腾腾。

东郡太守桥瑁是首倡起兵伐董卓的,自然不必说了,冀州牧韩馥,已向袁绍表明了态度。其他还有袁绍的异母兄弟后将军袁术和其兄弟山阳太守袁遗,都起兵响应。

还有豫州刺史孔伷、兖州刺史刘岱、河内太守王匡、陈留太守张邈、广陵太守张超等五人分别给袁绍去信,表示同意共同发兵。

特别值得一提的是骑都尉鲍信,他早在泰山招募了步兵两万人,骑兵七百人,备辎重一万五千多辆,和他兄弟鲍韬一道,正在加紧练兵。

袁绍的使者一去,他就立即响应,和使者一道就带兵而来。没有想到袁绍会这么快就响应他的政策。

曹操此时已经拥有一定的军事实力,兵器已经非常充足,新兵的训练也非常有素。于是,他便马上带了乐进、李典、夏侯惇、夏侯渊、曹仁、曹洪和好几千士兵赶来。曹操眼下并无地盘,他将自己算作张邈的部下。袁绍当然不会忘记约请曹操。因为他也是不可忽视的力量。

各路兵陆续出发,有的多达两三万人,有的一两万人,最少的也有五六千人之多。

包括袁绍在内的各路兵马向河南汇聚。

袁绍到了河内,跟河内太守王匡的兵马合在一起,暂时驻扎在河内。韩馥把军队驻扎在邺城,即河南省临漳县西,以督运军粮。袁术的军队驻扎在鲁阳,即今河南省鲁山县。孔伷的军队驻扎在颍川。

除了这五路兵马分别驻扎在当地以外,其余像张邈、曹操、张超、刘岱、桥瑁、袁遗他们都到了酸枣,即今河南省延津县北。

到了约定的日期,袁绍、王匡、韩馥、袁术、孔伷他们带着随从的人都到酸枣来开会。先后到达酸枣参加会议的有十路人马。并公推袁绍为盟主,订立了共同盟约。

这是公元190年,即汉献帝初平元年,函谷关以东的州郡正式结成反董卓联盟。袁绍自封为车骑将军,兼司隶校尉。曹操所率是唯一的私人军队,自称奋勇将军。袁绍向来知晓曹操的能耐和实力,对曹操特别看重,再以盟主身份正式任命曹操为奋勇将军。

袁绍与王匡屯兵河内,便负责作战计划、指挥及协调人员。其余首领,都按原部署屯兵各地,随时听令。

各路兵马都有数万人之众,由北、东、南三方面,将洛阳团团围住。

袁绍以盟主身份,正式发出通告,号召各地起兵征讨董卓。袁绍的通告发出去以后,又多了两路兵马:一路是长沙太守孙坚,一路是上党太守张扬。这样,征讨董卓的队伍就有十二路兵马了。

由于袁绍声望崇高,并且曾经公开反对过董卓,所以深得各路兵马领导者的信任。唯独济北相鲍信,却对袁绍别有看法。鲍信确实颇能识人,他经过几次接触,便发现袁绍颇有虚荣浮华之心,好高骛远之志,却又并不十分实在。表面他很尊重众首领意见,其实却缺乏定见,仿佛他的心思如灯笼一般,哪方的风吹得大,他就顺着哪方的力量转动。鲍信只将自己的想法对曹操说了,那么多人他没说,只对曹操说,在鲍信自己似乎也十分奇怪。显然是他对曹操有特别的好感。他是知道这个曾为典军校尉的曹操的,并也知道曹操是

为了不就任董卓的封官才逃到陈留的。鲍信知悉了曹操身同士卒,打造兵器的举动;知悉了曹操游说富豪,争取支持的举措;更知悉了曹操训练军士的技巧和方法,等等。

鲍信由此断定,这个粗短壮实、貌不惊人的汉子,绝非袁绍所能匹比。鲍信因此专程拜访了曹操,无比感慨地说:"乱世的英雄不是那么容易当的,今后拨乱反正的只有将军你才做得到。其他军团领袖,即使目前看来很强盛,一段时间以后,也势必会衰颓而趋于灭亡,将军你才是承受天降大任的角色啊!"

曹操听了,无比惶惑,说:"鲍相过奖了,确实过奖了。操不过殚思竭虑,为讨伐董卓计耳。焉有承受天任之才?"

鲍信道:"将军不必过谦,当此乱世之时,英雄毕现,优胜劣汰,在所难免。若以将军之才德,岂有不尽心尽力于匡世之为之理?既尽心力,必为群雄所不及也!"

曹操听出鲍信也是一番肺腑之言,便不再推诿,含笑表示谢忱而已。但见他不愿再深究这个问题,他觉得当务之急,还是如何讨伐董卓……

袁绍号召各地起兵征讨董卓的通告发出以后,董卓并没有把袁绍等放在眼里。因为他恃兵力很强,这十几万兵马,对于他不过是一批游兵散勇而已。

但是,残暴的董卓仍然在看了通告之后,无比生气和愤怒。在生气和愤怒之际,董卓将袁绍等人起兵的根源定在了弘农王身上。弘农王即是少帝,但被董卓废为弘农王。董卓认为,这些关东州郡起兵的借口中,都有少帝,少帝便是祸患之根。于是,他就用毒酒害死了弘农王。

之后,董卓还迁怒并杀了很多人,而且把一些他认为难对付的人,要么杀了,要么安排了,接着又下了命令,限期迁都。他下令洛阳一百余万居民全部强迫迁居长安。一时间,从洛阳到长安的大道上,挤满了迁移的人潮车马。加上粮食缺乏,饿死者、相踵受伤死亡者及相互抢掠械斗至死者无数,尸体布满沿途大道,真是一幅触目惊心的凄惨地狱图。

董卓的残暴行动,传到曹操军团中,曹操听了,说不出有多么气愤和悲痛。

然而,最让曹操痛心的,却是关东军团对这件事的反应。军纪败坏,军队的士气涣散。诚如在前鲍信所言,关东军团虽然号称联军,却各怀鬼胎,谁也不肯以自己的军队打前锋,和董卓强大的西凉军团对抗。而盟主袁绍对董卓举国西迁所造成的惨剧,居然视若无睹,按兵不动。曹操于此实在看不下去了,便单骑直抵袁绍大本营。袁绍劝说曹操不要着急,不能冒险行动。他这番话也是有自己的私心在里面。怕自己的军队受到损失。曹操失望而归,竟自向盟军宣告:"举义兵,除暴乱,名正言顺。现在各路兵马云集一起,正该出击之时,各位还有什么下不了决心的呢?逆贼董卓,烧毁宫殿,劫走天子,强迫百姓,一时海内震动,人心惶惶。正可谓天怒人怨,惩处逆贼之机。只要大家同心协力,定会擒贼……"

曹操这么喊着,各路将领却有些无动于衷。曹操看着这些人虽然一起订了盟约,却是同盟不同心,便十分生气。曹操于失望之际,乃独自带着夏侯惇、夏侯渊、曹仁、曹洪、李典、乐进等人往西去打董卓。陈留孝廉卫兹自告奋勇,愿随曹操一块儿去。曹操和卫兹虽然有一些人马,可是毕竟没有自己的地盘,在给养方面就成问题了,他只得去求陈留太守张邈帮助。张邈表示支持他们的行动,另外还拨给他们几千人马。

曹操高兴至极,便由自己亲自打头阵,请卫兹在后队接应,信心百倍地从酸枣出发,去夺取荥阳。一路上如船帆遇风,十分顺畅。

曹操率军到达汴水,汴水在河南省荥阳县北。曹操刚到,就遇上董卓的大将徐荣。原来董卓已听到了曹操单独进军的消息,便马上把徐荣的大军调到了汴水,在那儿候迎曹操。

曹操本来兵马不多,又没料到徐荣早已布好阵势,因此立刻处在很不利的地位。幸亏曹操新募的义兵经过严格训练,又有才打造的好兵器,虽然处在绝对劣势,也打了一整天才退下来。当然伤亡颇大,夏侯惇、夏侯渊、曹仁、曹洪他们几个拼着命保护曹操向荥阳退去。

然而徐荣的军队紧紧咬住曹操不放。天已经黑下来了,曹操快马加鞭,只觉得耳畔风声如泣。渐渐跑得有些疲惫了,而追兵之势并未稍减。忽然曹操听见鸣镝之声,慌忙伏身躲闪,但是肩膀上还是中了一箭。还没等他反应过来,又一箭射中了马屁股。那马跪倒了,把曹操摔在地上。后面追兵即将驰拢,正在危急之时,曹洪赶到,指挥部下挡住敌兵,自己跳下马来,扶起曹操,替他拔出了箭,一把按上随身带的刀伤药,请他上了自己的马。

曹操说:"你没有马怎么行呢?"

曹洪说:"当今天下可以没有我,但不可以没有主公啊!"

后面喊杀已近,曹洪鞭击曹操坐骑,使之驰骋,而他却在后面跟着猛跑。一行人又跑了几里地,天已经完全黑下来了,忽然前面闪出一排火把,大队人马拦住去路。

曹操和曹洪一下子惊呆了,难道天要绝人么?曹操顿生怒气,吼道:"如此进退维谷,只有拼命一途了!"

正要驰马上前迎战,才发现是卫兹的部队。真是一场虚惊,心中一块石头顿时落地。可是不见了卫兹,曹操一问,才知卫兹是为流矢射中,不幸当场阵亡。

卫兹乃曹操的恩人,这次又自告奋勇来协助曹操,竟然阵亡,他不能不为此悲痛,他仰天叹曰:"卫公好人,天意何逆?"

但是情势仍很紧急,不容许他们再多停留,两支人马只得汇合在一起,连夜赶路,离开荥阳。而徐荣这时已停止追赶,他虽然打败了曹操,却已经认识

到了曹操的勇武,况且酸枣还有十多万兵马,不可冒昧逼近,所以追赶一阵就收兵回去了。

关东军团动用十余万兵力,冀、豫、兖、青四大精华州的郡县几乎全部响应,实际的人力、物力和声势上超过了董卓的长安政府。尤其在董卓西迁后,所属军团士气低落,作战力大减。而且司隶军区中,由左将军皇甫嵩统领的三万余直属军团,屯驻长安附近的扶风,不但不接受董卓的指挥,而且随时还有倒戈相向的可能。诚如曹操的估算,只要关东军团策略运用正确,一次大会战,即可使大局扭转。

问题是,各州郡领袖真正想做的,并非表面喊的"抗暴"及"勤王",而是想乘机切断和长安政府的从属关系,从此不必接受调动,以取得独立的领土及军队控制权,并伺机谋夺天下。后来袁绍及韩馥便公开想拥幽州牧刘虞为皇帝,袁术更进一步想自己称帝。不过在此说明各州郡领袖是为了保留自己的实力,谁也不肯和董卓进行有危险性的硬战,包围洛阳也不过为了表表姿态而已。

曹操此时领的只是一支私人部队,他没有领土也没有领民,军资粮草完全靠自己供应,根本不宜做持久性的战略。他孤军奋战,不惜以鸡蛋碰石头,最主要也是希望以行动暴露关东军团州郡领袖的私心,激起有心之士同情,以增加自己的力量。

曹操引兵回到酸枣,只剩了五六百人,幸亏几个将军都没有伤亡。曹操看着自己的兵这么少,但他估计张邈、刘岱、桥瑁、袁术他们驻扎酸枣的兵马一定不下十数万。这十数万众难道还不能去打董卓吗?

但是,曹操看到的是驻扎战地的十几万关东军团在营中设酒置宴,歌舞升平,似乎早忘了东汉皇帝的悲剧,也根本忘掉勤王抗暴的起义目的了。

悲愤到极点的曹操,不禁大声疾呼:

"各位请仔细考虑我的计划,屯驻河内的渤海军团可进据到孟津渡口,驻扎在酸枣的各军团,则建构防御工程,并坚守敖仓,以完全控制太谷的险要地势……"

曹操虽然一席正义热血之词,却没有一个人接受。连一向和他较为友好的张邈,也不表示赞同。

其实,曹操这种由三方面向洛阳包围的战略,是相当高明的。董卓军团西迁后,士气大受影响,甚至已趋溃散。加上扶风的皇甫嵩军团及河南伊朱俊、京兆尹盖勋随时可能倒戈。东、西、南三方面同时加压,很可能使董卓的西凉军团放弃长安,退入关州及凉州地带。如此一来,关东军团便有讨价还价的谈判条件了。但现在整个关东军团几乎要瘫痪了,没有一点战斗的气势,各人只想扩充自己的势力了。

第八章　内讧纷升兵西迁
　　　　　群雄混战刘备现

　　曹操自认对天下大势的发展方向,敌我双方力量的对比,都有了非常深入的了解和研究,故而才敢大胆地高声指责他的同盟,并提出他自认为高超的战略建议。

　　但是,大家并不为其所动,曹操看到同盟者如此反应,也终于领悟到时代变化了,汉室的天下再也不存在了。乱世将至,这已是群雄并起,各凭实力打天下的时代,于是,曹操决定退出关东军团,自己再去招兵。

　　曹操带着夏侯惇及曹洪等人,离开酸枣,到了扬州。他专门去拜见了扬州刺史陈温及丹阳太守周昕,向他们发表了一通征讨董卓的演说。陈温和周昕分别为其鼓动起来,便给了他几千士兵。

　　曹操就带着这四千赠送的士兵走了。

　　但是曹操没有料到,这些人根本不愿跟着他去打仗,到了龙亢,即今安徽省怀远县西北,就发生了叛变。叛兵居然袭击曹操,目的是为了回到他们原先的安乐窝去。

　　曹操和夏侯惇、曹洪等力战叛兵,将其杀散,才得以保全了自己。

　　曹操到了河内,才获知酸枣那边出了事。原来兖州刺史刘岱成心要兼并东郡太守桥瑁的军队。他有意派人去向桥瑁借粮,桥瑁说:"我自己的粮草都还不够,哪儿还有多余的借给别人呐?"

　　刘岱因为这事,趁桥瑁没有任何准备时,进军营杀了桥瑁。把东郡的兵马全部接收了,并另派自己的人去做了东郡太守。这样一来,刘岱的势力比过去大了许多。曹操知道了桥瑁被杀的事后,叹息不已,没想到自己的同盟现在就内讧了。

　　接着,曹操又听说南阳太守袁术跟长沙太守孙坚一起密谋,轰走了豫州刺史孔伷,而孙坚自己做了豫州刺史;名士刘表占据了江南,做了荆州刺史。

　　这样一来,原来兴义兵,除强暴的各盟军,现在开始了割据地盘,互相攻打。曹操因此而万分痛心,想到天下这么乱糟糟的,自己又只有这么一点点人马,能干什么呢?一度也产生了灰心丧气之念,还不如回到老家去,春夏读书,秋冬打猎,另待时机了。但他又很快否定了自己的想法,当今之国家社稷,因董卓而空前蒙难,任何志士仁人,焉能在家中消闲得住?于是曹操又坚定了重新招兵买马,继续讨伐董卓的意志。

　　转眼过了年,到了公元191年,即初平二年,袁绍和冀州刺史韩馥商议,打

· 57 ·

算立幽州牧刘虞为帝。他们认为董卓劫走了十一岁的汉献帝,生死不明,所以该另外立帝。而刘虞是宗室中最有威望的人,让他做皇帝,比汉献帝还强得多。

袁绍历数刘虞的好处,说:"你看从刘虞到了幽州以后,就注重耕种;在上谷开了市场,让胡人跟汉人做买卖;他发展了渔阳的盐铁生产;百姓生活都有了改善,连青州、徐州的人也有不少跑到幽州去归附他的。况且,为了打击董卓,立刘虞也是必要的……"

袁绍特意询问曹操,问他可有什么意见。

曹操很不同意这样做,他说:"我们一起兵,各地豪杰就纷纷响应。之所以拥护者众,就因为我们是义兵啊!现今皇上,年轻力弱,故受奸臣压制,可是,他并没有像邑王那样的罪恶,凭什么要废了他呢?要是废了他,另立其他人,别人也可以同样仿效,随意废立,那天下还成什么样子?诸君若硬要北向立刘虞而称臣,我是宁可向西忠于现今之皇上的。"

袁绍知曹操一旦定了主意,是不可能轻易说转的,便再也没有说什么了。袁绍又写信给南阳太守袁术,向他征求意见。

袁术早有自己做皇帝的心思,看信后,得知袁绍等人要立个年长而有能耐的人做皇帝,顿觉对自己大不利。当然他不好明说自己心中所图,只得堂而皇之地拒绝了。

曹操和袁术虽然各人用心不同,可是他们都明确拒绝了袁绍的主张。

袁绍碰了壁并不灰心,又和韩馥商量,认为不能为了曹操和袁术两个人的反对而误了大事。便决定仍照原计划行事,派使者去幽州,表明立刘虞为帝的意思。

万没料到,刘虞听了并不高兴,当着使者,把袁绍、韩馥狠狠批评了一顿。

刘虞说:"现今天下,皇上正蒙受苦难,我等得朝廷厚恩,至今未能为国家擦去耻辱,已经是够惭愧的了。诸君占据着几方州郡,理应当同心协力辅助王室,怎么反倒谋起反来了?你们一意孤行,后果难料,至于我,是不会被你们拖下水的……"

袁绍、韩馥听了使者回音,也很意外。但是,这是他们唯一的希望所系,岂能轻易作罢,于是,又硬着头皮再派使者去请刘虞,刘虞还是坚决拒绝,并说:"你们是要存心逼我逃往外国么?"

这一来,袁绍、韩馥才不再提说此事。二人骂刘虞,说他真是不识抬举。其实这种骂,不过是一种自找台阶下去的做法,只有些自我安慰的效果。

立不成帝,袁绍、韩馥二人并不因此而改弦更张,向董卓进攻,而是仍然屯在各自的地方,无所事事。直到后来粮食吃完了,他们好像已经完成了任务,一个一个悄悄地溜走了……

刘虞不愿意做皇帝,各州郡的义兵首领各有各的打算。袁绍把立帝的事虽然搁下,却还在图谋着以别的办法来扩张自己的势力。

曹操看到义兵首领们纷纷先后散了,自己感到很失望。这时候,只有一个义兵首领愿和董卓作战,那就是豫州刺史孙坚。

原来袁术反对立刘虞为帝,一心想自己做皇帝。他把大军驻扎在鲁阳,利用孙坚去打头阵,替他鸣锣开道。他跟孙坚约定:孙坚出去冲锋,由袁术在后面接应,供应孙坚粮草。

孙坚跟袁术约定以后,就立即带着自己的部下程普、黄盖、韩当、祖茂四条好汉,还有一万多兵马,离开鲁阳大营,向梁县那边打过去。

孙坚作战颇有气势,他总是跑在最前面,加上他身材高大,又头戴大红头巾,所以后面的部队都能远远瞧见。因此就形成了一个习惯,所有官兵,只要看见大红头巾往哪儿移动,他们就往哪儿冲锋。

孙坚部队很顺利快速地前进了一百多里,收复了梁县。听说董卓部将徐荣已经调走了,董卓驻扎在那边的兵马并不多,孙坚就把大军驻扎下来,自己带着一部分人马占领了阳人聚,即梁县西边的一个市镇,在那儿也扎了营盘。

但是到了后半晌,董卓手下一员大将华雄,出其不意地率兵出击,将孙坚在阳人聚的人马团团围住了。天还未黑,仅是傍晚时分,华雄令士兵尽举火把,一面放火,一面夺营。孙坚发现四面八方全是敌人的火把和旗号,知道糟了,赶快下令,叫将士们各自作战,分头突围。而他自己则带着祖茂和几十个骑兵汇成一路冲了出去。

孙坚命令手下的人分头突围,原是想以此分散敌人的注意力,方好突逃出去。哪知华雄的兵马偏偏不追别人,就对孙坚紧追不放。他跑到哪儿,他们就围向哪儿。而且,率队追击他们的正是大将华雄,孙坚边跑边想,只有击倒华雄,才能阻止追击。他是个射箭能手,弓箭随身带着,便边跑边弯弓搭箭,向华雄射击。连射两箭,都被华雄躲过。再射第三箭时,由于用力过猛,竟将弓弦拉断。他只好丢了弓箭,伏在马背上拼命逃跑。

祖茂这才提醒孙坚:"他们光追咱们这一路,显然是认识将军头巾的缘故,快将头巾摘下来,让我戴上,再分头跑吧!"

孙坚这才恍然大悟,忙将自己头巾与祖茂的头盔换了,分两路跑去。

果然,华雄的兵马只认大红头巾,孙坚这才松了口气,抄小路跑回去了。

祖茂戴着孙坚的头巾东窜西逃,忽东忽西躲着敌人。后来跑进了一块大坟地。华雄的兵马追了来,看见坟地烧着火,隐隐约约有大红头巾在动,就四面围上去,围了好几层。华雄要活捉孙坚,叫士兵万不可放箭。

想活捉孙坚,没想到祖茂已经掩护着孙坚逃跑了,祖茂也早就逃了。华雄的士兵拿不着孙坚,就拿了那头巾去向华雄禀报。

祖茂跑回大营,见了孙坚,二人自是庆幸。孙坚后悔自己不该分散兵力,以至吃了大亏。第二天,孙坚把军队查了一下,损失不大,还有一万多人。便

又全军出发,重新占领了阳人聚。

孙坚不敢再冒险了,重新很细心地观看了地形,将程普、黄盖、韩当一一作了布置,之后,带着祖茂,又戴了新的大红头巾,去跟华雄交战。

华雄的盛气还没有消退,再战一场,士气仍然很嚣张,一交战,孙坚就败下阵来,华雄穷追不舍。孙坚退退战战,战战退退,很快将华雄引到自己兵马埋伏的地方。一声号令,程普、黄盖、韩当先后杀出,把华雄围住,截断了去路。华雄挥舞大刀,力战程普三位将军。孙坚又拉满新弓,连着向华雄射了两箭。他正准备射第三箭时,却见华雄从马背上摔下来了。士兵们一拥而上,将华雄脑袋割下。

华雄一死,全军慌乱,孙坚挥师围剿,几乎将其全部消灭。

直到这时,徐荣才赶到,但飞马报来前军已经覆没,徐荣一惊,马上退却,这一退,徐荣的兵马争先恐后乱了起来,自相践踏残杀,死伤无数。孙坚趁着一鼓胜军之气,杀入徐荣军中,徐荣兵马还手不及,死亡半数以上。

孙坚连胜两仗,一斩华雄,二败徐荣,好不荣耀,立即派人向袁术报功。同时催袁术快运军粮,以便速攻洛阳。袁术一听,沉默良久,最后决定:"免发军粮。"

没有军粮,怎么了得?孙坚当夜亲自赶赴一百多里,去见袁术。

孙坚在袁术面前气喘吁吁,指手画足。袁术被说得满面通红,无言以对,只得表示即发军粮。

孙坚回到阳人聚,等军粮一到,即向洛阳进兵。

但是,还没等孙坚发兵,董卓已经派李傕向他求和来了。李傕传达董卓意思,愿与孙坚结为亲戚。还说只要孙坚说一声,孙家子弟,想做什么官就做什么官,他董卓一概担保,向皇上推荐任用。

但是孙坚根本不听这一套,言道:"董卓颠覆王室,屠杀百姓,罪行滔天。我孙坚唯有讨伐一途,若不能将董卓灭门灭族,将那罪恶的人头高挂示众,我死也不得瞑目。他董卓怎么还有脸来求和呢?"

李傕无言以对,但孙坚并没有为难他,放他回去了。

李傕走后,孙坚立即向大谷进军。一到大谷,距洛阳就只有九十里地了。

董卓当然着急,立即把汉献帝送到长安,自己还是屯兵洛阳。他对亲随人等说:"关东将士屡败于我,他们并无能耐,唯孙坚这小子有股憨劲。你们千万不可小看他。"

董卓叫吕布为先锋,自己则带了李傕、郭汜等,要亲自跟孙坚见个高低。

孙坚叫程普、韩当抵挡吕布,自己跟黄盖带一队精兵去打董卓。董卓、李傕、郭汜出阵迎战,不几回合,就被黄盖杀退。孙坚头戴大红巾,飞马驰向董卓。董卓望见,心中一虚,脱口说出了一个"退"字。这一下,全军动摇,阵脚全乱。吕布见了,只好扔下自己这一头的程普和韩当,鞭着赤兔马赶来保护董卓。

董卓不愿意再回洛阳了,嘱吕布往西退到渑池,驻扎下来。董卓听说孙坚还要来攻渑池,就派几个主要的将领分头守住重要的关口和县城,自己则带着吕布往长安去了。

孙坚得知董卓往长安去了,就率部进了洛阳城。他首先派人打扫了那个尚未烧毁的宗庙,杀了牛、羊、猪三牲,置于寺庙,隆重祭祀了一番,以尽他做大臣的本分。

之后,孙坚又安排士兵把董卓刨过的坟墓大略收拾了一遍,将所有暴露的尸骨尽皆掩埋。有几个士兵在一口枯井里捞起一具尸首,是个宫女。这宫女从头到脚都是金银珠宝。士兵们你争我抢,互相吵骂起来。孙坚闻讯,马上下令:金银珠宝一律归公,不得私藏。他令程普专司此事,继续清理大井,凡有值钱的东西尽皆上交。

洛阳城南有口大井,井栏上面刻着"甄官井"三个大字。井里乱七八糟扔了不少东西,程普立即叫士兵进行清理。开初捞起来不少东西,有值钱的,也有不值钱的。最后又将井水掏干,便发现有一只玉匣。程普将玉匣捧在手上,发现这只玉匣也是很名贵的,便捧来交给孙坚。孙坚打开玉匣一看,是颗大印。大印四尺见方,一只角是用金子镶成的。捧起大印,倒过来看,竟有八个大字在上面。他仔细一看,才见"受命于天,既寿永昌"几个字。他恍然大悟,此乃传国玉玺。

孙坚很感奇怪,传国玉玺怎么会扔在井里呢?

程普就说:"当初后宫发生兵变的时候,不是失落了玉玺么?当时何太后瞒着这事,许多人并不知道。后来并未听说找到玉玺,我看那失落的玉玺,就是这颗了。"

孙坚点头认可,却还是纳闷,是谁把玉玺扔到井里的呢?

程普推测估计是管理御玺的人怕御玺被人夺走,所以才藏到井里的。

孙坚听了,喜不自禁,言道:"这或许是一种预兆呢?"

孙坚吩咐左右,切不可将这消息传出去。

孙坚将那玉玺抱在怀中,抚摩了好久,当晚,竟把它放在枕头下睡了一夜。

第二天,孙坚下令撤军,回到鲁阳去了。

孙坚击败董卓的消息传到河内,袁绍心里痒痒的也想进兵。忽又听说孙坚回鲁阳去了,袁绍便想把洛阳拿来作为自己的地盘。可是,各路兵马这时大都已经散了,袁绍军队的粮草还得依靠他的上级冀州牧韩馥的接济。仰仗于人,并不能自主自如,需要粮草时不能按时送来,这真叫袁绍大伤脑筋。

袁绍的门客南阳人逢纪知道袁绍的心思,便说:"将军胸怀大志,要成一番大事业,可粮草还得依赖别人,这怎么行呢?若不占领一个州,必将自身难保,何谈举大事呢?"

袁绍说:"我何尝不想拥有一州?可冀州兵强,没法跟他争啊!"

逢纪说:"我有一计,定叫韩馥将冀州拱让……"

袁绍催道:"快说、快说!"

逢纪便对袁绍悄悄说了,袁绍不断点头叫好,决定照逢纪的话去做。

袁绍依计写信给北平太守公孙瓒,叫他以征讨董卓的名义进攻冀州。公孙瓒阅信后,无比高兴,因为他正朝思暮想扩充地盘,但又找不到适当机会。袁绍鼓动他进攻冀州,合他心意,于是当即便向冀州发兵。

韩馥得知公孙瓒来攻,便亲自率兵抵抗。但是他挡不住公孙瓒进攻的锋锐,连战连败,急得眉头紧锁。正在焦头烂额之际,突然来了两个帮手,都是他以前的门客。一个是陈留人高干,一个是颖川人荀谌。二人来报:"车骑袁绍已经离开河内,大军到了延津。"

韩馥说:"难得他发兵来救我。"

荀谌说:"恐怕并非如此。你想,公孙瓒率领燕、代的精兵,乘胜南下,州郡响应,势不可挡。袁车骑也在这个时候向东进兵,谁知安的是什么心?我们真替你担心哪!"

韩馥听得直冒冷汗,惊慌失措道:"这可怎么办呢?"

荀谌乘机对韩馥说:"袁绍乃当今豪杰之首,岂能长久置身于将军之下?冀州为天下重镇,公孙瓒北面来攻,袁绍西面夹击,将军如何守得住?若以袁绍与将军一贯交情,又共为反董卓同盟,我替将军打算,不如将冀州拱让给他。袁绍若得冀州,必将感激将军,公孙瓒岂敢再犯?这样一来,将军既有退让之美名,又可安稳无忧了。请将军务必三思,别再错失机会了。"

韩馥素来胆小,又正值危急之时,立刻就答应了。手下的人虽然也是极力反对,并且给他讲了好多原因。而韩馥却说:"我原来就是在袁氏手下做事的,且在才能上我远不如他。让位给有才的人,有何不好呢?"

韩馥这样说,手下人便不好再开口。还有些将领主张发兵抵抗袁绍,更给韩馥劝住了。韩馥就这样被荀谌、高干二人吓唬得不再有其他想法,即叫他儿子捧了州牧印绶去送给袁绍。之后,全家离开公署,搬到了别处居住。

几日后,韩馥把袁绍迎进城来。

袁绍率军入冀州,做了冀州州牧,封韩馥为奋威将军,不令其有统治州郡之权,更无一点军队。

袁绍乘机撤换了原韩馥班底,起用一向不为韩馥重用的田丰、审配等。并收容冀州名士沮授,封为奋武将军。逢纪、许攸、荀谌等均受重用。直到这个时候韩馥才醒悟过来,深知自己有职无权,上当受骗,悔之莫及。

韩馥气愤不过,一日偷逃出州城,投奔陈留太守张邈去了。不久袁绍的使者又到张邈处秘密议事,韩馥终于心虚自杀了,袁绍趁机完全控制了冀州的统治权。

公孙瓒至此才发现被袁绍利用了。再加上在协助袁绍对抗袁术的扩张策略中，其弟公孙越为孙坚军团击败，身中流矢殒命，乃愤而联合北方和他亲善的郡县尉，南下讨回公道。冀州北方郡县有不少因痛恨袁绍欺骗韩馥，进而反叛袁军投入公孙瓒旗下，公孙瓒军团声势因而大增。公孙瓒乘势将大军集合，驻屯到磐河附近，随时准备和袁绍军一决生死。

为了强化政治作战，公孙瓒封旗下大将严纲为冀州刺史，田楷为青州刺史，单经为兖州刺史，摆出一副准备一举并吞关东诸州郡的架势。

在公孙瓒这支联合军中，有一位年轻将领，日后成为曹操一生中最重要的对手，那便是公孙瓒在拜尚书卢植为师求学时的同门师弟刘备。

刘备是冀州涿郡人，据说是汉景帝之子中山靖王刘胜的后代。由于父亲早逝，刘备和寡母织贩草席为生，过着贫困的生活。刘备个性豪爽，富有宽容心，虽不善言词，却好结交侠义人士。加以他胆量大，有勇武，善用兵，因此颇得朋友信任。年轻时，刘备与河东关羽、涿郡张飞为友。三人坐同席，寝同床，情若兄弟。平常官场交际场合，关、张二人并立于刘备身旁，侍服终日。若遇危难时，关、张二人也赴汤蹈火在所不辞。

刘备身高约170公分，长相非常奇特：双手奇长，垂下时，手指长过膝盖，如同猿猴状，走路的样子也自然显得有点好笑。耳朵更是奇大，据说他自己斜着眼睛可以看到自己的双耳，因此有"大耳朵"的绰号。刘备还有个特点，他喜怒不形于色，对于别人指指点点从不放在心上。加上他脾气好，又富于行动，因此颇受别人的尊重。

黄巾党人事发时，刘备曾加入剿抚党人的义勇军团，建立了不少军功，而被任为安喜县尉。不久，和朝廷的视察官督邮发生冲突。刘备一向最恨贪婪的官僚，便把督邮痛打一顿，弃官潜逃，成为通缉犯。幸遇公孙瓒的帮忙才获得平反，并由公孙瓒推荐受封为平原相。为感激公孙瓒之恩，这一次特率领全部人马前来助战。

并州常山人赵云也率同郡县人马，前来投奔公孙瓒。

公孙瓒深感奇怪，便问赵云："贵州人士几乎全部投靠袁绍军团，为什么只有将军深知大义投靠我呢？"

想不到赵云的回答非常坦白，他表示："天下事众说纷纭，到底谁是谁非，其实很难判定，但最为受苦的却是百姓。因此，我希望的是能够很快安定时局，为解决民困多尽点力而已，倒不是个人感情上较偏向将军而不喜欢袁公。"

公孙瓒对赵云的答复深为不满，自然不予重用。但赵云说那番话时，刘备却听见了，顿觉赵云非同一般，因此主动要求公孙瓒将赵云的部队并入其属下，公孙瓒便同意了。赵云遂同刘备回平原县，并替刘备主持骑兵部队的训练。

  由于天气寒冷起来了,袁绍与公孙瓒部队暂成对峙状态,各自都准备度过严冬之后,再行较量。

  北方的部队虽然呈僵持状态,但袁绍、袁术及公孙瓒间的明争暗斗,却延伸到荆襄地区,并与荆州的刘表及扬州的孙坚,展开了空前的火拼,也形成吴荆数十年的恩怨对抗。当初袁绍想拥立刘虞为帝,袁术坚决反对,主要的原因是他自己也想称帝。因此拥有南阳后,便努力敛收财税,以为打天下的资本。袁术刻意地发展自己的力量,却使得坐镇南方的荆州牧刘表备受威胁。

  由于袁术和公孙瓒之间有军事盟约,使袁绍有遭北南夹击的威胁,所以他也就联合刘表,以在西南方牵制袁术的发展。

  为了应付这种局面,袁术便调动正和董卓缠斗中的孙坚部队攻击刘表。刘表派老战友黄祖,和孙坚会战于樊城附近。黄祖军团不敌,孙坚军长驱直入荆州,包围刘表镇守的襄阳城。刘表乃和黄祖设计,在岘山竹村中,埋伏大量弓箭手。黄祖由樊城出击,刘表也出城和孙坚对抗。

  孙坚军团面对刘、黄军团夹击,毫无惧色。他派遣部将程普、黄盖、韩当率主力部队,力抗刘表,把刘表逐回襄阳城,自己则率领轻骑兵突击黄祖部队。黄祖败走,便往岘山流窜,孙坚乘胜追击,夜间到达岘山间,埋伏部队以箭雨及飞石夹击,一代猛将孙坚死于敌箭中,年仅三十七岁。

  由于孙坚子孙策、孙权等尚年幼,所属军团便由其兄孙贲暂代,并归属于袁术。

  当袁氏兄弟严重内讧的时候,曹操正率领着他的部队屯居河内依附袁绍。这时,鲍信由于对袁绍兼并冀州这件事很不满,便对他十分看重的曹操说:"袁绍身为盟主,却不思讨伐之事,终日所为,只是如何自己抓权,抢夺别人地盘。如此下去,必兴大乱。我看一个董卓没有除掉,另一个董卓又来了。我为将军打算,不如回到大河以南去,随时观察形势,再作行动。"

  鲍信这番真心话,说到了曹操心坎上。他也表示,他早有离开河内的想法,只是一时没有机会而已。不过目前他已下了这个决心,只是什么时候走的问题。

第九章 直捣黑山贤才附 全力以赴讨董卓

公元191年,即初平二年的七月间,曹操的机会终于到来了。

这时,同时属于征讨义军联盟的东郡太守王肱,派人来向驻守河内的曹操求救。

原来,原属冀州的黄巾党人,在张角兄弟溃灭后,便以道教的黑色旗为记号,屯属于河北的黑山,号称"黑山党"。

黑山党人的首领有于毒、白绕、眭固等,共有党人十余万,皆是反对腐败的朝廷和官僚的百姓组成。势力威胁到邻近的东郡。

东郡地跨黄河南北两岸,黑山党的兵分两路,予以侵扰。太守王肱面对两股雄兵,疲于奔命,无法遏阻,所以来向屯驻北方邻郡河内的曹操求救。

王肱这时据守在黄河南岸的郡城濮阳,遇到黑山党人白绕的围攻,情况至为危急。

如此一来,白绕就遭到了几方突击,再加上黑山党人士气虽高,毕竟缺乏长期训练,组织不免松散一些。但终于敌不过训练有素的官兵,几乎全军覆灭。

曹操用他的计谋解救了王肱之后,王肱感激不尽,并对曹操用兵佩服不已。此后,曹操更是声名鹊起。

袁绍鉴于王肱不胜其职,乃做了个顺水人情,表荐曹操为东郡太守。曹操表示谢意,但他并不驻守在东郡,而是将郡城迁往黄河北岸的东武阳,目的是为了联系自己长期在河内经营的地缘关系。这确也表现曹操高人一等的地方。

在这里,曹操首度拥有了属于自己的"地盘"。有了地盘,就有了粮草给养的来源,就不再有寄人篱下之苦了。

曹操得到黑山党人要攻新武阳的情报,立刻作出了部署。他令曹仁等负责策划守城,自己则亲率主力部队驻屯在新武阳西南两百里处的顿丘。这时距黑山党人的大本营黑山,正好是正东两百里左右。

曹操这样部署显然是有用意的。面对人数众多的黑山党人,曹操抓住了对方缺乏训练的弱点,决定以智取而不以人力敌的方法。

曹操设定的作战地点是顿丘西北方一百里的内黄。最巧的是,内黄距离东武阳及黑山也各自两百里左右。曹操暗中利用军队调动,策划一个黑山党人万万想不到的陷阱。曹操洋洋自得,他断定黑山党人绝不会识破他的计划。

曹操似乎已经算好,从黑山出发的黑山党人,由于缺乏训练,行军速度较慢,曹军加紧了行军。于是,曹操首先故意将顿丘的轻骑队分成数批布阵,让

黑山党人看不出这是曹操的主力，以为是巡逻部队而已。因此，黑山党人十数万众倾巢而出，浩浩荡荡开来，打算踏平东武阳。曹操在黑山党人出兵约一天余时间后，便将顿丘的驻军一分为二：一部分到内黄摆开野战阵势，一部分以"围魏救赵"的策略，直捣黑山党人的大本营黑山。

在东武阳驻守的曹仁等，采取坚守不动的策略，黑山党人虽以大军将城团团围住，但始终围攻不下。于毒等领袖正苦思着如何破城的时候，忽然接到紧急军情，说黑山大本营突遭曹军围攻，眼下情况十分危急。

于毒等人大惊，完全搞不懂对方的意图。原来这是早等在内黄的曹军，专等黑山党人回防半途予以阻挠，但是，他们刚一与黑山党人接触，就又往北撤向内黄。于毒凭着黑山党人的人多势众，紧追不放，进入了内黄。

这时攻打黑山的曹军，估算一天行程，便也向内黄集结，而东武阳的守军也在曹仁率领下，速奔向内黄。这样一来，于毒的黑山党人就必然被围了。

黑山党人虽然在人数上占有优势，但连日长程奔跑，马不停蹄，早已疲惫不堪了。而曹军却是作短程运调，一鼓作气，来势迅速，很快便分别进入主战场，等待黑山党人的会战。更巧妙的是，曹军人数虽少，却同时由三方面包围黑山党人，造成一种假象，使黑山党人的首领们根本搞不清曹军有多少人，只感到曹军是由四面八方冲入。让黑山党人心理上造成空虚，最后溃不成军，曹军紧追不舍，试图杀得个黑山党人片甲不留。这一仗，是给黑山党人以致命打击的一战，于是，从汉灵帝以来，一直纵横南北的黑山骑兵队，从此一蹶不振了。

这一年，曹操三十七岁，他不仅得了东郡这个地盘，而且还得了个相当有名的谋士，叫荀彧。荀彧乃荀谌之兄，颍川才子，少年时便颇富才名。很早以前，汉末名士看到荀彧时，便公开表示："此子才华，可为帝王之辅佐。"

后来，荀彧料到本地颍川将受兵灾，就带了本地愿跟他的人到冀州去投奔韩馥。当他赶到韩馥那儿，冀州已属袁绍所有了。但袁绍把荀彧当做贵宾招待，请他与其弟荀谌，还有同乡辛评、郭图一同做事。荀彧在袁绍处没过多久，就很快发现袁绍有很大弱点。他认为袁绍好谋而不能断，不可能有太大作为，料他成不了大事。另外听说曹操才是个有能耐的英雄，便亲自到河内，来投靠曹操。

曹操见到荀彧，一席谈话之后，非常高兴地表示："你，正是我的张子房啊！"

张子房即张良，汉高祖争天下的首席军师。曹操如此比喻，足见其对荀彧的佩服和尊崇了。这时荀彧才二十九岁，与三十七岁的曹操相比足足小了八岁。曹操为表示自己的诚意，便以自己奋武将军的资格任命荀彧为奋勇司马。曹操从此十分信任荀彧，凡事总先与之商量。有一天，曹操问荀彧："董卓权大兵多，怎么办呢？"

荀彧说："凡事都有个极限，董卓如此暴虐，显然已到了极点，再发展，必无好下场,况且,董卓其人,若遇事,他是无能为力的。"

"可是还有个袁绍……"曹操又急着问。

荀彧笑道:"且不说袁绍才能有限,首先公孙瓒就不会放过他。"

曹操点了点头,他已经知道,公孙瓒因受袁绍之骗,正恨着袁绍。

曹操听了荀彧的话后,回忆着公孙瓒与袁绍的仇恨渊源。原来幽州牧刘虞的儿子刘和在宫中做了侍中,跟汉献帝到了长安,其时,十一岁的献帝觉得董卓不该把他弄到这儿来,便偷偷地跟刘和商量,要他逃出去,到他父亲刘虞那儿,叫他快点发兵来接他回旧都洛阳。

刘和遵献帝之嘱,逃出武关,路过南阳,见了袁术,并把献帝的心思告诉了他。袁术认为是个机会,便将刘和扣下作为抵押,要求刘和之父刘虞发兵帮他去打长安。刘虞接到儿子的信,不得已发兵帮袁术。而公孙瓒得此消息,认为袁术不怀好意,劝刘虞别去上当。刘虞自然不会听,公孙瓒又怕袁术知他曾阻止刘虞发兵,也许会因此而怪他,便要了个花招,派他的叔伯兄弟公孙越带一千多骑兵也去帮助袁术,暗地里劝袁术继续把刘和扣下,让他去跟刘虞作对,以使自己从中得利。

但是,被软禁的刘和却瞅空子逃走了,逃至冀州地界,又被袁绍拿住。袁绍因为袁术反对他立刘虞为帝,早就对他不满意了。眼下拿住刘和,更加怪袁术自作主张联络刘虞,没把他放在眼里。他想起袁术立长沙太守孙坚为豫州刺史,就故意立他的部将周昂为豫州刺史去和孙坚抢地盘。周昂发兵打孙坚就等于袁绍打袁术。袁术就叫公孙瓒之弟公孙越率北方骑兵去助孙坚打周昂。周昂战败,落荒而逃,而公孙越却在追击中被乱箭射死。

袁术把公孙越的灵柩运送给公孙瓒,并写了一封信,推说公孙越是被袁绍的人射死的,怂恿他就近攻击袁绍。袁术在信中还申明,袁绍本是他父亲的一个丫头所生,算不得正宗袁家人。这样一来,袁绍和袁术之间的仇恨就愈结愈深了。而公孙瓒见了他兄弟的灵柩,并读了袁术的信,顿时又气又恨,吼道:"袁绍靠我而得冀州,不思图报,反害我弟。不报此仇,耻为大丈夫也!"公孙瓒就是为了报此仇,才将军队驻扎在盘河边的。

曹操这样一回味,当然就很欣慰了。确如荀彧所说,袁绍再强,公孙瓒这一关他就过不了……

随着天气转暖和,对峙北方的袁绍及公孙瓒也各自展开了军事行为。

早在公孙瓒驻屯盘河之初,就公开宣布了袁绍的五大罪状。

当时五大罪状一宣布,对袁绍打击不小,一是大大揭了他的老底和种种阴谋,丢了他的面子;二是由此博得了许多人的支持。袁绍为此十分恼火,心中想着一定要狠狠对付一下公孙瓒。

紧接着,公孙瓒的大军从盘河出发,正碰上袁绍的军队。两军一交战,袁绍的军队因为人数少,很快败了下去。公孙瓒骑着白马,带着几十个骑兵,亲

第九章 直捣黑山贤才附 全力以赴讨董卓

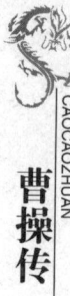

自去追赶。袁绍且战且退,将公孙瓒引到了很远的地方,使他和自己的大军相脱离。正在这时,袁绍的大军文丑杀出,把公孙瓒拦住,二人杀得难分难解。但公孙瓒终非文丑的对手,打了一阵,就想退回去,可是后路已给文丑的兵马截住,无法退走。公孙瓒手下的将士保护着他杀出重围,文丑夹马飞来,一枪一个,连着戳死了几个骑兵。公孙瓒一看不行,慌忙往山谷里逃去。文丑一马当先,眼看就快追上了,公孙瓒一下子转过山坡去了,文丑也转过山坡在公孙瓒后面大声嚷着,叫他投降。公孙瓒正要转过第二个山坡的时候,不料山路滑溜,马失前蹄,公孙瓒翻身落马,掉在坡下。幸好部将严纲率军赶来,才力抗文丑,将公孙瓒救了。

公孙瓒虽然这次没有战胜,但是罪状的公布确实起到了一定的作用,刘备和赵云纷纷前往去营救了。在刘备的协助下,占领了一些郡县。虽然吃了这一次亏,但他的部队毕竟未受创挫,再加上公布袁绍罪状后,各地纷纷响应,刘备率部去帮他,赵云也去投他,冀州附近的县城都向他投诚了。

就是在公孙瓒夺得了一些城邑,继续向冀州推进的情势下,才急得袁绍只好吩咐将士守住要道,不要跟公孙瓒交战。此时,他又怕公孙瓒约同袁术对他形成南北夹击,才特地打发使者到荆州请荆州刺史刘表进攻南阳,以牵制袁术的。

而袁术为了保住南阳地盘,也去信请孙坚进攻荆州,牵制刘表。这才发生了孙坚中计,死于乱箭之中的悲剧。

刘表打败了袁术的同盟军孙坚这一头,就等于袁绍打了一个胜仗。袁绍仗着刘表牵制着袁术,不必再担心袁术去帮助公孙瓒了。因此,当天气转暖,袁绍和公孙瓒各自正式展开军事行动的时候,袁绍就一门心思,亲自率领军队去对付公孙瓒了。军队到了河北省威县北面的界桥以南二十里,就跟公孙瓒的军队碰上了。

公孙瓒亲率三万精兵往南进发,来势很猛。袁绍派他的部将麴义为先锋,另外两员大将颜良和文丑在后面接应。先锋麴义先用少数兵力去试探一下,只带着八百名弓箭手上去对付公孙瓒的军队。而公孙瓒在这里布防了三万强兵,因此对麴义的八百人根本不放在眼里。

镇守界桥的严纲带着一队骑兵过了界桥,往前一望,只有这一点儿敌人,立即下令进攻,犹如饿狼扑食一般直冲过去。麴义的八百名精兵拿着盾牌护着身子,蹲在地上纹丝不动,好像海滩上一大群蛤蜊躲着风暴似的。等到一定的时机一起出击,终于在战争中麴义占了上风,最后严纲的败兵只好往界桥急退。

这时袁绍手下的另外两员猛将颜良和文丑,他二人一见先锋麴义取胜,便飞马赶来,冲到界桥。公孙瓒的兵马纷纷恐慌,挤着过桥,挤不上桥的就在南岸沿着河道逃奔。

颜良、文丑追过了桥,直抵公孙瓒大营,但是瞧见军营整肃,并无一种慌乱迹象,就勒马止步了,不敢冒昧深入,以免中计。但二人砍倒营门口一面旗子,并耀武扬威地在营门口绕了两圈。

界桥胜利的消息,早有兵士向袁绍报告。袁绍一听大喜,没料到一交手就获胜,便下令兵士就地休息,自己带了百来名卫兵和几十个弓箭手,毫无顾忌地走出大营来了。他和谋士田丰一面聊天,一面信步走着。他仰望天空,哈哈大笑道:"公孙瓒竟是无能之辈啊!"

这时公孙瓒的两千多名沿着河道跑的骑兵赶到了,袁绍一惊,几乎跌倒,田丰赶紧扶了他,迅疾进到旁边一处短墙里面去躲避。袁绍惊魂一定,一边看着他的卫兵和弓箭手,一边摘下自己的头盔,狠狠地往地上一摔,嚷道,"大丈夫应当战死,岂能贪生躲于墙后?"说着,就拉过弓箭来,向公孙瓒的围兵反射。其他弓箭手也跟着放箭,一百多名卫兵则拿着长戟拼命抵抗。

其实这是袁绍不得已而为之的一种勇猛,因为已被团团围住了,无论怎样掩护他,他也是逃不出去的,唯一只有鼓动士兵勇战,或许还有生还的机会。

果然,公孙瓒的兵一是并不知道被围在里头的人有袁绍;二是袁绍兵士大力抵抗,他们一时也占不了好大便宜,加之被冲败逃到这儿来的,士气已经受挫,已无坚韧的战斗力;三则是见袁绍部将麴义这时已从远处奔这里来了,于是,这两千多骑兵也就赶快离去了。

袁绍虚惊一场,已是大汗淋漓。一行人才过来护着他,回到了大营中去。

几天之后,公孙瓒整休部队之后,又出来攻打袁绍,但这一次,他仍然是大败而回。公孙瓒仰天长叹道:"天不助我也!"然后率兵退到蓟城。从此以后,他不再亲自出来跟袁绍作战了。

袁绍打退了公孙瓒,冀州的地盘拿定了,袁绍在冀州的统治权,从此稳固下来。

兖州刺史刘岱与袁绍及公孙瓒都有交往,公孙瓒与袁绍对峙期间,一再要求刘岱表明立场。由于公孙瓒军势旺盛,刘岱迟疑不能决。他听说东郡人程昱颇富智谋,便前往求教。

程昱听了,说道:"公孙瓒远在北方,而袁绍就在邻近。想依远方的朋友帮忙,绝不若近邻来得可靠。何况公孙瓒军势虽强,但绝非袁绍的对手。"

刘岱沉思而回,决定暂不动作。

果然,没多久,公孙瓒被击溃的消息传来,刘岱才完全信服程昱的议论,便和袁绍建立了军事同盟。

经过一阵子的混乱及整合,袁绍已雄踞冀州,公孙瓒勉强守住幽州南部,并州及司隶区则由董卓军团控制,兖州及豫州众军团杂处,袁绍掌握豫州大部分地区及扬州北部,荆州在刘表大力整合下,也渐趋稳定。另外,陶谦在徐州、刘焉在益州、张鲁在汉中,也逐渐形成独立的势力。

第九章 直捣黑山贤才附 全力以赴讨董卓

不停的战乱,使立国根本的农村经济几乎完全破产,受苦受难最多的,自然是老百姓。一向同情民间疾苦的曹操,面对老百姓遭受战祸的悲惨景象,心里非常悲愤,谱出了诗歌《蒿里行》:

> 关东有义士,兴兵讨群凶。
> 初期令盟津,乃心在咸阳。
> 军合力不齐,踌躇而雁行。
> 势力使人争,嗣还自相戕。
> 淮南弟称号,刻玺在北方。
> 铠甲生虮虱,百姓以死亡。
> 白骨露于野,千里无鸡鸣。
> 生民百遗一,念之断人肠。

曹操在诗中写道:"关东地区的义士们,共同兴兵讨伐残暴擅权的董卓政权。初期各路军马在盟津会师,目的是重建汉室的江山。军队虽已令齐,却各怀鬼胎,踌躇不行,没有人肯领头带动。为了争权夺利,原有的同志们反目成仇,互相火并。"

在汉末群雄中,曹操可算是少数较同情"民间疾苦"的军事领袖。曹操一生的成长,和起义的党人有着不可分割的机缘。他似乎也是汉末群雄中,最善于处理起义的一位领袖。曹操关心,以及努力解决起义事件的热情,也使他的事业在危机中起死回生。

袁绍打败公孙瓒,夺得冀州的地盘之后,忽然又想起了自己是征讨董卓的盟主。于是,他又派心腹秘密到司徒王允那儿去探听动向。可是王允并没有任何反对董卓的举动,相反还成了董卓手下的红人。

随着时间的推移,董卓也日益嚣张、残暴,甚至还将汉献帝囚禁起来。于是司徒王允等人就开始密谋诛杀董卓。他们设计了一个连环计,利用吕布除掉了董卓。

汉献帝去了董卓的胁迫和压制,也大大的扬眉吐气了。他立即论功行赏,任命王允为录尚书事,任命吕布为奋威将军,封为温侯。仆射士孙瑞说他并无什么功劳,把所有封赏都辞去了。王允和吕布共同管理朝政,一文一武,辅佐汉献帝。他们追查董卓一党的人,有的处死,有的充军。左中郎将蔡邕也被牵连致死。

司隶区各军团领袖不满王允专权,又害怕西凉军团勇猛,完全按兵不动。而李傕的西凉军则又得到旧日友军张济、樊稠、李蒙等由西凉赶来相助。于是,居然集结十数万人马,形成浩大之声势。

长安城内,吕布孤军困守,到了第八天夜晚,后勤部队叛变,引李傕军入城。

吕布见状,急引少数亲信及直属部队逃脱。

王允坚持为国守城,终于为李傕所杀。

西凉军团为报复董卓被害之仇,在长安城内大肆掠劫,并屠杀反董卓的文武大臣,司隶区内军团虽人人自危,但只各自防备西凉军团的攻击,却没有人肯到长安城勤王。

东汉王朝再度陷入无政府的混乱局面。

就在这个时候,曹操获得了一个很大的礼物。

张角兄弟发动黄巾党人事变时,最热烈响应的,便是东方的青州。当张氏兄弟在司隶区被皇甫嵩歼灭时,青州黄巾党人尚有百万之众,只是鉴于风声正紧,便暂时化整为零,潜伏不动,以待变局。

随着朝廷国家权力的转弱,局势日益混乱,青州的黄巾党人于是再度活跃起来,并且越来越强大,继续跟官府作战。当地的农民因为受不了官府的压迫,差不多都当了黄巾兵。青州刺史臧洪以强硬态度全力围剿,黄巾党人乃渡河企图和冀州的黑山党人会合,却被占领冀州北部的公孙瓒军团撞上,公孙瓒下令军队展开屠杀,黄巾党人只好越界杀入兖州。

青州的黄巾党人军团号称百万,浩浩荡荡朝兖州而来。任城相郑遂出城抵抗。然而黄巾军斗志高昂,这支官兵哪里是对手,很快败退。郑遂在逃亡间,被黄巾兵追杀。士气大振的黄巾军乘胜打到东平,兖州刺史刘岱就准备出去对敌。刘岱自从杀了东郡太守桥瑁,接收了桥瑁的军队以后,自觉得力量很大,早想消灭在他地界里的黄巾军,以图一方平安。正好这会儿黄巾军送上门来,他怎么也不肯放过他们。

济北相鲍信闻知,拦住刘岱,劝道:"黄巾军队有百万之众,兖州百姓人心纷乱,军队无心作战,不可以正面和他们敌对。否则,我们准会吃亏。依我看正因为黄巾军人多势众,才感到粮草供应困难,我方不如采取坚守战术,养精蓄锐,等待机会。到时候让黄巾军想战不得,想攻不成,时间一长,供给不上,没多久必作鸟兽散。届时我们再选精锐之兵,攻其要害,便可给以致命一击。这样,才可彻底消灭他们。"

而刘岱却十分藐视黄巾军,认为这些装备简陋、缺乏训练的农民军无论如何敌不过他的正规部队。所以他根本不听鲍信的话,觉得鲍信是过分小心。刘岱亲率大军,仍采取和黄巾军正面对抗的办法。但是刚一交战,刘岱就发现这批农民军的斗志确实高,大有锐不可当之势。可是,这时已经迟了,黄巾军直冲刘岱主力军团。刘岱军抵挡不住,往后溃退。黄巾军冲入军团内部,将刘岱军完全冲散。刘岱也在战乱中身受数伤而倒下,最后被乱马踏死,成了一堆肉泥。

刘岱死了以后,黄巾军气焰更盛了,此时的兖州城陷入危急存亡之秋。

第十章　收兖州霸业伊始
　　　　　　定义军望梅止渴

　　因为打了胜仗,黄巾军的气势更加嚣张了,一路杀过来,要横扫兖州。第一个眼中钉便是屯军在东郡的曹操。

　　东郡太守曹操正在东郡治下的濮阳操练兵马。他刚听到兖州刺史刘岱被杀的消息,心中就开始谋划了。为了重建兖州防务,曹操立刻邀请附近郡县首长,召集紧急军事会议。曹操有个助手,正是当地东郡人,叫陈宫,字公台。他是曹操手下部将,又是个谋士。他向曹操献计说:"兖州刺史刘岱阵亡,如今朝廷又无法立刻委任首长。我打算去跟州里面的一些头面人物联络,尽量说服刺史府的僚属,替明府大人你争取代理州牧职务。如果能争取到这块地盘,便能以此作为争霸天下的基础了。"

　　陈宫一番话颇使曹操动心,他很感激陈宫,当即同意陈宫的意见,并请他辛苦一趟。陈宫便立刻去了。

　　兖州刺史府正为刘岱战死、黄巾党人的攻击迫在眉睫而惶恐不安。陈宫乘机游说道:"如今全国处于分裂中,本州又没有领导人物,很容易被人并吞,大家便会失去统领州民的职位,不如迎接东郡太守曹大人,有他来领导,不但可以对抗骚动中的黄巾党人,并可以保护本州百姓有安居乐业的生活。"

　　济北相鲍信一向很看得起曹操,并对曹操寄予很大希望,他也曾劝过曹操回到黄河南边等待时机。这会儿他也在旁听了陈宫之言,表示完全赞同,并以此鼓动在场的官吏。鲍信又帮着陈宫再去跟别的官吏接头。那些做官的正担心黄巾党人跟他们过不去,现在能有人出来领头撑持局面,既可保护生命财产,又可继续做官,何乐而不为?于是都很同意让曹操接着刘岱任兖州刺史。

　　于是,在鲍信鼓动下,这些州吏便渡过黄河,到东武阳迎接曹操暂摄州事。并立刻整编州郡防卫军,准备和气势正盛的黄巾党人周旋到底。

　　由于双方力量相差的悬殊,曹操便吃了败仗。

　　虽然一开始就打了败仗,但是曹操仍然显得信心十足。他认真分析了黄巾党人,认为黄巾党人缺乏马匹,机动性不高,且组织松懈。目前虽人数众多,但恃胜而骄,警觉性相对下降。因此,他不打算和黄巾军再作正面会战,决定改以奇袭战术,来消磨对方气势。只要对方气势丧颓,便不难剿灭了。

　　曹操经过反复思考之后,准备将奇袭的战场设在寿张城,即今山东省东平县西南。寿张城在济水和汶水中间,有个颇为开阔的平原,最适合于骑兵的突击。而骑兵一项,却正是曹军之长。曹操曾数度出任骑兵校尉,除了本身骑术高明外,更善于指挥骑兵战。

曹操心思细腻,长于创造性策划,而且一向勇于行动,经常喜欢自己跑到最前线。曹操对寿张之役的计划周密很感骄傲,因此在会战前夕,带着鲍信到前线去视察,口沫横飞地向鲍信说明他的作战谋略。或许是兴奋过度,曹操和鲍信的骑兵部队超出了步兵部队前面一段很长的距离,正好来到汶水边。突然间,眼前出现一支数千名的敌人部队,曹操只有以数百名的骑兵仓促应战。但岸边地势不平,骑兵队无法发挥冲锋的力量,加上步兵未能及时支援,人数远居劣势,眼看就要全军覆没了。

危急中,鲍信要求少数勇猛的骑兵健儿,护围曹操先突围逃走,自己率仅存的骑兵部队浴血死战。虽然曹操极力反对,但鲍信表示军队不可没有指挥官。为了顾全大局,曹操只好趁隙突围而出。结果曹军死伤殆尽,鲍信也力战而死,年仅四十一岁。

如此的知心朋友,却为了自己的大意和冒险而牺牲,曹操非常痛心,他悬赏寻找鲍信的尸体不得,只好请人用木头刻了个鲍信的模样,涂上油彩,祭吊下葬。祭吊时,曹操哭得很伤心,士兵们都被感动得流了泪。大家看到曹操为了一个阵亡将士竟哭得这么伤心,心里无不十分感动,很自然的便在心理上和曹操贴得更紧了。

为了纪念鲍信,曹操决心非赢得这场战争不可。

曹操集结了兖州所有青年,只做了短暂训练,便参与实际作战。为了弥补军队作战经验不足,曹操全天候身着铠甲,亲自指挥战事,因此,全军士气旺盛。新的兵源增加了不少,加上刘岱及鲍信所遗留下来的军团,曹军的战斗力量越来越强。

相反,黄巾党人组织松懈,缺乏军事常识,虽然人多势众,但经不起曹操马拉松式的穷追猛打,士气再而衰,三而竭。接连数十次的大小会战,曹操几乎不让黄巾党人喘口气。他将所有军团全员出击采取主动,轮番作战。曹操军队机动性高,作战士气旺盛,几场漂亮的大会战下来,把数十万黄巾党人的战斗意志完全打垮了。

曹操一向同情民变,如果不是鲍信这事件,他也绝不会对黄巾党人如此的穷追猛打。因此等到黄巾党人连续受挫,势衰气竭,曹操也从激烈的情绪中慢慢冷静下来了。

当黄巾党人势力削弱时,曹操也展开了招抚的工作。

他甚至公开向武装部队将领们表示:"这次任务能否顺利完成,安抚比追剿更重要得多。"

曹操大量向黄巾军团领袖发出劝降书,双方谈判争取停战机会。但曹操倒不只一味地想和敌人和谈,他利用停战期间,不停调动部队,重新部署战线,他集结不少精锐部队,要设置不少作战陷阱。

不久,谈判破裂,曹操立刻展开行动。但他尽量避免杀戮,而以赶鸭子的策略,把大量黄巾党人,逼压到他预设的陷阱,再将他们围堵起来。

时值寒冬,被围困在济北国的黄巾党主力部队,在曹操不停策动下,首先放下武器,无条件投降。曹操非常高兴,立刻宣布不咎既往,老弱、缺乏作战力的,全部遣返回乡间,从事耕种。其余三十余万人重新编组,加强训练,编组为"青州军",并指导他们从事屯田的工作。

这一来,不但解决了黄巾党问题,同时也增加了不少农业生产力,对汉末农村破败后的重建工作帮助很大。但更重要的是,加上鲍信、刘岱合并的部队,生平第一次,曹操终于拥有天下的精锐军团了。

抚平青州黄巾党人,使曹操的事业往前迈进一大步,他不但获得全部郡县官民对他的信赖,战后也实质上控制了兖州境内所有的军团。曹操不但声望提高不少,也成为了真正拥有实力的竞争者。袁绍便乘机推举曹操为兖州牧,帮助曹操成为一个名副其实、据地自大的军阀。

曹操费了半年多工夫,消灭了青州地区的黄巾军,他的兖州刺史的地位还没有坐稳,又来了金尚骚扰,他只有做好准备迎战,结果,金尚挨了一个兜头棒,慌忙逃跑,向南阳投奔袁绍的对头袁术去了。

董卓遇刺后,王允主政期间,关东军团和长安政府的对立状态应已自然解除。但事实上,关东军团的各领袖根本忘了政府的存在,反而为了扩充自我力量引发激烈冲突。袁氏兄弟反目成仇,闹得比任何人都来得凶。袁绍结合了冀、青、兖、并四州的军团领袖,更和荆州刺史刘表结为军事同盟,兖州牧曹操当然是属于亲袁绍的军团。袁术的阵营则有北方的公孙瓒,以及公孙军团盟友的刘备及单经;徐州刺史陶谦、北海太守孔融也倾向于袁术。另外,孙坚遗留下来的部队,由于少主孙策年纪还小,退守江东,虽隶属袁术集团,但并不参与正面的对抗。

袁绍和公孙瓒在北方对抗期间,为了牵制袁绍的兵力,袁术伙同其友军,侵入袁绍的南方境界。刘备、单经、陶谦纷纷率兵驻屯高唐、平原、发干等地,给予不少压力。身为同盟的曹操,自然必须替袁绍分劳。他由兖州出兵,在青州西南大破刘备、陶谦等的联军。

南阳太守袁术知道曹操是袁绍的人,就想,现在曹操和袁绍他们占领了兖州,要是不赶快想办法去阻止袁绍向这一边扩张,将来他把冀州、兖州、青州连成一片,这对自己将是很不利的。于是,袁术就约北边的公孙瓒进攻袁绍,自己发兵北上进攻曹操。

曹操为保住自己在兖州的地位轰走了金尚以后,正担心长安方面可能向他问罪,这会儿先受到袁术的进攻,觉得自己太孤单,就是做了刺史还没经朝廷认可,在名义上也说不过去。他正为难的时候,平丘人毛玠向曹操建议道:

"如今天下分裂,群雄割据,袁绍及刘表等虽拥有大军,却缺乏深谋远虑,从未为稳固国家基础贡献丝毫力量。朝廷无财税以治国,百姓无财产以安家,这种政权体制绝对无法持久。以大义之名兴兵者胜,有正式官位才能拥有足够财源。因此明公今后的策略,可以奉天子以令大臣,修耕植以蓄军资,如此,则霸王之业可成。"

这时候,曹操正希望自己能有一天像齐桓公、晋文公那样做个霸主。听了毛玠这一番话,觉得很有启发。可见,要着重耕种,发展蚕桑,目前怎么做得到呢?只能今后再说吧。但这一策略却是很有价值的,他已将此思虑在心。至于尊奉天子嘛,乃当务之急,无论如何得从速为之。他便打算立即派使者上长安去朝贡。

他只得派使者先向河内太守张扬借道。张扬对借道的事,摇头不应,恰巧定陶人董昭正在他那里,劝他与曹操结交。张扬便被说动了,就真的替曹操推荐,董昭写好了一封信给李傕、郭汜请他们接见曹操的使者。

李傕、郭汜接了张扬和董昭的信后,却又怕曹操向汉献帝进贡另有阴谋,就把曹操的使者软禁了起来。颍川人黄门侍郎钟繇对李傕、郭汜说:"现在英雄并起,各据州郡,不受朝廷节制。难得曹兖州忠于王室,打发使者前来朝贡,好好地接待他,也好鼓励别人,千万不可难为曹操的使者,以叫天下人失望。"

李傕、郭汜这才收了礼物,优待了曹操的使者。另外,还送了些礼让使者带回去交给曹操。这样,就等于曹操的刺史地位被朝廷正式认可了。

李傕、郭汜让曹操的使者回去以后,渐渐觉得这个钟繇的话很有道理。他们悟到,要想巩固政权,还得去联络这些关东的大官才行。他们早就听到徐州牧陶谦跟前河南尹朱俊联合起来反对他们,原先很愤怒,现在就想到应该想个办法来像安抚曹操那样去安抚朱俊才行。

原来朱俊和陶谦以前曾经发兵打过董卓,董卓曾派李傕、郭汜将朱俊打得一败涂地。现在,陶谦联合了邻近的一些守相,今推朱俊为太师,发了通告,号召各地牧伯共同起兵讨李傕、郭汜,以奉迎天子。李傕、郭汜听了谋士贾诩的计,打发使者去请朱俊到朝中来做太师。

朱俊接待了李傕、郭汜派来的使者,才明白李傕、郭汜在汉献帝跟前推荐了他,要给他一个高官。而陶谦他们已经推他为太师,要他领头征讨李傕、郭汜,地位是够高的了。可见,所谓"太师"究竟不是朝廷任命的,当然不算正牌货。于是,朱俊便对朝廷封官动了心,决定向陶谦他们辞行了。他说:"君王召见臣下,做臣下的应该召之即去,不应有半点犹豫,才称得上是大义。"

陶谦很不高兴,责问道:"难道太师改变了主意,不愿反对李傕、郭汜、樊稠这批乱党,反倒愿意跟他们共事吗?"

朱俊很不服气地回答:"你们对我完全是误解,李傕、郭汜、樊稠这些人,

小人罢了,将来必会相互勾心斗角,到那时,我则乘机击之,将其消灭。那样,征伐他们的大事就成功了。"

对于朱俊的托词,陶谦本想揭穿他,但一想,他既然意已决,只好作罢,忿然离去了。朱俊即日奔赴长安,拜见了李傕。第二日,汉献帝封任他为太仆。

陶谦他们推朱俊为首征讨李傕、郭汜的计划,就这么落空了。

初平三年,对于曹操个人的事业而言,绝对是大丰收的一年。首先,是曹操终于取得了兖州的支配权;第二,是曹操以打击和安抚并用的方法,收编了三十万青州军,大大扩充了他的队伍;第三,便是获得毛玠的大好建议,虽然他暂未完全实施,但往后十年的发展,都是以毛玠的"奉戴天子"和"屯田养兵"为指导原则的;第四,便是日后对建安文风有重要影响的儿子,曹植出生。

初平四年春天,在去年底刚编组完成的曹操军团,面对着关东军团的主力之一——袁术部队的严厉挑战。

平定兖州后,曹操将他的直属军团屯驻在鄄城。这个时候,关东军团南北对抗的情形发生重大变化。荆州刺史刘表对袁术驻在其州郡东北境界的部队施加压力,并断绝财源军需。袁术在不得已之下,乃转往兖州发展,因而侵入曹操的地盘。

袁术将主力部队驻屯在封丘城,并联系被曹操击败的黑山党残余部队及匈奴的于夫罗众,打算由西方夹击曹操。

曹操接获情报人员送来的资料,经过认真分析之后,判定袁术军团一定会分三方面向鄄城夹击。曹操猜测其意,不外乎是想运用一种强大的气势,逼迫兖州其余郡县部队不能帮助曹操,以达到孤立曹军之目的。

曹操想,必须挫其锐气,方可在声势中占据先导。他很快看出袁术布局上的弱点。他的名将刘详的先头部队虽摆出诱战姿态,但选择匡亭却是一项严重错误。

匡亭距离袁术主力军部队的陈留,的确比从鄄城到匡亭约少一天的步兵行程。但是,曹军行进路线只需渡过濮水,便可直接攻击匡亭。而陈留的袁军却需连续渡过睢水、汴水、南济河、北济河才能到得了匡亭。以当时的行军方式,渡河是一件非常麻烦的事情。如果曹军全力加速行军,绝对比袁术的后头主力部队更早到达匡亭。而黑山党及于夫罗众的部队就更远了,若等他们赶到,战争怕早已结束了。

曹操分析了袁术军事布局上的弱点后,就将胜券初步把握在手中了。所谓知己知彼,百战不殆,曹操又想起了兵法上的一句话。现在,他就是已经达到了这个程度,焉有不将这一仗打胜之理。

曹操根据这一情况,决定对袁军发动奇袭。

在此之前和在此之后,曹操多次采用这种作战方式,因为这很符合他的口味,而口味又是他个性特征和军事作风的表现。

这一次,曹操又断然决定对袁术发动奇袭。

曹操派荀彧在甄城集结兖州各郡军团,公开进行调动,旗帜鲜明,军鼓阵阵,好像在进行全面布防及训练,很远的地方也能看到和听到。袁术派出的探子将这情况报与袁术,断定曹军正在进行大规模编组以准备会战,袁术听了,深信不疑。

与此同时,曹操率领直属部队,偃旗息鼓,秘密行进,迅速来到濮水岸边。凡此种关键性的行动,曹操都是亲自出马,他要把握这一重要棋子的任何一步进退。任何人也不能够代替他,并不是别人办不到,而是太关键的步骤,曹操让别人去总是有些不放心似的。因为那关键的一步,关系全军的胜败,往往有许多紧急情况,是需要超常的机智与果断方能应付。

濮水边上早已备好十只木船,曹操早将直属部队编成二十个渡船组,很有秩序地分两批将部队渡过濮水。即使渡水时,也是清风雅静,无人喧嚷。有一个士兵在水中心掉下去了,同船将士也不惊惶,只遣两个水性好的兵士跃入水中救援外,照样行船不止。而这样的小意外,也早是曹操在这次奇袭之前就已经想到并提前作了如此部署的,足见曹操对这一关键行动考虑得何等仔细了。

部队渡水之后,按原计划分四路整队集结。曹操骑在一匹高头大马上,将部队巡视一遍,见将士们个个精神饱满,一副准备随时应战的模样,心中十分满意,便将马鞭一挥,部队迅速前进。

匡亭就在前面,已经看得见刘详的营旗。在这个时候,再要隐蔽前进已经是不可能的了,曹操高呼道:"将士们,匡亭就在眼前。一鼓作气,方可攻克,按原部署,分四路,向其突袭,冲呀!"

待到刘详的防兵发现"曹"字旗号的大军时,曹操的部队已经如乌云压城一般盖过来了。随之而来的是如暴风骤雨一般的喊杀声。这声音犹如海潮喧啸,震撼了整个军营。

正在营帐中等待袁术进一步指示的刘详,听到这涌潮般的军声,还不知道是怎么一回事,正要遣人去问,防兵已经飞奔进来,大叫:"不好,曹军杀过来了!"

刘详大惊,却又不敢相信这是事实。他之所以驻扎匡亭,就是为了暂时远离曹军,对于勇敢善战的曹操,他不敢轻易接近。他正在等待袁术的指示,让袁术的主力部队发起进攻时,他才配合作战。

只听防兵再报:"曹军真的杀过来了!"

刘详只带了几个随从,冲了出去。他拼命逃跑,直到很远的地方才松了口气。但是,他的部队已经被全部歼灭了,他不知道自己是回袁术本部还是奔别的地方去?现在,他是亲眼见到了曹操的作战能力,直到此刻,他都闹不明白曹操是怎么忽然出现的,他不能不想到"天兵天将"几个字。从此看来,

第十章 收兖州霸业伊始 定义军望梅止渴

袁术会是曹操的对手吗？曹操对刘详也不追赶，因为刘详的部队已经彻底瓦解，而刘详本人对他并不重要，他眼下需要集中精力对付的还是袁术的主力。

于是，曹操命令兵士迅速清理战场后，就在匡亭布下了阵势，准备等待袁术本部主力军团到来，而留在甄城的荀彧，也将集结的兖州大多数部队由曹仁率领，赶赴匡亭驰援。

这也是曹操早就安排好的，他知道取得匡亭后，袁术主力必来攻击，仅靠奇袭部队在匡亭镇守是不够的，必须及时增派援兵。曹仁率部驰援，正是这一步计划。

袁术得知匡亭失守，也很吃惊。但是想想也属必然，以曹操用兵之狡诈，岂有不袭击匡亭的？只怪当初未料到这一点，或者说是粗疏忽略了。

但是，袁术判断，曹军的主力在曹仁的部队中，而曹操必会随主力而动，根本不可能在匡亭。这样判断之后，袁术便带着本部军团慢慢渡过四条河流，准备和曹军主力一决死战。袁术认为，目前占领匡亭的只是曹军一股先头部队而已，由于人数相当悬殊，占领匡亭的曹军势必要等到主力到达后，才会发动攻击。

机敏的曹操根据袁军的方向，很快又看穿了袁术的心思，便十分高兴。于是，他先在匡亭严加守备，做出一副人数太少，怕受攻击的样子来，有意印证袁术的错误分析，与此同时，曹操作好了对付袁术的策略准备。

他决定再度采用奇袭之法。

袁术根据自己的分析，将注意力完全集中在曹仁部，对于匡亭的守军，他几乎不屑一顾，他打算将曹仁主力歼灭，再来收拾这小小的匡亭守军。他万没料到匡亭有曹操，更没料到曹操再用奇袭之法，更万没料到奇袭部队居然是来自匡亭。

袁术为对付曹仁主力，率大部分部队渡过北济河，但是当他尚未摆好阵势之时，竟从匡亭方向迅速杀出一支劲旅。

袁术几乎懵了，不是探知匡亭军小心翼翼生怕被攻击吗？怎么居然一反被动，成了如此主动之军？并以其腾腾的杀气漫卷过来？很快他又看见，率匡亭之队的竟是曹操，但见曹操骑在马上，挥师前进。

袁术在卫兵保护下，率先后撤，留一部断后，大部随行。袁军一直后撤到乌泽旁的封丘城，才喘过气来。

袁术将部队重新清点，再行部署作战防线。正部署间，又有飞马来报，说曹操又追上来了。想不到人数那样少的曹操军，竟如此紧追袁术的大军不放。

袁术骂到："这个曹操真是疯狂了！"

他赶快登上封丘城观望，不看不要紧，一看又是一惊，封丘城居然被包围起来了。曹军沿城围困，整装待战的士兵高唱战斗歌。

完全丧失信心的袁术，根本无法判断曹军到底有多少人。看来他不能再轻敌大意了,眼下必须赶快避开曹军锋锐,先保住自己再说。

于是,袁术集合精锐部队,出了东城门。其实曹操的人马眼下并不多,只不过一凭士气,二凭巧妙分布而已。所以袁术冲出东城门,无论如何曹军也是挡不住的,何况袁术是集中了如此精锐的部队。

袁术率军出城,即往东南方向奔跑,马不停蹄地一口气撤退了一百五十余里,相继渡过南济水、汴水、睢水直达襄邑。

想不到袁术气还没喘过来,迅速如风的曹军又追踪而至。见曹操又追踪而来,简直被吓破了胆。连忙又丢弃襄邑逃跑,跑入附近城池坚固的太寿城,高高挂起免战牌。

由于一路仓促撤军,后面又有敌军追踪,连续两百里路的逃亡,大部分的袁军已半途溃散了。于是,最后到达太寿城的袁军只有三分之一都不到了。相反,追击袁术的曹军,却已与曹仁的兖州军团会合,加之一路俘虏收编,便形成了一支在人数上取得绝对优势的大部队了。

太寿城城墙坚固,前不久又才再补筑,因而攻击不易。袁术想以此为依凭,好好喘一口气,所以将残余部队尽调城防,只是做好守备工作。他心中渐渐有些安全感,开始思谋如何对付曹操的计策。袁术将曹操这一连串的行动进行了分析,不得不承认曹操在军事指挥上的高超技巧。加之他一贯的机巧狡诈便常使人捉摸不透。而这一点,正是兵家的可贵之处。

袁术便一门心思捉摸曹操意图,下一步,他应该怎么做啊?

但是,袁术无论怎样对曹操捉摸,也没有猜准曹操的下一步作为。曹操对寿城既没有奇袭,也没有久围不打,而是采取了袁术意想不到的一个举措。

这太寿城傍临睢水,地势又特别低。时值春末,上游雪水融化,河水暴涨。正愁如何驱赶袁术的曹操见此情景,忽然灵机一动,叫道:"有了,有了!"他越想越高兴,竟自兴奋起来。

第二日,曹操便派了不少兵士去睢水上游,担土运石,以截急流。兵士们干得热火朝天,劳动号子悠扬高亢,传之甚远。

便有探子来报袁术:"曹军已将睢水上游截断大半,其目的是堵截睢水,然后决堤,以灌太寿城也!"

袁术大叫:"糟了,未料到曹操会有更为凶狠的这一着。太寿城不可呆了,得赶快离去,立即号令全军,马上出城⋯⋯"

但是,号令还未传下去,探子又来报道:"睢水上游堤埂不断延长升高,曹军还在增派筑堤人员。"

袁术便慌了神,站起来说:"立即走,再迟恐怕来不及了。"

于是,袁术率左右兵马驰出太寿城,急上木船,渡过睢水,往地势较高的宁陵城逃去。

袁术的一举一动,曹操看得一清二楚。其实他派人截断上游的睢水,也

只不过是摆出一副决堤灌城的态势罢了,目的是蒙骗袁术,使他惊吓,弃太寿城而去。所以袁术出城时,曹操并无意拦他。

现在袁术弃太寿城而去,正合曹操心意。但他并不就此罢休,又率兵紧追上去。

曹操也随后渡过睢水,直向宁陵城赶来,并在城下布置围兵。袁术见状,又再次弃宁陵而逃。

这一次,袁术不再存侥幸心理,他不但逃出了兖州地界,并且越过亲附自己的豫州,直入自己的老巢——扬州城。他被曹军的追击速度吓坏了,丝毫也不考虑地渡过了长江,到达九江城,这才稳住三魂七魄,保住了性命。

就这样,袁术由匡亭退到封丘,再逃往襄邑、太寿、宁陵,最后直入九江城。袁术这次空前绝后的大撤退,全程六百多里路。其状惶惶,真如丧家之犬。于是,所有的人,不得不对曹操另眼相看了。

究其实,曹操这场追击战也打得非常辛苦。首先是双方的人数悬殊太大,袁术的兵力要多出曹操许多倍。曹操的优势就在于他的心理准备足,他并不因为对方的人数多而先自心虚,而是沉着对付。他知道正面硬拼是拼不赢的,只有斗智,这才采取了心理战术。他先奇袭取得优势,接下来便是疾如风般的"六百里大追击",根本不让袁术有冷静下来思考的机会。从双方军队的调动看来,曹操并无心歼灭袁术部队,只想彻底打击袁术军的士气而已。曹操有好几次摆出包围态势,其实都未作完全包围,也都保留有让袁术撤退的路线。大致而言,曹操都只是单方向追击,他的目的应只是在吓唬袁术罢了。

由于全军火速追赶,有一次几乎一天一夜滴水不沾。曹操知道是无水解渴的原因,但是他派出了几批人四出探寻,都不见有水的迹象。而为了给袁术造成强大的心理压力,又绝对不能停下来允许休息,怎么办?

正在这时,又一个探水的快马奔回,曹操灵光一闪,策马迎向他问:"你不是看见前面有一片梅林吗?"

那快马兵士一愣,不知曹操到底什么意思,只茫然唯诺而已。于是,曹操勒转马头,向着众将士,将鞭往后侧面一指,大声喊道:"儿郎们,已经探得前面有一片梅林,上面结满了酸溜溜的梅子,大家快赶路啊,去前面摘梅子解渴……"

这一喊,全军欢声震动,顿时,个个士兵口舌生津,精神大振。

梅子虽然没有吃到,但心理刺激的作用,使全体将士都解了口渴。这就成了流传千古的"望梅止渴"的故事。

第十一章 群雄割据讨徐州 战胜陶谦重刘备

曹操打败袁术以后,树立了更大的威信,兖州时下是曹操的地盘了,兖州的郡县不得不对曹操刮目相看。当时的声势也是名振整个兖州城。但是,兖州以北就是袁绍的地盘。袁绍军事经验丰富,在他的帐下,有许多智谋、勇猛之士。袁绍颇重实际,和只喜欢虚张声势的袁术很不一样。袁绍凭计谋并吞韩馥并击败以武勇凶猛著称的公孙瓒军团,已俨然成为北方军团的总领。仅靠曹操这点力量,是无论如何也惹不起袁绍的。

兖州西南的荆州地大物博,在荆州牧刘表的领导下,百姓十分安定,军事防务也很坚固,何况其中又有豫州相隔。豫州是兵家必争之地,除了本郡县各自半独立状态,其他冀、兖、荆、徐、扬诸州的军事将领,也都在此各自拥有地盘。因此,即使成为豫州的最高主管,也不过空有虚名。

而兖州东面的徐州,却是汉末乱世中的世外桃源。当初黄巾党民变并未影响到这块鱼米之乡。徐州牧陶谦勤政安民,不管天下大事如何变化,他都尽量扮演不相干的角色,全力防守着这块丰沃的大地盘。

想要扩大地盘的曹操,很快看上了这个理想的大目标。

陶谦字恭祖,是一个行伍出身的将领。他在汉室灵帝末年受任为徐州牧,便刻意地努力经营这块地方。民众便主动要求扩大军队。陶谦乘机扩编军团,名为保家,实是待机,冀想有朝一日凭武力及财力争夺天下。

董卓之乱以后,形成群雄割据的局面,长安政府和关东军团对抗。关东军团的袁氏兄弟又是南北对抗,陶谦虽常支持袁术,但仍然尽量避免卷入纷争,以保持实力。

公元193年,即初平四年夏天,董卓被吕布杀死后,长安政府又陷入纷乱,朝廷便又名存实亡了。关东军团的南区领袖袁术,又被新兴的曹操军团击败,天下的秩序似乎整个颠倒过来了。陶谦认为时机到了,决心以徐州为根据地,参与争夺天下的大行动。

但是,陶谦虽颇具有雄心大略,却又是个十分谨慎的人,他仍不愿自己亲自出面,便想法制造了一个傀儡政权阙宣,在他陶谦管辖下的邳城称帝。首先,陶谦攻打和豫州一样已被郡军团分割的青州,并且攻占青州泰山郡的华城及贵城。陶谦接下来的目标是司隶区,因此必须先经过曹操的地盘兖州。

陶谦并非不知道曹操的才干,但他自信实力十足,便不向曹操打个招呼,直接就攻入兖州南端的任城。陶谦自认为曹操拿他没法,所以才如此傲慢和放肆。

果然，曹操没有任何反应。曹操也知道了陶谦攻入了任城，但这时曹操和袁术刚作了四个月的辛苦追逐战，军队十分疲惫，必须彻底休整一番，所以才暂时不理会陶谦的攻击。曹操只严守几个重要地方，甚至故意让出了兖州，让陶谦自由出入，有意表现出不愿和徐州正面对抗的姿态。曹操如此的宽宏大量，确实大大麻痹了陶谦一阵。

几个月后，季节入秋，兖州地区秋收完毕，曹军粮秣充实，同时曹军部队也经过了足够休息和整顿，曹操这才认为是该采取行动的时候了。

曹操思谋着怎样对付陶谦。他有个习惯，考虑军事行动不喜欢在营帐中，而是到外面去走动，特别是野外地方，他边走边考虑问题。似乎那大自然的风光和气息方能启迪他的思维。确实如此，那开阔的视野对他襟怀的拓展是大有益处的，襟怀一展，考虑问题自然宽广得多了。作为诗人的曹操，是具有很丰富的想像力和创造力的，而想象力和创造力的发挥，往往使他的军事谋略有出一般人意料之处。所以说，凡既是诗人，又是军事家的人，都是十分厉害的。曹操经过思考，决定不和陶谦的远征军团正面敌对，只是表面虚与周旋，实际采取"围魏救赵"的策略，直接攻打徐州。

曹操是认真分析了陶谦情况的，首先，陶谦的主力军是不在徐州的，主力军团一直跟随陶谦在外。留在徐州的守军，仅仅是一小部分，况且这部分守军据曹操探知，又属于陶谦为扩编军团而新募召的部分，虽然已经过一段时间训练，但毕竟缺乏实地作战经验。

曹操作了巧妙部署，他将三分之一兵马摆在与陶谦正面的战场上，表面上是和陶谦作一决战的意思，而实际上是为了保守兖州。曹操对陶谦采取"围魏救赵"的策略，也不能让陶谦乘机袭击了兖州。因此，他将这三分之一精兵摆在正面，完全是以攻为守的方式保卫兖州。另一方面，曹操率主力军团，向陶谦大本营徐州急进。他抓住了关键性的一步，也就抓住了全局。这一步棋赢，则满盘皆赢；这一步棋输，则满盘皆输。故而，这一步再艰难、再困苦，他都必须亲往。

果然，陶谦新募的人马虽然虚张声势，大喊大叫，其实并不经打。曹操第一役攻入一个城池以后，第二役几乎毫不费力地就攻取了第二个城池。陶军望风而逃，连弃城池二十余个。

这时，陶谦正在兖州正面摆开了与曹军决战的战场，他正在想，曹操既然要和我陶某一比高低，只有这样彻底较量一次，你曹操才会真正服输。因此，他全身心地投入这一战中，并对他的部将们作了充分动员。

正在这时，徐州快马飞驰而来，报告曹军连下徐州数城的紧急情况，曹军乘胜前进，徐州危在旦夕。

陶谦大惊失色，喃喃自语道："这怎么可能？这怎么可能？"

但事实终归是事实,他不能不重新考虑。在那一瞬间,聪明的陶谦也想到过,既然曹操主力去打徐州了,何不趁此机会攻下兖州呢?但是,他此念一出,手下谋士却劝阻了他,说曹操显然已在兖州布防了精兵,陶军虽众,短时间也是拿不下兖州的。如此误了时间,曹军主力攻克徐州后,再回师兖州,陶军不仅前后受敌,并且无家可归了。

陶谦便打消了攻兖州的念头,号令全军撤防,立即迅速奔往徐州救援。

陶谦风急火燎,奔回徐州,即在军事重镇彭城城北的原野上布阵,挡住曹军,拟在此进行一场大会战。

长期在徐州的世外桃源固守和经营的陶谦,对于当前军事方面的情况并不深知,因此他并不真正"知己",更不"知彼"。他忘记了徐州军几乎全是农夫,根本不善骑马,而他的主力部队都是步兵为主。

陶谦忽视了这一根本性的关键差别,也就必然要犯一个致命的错误。

曹操率众于阵前观察,不禁哈哈大笑起来,说道:"陶谦哪陶谦,你怎么如此迂腐,只知兵法上的布阵,而并不知实际需要,你是有意将脆弱处暴露给我曹操了。战事未起,胜败已决矣!"

曹操环视这一片平坦空旷的原野,眼前已出现了他的骑兵团驰骋其间的壮观景象。而陶谦的步兵,在原野上则如蚁蠕动而已。

机不可失,时不再来,曹操岂能放过这一大好战机?他立即回营,集结骑兵队,一声号令,烈马奔腾,骑兵队饿虎扑羊一般向陶营扑去。原野平坦,马蹄若飞,手持短兵器的陶家兵猝不及防,一个个被击杀践踏。恐慌逃窜者也不得幸免于死,人跑十步,不及奔马一步,许多人被砍倒在拼命的逃跑途中。

徐州军遭到无比惨重的屠杀,死伤一万余众,血流原野或沟渎,尸体横陈,不少倒在泗水河中,将河水都堵塞了。

陶谦还从来没有见到过曹操的骑兵队会有如此骁勇、厉害,完全惊呆了。幸好左右奋力保护他,他才得以脱离险境。

陶谦率残部人马往东撤退,一直退到一百五十里之外的郯城才停下来,至此徐州的领地丧失大半,陶谦遭此挫败的损失,真是气恨交加,整个人一下子大变,如患大病之后。陶谦整日沉入一种悔恨的情绪之中,反复检查自己的一系列过失。

公元 193 年,即初平四年,曹操为了父亲曹嵩的安全,写信去请他速来兖州。

曹操的父亲曹嵩,在董卓之乱时在曹操催促下逃出京城。由于曹操不愿在董卓手下做官,弃职潜逃,被董卓张榜通缉,祸及家人,曹嵩自然也不敢再回故乡。当时,曹家奢侈豪华,有亿万家财,逃亡时几乎全部变成钱带在身上,他以为徐州治安最好,个人又与陶谦有相当交情,故而就奔徐州属下琅琊郡定居避难。

现在，曹操与陶谦兵戎相见，陶谦又被曹操打得惨败，曹操便不得不考虑在陶谦治下的父亲的安全了。故而立即传书给父亲，同时又派泰山太守应劭在边界上去迎接父亲，并嘱应劭率兵将父亲护送过来。

曹嵩也知道儿子和陶谦打仗的事，他觉得很有些对不起陶谦，但他对儿子又干涉不了。他虽然不大相信陶谦会把曹操的事报复在他的身上，但毕竟住在这儿很有些尴尬甚至难堪。这时接到儿子要他去的信，便欣然同意了。就把平生积聚的金银财宝及一些贵重器皿用品，装成了一百多车，然后带着心爱的妻妾和小儿子曹德，一家老小三四十人，还有家丁、仆从等一百多人，浩浩荡荡地往兖州去了。

一路平安，比日程提前了一天赶到泰山地界。到了华县和费县交界的地方，天尚未黑，就找一家客栈暂且住下，以候泰山太守应劭兵马的到来。可是，在应劭之前，徐州牧陶谦手下的都尉张闿就带着两百名骑兵先到了。其实是陶谦颇有中国传统武德观念，虽然吃了曹操战场上的亏，但并没有加害曹嵩之意，他得知曹嵩要走，并不阻拦，反而派了张闿来护送出境。而曹家人并不知道是哪路兵马，还以为本是来迎接老太爷的。可是，这一队来迎接老太爷的兵马很有些奇怪，见车辆就搬，见人就杀。曹嵩这才知道遇见了强人，连喊上当。曹德拿着宝剑出去抵挡，当时就给杀死了。

曹嵩慌忙拖着那个胖太太逃跑，到了后院打算爬墙出去。但是，胖太太实在太肥大，曹嵩反复几次也没把她托上墙头，只好带着她躲在茅房里去。

一会儿，士兵来搜查，将曹嵩两个搜出来了。曹嵩再三求饶，还是被士兵杀掉。

除了几个跑得快的家丁外，曹家人全部被杀。那一百多辆车的金银珠宝和贵重物品，自然被悉数劫走，据说这一队强人带着东西逃到淮南去了。

泰山太守应劭赶到，已是遍地鲜血和尸体，他顿时吓得面如土色。当然不敢去回复曹操了，只得连官也不敢做了，私自逃跑而去。

消息传到曹操军中，气得曹操差点晕了过去。尽管他和父亲从来性情不合，但毕竟是亲生之父啊，何况是如此的悲惨而死，他无论如何也想不过。曹操顿脚捶胸又哭又骂，发誓诅咒地嚷着要替父亲报仇。

究竟张闿是陶谦派去杀曹嵩的呢，还是陶谦派他去护送曹嵩，他见财生异，背了陶谦做了强人呢？这些曹操都不管，他只认张是陶谦派去的，而张杀了他父亲，他一定要找陶谦报仇。

公元193年，即初平四年底，曹操让陈宫留守东郡，叫荀彧和程昱守住鄄城、范县、东河三个县，自己穿上孝服，披着头发，带领人马向徐州打过去。

曹操凭着一股怒气，连着打下十多个城，一直到了彭城、傅阳，才跟陶谦的主力碰上。但是陶谦在郯城死守着，曹操一时并不能攻取。时间久了，因缺少军粮，只好退兵回来，把军队休整一下。

公元194年,即兴平元年,夏天到了,曹操又编组军队,再度攻击徐州。

由于第一次东征时,曹操已拥有彭城及下邳郡,为纪念遇害的父亲,曹操已在这时建筑了一座曹公城。他们分头攻打取虑、睢陵、夏丘。每打下一座城,即进行大规模屠杀。

这也许是曹操一生中空前绝后的一次大屠杀了,举世为之震惊。

"曹嵩事件"对陶谦而言,是哑巴吃黄连,好意成了凶事。曹操的报复行为太过残暴,陶谦只怕连郯城也难守住,只好向公孙瓒那边讨救兵。当时就打发使者到青州,请公孙瓒的部下青州刺史田楷发兵。田楷同意,还派人到平原,请平原相刘备一同出兵。

刘备和田楷以及北海太守孔融都不满曹操的残暴行为,愿仗义前来帮助陶谦。

由于郯城的防守相当坚固,徐州百姓因曹操屠杀的原因,形成了一种很强的向心力,这使曹操不得不认真考虑了。他决定采取彻底的包围战,计划逐步消灭郯城外围的徐州军队,以孤立郯城内的陶谦主力部队。他想,只有这样,方能类似各个击破的办法,以收到奇效。

经过几次对阵,陶谦对曹军的战斗力也有相当的了解,他知道了曹操军的优势所在,便努力避免纯野战的决胜方式,而改变采用攻守互为犄角的方法。并且进行了严格的部署。

曹操对陶谦的布防进行远距离观察和估计后,很快便发现了陶谦的企图和弱点,心中便相应有了些对付的办法。

曹操敏感地发现,徐州军由于缺乏实际作战经验,在彭城会战时被曹军凶猛无比的毁灭性威力吓坏,因而整个布局是十分的保守被动。陶谦自己带主力部队躲在防守坚固的郯城,而作为先锋的襄贲城及曹豹、刘备的犄角部队又力量太弱,根本缺乏作战力,表面看来,似乎是积极备战,而其实际,襄贲军及曹豹军仍是消极用来防守郯城的。换句话说,陶谦和他的徐州都已经没有再战的斗志,一切布局都仅仅为了一时的自保。

根据这一情况,曹操派曹仁布阵在襄贲城外野,以封锁陶谦出城的企图。而自己则亲自指挥主力军,攻击曹豹及刘备的联合部队。

曹操全力进攻曹豹及刘备部队,强大的攻势使曹豹和刘备军无力对抗,开初只有招架之功,并无还手之力。陶谦在郯城头上看见了这一情况,并不敢出来援助。且不说还有曹仁等待着他的出援,即使没有曹仁,他也惧怕出了城就再也回不来了。曹操的骑兵,会以迅雷不及掩耳之势断了他的退路。

曹豹及刘备联合军节节败退之后,曹操又立即将军队调过头来,配合曹仁攻打襄贲城。两队人马合起来,更加雄浩,尤其曹仁部队,一直是整装待发的,个个精神抖擞,斗志昂扬。

襄贲城守军看到曹豹军队溃散,士气低落,在心理上就首先输了,个个心

第十一章 群雄割据讨徐州 战胜陶谦重刘备

存畏怯,顿失奋勇之力。因此,不到三天,襄贲城便被曹军攻破。

曹操直入襄贲,又下令大屠杀,兵锋所到之处,血流成河,几至鸡犬不留。驻守郯城的陶谦看得心惊胆战,魂不附体。他无论如何再也不能在郯城待下去了,便率队悄悄放弃郯城,投奔扬州丹阳郡而去。

曹操见陶谦真的逃跑,大笑不止,他下令全军饮酒祝贺。

这次报仇之战也是如此。曹操虽然藉口报父亲及弟弟被杀之仇,而进行残酷的屠杀,而其实呢?他与其父的感情并不深,这个死去的异母弟弟更与他从无情谊,而且长期以来他和父亲在政治立场上很不相同。因此父子、兄弟一直并无太大来往,不过具有一种名分而已。因此对于父亲和异母弟的被杀,他不可能那么伤心,特别不可能那么伤心怨恨到如此丧失理性的程度。

那么,曹操此举的真正目的何在呢?他攻打徐州,与其说是报仇,不如认为是扩充自己地盘及力量的一种必要行动。他在徐州进行的残酷屠杀,与其视为怨恨,不如看作政治上的恐吓。曹操现在要占据这个地方,若是就这么进来,徐州人显然不服管理,只能先用这种惊吓人心的恐怖手段,才可能摧毁徐州人的自足自安的心理,而对曹操采取不得不接受的态度。

曹操算是彻底击败了陶谦,他通过战斗,确实对陶谦军无法有恭维认可之辞。但是,在这次他遇到的敌手中,有一个人却不能不引起他的注目,那就是刘备。在这次攻城战中,最令曹操感到意外的是刘备军团的表现,这支为数不多又是仗义相助的客军,居然表现得坚韧无比,对曹军凶猛的屠杀毫不屈服,那股强烈的反抗力,有时让曹操也感到心惊。从此,曹操对刘玄德这个人留下了非常深刻的印象。

第十二章 张太守兖州反叛 僵白天濮阳沦陷

正当曹操准备彻底击溃陶谦,占领徐州的时候,从大本营兖州甄城传来紧急军情。陈留太守张邈造反,并且和东郡陈宫拥护从长安逃出来的吕布,攻占了兖州。目前,兖州大多州郡均响应张邈。荀彧、程昱、夏侯惇所率领的曹军直属部队,仅勉强守住甄城、范、东、阿三郡,可见当时的情况非常危急。曹操的老窝被抄了,将是大祸临头,曹操不能不震惊。这究竟是怎么一回事呢?说来话长。

九江太守边让是陈留名士,声望超过孔融,因为批评了曹操几句便被其杀了,并且曹操还霸占了他的妻子。

张邈听说之后,非常愤恨。曹操最器重的部属陈宫,虽然非常欣赏曹操的才华及热情,但他亦属兖州名士派成员,而且生性刚直壮烈,一旦闻知曹操这事,便难以释怀。加上陈宫和陶谦素有交情,因此曹操征伐徐州时,陈宫一再劝阻。曹操不听,并且将陈宫留在甄城,不许他随军。

就是在如此情况下,陈宫趁曹操东征徐州时,跟张邈联合起来反对曹操。陈宫还结合从事中郎许汜、王楷及张邈弟张超共同谋反。

陈宫向张邈分析道:"如今天下分崩离析,群雄并起,各自为政。以你张太守崇高声望和地位,再加拥有的数十万兵马,又身处陈留之地,实在已够资格雄踞一方。若像现在甘居其人之下,听人调度,受人牵制,岂不可惜?目前曹操将主力军团调往东征战场,兖州空虚。吕布骁勇善战,可比曹操。如能伙同他共同治理兖州,静观天下情势,一旦有了转机,必能纵横一时。"

张邈连连称是,即与其弟广陵太守张超联名传信给吕布。吕布大喜,立即带亲随数百骑赶来陈留,与张邈、陈宫会合。

边让事件,加上曹操在徐州战场上的残酷屠杀,使兖州各郡县领袖深感曹操残暴,各自疑虑,张邈便乘机扇动,共同背叛曹操。

这一来,在反曹操的问题上,就形成了一股势力和声威。

张邈拥有数万兵马,而陈宫也有一支颇强的部队。曹操在东征前,为了预防北方冀、青两州军队伺机蠢动,特别交给陈宫一支部队,驻屯在黄河北岸的东郡地区。如今吕布到来,陈宫便将这支军队交给吕布统领,张邈也拨给吕布几千兵马。

陈宫在东郡很有声望,由他出面与当地士大夫商议,便一致公推吕布为兖州牧。通告一出,张邈立即响应,兖州郡县守几乎一面倒向张邈及陈宫。

最后只剩下荀彧防守的甄城,夏侯惇驻屯的濮阳,靳见镇守的范城,及程昱镇守的东阿,仍在曹军的旗帜下。

陈宫与张邈聚在一起,商量下一步如何行动。

张邈说:"估计曹操已经知道了兖州的事,他定将很快班师回来……"

陈宫说:"我们应该趁他回来之前,先消灭眼前的四股力量,然后才能全力对付由徐州战场回来的曹操,其时他匆忙赶回,人困马乏,我们以逸待劳,战必胜之。"

张邈点头道:"目前这边的形势对我们很有利,我们应该抓紧时机……"

于是,二人在秘密状态下又进行了一番策划。

事变前夕,张邈派遣使者去甄城见荀彧,说:"吕布将军是前来协助曹将军攻击徐州的,请立即供给军粮,以便立即出发。"

州城其他官僚搞不懂张邈的意图,只有荀彧立刻判断出这是叛变行为。但是荀彧不露声色,只是暂时应诺着,送走了使者。

使者一走,荀彧立即调动部队严加防御,他号令全军处于紧急战备状态,又亲自到各防区视察,一一落实防守任务。与此同时,荀彧又派亲信奔赴濮阳,向夏侯惇透露了陈宫、张邈叛变的真相,要其加强防守,并请求派兵增援甄城。

当然濮阳城眼下还不紧急,但夏侯惇仍提高警惕,再行布防,之后,亲率效忠部队,星夜赶往甄城。可是这时候,又突然接到情报,说豫州刺史郭贡,率领主力军团数万人逼近了甄城。数万人可是一个大队伍,甄城的现有兵马与之相比,实在可怜,于是,荀彧、夏侯惇等人又惶恐不安起来。

大家聚在一起,共谋对策,议来议去,尚没有个眉目,而郭贡的大部队已经兵临城下了。郭贡要求单独会见荀彧。

荀彧眉头紧锁,沉思片刻,便有去的意思。夏侯惇立即阻止,反对道:"现在全州的精神,就靠你一个人支撑了,你目前乃众军之首,不可冒险。不怕一万,只怕万一,还是别去的好。"

荀彧说:"我已经仔细想过了,郭贡与张邈,过去并无来往,这次,他们互相之间也没有过接触。郭贡率部来得很快,与张邈、陈宫等人必未取得联系。我们正是要抓住这个机会,在他们双方彼此并未取共识之前,先去说服郭贡,使他保持中立,这于当前整个局面是更为关键的。如果郭贡这支武力倒向了吕布他们,我们目前就无论如何也无法抵挡了。"

夏侯惇似乎被说服了,不再表示十分反对,荀彧又再次说道:"目下景况,去有危险,不去也有危险,而且去了,还有化险为夷的希望,相比之下,当然去为上策了。话说回来,即便有什么不测,也有诸公在甄城,兵防已布好,奋力抵抗而已。"

这样一说,夏侯惇就同意了,但他又要荀彧率一支部队在身边,以防不虞,有个接应。这又被荀彧否定了,荀彧说:"单骑比率队去好,这样,他或许更摸不清我们的底细……"

于是,荀彧单枪匹马会见郭贡。郭贡看见荀彧真的只有一个人,并且毫无惧意,便认为甄城守兵定然不少,并且有十足准备。郭贡也单骑趋前,与荀彧会见,荀彧向郭贡阐明了当今群雄并起,曹操乃出类拔萃者,而且奉戴天子,臣扶汉室,乃曹操的宏愿,这与一般拥地自立的首领大不一样。至于眼下有人对曹将军有误解,那必是暂时现象。至于别有用心,反复无常如吕布者,必不会有好下场……等等。

荀彧说得振振有辞,其中关于曹操的评价,他大部分还是赞同的,加上是甄城防守严密,不易攻下,他也就顺水推舟,与荀彧言好,率军退回了豫州。

荀彧拱手送郭贡军队远去了,这才感到背心冒出了许多冷汗。

城虽然暂时安稳了,但由吕布的降军口中,荀彧得知陈宫将亲自攻打东阿城,并另派泛嶷策动范城造反。

正在危难之际,东阿人程昱自愿前往范城,协助防守。程昱,字仲德,东郡东河人,身高约180公分,身材高大,须髯甚美。其人胆大又富谋略,长于交涉折中的外交谈判工作。并且文武全才,能幕后规划,也能带兵作战因而非常得到曹操信任。反过来,他对曹操也是竭尽忠诚之心。

程昱迅速赶到范城,见了忧心如梦的靳见。程昱来的目的,当然是首先解除靳见那至深的忧虑。若是不能以理说服靳见,则范城防守就必成问题。于是,程昱以其善辩之才,对靳见循循善诱道:"听说吕布捉住你的父亲、妻妾及子女,孝心之下的焦虑可能会让你做出错误的判断,请先冷静下来。今天下大乱,群雄并起,必有命世之人,才有能力平定纷乱。所以智者必须谨慎考虑选择最适当的领袖,身处乱世,最为重要的是得主者昌,失主者亡。"程昱讲到这里,停了一下,看着靳见低头沉思的样子,心里已有几分明白,于是又说:"陈宫叛变,拥迎吕布,兖州许多郡城响应,好像颇有作为,其实不然。先生只要仔细观察,必可发现吕布是个怎么样的人。吕布骄傲、自负,不能亲附部属,刚愎自用,不知礼贤下士,不过匹夫而已。凡不懂政治的人,兵虽众必无成。曹将军智勇谋略是大家所明见的,这才是天命之人呀!将军你请固守范城,我守卫东阿,必能创造古时田单复齐的功劳。如果将军你不冷静,遵从了泛嶷,违忠从恶,有一天必将母子俱亡,请将军务必慎思。"

靳见听了,立刻握住程昱的双手,十分感激地说:"幸亏先生指教,差点误入迷途,则悔之晚矣!请先生放心,我绝不听信泛嶷所言,一定坚守范城,与甄城、东阿共成防线,抗御来犯的叛军。"

靳见当天就捉拿了泛嶷,并砍了他的头,以表明他的坚决态度,这一来,程昱更对靳见深信不疑了。程昱又向靳见出主意,立即派出骑兵队,拆断了仓亭津的渡桥,以阻止陈宫的进军。

第十二章　张太守兖州反叛　僵白天濮阳沦陷

之后,程昱才离开范城,赶回东阿。而东阿县吏早已动员吏民,做好坚守到底的准备了。

甄城、东阿、范城三郡城防守的成功,使得曹操有了反败为胜的基础。这次行动,程昱的功劳最大,曹操后来非常感激,向朝廷表荐他为东平郡相。

当荀彧紧急向夏侯惇求援时,夏侯惇生怕甄城有失,乃下令全军轻装驰援,等事件平息时,吕布已比他更快由白马渡过河津河逼向濮阳。夏侯惇军队由于武器及军粮均不足,不敢力敌,濮阳因而失陷。

夏侯惇只得撤退。但在撤退途中,造午饭休息之时,夏侯惇倚大树小寐片刻,忽然被几个士兵缴了武器,捆了手脚。这突然的变化使醒来的夏侯惇吓懵了,幸亏只是小股兵士,他们挟持了夏侯惇,退至一片丛林中,其余将士要去围捕,被副将韩浩止住了。

副将韩浩非常冷静,他看准这一股叛军的目的只在要钱,并没有其他意图,更没有和陈宫、吕布勾结的迹象,既然如此,他们就不敢杀害夏侯惇,无非是作为一个显赫人质而已。于是,副将韩浩先行全力安抚住其余部队,然后将丛林围住,由他亲自向小股叛军喊话。他首先向叛军保证,只要他们放了夏侯惇,绝对放开一条生路,让他们走。否则,他们无论如何也出不了这个强大的包围圈。

叛军们携了钱,从出口离开,就在出口的地方,将夏侯惇放了。

于是,韩浩将部队集合起来,由夏侯惇宣布:"要回家的,现在趁早,我夏侯惇概不阻拦,并可发给适量路费。不过告诉大家,当此动乱之际,若不齐心协力,以保一方平安,回家又有何用。国之不宁,家有何安?"

竟没有一个士兵听了再愿离开的。于是,夏侯惇又和副将韩浩一起,重新整肃部队,集结在濮阳城遥对的原野上。

本来,依照陈宫的计划,只要范城响应,便可快速攻打东阿及甄城。但程昱却阻挡了他胁迫靳兄的计划,又进而封锁了仓亭津。陈宫只好绕了一个大圈,攻击夏侯惇的濮阳城了。

濮阳城虽然失陷,但夏侯惇并没有退得太远,而是胸有成竹地仍将主力部队布于城外的原野上。这无异于一根钉子,死死地钉在那儿,总是和吕布军缠斗不休。这样,间接也使甄城等三郡的压力减轻不少,让远征的曹操主力军能及时赶回,进行反击的部署。

从大本营兖州传来的紧急军情,令曹操大吃一惊,立即召集军事会议急议此事。

曹操说:"兖州有失,我们都将无家可归,即使占领徐州,亦必遭到顽强的抵抗,不能不赶快想办法。"

这时,正值刘备出面调停曹操及陶谦的争执。

参谋郭嘉便建议:"不妨乘机调停,先行退回兖州,解决了张邈事件后再说吧!"

于是,曹操派曹仁、郭嘉进行和谈事宜,自己则带领主力军团,黑夜赶回兖州应变。陶谦和刘备此时尚不知曹操后方情况,还以为曹操真的表示和解了。

曹操最担心的,便是吕布南下,拥有范城、东阿,便可控制东平国,封锁住亢父险道。这样一来,不但可以孤立甄城,更可以凭地险阻止曹操东征师团的回防。程昱也同样看出这一危机,所以才不遗余力地到处活动,以阻挡吕布的攻势。

因此,当心急火燎的曹操获知吕布和夏侯惇大战于濮阳时,不禁松了一口气,同时十分自得地表示:"看来,吕布和陈宫固然可以策动兖州在一夜之间反叛,但到底他的军队仍只能攻到濮阳而已。"

当然,曹操在一路上思考战事的同时,并不是没有反省自己:为什么在大本营中会发生这样的变故?为什么会突然有那么多人响应变故而反对他?

曹操星夜奔回兖州东阿,跟程昱他们布置对敌的计划。

将士们一听说整个兖州只剩了三个城,连他们的老窝也夺去了,不由得心境索然有些灰冷。曹操见将士们交头接耳地议论着,脸上显出惊惶的神色,就理着胡子,微微一笑,说:"吕布既然得了兖州,就该占据东平,截断兖州和泰山的要道,那样我就没有归路了,可是他偏把军队驻扎在濮阳。看来这种人有勇无谋,并没有什么可怕的。"

果然,将士们听曹操这么一说,便又作起另一番议论来,士气又渐渐振作起来。

曹操决定首先收复濮阳。他亲自带着曹仁、曹洪、夏侯惇、乐进、李典,还有泰山人于禁和陈留人典韦等七个将军,率兵马四万余众,到了濮阳城外,扎了营就去向吕布叫阵。

吕布闻讯,一马当先冲了出来,两边摆开几员大将。第一个是雁门马邑人张辽,本是并州刺史丁原的部将,后来归附了董卓,董卓死后,又跟了吕布,做了骑都尉。第二个是泰山人臧霸,他原是徐州牧陶谦的部下,这次特来帮吕布反对曹操。张辽、臧霸二将军又分别带着健将高顺、郝萌、曹性、成廉、魏续、宋宪、侯成军以及五万士兵,迎头来战曹兵。张辽专打夏侯惇,臧霸专打乐进,吕布专向人多的地方冲。

曹操的部队刚从郯城星夜赶来,已是十分疲惫了,对吕布、张辽等的凌厉冲击,当然抵抗不了,只得收兵后退了二十余里。

但是,曹操当天晚上,他决定发动夜袭,以消灭吕布驻屯城外、互为犄角的别动队。曹操认为,今天曹军刚到,又输了一阵,吕布断然料不到曹军还会晚上出击。

但是,替吕布运筹帷幄的,是曹操的好友张邈及谋臣陈宫,他们对曹操

军事习性已相当了解。陈宫早已料到曹操会有这一战,就趁吕布到各营劳军的时候,对他说:"西营好似濮阳的一支翅膀,关系十分重大,曹操可能连夜去袭击,我们不能不防啊!"

吕布十分自得地应道:"曹操连夜赶回来,还没有站稳就吃了败仗,他还敢出来?"

陈宫说:"将军有所不知,曹操用兵往往出其不意,十分机动,越是大家认为不可能的事情,也许他越会采取行动。正因为他今天打了败仗,我们才不能不防。"

吕布说:"既然先生认为如此,那么不如提防一些吧。"

于是,吕布叫高顺、郝萌、曹性、魏续带领一万人马再去加强西营的防务,再派探子连夜侦察,还叫西营原来的兵马设置埋伏。

果然,黄昏以后,曹操亲率一支人马,偷偷地抄小道去夺吕布的西营。不到三更,他们到西营。曹仁、曹洪领头,一声呐喊,扑入营中。曹操夺到了吕布的西营,好不高兴,心想这下子就会改变双方形势了。哪儿知道他高兴得太早了,将士们正想休息一下,他们已经给吕布的军队包围上了。

陈宫及时接到了曹操奇袭的情况密报,便判断行动如此快速,曹操本人必在奇袭军中。而且,为了保密及机动性,奇袭的人数也绝不会多。因此,陈宫要求吕布亲自率领战斗部队,分三路包抄曹操,阻止奇袭部队和主力军会合,并乘机消灭他。如果曹操真的在奇袭队中,这场战争就赢定了。

吕布完全采纳陈宫的意见,亲率主力部队从后面包抄过来,曹操下令拼死抵抗。双方混战了一个多时辰,眼看东方快发白了。曹操这才看见周围黑压压的不知有多少人马,同时探子又来报,说吕布亲率大军到了。曹操只好扔了西营,慌忙退出。可是,已经迟了,他们的归路已被吕布的兵马完全截断。

天色越来越亮,曹操已经看见手持方天画戟、骑在赤兔马上的吕布,果然吕布十分英勇,左冲右突,如入无人之境。眼看吕布就要往这边来了,曹操叫曹仁、曹洪快去抵挡。曹仁、曹洪驰马上前,分左右两边与吕布交战。

另一个地方,夏侯惇和乐进,早已给高顺、郝萌、曹性、魏续四个将军缠住了,无论如何也脱不开身。就只有于禁和李典在曹操身边,二人一左一右护卫着曹操突围。

但是曹仁、曹洪根本不是吕布的对手,但也互相配合,牵制住吕布。

看来是一时突围不了,曹操只得将部队结成一团,布成一个阵中之阵,以应付吕布的大军。虽然已将曹操团团围住了,但却如同把一颗铁硬的核桃呛在口中,再怎么用力,一时却咬不开。

守得严,攻得猛,双方死伤都很惨重。

曹操的防守虽然相当成功,但毕竟兵员太少,不够消耗,如果死伤人数继续增加,难免被歼灭,看来,无论如何,也得突围才行。如果曹操的兵马不是太少,吕布这样性急,已显示他的弱点,他完全可以逐渐磨其锐气。但是眼下却不行,在时间上,他已经奉陪吕布不起了。

曹操在自己阵中号令道:"我军虽然勇敢,但人数上悬殊大,必须马上突围。吕布不可怕,不过人众而已。请以敢死队开道,为我打开突围缺口。愿为敢死先锋者,站这边来。若战死,厚赏其家;若生还,连拔三级。"

踊跃参与者,五百余众。曹操全部只挑选了最精壮的三百人,然后,由侍卫队长典韦率队,每人身穿两副铁甲,只带长矛不带盾牌,全力往前冲锋。而于禁、李典护卫曹操随其后,开始全力突围。

吕布见曹操摆好突围架势,并有敢死队开道,乃急令弓箭队排在前面,以迎接突围的曹军。突然,吕布营中一阵哨子声响,一霎时密箭像暴雨似的射来。听得见箭镝之声,如鸽哨一般。

典韦下令全体潜伏,暂时不动。敢死队员就都匍匐下来,后面的于禁、李典也拥着曹操暂伏躲避。

吕布见曹军一下子停顿下来,并且隐匿了许多目标,乃下令停射。叫弓箭手在前,步兵在后,逐渐逼近过来。

典韦闭上眼睛,置之不理。但是他对左右侍卫说:"密切注视敌军,计算与我军距离。"

左右说:"三十步了。"

典韦点头应知,仍是不动。左右说:"二十步了。"典韦睁开眼睛,看了看前面,说:"十步再告诉我。"

一会儿,左右又报:"十步了。"

典韦说:"五步时再告诉我。"

当左右高喊五步时,只见典韦两眼圆睁,一鼓作气,双手持戟,大叫开战。吕布军忽见一员猛军率队跃起,如利爪般扑来,士气顿时大挫。典韦如入无人之境,挡在路上的几乎全部中戟倒地。吕布军本能地躲避,因此包围圈露出了一个大缺口。左右的围军远远望着,谁也不敢过来。

身后,于禁、李典护着曹操,直冲缺口而来。这时天色已黑,视线不清,三百人的敢死队在吕布军看来不知有多少,纷纷闪躲开去。曹操便跟在典韦后面,趁机脱身。由于天黑路生,吕布也不便追击,只得收兵。

曹操终于安全回到大本营,他特别重赏典韦,拜他为都尉。典韦当即表示,愿意随时豁出性命去保卫曹操。曹操有典韦这样的忠诚之将,十分高兴。

曹操正在为难的时候,忽报有人求见。士兵将来人带进营帐,一问才知是濮阳城中大地主田氏的信使。曹操知道这个田氏,说得上濮阳最大的财主。不说别的,光家中奴仆就有几千名。

曹操展信一看,上写道:"吕布残暴不仁,濮阳人人痛恨,田家的生命财产也毫无保障。近日吕布只留高顺诸人守城,自己往别处去了,万望乘机速来,

第十二章 张太守兖州反叛 僵白天濮阳沦陷

我等定为内应。"

曹操笑道："真是天助我也！"

立刻约定时间、暗号，然后打发信使回去。

初更时分，曹操带着将士悄悄到了濮阳城东门，月光下隐约可见城上竖着白旗。曹操让人击掌为号，城门就开了。即命典韦为先锋，夏侯惇压队，自己带着曹仁、曹洪、乐进、李典、夏侯渊、于禁等人进了东门。

一进东门，即有几百名田氏家丁迎候，他们将曹军全部引领进了城后，即告之曹操目前城中情况。田氏也就只能做到这一步了，因为他仍无法控制整个城池，最多就是将曹军迎进城来，余下就全是曹军的事了。不过这也相当不错，不费一兵一卒，就进入濮阳城中。至于余下的事，曹操自有安排。

曹操知道，只要曹军再往城中移动，吕布军就会全部牵动，战争期间，前沿城防，哪一条街巷没有军队把守？显然面临着的是一场艰苦的巷战。

为了提高士气，曹操打算采取"置之死地而后生"的策略。他当即下令放火烧东门，表示绝不退兵的决心。

大火一起，吕布军就知道了。陈宫很快就知道了曹操兵力有限，并且这次带进城的多半是青州兵。乃建议吕布军攻击曹军侧翼的青州兵。由于青州军训练不足，又不习惯于街巷的肉搏战，很快往后退却。因此，曹军阵式大乱，任曹操喝令，也不能稳住了。眼见全军濒临崩溃的危险，曹操果断决定，向后撤退以求稳定阵脚。

但是，后撤更不如意，陈宫又安排一支吕布军拦腰杀出，将刚刚集结后撤的曹军冲乱，一时之间，将士分散，四处奔逃。

由于突然的混乱与惊惶，曹操与部将失去了联系，只得一个个择路而走。这时，只听"活捉曹操"的喊声响起，街上到处响应着这样的口号。曹操大惊失色，认为吕布军发现了自己，正从四面八方围上来。于是慌了，一阵快马奔突。跑了好一阵，并不见有人认真追他，才明白仅仅是吕布军的随意呼喊而已。既然如此，他也不必再惊慌，反正他和大家失散了，只有靠他一个人突围出去。不过这样也好，单枪匹马，没有随从，反而不易为吕布军注意。

曹操拣僻静的小巷穿行，他看见两旁的民居都紧关门户，没有任何一人家有灯火闪烁，心中就觉得这战乱确定给百姓带来莫大的苦楚。人人自危，皆如兔一般，缩在洞中，悄无声息。

曹操情不自禁，正有些悲天悯人的情绪生起，忽然又听见一阵呼喊吵闹声向这边来了。很快即听见杂乱的马蹄声响，随着一队乱兵窜过，有步行奔跑的，也有策马而逃的。曹操知道这是自己的队伍，但在此时，他既无力召集他们，也不能召集他们。只有各自奔逃为好，而他也不愿因此暴露了自己。

但是，他眼下朝哪边走呢？正犹豫间，吕布军追上来了，约有十余骑。曹操干脆不跑，因为一跑，他就成了他们的目标。于是，他伏在马背，仿佛受了重伤的样子。在两军对峙时,形成了一个规矩,失去抵抗力的一般将士,一般都不会予以诛杀,曹操装作这个样,就只想蒙混追兵。

十余骑马将缓步而来的曹操围住,其实他们之中谁也没见过曹操,但想像中曹操必是一位气貌不凡的人物,并且总是亲信随从跟着。故而他们一见到这个孤零零伏在马上的人,绝对没有一卒半兵将他和曹操联系在一起。他们只是想看一看这是一个什么样的败将。

由于曹操身穿一般将领服装,又有气无力地伏在马上,十余骑吕布军看了看也不想搭理他,只是问道:"你可看见曹操在哪里?说了,饶你一命。"

曹操依然有气无力地返身指向后面,说:"在前面,骑着黄马的便是曹操。"

十余骑人似乎也想起了刚才跑过去的人中,有一个便是骑黄马的。于是抛下曹操,追赶骑黄马的将领去了。

曹操幸运脱险,顿觉事不宜迟,便立刻掉头往东门奔去。

曹操闭上眼睛,只觉得浑身灼烧,耳畔热风呼呼。幸亏只有数丈之遥,坐马终于冲出城了。但是,曹操头上披风还在燃烧,便几下扯落,弃之于地。他这才感觉到左手疼痛,原来已被烧起一片大泡,使他持握缰绳也感到了困难。但是他不能停步,再痛也得赶路,军情紧急,他为三军之首,怎能久久不归?跑了一程,确实疼痛难忍,正在无可奈何之际,侍从曹异赶来了,他还率了几个人,正在寻找曹操。他见了曹操十分高兴,叫人左右护了曹操行进。曹异告诉曹操,还有几路人分头寻找他去了。

曹操回到大本营,将士们知道曹操受了伤,纷纷前来问安、请罪。曹操并不责怪任何人,反倒仰头哈哈大笑起来。他一高兴,就喜欢拍手跺脚的,可这回正想拍手,立刻又缩回了左手,因为左手灼伤太多,已包扎起来了,怎么敢拍。于是只将左手去摸了摸烧短了的半截胡子,并对将士们说:"只怪我太心急了,才上了陈宫的当。好呀!吃一回亏,长一回智。现在,我知道该怎么报这个仇了……"

将士们见曹操那样高兴,并没有半点丧气的样子,也就感心安了,士气很快又恢复如初。

曹操又对随从的几个将士说:"我们到各营去慰问将士们,告诉他们,我们有办法了,非把濮阳打下来不可!"

于是,曹操并不休息,立刻领队,到各营去慰问败退回来的军队,予以鼓励和安抚。同时告诉大家,从明日,开始制造攻城武器。

三天后,曹军造好攻城云梯,便再度领军攻到濮阳城下,摆出一副准备攻城的姿态。

就有飞马来报吕布,说曹操立刻要攻城。

正沉浸在胜利喜悦中的吕布,几乎不敢相信自己的耳朵,叫探马再报

第十二章 张太守兖州反叛 僵白天濮阳沦陷

一次。

探马又说:"曹军已布阵城下,即将攻城。"

吕布推开身边侍女,站起不断摇头,说:"这怎么可能? 怎么可能? 这个曹操简直疯了,什么也不顾了吗?"

吕布背了双手,走来走去,心中已有了一种莫名其妙的空虚感。明明连续两次几乎击溃曹军,他都好像战马一般,在地上打一个滚,就恢复了疲劳。

曹操的再次攻城,使陈宫也一时傻了,他已无法估计曹操的实际作战能力。他虽然对曹操非常了解,知他善用兵,计谋多,很有韧性。但是,像现在这样屡败屡战的精神与气势,却是无论如何也是令人难以相信的。现在不得不承认,主动权已完全被曹军所掌握。吕布军虽然连续获胜,但据陈宫知道,将士仍已疲惫万端,渴望休息。而作为指挥官的吕布和他,也正准备好好将部队休整一下,方能恢复强力的战斗力。可是,一切都还没有来得及进行。将士既未休息,休整也还在筹划中,曹军却如服了仙丹妙药一般,个个生龙活虎,腾飞雀跃,集结到濮阳城下了。

陈宫站上城头,细致观察过曹军,根本没有一星半点做作和伪装的迹象,队伍巡逻、操练,都井井有条。而且,他确实看见了那新崭崭云梯,摆放在军帐旁边。才隔三天时间,居然造好,这速度本身已足以说明问题,还有什么可怀疑的呢? 故而,陈宫对吕布慎重言道:

"以目前情势来看,唯有坚守城池了,我军根本不敢和曹军在下面会战。不知将军是否有同感?"

吕布不语,他心中却是气鼓鼓的。从他个人的情绪,他无论如何咽不下这口气。从他吕布个人的武艺,还从未遇过真正的对手,因此他从来意气纵横,不把人放在眼里。现在听陈宫这话,实在太丢人,于是愤然骂道:

"他曹操若是英雄,就出阵和我一较高低。包括他的夏侯惇、于禁、李典、乐进诸将,都出阵来与我一战。要是我输了,我把濮阳双手捧送跪叩三个响头只身离开……你们传话,叫他们出阵。是英雄就来!"

陈宫摇头道:"当然曹操是不会照你说的做。将军对英雄的理解不可太狭窄。以将军之高强武艺,固然是英雄之才。可真英雄则能伸能屈,能攻能守。一战之败,不减英雄色。而屡败屡战,不为所屈,最终得民心,得天下者,方为英雄也! ……"

吕布虽仍然愤愤不平,但对陈宫之语也难以反驳。但是,他总觉得陈宫今日的话并不那么受听,便在内心生起了些反感。

不过,吕布总算采纳了陈宫之言,坚守城池,绝不迎战。曹操便也只能按兵濮阳城下,虎视眈眈而已。虽已制好云梯,但曹操并不轻易使用,因为吕布军主力在城上严阵以待,此种状况,是极不易攻城的。

就这样双方僵持着,一拖,就是一百多天。这时,忽起蝗虫灾害。蝗灾比兵灾更猛,铺天盖地,如乌云一般压境,一片又一片禾苗被吃光。庄稼损害,民间饥荒,府仓自然空虚。吕布军粮用尽,又无法得到补充,只得主动退出了濮阳。

濮阳空了,而曹操却不愿进去,濮阳地区虫灾十分严重,根本无法屯驻。于是,曹操决定引军回甄城。临走,曹操遥望濮阳,不禁哑然失笑,一个念头钻进了他的脑子:要是没有粮、没有人,再大的一座城又有什么用处?原来人们争城夺地的最终目的,还是为了粮食和人啊!不由得哀从中来,又想写诗,但此次曹操将诗兴压抑下来了,因为部队已经整装待发,只等他发号施令了。他勒转马头,挥鞭喊道:"按部就班,往甄城进发!"

吕布离开濮阳后,又遭到李进所领导的济南军队袭击,由于吕布军缺乏粮草,不敢恋战,只得向东退却,驻屯于山阳。

第十二章 张太守兖州反叛 僵白天濮阳沦陷

第十三章　吕布辗转易主公
　　　　　晚辈丧命再西征

虽然曹操没有把濮阳攻打下来，暂时没有离开濮阳，但是吕布也没有把他赶走。双方仍然处于对峙阶段，只是谁都不想参战。末了，因蝗虫灾害，逼得他们只好各自收兵。曹操回到甄城，那地方离吕布屯兵的山阳太近，他又往北到了东阿。粮食严重匮乏，曹操属下的军团粮食供应上也发生困难，军队面临解体。正在这种孤立无援的时候，袁绍派人前来劝说曹操，建议曹操将眷属送到袁绍境内，以接受其保护。并说这样和曹操彼此有个照应。

曹操跟吕布打得不可开交的时候，袁绍没派一兵一卒去帮助曹操，这会儿怎么又想起他来了呢？原来，因情况变化，袁绍又需要联络曹操去对付北边的公孙瓒了。

曹操因兖州已无力有效统治，仅有的存粮也将用尽，便有意接受袁绍的安排。一向以谋略见长的程昱却表示强烈的反对，他对曹操说："听说曹将军有意将家属送给袁绍作人质，以取得信任，可有此事？"

曹操点了点头，说："是啊……"

程昱眉头一皱，说："我想这大概是由于将军碰到了一些困难，有点害怕了吧？要不然，怎么考虑得这么不周到呢？"

曹操叹气道："是有点困难……所以，想暂时忍耐一下。"

程昱便说："难道曹将军真的为眼前的困难感到害怕了吗？为何会如此的欠缺思虑呢？袁绍早有并吞天下之雄心，只是因为他本身智谋不足，所以做不到啊！袁绍这种人，将军你真的认为可以自甘其下吗？……"

其实，曹操哪儿愿向袁绍磕头称臣呢？他也知道送家眷去的意思。在战乱的这些年中，有过不少这样的例子，附属于强大诸侯下的小军团或小诸侯领袖，将他们的家属送到大诸侯境内作人质，以表示顺从，并得到一定帮助。但是，如此一来，自己的行动便要受到大诸侯的严厉控制了，到时候想另谋发展便是难上加难了。这可以说是一种饮鸩止渴的办法……

考虑问题从来深思熟虑的曹操岂是容易如此依附于此的？他也是遇到了从未想到过的难处。这种难处，他以往确实从来没有想到过，或是因为觉得太平凡而给忽略了。现在，一经遇到，他才发现是那么的重要。

而当下的曹操可以说就是这种情况，他怎能不紧张万分呢？所以，明明知道袁绍是拿着圈套让他去钻，为了求得粮草的暂时支持，他也动了心。但是程昱的坚决反对和理智分析，对他不能不是一个严重的警告。于是，他开始将那念头打消，不再受袁绍之引诱。

曹操将这一打算向程昱谈了，程昱完全同意和支持这样做。于是，二人分头找了荀彧、曹仁、曹洪、夏侯惇、于禁、李典、乐进等等谋士和部属，果然这些骨干人物都有着和程昱相同的看法，尽管说法不尽一样。

曹操固然十分高兴，便又在这个基础上，召开了中下级将士的会议，开宗明义地说明当前处境以及是否接受袁绍的邀请的利弊关系，还有通过努力，暂时度过困难的可能性，等等。如此的坦诚使得士兵们要和曹操同舟共济，共度难关。

曹操先派曹仁去打薛兰、李封驻屯在钜野的部队，自己则率主力部队埋伏在半途中，并派出大量探子去搜集吕布军的动态。

由于探子多，吕布的全部行动便都在曹操的掌握之中。

探子来报，吕布率领的部队正快速朝钜野逼近。

探子又来报，吕布部队由于行动快，和陈宫率领的主力部队相隔有一天左右的路程。

曹操认为时机已到，机不可失，应立即抓住。他决定采取闪电作战的攻击方法，给吕布的部队以痛击。趁陈宫主力部队未到来之前，快速结束战斗。

依吕布、陈宫早先的分析，曹军此时应在钜野攻打薛兰和李封的部队，因此，吕布只一心向钜野赶路，并无作战的防备。吕布军正行进间，忽然一阵哗闹，大批曹军突然从他左、右两侧涌出，夹击过来。

快速行进中的部队，最怕受到奇袭。不到半个时辰，吕布的部队就被冲击得七零八落。许多将士来不及摆好战式，就被曹军击杀了。一时间，伤亡惨重的不知有多少，至于鼠窜奔逃的，更加不计其数。

吕布见是曹操亲率的部队，也被吓懵了。他显然已经陷入了一个十分危险的境地，所属部队完全溃散；陈宫主力，当在几十里之外。幸好他有一匹赤兔马，要逃命还是可能的。向来不负责任的他，便根本不管李封、薛兰的死活了，掉过马头来，三十六计，走为上策。

曹操见吕布落荒而逃，也不追赶，只笑笑而已。便又迅速领着部队奔往钜野，投入钜野之战。曹操的到来，使曹仁的攻击部队声势大增。

可怜的薛兰及李封，光应付曹仁的攻击就已经很吃力了，想不到曹操又从两面包抄过来。二人虽拼尽全力抵抗，也没有逃脱全军覆没的命运。

曹操协助曹洪攻占钜野之后，并不松懈警惕。他说："吕布的败军必和陈宫主力会合，一旦重新整编完成后，定来再攻钜野。因此，在钜野还有一场恶战，务必重新部署，以迎劲敌。"

曹操将部队在钜野全面展开部署，决定和吕布、张邈的联军一决生死。

但是，陈宫在与吕布的败军会合后，却认为舍弃薛兰、李封的军队，一不利于稳定军心；二有损于吕布的领袖形象，因此等不及重编，便要吕布紧急进

军,再度进攻钜野。

而曹操根本没有料到吕布军会来得如此飞快,靠自己率领的少数后勤部队,别说会战,连阵地都无法固守。这怎么办呢?曹操这时不免后悔自己考虑问题太欠周全,过于冒昧了一些,以至于现在再急也不能把部队及时召回来了……

仓促间,曹操灵机一动,忽然想起了"空城计"。当此之时,只能如此了。自己则率领一千多不到的后勤部队,整齐排列在营外。

陈宫和吕布攻到钜野附近时,听说曹操这种奇怪的部署,很是疑惑,便策马到阵前观望,陈宫驻马凝视良久,确实也想到过"空城计"三个字。但是,有两点却又很值得怀疑,一是曹操主力又到哪儿去了呢?据他所知,曹操眼下绝无其他战场。二是曹操屯营的西边有个大场,南边有座大树林。那大场本是骑兵用武之地,那树林却又正好是藏兵之所。

于是,陈宫就不敢轻易下结论,加上这时天色已晚,自己又紧急到达战场,无法作进一步探查,乃下令命部队驻屯在距离曹营南方十余里的位置,待明晨再作打算。

正当曹操在兖州和吕布拉锯不休的时候,刘备却轻易地获得了曹操梦寐以求的徐州的统治权。

早在兴平元年十二月,勉强逃过曹操征讨的兖州牧陶谦就生了病。临终的时候,对他的心腹,东海的富家子弟糜竺和下邳人陈登说:"我死之后,非刘备不能安抚咱们这个州。你们千万要把他接来,别忘了我的话啊……"

话未完,他就咽了气。但关于徐州的事,他已说得很清楚了。

当此群雄环伺之际,西北又有曹操的威胁,为什么陶谦单单要求刘备来当他的继承人呢?就因为陶谦对于不计代价、冒险前来救他的刘备特别好感,他早就觉得徐州这个地方,就需要刘备这样的人来治理。

糜竺、陈登谨遵陶谦之嘱,亲自到小沛去请刘备。刘备听说陶谦死了,带着关羽、张飞和赵云赶到郯城去吊孝,哀悼之后,对于徐州州牧的印绶,刘备却无论如何也不接受。他表示自己力量薄弱,不敢受此重任,主张迎接驻屯寿春的袁术来徐州。

这怎么行呢?何况陶谦并无此托。于是,农事官陈登对刘备也是大加赞赏。北海相孔融也极力说服刘备:"袁术根本不是一位忧国忘家的将领。目前,又势衰力竭,如同冢中枯骨,还管他干什么?如今天下大乱,百姓愿跟从有德有能之人。这是上天赐给你的大好机会呀,若不接受,必将后悔终生。"

刘备在徐州郡县领袖及官员的劝告下,才接下徐州牧这个冒险又艰苦的职位。

陈登他们马上打发使者到冀州去向盟主袁绍报告,大意说:"陶州牧过世,州里无人主持,唯恐乱党乘机偷袭,使盟主添忧,所以才公推前平原相刘备主持徐州,使百姓有所归依。是否得当,请盟主包涵。"

明摆着,这是"真主意,假商量,"同意不同意都是一回事。袁绍明白于心,便很快同意了。

曹操当时还不知道徐州方面已经得到了袁绍的支持。他只知道刘备接着陶谦做了徐州牧,气得脸都青了,说:"陶谦是我的仇人,死了也得报仇。刘备不劳一兵,坐得徐州,天下哪儿有这么便宜的事?我先去灭了刘备,回头再来收拾吕布。"

谋士荀彧赶快将曹操拦住了,说:"从前汉高祖守住关中,光武守住河内,他们有了巩固之地后方才进可以攻,退可以守,经营天下,中间虽有困难,终完成了大事。将军首先占领兖州,河内是天下要地。也就是将军你的关中,河内呀。再说,我们已经杀了薛兰、李封,恢复了钜野,士气正旺。现在麦子熟了,正该叫军士出去收割……"

曹操经荀彧这么一说,才暂忍住气,没去攻打徐州。直到破了吕布,平定兖州之后,才又谈起攻打徐州的事。何况败兵吕布也投奔了刘备,正好一鼓作气将他消灭。但就在这个时候,徐州的政治形势发生了重大变化。

原来,吕布投奔了刘备,并与之明争暗斗,而袁术则趁机攻打徐州,刘备不忍心徐州陷入内战,就主动向吕布请降。

吕布给予刘备豫州刺史官衔,使之驻屯于小沛,协定互相联合,共同对付袁术。而吕布自称徐州牧,驻军于下邳。

袁术完全没料到吕布会又和刘备搅在一起,真是既失望,又生气。于是发怒了,宣称将对徐州发起总攻击。

面对袁术的威胁,吕布又转而向已经在许县建立都城的曹操称臣。如此一来,曹操反而没有理由再出兵攻打徐州了。

在这段时期,曹操即使有心,也没有力量窥视徐州。这时曹操正为两件重要事情忙碌。其一是审慎计划将汉献帝接到许都,以推行他"奉戴天子"的大政略。另一件工作,则是对付屯兵豫州的张绣。

张绣是凉州武威郡祖厉县人,汉末凉州大乱,张绣率领数千人,占有祖厉县。后来加入同族叔父辈的名将张济的军团。

张济何许人也?他是董卓属下的四大军团将领之一,和李傕、郭汜齐名。张济一贯治军严谨,在凉州军团中声望最高。董卓死后,李傕及郭汜为争夺关中控制权而发生内讧,因此,凉州军团陷于溃散状态。

张济为此而心中不安,出面调和,但是李傕和郭汜各为自己的势力,并不听他的。张济调和无望,只得摇头叹息,便率领少数直属军团离开关中,侵入荆州北部,试图寻找新的地盘。

荆州牧刘表,当然不愿让张济侵入,便派大军阻挡,双方一场混战,张济中流矢而亡。

张济一死,张绣便以族子的正当身份继续带领张济的军团。

正在这时,凉州军团的首席谋士贾诩,也因李傕、郭汜的内讧斗争而失望,便离开了关中,南下来寻找张济。贾诩一向和张济关系好,并在李傕和郭汜的内讧斗争上,也是见解一致,所以贾诩要南来投张济。可是,贾诩到来之时,张济已亡,贾诩便留在了张绣身边。

阻挡张济、张绣的荆州牧刘表也是一个特殊人物,此人作风甚为独特。

当汉各州郡纷纷陷入战争中,各州郡领袖乘机努力扩充自己的武力及疆域时,刘表却与众不同,努力实行保守求安的"锁国政策"。因此,在那么长时间中,他除了和据守江南的孙氏军团作过几次正面对抗外,刘表似乎只努力于维持境内安定。他有效地控制荆州统辖的郡县军团,禁止他们参与诸侯间的斗争。

此外,刘表更努力提倡文风,使荆州社会充满安定和平的气氛。因此,关中地区及兖、豫两州不少知名人士,特别到荆州来定居。尤其是长期兵荒马乱的豫州地区,几乎有一半以上的郡县主动向刘表投诚。刘表虽然也表示欢迎,并也常在财政方面给予支援,但却不允许任何荆州以外的军团入境。

张济率军侵入荆州北部,刘表当然要横加阻拦。张济便这样遇难了。

贾诩留在张绣身边后,为了全局的利益,力劝张绣主动和刘表和谈,以争取联盟的地位。由于刘表知道张绣颇具将才,而且凉州军团的战斗力也极强,自然不敢轻视。再加上有足智多谋、交涉经验丰富的贾诩出面,刘表便愿意和张绣言和并共结联盟。于是,在刘表的安排下,张绣驻屯于宛城,镇守豫州的西半部,扼守荆州的大门。

这时,由于吕布在袁术的强力威胁下,转而主动向曹操投诚,曹操便将攻击的箭头指向四分五裂的豫州。这样一来,自然就碰上了张绣的军团。

曹操这次征讨豫州的阵容空前庞大,他只留荀彧及程昱镇守大本营许都,而令夏侯惇率先锋部队先行,自己则亲率长子曹昂,侄儿曹安民为中军,其余曹仁、曹洪、于禁、李典、乐进共分五路,总共八万多人马,浩浩荡荡地向淯水进逼。

曹操兵马来势汹汹,而且曹军强悍的战斗力早为人皆知,故而随着曹军如乌云般的压迫而来,豫州郡县军团立刻不战而降。

可是,刘表却一直按兵不动,似乎无意对抗曹军。贾诩看见情况愈来愈紧急,便劝张绣先向曹操投降,以保存自己。

贾诩首先见曹操,曹操对贾诩一见如故,当即表示愿意接受张绣的投入。于是,贾诩偕同张绣一同来见曹操,曹操大喜,当即设宴款待,边饮酒边讨论两军合作事宜。曹操怎么能不万分高兴呢?不费一兵一卒,却获得了豫州大部分的领土,这种"不战而屈人之兵"是兵法的最高成就啊!

也许正因为过分得意忘形,曹操放松了警惕,老毛病便又犯了。

曹操本来精力过剩,又满腹热情,便向来对女色特别容易着迷。在此之前,他曾因女色误事,所以便常常告诫自己,切莫因小失大。可是这次,由于高兴得忘乎所以了,便又放浪形骸起来。

张济虽然死了,而其妻子邹氏还在。邹氏可称羌族的美女,模样姣好,身姿娟美,没有人看了不动心。他差人引来邹氏,一见那娇艳的样子,就心旌摇荡不止。他挥退左右,直截了当地要邹氏留在他那儿。

对于曹操的好色行为,曹操军团的将领不足为怪,但张绣却是无法忍受的。因为不管怎么说,邹氏是张济的妻子,算张绣的婶娘了,曹操淫了她,于张绣真是奇耻大辱。再则,张绣一向严肃谨慎,十分讨厌在军中有如此作风。故而张绣不愿再与曹操为盟,便和贾诩商议,准备背叛。贾诩听了张绣的话后,也有同感,便建议张绣趁宛城交接当天尚未完成,曹操大军全在城外之时,发动奇袭,一鼓作气消灭曹操。这样或许还可以趁势控制豫州,并有机会向兖州发展。

张绣采纳了贾诩建议,于是假向曹操报告,说新降的军队有人不服,时常有人逃亡,必须重新整编,以免发生异变。

曹操听了,并不怀疑有什么不妥之处,便应张绣之求,派侍卫长典韦去协助整编事宜。有典韦在旁参与,曹操军团将领自然不会特别注意到张绣军的调动。

整编调动结束的当天,张绣特别设宴款待典韦。张绣热情劝酒,典韦喝得酩酊大醉,以致扶他也站立不起来。

而在曹操阵营内,也因特别欢乐的气氛而放松警戒心。至于曹操本人,则和邹氏在帐中饮酒唱歌,曹操即兴赋词,一曲又一曲地吟唱不止。

时近二更,忽然营帐外喊声四起,随即便四下火起,火光烛照天空。

曹操大吃一惊,但立刻就判断出是张绣叛变。于是弹跳而起,高声呼唤侍卫长典韦。典韦正在睡梦中,听见曹操在惊喊,顿时醒来,酒去了一半。他听见了喊声,也看见了火光,明白情况有变。一翻身爬起来,不及换上盔甲,便急着指挥备马,让曹操和邹氏先行避难。

紧急中,曹操向各营区发出急报,要他们各自向东撤退八十里到舞阳城集结。

曹操的长子曹昂及侄儿曹安民护送曹操离营。

典韦全身赤裸,手持双戟,率领少数侍卫敢死队,守住本阵寨门,浴血抵抗,全力阻挡张绣的袭击兵。

曹操一行人刚逃出宛城大门,曹操的坐骑就中箭倒地,曹操跌伏到地上,曹昂立即将父亲扶起,并将自己的坐骑让给了曹操。

曹昂和曹安民让父亲先走,自己在淯水河畔组成敢死队,准备和后面的追兵浴血死战,以护送曹操渡水逃到安全地界。

第十三章 吕布辗转易主公 晚辈丧命再西征

张绣的追兵人数众多,曹昂及曹安民的敢死队拼死抵抗,先后全部战死。如此才保得曹操少数几个人脱险逃走。

但是,爱子的丧生,使曹操的妻子丁夫人非常不满,和曹操闹翻了,因此径自返回了故乡。曹操愧疚之余,也派人替她做妥善安顿。但是丁夫人并不领情,从此不理曹操。曹操只好立曹丕生母卞氏为夫人。

典韦这时仍挥动他那对八十斤重的双戟,带着他的数十名敢死队挡在大门口,拼死阻止张绣军的突袭队进入大本营。张绣军团无法得知曹操的确切消息,便影响了追兵的调动。由此可知,曹操之所以能安全逃脱,和典韦的敢死队是分不开的。

但见张绣军实在太多了,典韦的手下全部战死。典韦本人由于没穿盔甲,受伤数十处,最后没有力量使用双戟,只好以短刀应战,砍得刀口都卷了,又弃刀用双手抓着两个敌人应战。最后,终于因失血太多,动作较缓,背上又中了一矛,大叫数声,血流满地而死。

但是,被打怕了的张绣仍然不敢上前,直到典韦吐出最后一口气,张绣军才壮胆上前砍下典韦的首级。

曹操在舞阳城获得典韦死讯,痛哭不已。便派人去向张绣交涉,要回典韦的尸体,加以隆重安葬。

曹军在舞阳城集结后,因为损失惨重,曹操已无心再战,便下令先行退回许都。张绣获得曹操撤退的消息,立刻准备乘胜追击。

贾诩劝他切莫贸然行事,张绣不听,仍整队追赶,结果在舞阳城遭到曹操亲率主力军反击,被打得落荒而逃。曹操的军队并不追赶,迅速朝许都撤军。

张绣败返宛城,见了贾诩很是惭愧。但贾诩却劝他立刻回师再打。

张绣不解,贾诩表示兵势有变,再击必胜。

张绣连忙收拾残军再度追赶曹军,果然获得大胜,并还得到不少兵器辎重。张绣不知其中奥妙,以此询问贾诩。

贾诩很坦然地表示,张绣的指挥作战能力虽不如曹操,却超过曹操手下的将领。舞阳城集结后撤退时,由于事态严重,曹操必会亲自断后,所有士卒也都抱必死之决心,其作战力便绝非张绣军团所能战胜,因此必定为曹军所败。等到追击战反败为胜后,曹操急着回许都,会以为危机已过,必将断后大任交给其他将领,这时候,张绣军去追击,必可获胜。

张绣听了,恍然大悟,十分佩服贾诩的精辟分析。

当曹操从宛城下令紧接撤退到舞阳城的时候,各部队分道行动。这时,夏侯惇率领的青州军出了问题。

平房校尉于禁听说此讯,其时他也正在紧急撤退中,便立刻集结部队前往围剿,以安乡民,于禁对打劫民家的青州兵,一般以警告的方式,予以制止和驱赶,对其中反抗不听者,才尽行诛杀。

青州兵见于禁的部队来了，大多数也就害怕了，纷纷逃散。但是，拼命逃的曹操大本营的青州兵，却向曹操控告于禁造反，屠杀了不少自己阵营的人马。曹操在这种时候听了，岂有不大惊之理？仍下令先到达的李典、乐进、曹洪的部队赶快整编，以备紧急应变。另一方面又派出细作，前往探询于禁军的动向。

于禁制止了打劫民家的青州军后，急往舞阳城靠近。但由于途中他耽误了时候，于禁快到舞阳城时，张绣的追兵已经撵拢了。情况相当紧急，于禁来不及请示曹操，便下令先布阵，并进行防御工事。这时已有人告诉于禁，说青州兵已在曹操面前告他叛变，还是赶快面见曹操，以先明辨是非的好。于禁却正色道："如今敌人就在后面，随时会到，不赶快建构防御工事，如何抵抗敌人？为自己个人分辩之事小，抗御敌人之事大。何况，曹公聪明，是非曲直，自会察明，岂会轻信？"

果然，于禁部署刚完成，张绣就追到了。于禁一马当先，奋力抵抗，曹军乘机从舞阳城杀出，大败张绣军队。

曹操十分高兴，关于于禁的事已明白十之八九。即刻召见于禁，一问便全部明白，便对于禁说："这次战役，我们输得相当凄惨。而将军在一片混乱之中，尚能整军纪，讨伐暴兵。匆忙之间，又能整兵筑垒，任谤任怨，毫不动摇，方使我军反败为胜。将军此举，虽古代名将，也不一定做得到啊！"

曹操除了在众将之前对于禁褒奖一番外，还赐给于禁金器一副，封于禁为益寿亭侯。

曹操退回许都时，连南阳、江陵诸县也都倒向张绣阵营，曹操几乎完全丧失对豫州的统治权。虽然其间曹洪曾不断向张绣军进行突击战，但是成效并不大。因此，再加上粮食供应困难，曹操经考虑之后，乃下令东撤到叶城暂时固守。张绣并不放松，经常派遣军队威胁并骚扰叶城的守军。

建安二年（公元197年），十二月，曹操经过喘息休整，决定再度西征。

这时候，张绣的大本营仍然设在宛城，其前锋部队却部署在东北八十里处的舞阳城。张绣的盟军，荆州牧刘表，则派遣支援军，部署在宛城东南约九十里处的湖阳城，互为犄角，阻止曹军向豫州西半部入侵。

而守在舞阳城的张绣前锋军，本以为曹操会攻击他们，因此筑好了十分完整的防御工程。想不到曹操军居然理都不理，使舞阳城反而"前线无战事"。舞阳城的守军就不知道该如何办事，因为与宛城间的联系已经被切断，便进也不是，退也不是，完全失去了主见。

相反地，湖阳城的荆州军，本来是来凑合的，没想到却首先挨打。由于没有什么准备，一打便六神无主，不得不放弃湖阳城，撤入荆州。

曹仁军在攻下湖阳城后，立即回师攻打舞阳，舞阳城的军队原本不多，眼见宛城及湖阳已不能驰援，在无法抵抗的情况下，不久便弃城投降了。

于是,前后不到一个月,曹操军已收复豫州领地,又回复到一年前的那种大好局面,曹操心中便又十分高兴起来。

这时,曹操想到,宛城守备严密,一时难攻下,加以年节即到,天气又日渐寒冷起来,很不利于用兵,乃下令曹洪率兵守住淯水以东,其余部队,全部班师返回许都。

曹操回许都等待到第二年三月,决定再度出兵,亲临淯水东岸。这是公元198年,即建安三年三月。

这次出兵,曹操仍像第一次一样,留下荀彧及程昱这对最佳搭档驻守许都,因第一次曹操出兵时,他二人已将许都管得井井有条,所以这次依然留了他二人。曹操自己则领荀攸、郭嘉、曹仁、曹洪、于禁、吕虔、许褚等浩浩荡荡出发。这个季节,原野春深,麦田正熟,曹操巡望一派丰收景象,心中十分欣慰。但是,由于大军路过,乡民不明所以,一个个吓得四处逃散,田里便见不到一个收割的农民。

曹操为此心里有所不悦。倍感于汉末以来,战祸连连,军纪太坏,给百姓带来了不少痛苦。所以才出现现在这种情况,一听说有军队到来,无不谈虎色变,逃之夭夭。

鉴于此,曹操觉得,保护百姓的庄稼尤为重要。因此,他向各军团及区域守军下达指令:"吾等奉天子明诏,出兵讨伐叛逆,与民除害。方麦熟时,不得已而起兵。大小将校,凡过麦田,但有践踏者,并皆斩首。军法甚严,尔民勿得惊疑。"

命令一下来,谁也不敢马虎,军官经过麦田,都主动下马,一手牵马,一手扶麦,小心经过。曹操自己也很小心翼翼地拉着缰绳慢慢地走,并细细品尝着自己下一道命令的政治效果。可是正走着,冷不防麦田里飞出一只斑鸠,正从曹操的坐骑前掠过。那匹马倏然一惊,蹿到了麦田里,踩坏了大片麦子。曹操就立即召来主簿,问他:"应该怎么定罪?"

主簿说:"明公一军之主,怎么能定罪呢?"

曹操说:"我自己下了命令自己破坏,怎么能叫别人心服?"

曹操说完,便做出一副准备自杀的模样。

谋士郭嘉看出曹操的心意,立刻阻止,并表示说:"古者春秋之义,法不加于尊,丞相统领大军,怎可自戕?"

曹操想了很久,面带严肃的说:"既然春秋有法,不加于尊,我姑且暂免死刑,但仍以头发代替之。"

说完,曹操割下发椎,交给主簿,并传令各军营示众:"丞相践麦,本当斩首号令,今割发以代。"

于是全军悚然,没有人再敢轻忽军令,纪律大整。

曹操大军到达淯水河畔时,张绣以宛城过于突出,不利于全线防御,乃战略性地将军队撤守到西南八十里的穰城。这一下，曹操必须接连渡过济水及湍水才能攻击穰城，补给线方面便增加了不少困难。

但是，曹操在荀攸建议下，仍然采用中长期策略。下令隔着湍水，在穰城的正对岸建筑一座城池，用以长期包围并攻打张绣军队。依荀攸的看法，张绣的军粮全部仰赖刘表，这是不符合刘表一向保守的战略的。只要坚持对峙的作战方法，刘表势必无法忍受张绣军队的长期浪费，他们之间就注定要拆伙。相反，如果对张绣军逼得太急，反而会使刘表基于同盟之谊而加入战斗，与曹军对抗。

曹操也认识到荀攸计划的合理性，但是，当他看到张绣耀武扬威的时候，就渐渐的无法忍受了。

在忍无可忍的情况下，曹操派许褚率精锐部队猛攻穰城，使张绣军遭到严重损失。果然，当张绣军受到强力压迫的情况下，刘表便率军救他来了。这一来穰城对岸的曹军主力反而腹背受敌，曹操才后悔不听荀攸的建议。

由于粮食供应困难，曹操决定采取速战速决的办法。张绣先率军渡湍河，挡住曹军退路，刘表则由西南方面对曹军施压。表面看来，曹军已被逼入死地。

曹操将计就计，置之死地而后生，他故意拖延撤退速度，让张绣、刘表联军先行占据湛水渡口。其实曹操早下令全军沿着山坡挖掘地道，让辎重先行通过，并将军队埋伏在山脚的另一边，使张绣、刘表以为曹军已由地道向东南撤离了。

果然，天明之际，张绣及刘表各自发现曹操的本阵已成空营，以为曹操连夜逃走，又看见了地道上有辎重的痕迹，更确信自己的判断，于是张绣、刘表在未作详细勘察的情况下，便顺着地道，全军快速追赶曹军。

张绣、刘表的军队刚追击不远，右侧山坡高处突然出现大量曹军骑兵，向张、刘军左翼猛攻。张绣顿感意外，忙将军队调整到右侧，但地道尽头却又出现曹操的大量步兵。这些步兵迅速冲入张绣、刘表的联军左翼。连续的意外攻击，加上曹操居高临下运用他最擅长的步骑混合战，很快便将张绣及刘表的主力部队打得大败，不得不退回穰城。这样，张绣、刘表联军在穰城死守，曹军屯在城下一时又没有办法，直到当年七月的秋收季节，曹操为了抓紧时机准备冬春的粮草，便下令主力部队，撤回兖州。

于是，这次西征，终于没能击垮张绣、刘表，只得暂时告一段落。

第十四章 刘备归服曹营帐
            吕布丧命惹疑心

　　适逢年关,兖州所有重要的幕僚和将领聚集在曹操府邸。曹操简单分析了时局之后,与众人商议是否该迎天子的问题,最终决定逢迎汉献帝。有一件事令曹操非常高兴,那就是他又获得了两个得力助手——郭嘉与许褚。

　　新年气氛转瞬即逝。

　　依照荀彧和程昱二人建议,最适合建立新朝廷的地方是洛阳东南的许昌。大年十五,曹操便率军驻屯武平,亲袁术的陈郡丞袁嗣派两员大将徐杰和张敢迎战,许褚不费吹灰之力就砍下了徐张二人的脑袋,曹操当下犒赏了许褚,封他万骠骑将军。袁嗣见大势已去,料袁术气数不会长久,举军投降曹操。曹操命令荀彧留守兖州,派三千人马由曹洪领队,前往安邑迎接汉献帝,准备进入许昌,自己率军与郭嘉、许褚、夏侯惇部署于陈郡一带,准备对付汝南、颍川一带亲袁术的军团。

　　"郭嘉,你看我的部署如何,目前,刘辟和黄邵部队虽然强大,但布兵分散,在他们来不及拧成一股绳时,我们集中力量各个击破。"

　　"主公所言极是,那是孙子兵法的灵活运用。"

　　"奉孝夸大其词了,不过雕虫小技。"

　　只用了半月时间,曹操就扫平了刘辟和黄邵的部队,何仪、何曼等小军团也纷纷投降,曹操宽容以待,将他们重新整编,各人驻守原地,以防袁术和刘表势力的入侵。

　　与此同时,许昌附近其他军团的力量已全部肃清,曹操下令荀彧筹备迁都许昌的事宜,亲自将许昌改名为许都。

　　历史上的皇帝十有九个不幸,汉献帝恐怕够得上其中之一。十多岁黄袍加身,却始终轮不到自己发号施令,主宰天下,受尽了董卓的气。待王允杀了董卓,满以为能重见光明,不料又落入李傕郭汜之手。如今又在董承、杨奉的掌握中。汉献帝早听说曹操在颍川的显赫声名,最近又收到曹操从兖州送来的密信,密信中写道:"民不可一日无主,当今海内大乱,臣忧心如焚,拥戴圣主,安抚天下是孟德之夙愿,请皇上保重龙体,不必过分焦虑,待孟德荡平豫州贼军,选个大吉大利的日子,亲自迎接銮驾。"读罢密信,汉献帝感喟不已。难得,难得啊! 在山河破碎之际,难得有这样胸怀天下,心志高远的人才啊。

　　早春二月,洛阳城里显得萧条冷清。汉献帝在董承、杨奉的陪侍下登上洛阳城郭,城头上那一丛丛一簇簇的牡丹正吐着绿意,在柔柔的春风中,淡淡的药香四下飘溢。汉献帝想着如果有来生，一定做个庶民，即使老死于阡陌荒野也比这辗转飘零的日子舒坦得多。可当他的目光越过崇山峻岭眺向许昌方向时，他的心里又涌起一片亮丽，仿佛看到许都的天空是艳阳高照，天朗气清。

这个时候，汉献帝的心中只有一个念头：但愿曹将军早日荡平天下贼人，泱泱华夏早日出现歌舞升平之盛景。

太尉杨彪走到献帝面前奏道："曹操在山东拥有很强大的实力，可以宣他入朝，以辅王室。"

献帝窃喜，说："我马上降诏，传曹将军入宫商议国事。"

杨彪即刻办理此事去了。

袁绍自恃力量数倍于曹操，因此非常不满曹操奉戴天子的做法，多次在给曹操的信中直呼曹操为阿瞒，用恶言秽语辱骂，曹操说："蓬间麻雀焉有鸿鹄之志！"不予理会，连袁绍的信也不展读。但心下毕竟有些不安。这天黄昏，曹操把郭嘉唤到面前，向他诉说内心苦楚。

郭嘉自从跟定曹操以后，对这个矮小丑陋但精力旺盛、思维敏捷的人很是感兴趣，他曾高兴地对程昱说："这才是真正值得我扶助的主人呢！"

郭嘉说："韩信能受胯下之辱，几句骂人的话算得了什么，主公海纳百川，袁绍乃区区小人，你的心里装的是天下，怎可与他同日而语。"

曹操亲自为郭嘉斟上一杯，说："我想听你谈得具体些。"郭嘉笑着说："刘邦的力量远不如项羽，这件事主公应很清楚吧，但刘邦却在智谋上胜过项羽，所以项羽虽然强盛，最后却落得魂断乌江的结局。我细心观察主公和袁绍之间的较量，也有如刘邦和项羽，袁绍有十败，而曹公你有十胜，袁绍貌似强大，但绝对不是你的对手。"

曹操听了这番话，心里美滋滋的，但他急于想知道郭嘉的分析与自我估量之间的差异，曹操仰天喝了一杯酒，又穷追不舍地问："哦！依照先生看法，我到底有哪十胜，而袁绍又有哪十败呢？"

郭嘉踱着步子，分析道："袁绍为人讲求气派，重虚有形式，繁礼多仪，让有才华的人受不了，曹公对人真诚而自然，不特别讲求形式，此'道'胜也。袁绍割地称雄，唯我独尊。而曹公你奉戴天子，顺天下人心，此'义'胜也……"

郭嘉滔滔讲述，曹操愈听愈觉得心里明亮起来。

酒过三巡，郭嘉早已满脸绯红，显得更加儒雅英俊。

"郭贤士年岁几何？"曹操突然想到一件事。

"二十又八。"

"可曾婚配？"

"投曹公以前四海为家，没有这份奢望。"

曹操信口说："我有一养女，名叫红檀，知书达理，琴棋书画皆通晓，夫人

也视若亲闺女,若能与郭贤士琴瑟唱和,我也就了却了一桩心事,不知你有无此意。"

郭嘉连连推辞,说:"曹公待我已经不薄了,不敢再受此大恩。"

曹操说:"男大当婚,女大当嫁,自古而然。莫非……"

郭嘉分辩道:"曹公多心了,我乃一介寒士,上无片瓦,下无立足之地,恐辱没了曹公名望。"

曹操说:"你刚才不是赞美我仁而下士,待人不分贵贱,唯才是举吗?况郭贤士前途无量啊。"

郭嘉已经被逼得没有了退路,只好说:"主公待我如此,我郭嘉为你虽九死其犹未悔。但我功名未成,不敢受此大恩。待日后有了建树,再议此事不迟。"

其实,此言既出,曹操立刻感到一种莫名的懊悔。经郭嘉这么一说,忽然转了一个念头,说:"难得郭贤士这般人品。既如此,我就不好勉强了。况且,我还没有与红檀说过此事,……来,举杯,就当我说着玩的。"

郭嘉昏沉沉地举起酒杯。

汉献帝迁回洛阳以后,下诏改兴平为建安元年。这年正逢大荒,昔日繁华的城池仅有几百户人家,老百姓饥饿难熬,只得到城外去剥树皮挖草根。

曹操听说汉献帝已在洛阳行宫,便与荀彧商量迎奉事宜。荀彧说:"机不可失,时不我待。从前晋文公接纳周襄王,诸侯诚服;汉高祖为义帝发丧,天下归心。今天子颠沛流离,将军在危难之际首倡义兵,这是人心所向。"曹操说:"马上前往洛阳接驾!"

这时候,李傕、郭汜眼看就要追至洛阳。董承建议献帝到山东避一避。天子一行去洛阳不过一二里,忽报迎面有大军。原来是夏侯惇领兵前来,献帝方才放心。此时李傕、郭汜大军前部已追至洛阳城外,夏侯惇便和曹仁兵分两路截击,将李傕、郭汜部队杀得人仰马翻,天子复回洛阳宫,第二天,曹操亲率大队人马到了洛阳,安顿之后入城见献帝。

"臣一向蒙受浩荡皇恩,只是未寻到良机,臣如今亲率精兵,征讨四海逆子贰臣,所向披靡,望陛下以社稷为重,保重龙体。"

献帝见曹操虽然矮小丑陋,但举手投足谈吐都显出精明强悍,料想此人日后准能干成一番大事,立刻封曹操为司隶校尉。

曹操那日正与属下密议迁都之事,又有人来宣曹操入宫议事,曹操就与他谈论天下大事,那人侃侃而谈,颇有见地,原来此人名叫董昭,洛阳定陶人,原来为袁绍做事,后听说天子还都,特来朝觐,官封正议郎。

董昭说:"你干的虽然是兴兵除暴之事,但朝野诸将人殊意异,未必服从,唯有移驾许都才是万全之策。"

曹操听了董昭的话,主意更决,第二天就入宫见献帝,奏道:"洛阳东都实在荒废,加上运转粮食困难,不宜作宫。许都地处鲁阳,城郭宫室,钱粮民物,足可备用,臣特请皇上驾幸许都。"献帝曾请侍中太史令王立预测过天道,王立说:"汉以火德王,许都属土,代火者土也,代汉而有天下者,当在魏。"献帝想,天意如此,还有什么话可说呢,于是答应了。

此时,曹操获得的权利已经基本稳定,并且也得到了大汉天子的肯定,于是下令开始休养生息,先搞好百姓生存问题,稳定民心,这是第一步。以后的战事暂时先告一段落。

于是曹孟德征求了郭嘉的建议,"郭嘉,依你之见,我们目前的当务之急是什么呢?"曹孟德问。

郭嘉毫不犹豫地回答:"发展生产,稳定民心,天下殷实富足,才能征服天下。"

是啊!民以食为天,没有粮食,便得不到人心,黄巾党人不就是为了肚皮而生事吗?"袁绍虽拥有以粮食富足闻名的冀州,但军队仍常需要以桑椹为食。驻军寿春的袁术军团,则需依赖水中的贝类为生,其余小军团更常见饱则弃余,饥则寇掠。没有粮食,无敌而自溃的小军团更是不可胜数。"郭嘉进一步分析道。

"可是谁在农业方面有经营才能呢?"曹孟德急不可待地问。

郭嘉说:"枣祗最有资格。"

枣祗原为兖州地方官,张邈及陈宫叛变时,枣祗固守东阿,为曹孟德立下了大功。曹孟德火速找来枣祗,直截了当地谈如何经营粮食的问题。

枣祗说:"四年前改编的青州军几乎全是农民,让他们进行军屯,进行战后的农业垦殖;同时,招募流亡的难民及当地百姓耕种,由政府出租耕地及种苗,由政府借公家农具耕牛的,收获的谷物按一定比例分成,这样一定能提高百姓种粮的积极性。"

曹孟德紧紧握住枣祗的手说:"你说得非常有道理,兖州历经战乱,田无常主,民无常居,这样一来,我们既可以把农民安顿在土地上,少了起事之心,另一方面,军队的供给就有了充分地保证。"

曹孟德的心里终于落下了一桩大事。他高兴万分,叹道:"苍天不负,人也助我啊!"

当曹孟德正推行屯田制,巩固内部力量的同时,东南方的两位宿敌吕布和袁术正在进行军事联盟,酝酿向曹孟德作一大反攻。袁术自匡亭之役被曹孟德击败以后,逃到淮南重整军力。淮南一带在汉末不曾受到战乱,物产富饶,加上取之不尽的水产,使袁术恢复了元气。

正好在兖州被曹孟德击溃的吕布军团,也以袭击战术夺取了徐州刘备的政权。吕布军团一向战斗力旺盛,使势力范围与之接壤的袁术备感威胁。因此袁术主动向吕布提亲。吕布也因西北尚有刘备屯于小沛,西方更有曹孟德。为免后顾之忧，便答应了袁术的亲事。为了试探吕布结盟的诚意，袁术乘机派大将纪灵攻打刘备，刘备派人向吕布求援。吕布阵营的大将都认为可以乘此消灭刘备，统一徐州，吕布却一改平素的草率鲁莽，显得非常老练，他认为袁术和北方的小军团一向渊源颇深，刘备若被铲除，袁术正好可以南北夹击徐州。因此，吕布极力主张解除刘备的危难。

纪灵大军攻至沛县东南，刘备准备拼死对抗，双方剑拔弩张之际，吕布率军而至，为双方斡旋和解，纪灵碍于联盟军主将亲自出马，只好暂且罢兵。刘备毕竟害怕贪婪奸诈的袁术和反复无常的吕布联手，就利用喘息之机暗中在小沛招募兵马准备摆脱吕布势力，不久，动机被吕布探知，吕布派人向刘备询问，刘备惊慌，便采纳孙乾建议，彻底放弃沛县，向西逃亡奔投曹孟德。

这天，曹孟德正在营中饮酒赋诗，听说刘备来投，先是一惊，但略一沉吟，便平静如初，依旧饮酒吟诗。荀彧首先坐不安稳了，说："刘备也够得上是一位英雄豪杰，日后不好控制，不如杀了他，以除后患。"

曹孟德以手抚须，没有半点表示。

曹孟德私下召见郭嘉，以荀彧之见告之。

郭嘉说："主公兴义兵，为百姓除暴，最重要的是取信于天下，招贤纳士。刘备素有英雄之名，是在非常困苦的背景下前来投靠。假若伤害了刘备，主公在道义上必然声名狼藉，今后还有谁敢来投奔我们。刘备的确是一个不容易控制的人……。"

曹孟德觉得郭嘉的分析很是精辟入理。

程昱私下晋见曹孟德，说："我观察刘备的为人，此人绝不甘心寄人篱下，放掉他就等于放走一只猛虎，后患无穷，切莫学项羽。"

曹孟德厉声说道："如今天下大乱，正需要像刘备这样懂得治世经邦的英雄，切不可为一人而失天下之心，我已考虑好了该怎么对待刘备，你们不要再说了。就算以后刘备背叛我，我也不后悔。"

曹孟德设宴款待刘备，刘备说："将军能接纳我这个成不了大器的庸碌之人，不计较徐州时的前嫌，实在宽宏大度。"

"玄德君治理徐州仁政爱民的声望早已令我钦羡不已，不帮助你这样的人，难道要我去帮袁术、吕布不成。"曹孟德显得非常谦逊。

席间，刘备不时叹气，进而伤感落泪。曹孟德深知刘备多愁善感的性格，说："君既然已经来帮助我策划天下大事，为什么这般忧虑。可否告知，我好替你分担忧愁。"刘备见曹孟德很是诚恳，就说："小沛已被吕布夺走，我两位贤弟及妻儿老小不知下落。"说罢潸然泪下。

曹孟德安慰道："使君不必过度悲愤，吕布一介莽夫，早晚会在我面前俯首听命。兄弟妻儿离散也不过是暂时现象，君从前待吕布不错，想来吕布不至于残害你家人。"

二人正在交谈,有人来报:"吕布与陈宫、臧霸结连泰山贼寇,共同攻打兖州。"

曹孟德在酒桌上猛击一掌,说:"我正想给吕布这条狼崽一点颜色瞧瞧,以解使君心头之恨,不料他先发制人。"于是马上命令曹仁带三千兵马攻打沛城,曹孟德亲自率领大军与刘备阻击吕布。在接近萧关的途中,正遇泰山寇孙观、吴敦、尹礼、昌豨领兵三万余拦住去路。许褚大吼一声:"俺许爷爷跟了主公这么久,今日终于有甩开膀子的机会了!"果真光着臂膀跃马挥刀砍杀过去,四将一齐出马都不是许褚的对手,各自溃逃。曹孟德看得眼花缭乱,竟脱口而说:"果真是一员虎将!"然后乘胜直取萧关。

吕布得知萧关危急的消息,忙调头向萧关进发。

曹孟德得到情报:吕布和陈登正策马救援萧关。曹孟德听后先是一惊,但马上就笑道:"吕布末日来临了!"

刘备听说是陈登和吕布救萧关,也松了一口气。他不动声色地说:"将军不可轻视吕贼,这家伙野性发作,有万夫莫挡之勇。"

"陈登救萧关,就等于把萧关白送给我,不必多言。"

"莫非陈登和曹孟德之间……"刘备心想。

事情可以追溯到曹孟德奉戴汉献帝到许昌后不久的一天。

陈登私下晋见曹孟德。

陈登说:"吕布勇而无谋,反复无常,轻于承诺,这种人应该设法除掉。"

曹孟德也说:"吕布狼子野心,不可能长久顺服朝廷,只有先生最了解他的虚实了。"

陈登是沛相陈圭之子,当年刘备能接受许州牧,陈圭父子贡献最大。吕布以强权夺取徐州,陈圭父子不得不臣服,但内心仍倾向刘备,对吕布集团颇为不满。由于他们父子在徐州声望极高,人缘好,吕布仍不得不予以重用。这就是刘备松了一口大气的理由。

曹孟德当即表示增加陈圭薪俸秩中二千石,拜陈登为广陵太守,临别时,曹孟德嘱咐陈登说:"东方之事便委托你们父子了。"

吕布三番五次让陈登在曹孟德那里推荐他为徐州牧,想不到结果是陈圭父子升官加薪,自己什么也没有捞到,因此大发脾气指责陈登说:"你父亲劝我协同曹操,断绝袁术的婚姻关系。如今我什么也没有得到,你父子却得到了不少好处,一定是你出卖了我吧!"

陈登不慌不忙地答辩道:"我去晋见曹公,并对他表示,如果想豢养吕将军,就如同养虎一样,必须用肉将他喂饱,否则,老虎饿了,是会咬人的。曹公却笑着说我的比喻不完全正确,豢养吕将军,如同养鹰,让你随时有饥饿感,才会为他效命,如果样样满足你,反而会扬长而去。"

吕布以为曹孟德重视自己,就没有存太多的介意。

陈登引军先入萧关,趁暗夜长驱几十里到曹孟德军中,说:
"将军曾经托付给我的事今日就可以交待了,我于暗夜中举火为号,突然袭击萧关和即将来援助的吕布。"

曹孟德感激不尽,说:"吕布这小子气数已尽了。"

陈登又让人捎信与吕布,约定晚上举火为号和陈宫在萧关城外夹击曹操。

当天晚上,陈登再入萧关,对陈宫说:"曹操已抄小路直接攻打徐州,吕将军已退至徐州城,萧关已成了孤城,守之无益,你应当迅速率军支援徐州。"陈宫于是连夜弃关,引军向徐州城撤退。

曹孟德马鞭一挥,许褚跃马挥刀直冲萧关城门。

就这样,萧关被曹孟德轻而易举地就占领了。

黎明,吕布伙同陈宫残部退守徐州城,徐州城静悄悄的,城门紧闭,俨如空城。吕布在城下大声呼喊陈圭,答话的却是糜竺:"陈圭已被我所杀,徐州已遵奉朝廷,吕将军请另找出路吧!"

吕布咬牙切齿,咆哮着大呼:"陈登,陈登在哪里?"

陈宫摇头叹道:"将军还不知道陈登是叛贼?"

吕布下令遍找陈登,陈登早已无踪无影。

陈宫劝吕布退军小沛,吕布只得采纳陈宫建议。

就在吕布退军途中,高顺、张辽二人引军迎面而来。

吕布说:"你二位不守小沛,为何引军到此。"

张辽答:"陈登来报说主公被围在徐州,急忙引军前来解救。"

吕布才彻底明白是怎么一回事。

当吕布引军赶到小沛,只见城头上遍插曹军旗幡。怒火中烧的吕布准备拼死攻城,关云长和张飞神奇地出现了,吕布抵挡不住,杀开血路,与陈宫直奔下邳。

桃园三兄弟在如此景况下相遇,自然是悲喜交集,刘备深情地抚着二位兄弟的手,哭着说:"这就像是在做梦一般。"

糜竺说:"使君放心,家眷安然无恙。"

三兄弟这才放下心来讲述离散之事。

在陈圭、陈登父子的策划下,徐州所有郡县全部倒戈,反而出兵配合曹军,共同围攻下邳。

程昱向曹孟德进言:"效忠吕布的军团目前全部集中在下邳,如果逼之太急,势必拼命突围,投降袁术。袁吕二人一联合,东南局势不好驾驭,不如缓和攻势,劝诱吕布投降,以松弛吕布军心,同时派遣具有独立作战能力的军团镇守淮泗地区,切断吕布与袁术的联系,瓦解吕布突围的意图。"

曹孟德思量片刻,果断地说:"就依程将军之言,赶快叫人拟好招降书,迅速送与吕布。"

吕布如热锅上的蚂蚁,袁术毫无援助迹象,刘备镇守淮泗,下有关、张两员大将,突围谈何容易。大将军能屈能伸,先归附曹贼,待时机成熟再说。吕布想了这么一个主意。

陈宫听了吕布的想法,斥道:"曹孟德的奸诈天下谁人不晓,你今日投他,他明日就可以把你辗成齑粉。"

吕布的骄横气焰早已不见了,无可奈何地说:"我吕温侯已深知曹贼为人,可是……"

陈宫说:"曹操率大军远道而来,军团众多,粮食耗费必定惊人,如今寒冬将至,曹军粮秣供应不能持久。将军可引主力布阵下邳城外,我和高顺守下邳城,互为犄角,若曹军攻将军营,我必引军攻其背后……"

吕布听从陈宫建议,令高顺陪同陈宫守城,准备率主力切断曹孟德粮道,但吕布妻严氏劝吕布说:"陈宫和高顺一向不和,将军若出城,他们二人不知能否同心协力守城,若有差错,将军恐怕有去无回。何况曹孟德待陈宫如骨肉之情,陈宫都背叛了他,你……"说完已是一个泪人。貂蝉也哭着劝吕布不要出城,吕布在两位妻妾的哭诉中否定了陈宫的建议。

陈宫仰天长叹:"我辈不几日就要做曹操的阶下囚了!"

曹孟德久攻不下,心想:"劳师袭远,用兵之大忌,难道我真的违背了用兵之道?"于是有了退兵回兖州的念头。

郭嘉、荀彧极力反对。郭嘉说:"目前天气急转寒冷,不利于远征,但吕布的元气尚未恢复,如果火急进攻,他们绝对招架不了几日。"

曹孟德内心一动,由"火"想起了"水"像悟出了某个大道理一般,一拍脑门,说:"有了!"

曹孟德下令引泗水与沂水灌注下邳城,断绝城外一切交通,这时候曹军的粮草已差不多光了,曹孟德于是下令:"即日起,三餐俱食稀粥!"

时已近寒冬,下邳城的存粮已经差不多了。陈宫估计曹军的粮食也维持不了多久,于是建议吕布下令,全军减少粮食耗量,更不可举行酒宴。

守城将领侯成丢了吕布的赤兔马,不久找了回来,几位将领送礼祝贺,侯成将酒肉分成数份,献了一份给吕布。

吕布见了大怒:"我方才禁酒宴,你们却拿酒给我,这不是明目张胆地违抗我的军令吗?"下令处斩侯成。

魏绩等将领联名苦求,吕布于是处侯成杖刑。各将领和吕布之间的嫌怨日益加深。吕布本性暴躁,诸将人人自危,一股叛变的阴影正在扩散。

正是寒冬。

侯成军首先反叛,魏绩立马响应。

时机成熟,曹孟德下令发起总攻。

下邳城西门北门被攻破,高顺和陈宫束手就擒。张辽在突围中被擒。吕布护卫着妻妾家眷退至北门楼。

望着楚楚可人的貂蝉，吕布忽儿想起垓下的项羽，于是紧紧抱住貂蝉，生离死别之际的吕布居然忘了楼下曹军的呐喊……

侯成、魏续首先偷走了吕布身边的画戟，然后轻而易举地将正在行巫山云雨的吕布捆绑起来。

吕布、陈宫、张辽等被押到白门楼。

曹孟德和刘备端坐于白门楼上，关羽、张飞等站立旁边。

吕布泰然说："今天这场战争结束，天下大事已定了。"

曹孟德说："我不明白你的意思。"

吕布说："你所害怕的人就是我吕布，如今我已心服，假若让我做你的先锋，定能为明公平定天下。"

曹孟德笑了笑，没有回答。

吕布忽然见刘备和曹孟德并排而坐，于是面向刘备喊道："玄德，你现在是座上宾，我是阶下囚，我被绑得好紧，全身酸痛难忍，你替我求求情吧！"

曹孟德心想，吕布骁勇非常，以一当十，倘若纳降，可利用吕布冲锋陷阵。于是大笑，说："绑虎不得不紧啊！"遂命令左右去解吕布的绳索。

刘备急得从座上站起来。

"明公难道忘了吕布曾经侍奉丁原和董卓的旧事？"刘备不动声色地说。

曹孟德幡然醒悟，下令处死吕布。

吕布在被推出时，回头对刘备喊道："大耳朵，你这天下最不讲信义的人，难道你忘了辕门射戟，为你解危之事吗？"

曹孟德好像意识到了什么，悄悄地瞟了刘备一眼。刘备正襟危坐，神情如寻常。

这时候侍卫推陈宫上来。

"公台智谋超群，却糊里糊涂跟了吕布这介莽夫，今日迷途知返，愿不愿意作我帐下幕僚，助我筹划天下。"曹孟德有心招降陈宫。

陈宫说："我当初弃你而去，就是因为你心术不正，欺诈阴毒。"

曹孟德笑着说："我曹孟德不计前怨，心术正与不正自有后人评说。我是仰慕你的才能，真心留你。"

陈宫说："我是天地间堂堂正正之人。岂能明珠暗投。"

曹孟德说："你不爱惜自身，家中老母如何颐养天年？"

陈宫说："老吾老以及人之老，我听说以孝治天下者，不害人家之亲长，老母的生死全在明公。不是我能决定的。"

曹孟德说："那么你的妻子儿女呢？"

陈宫说："幼吾幼以及人之幼，我听说以仁治天下者，不绝人之后嗣，妻小的安危也在明公，不是我能决定的。"

曹孟德听罢沉默良久,感到一阵晕眩,轻轻挥手说:"推下去!"陈宫仍骂声不绝。

侍卫推张辽上。

曹孟德指着张辽说:"这人好生面熟哇。"

张辽说:"我与你在濮阳城相遇之事永远难忘。只是感到遗憾。"

曹孟德以为张辽有降意,迫不及待地问:"有何遗憾?"

"遗憾当日火不大,没有烧死你这国贼!"张辽铁青着脸,昂着头颅厉声说。

曹孟德暴跳如雷,刷地拔出剑。张辽伸长脖子,面色不变。刘备抓住曹孟德臂膀,关云长说:"张辽的忠义声名远播,我愿用性命担保。"

曹孟德朗声大笑着说:"我最喜欢忠义之人,所以开了个玩笑。"将剑轻轻插进鞘中,走上前亲自给张辽解去绳索。在曹操的耐心劝解下,张辽最终归顺了曹操。

"主公,吕布妻小如何发落?"

曹孟德一下子想起了那个美艳绝伦的貂蝉,那个葬送了董卓性命的女人。我倒要看看这女人有几分姿色,征服天下的男人还怕征服不了一个女人,曹孟德忽然心生一念。"先载往许都,好生照顾。"曹孟德说。

献帝在许昌百无聊赖。

这年许昌冬日干旱,整整一个冬天几乎没有下雨。所以春天一来,就使人觉得寒意一下子没有了。

"曹将军昔日常来宫中,灭吕布之后一次也没有来过,莫非是军中事务太忙?"献帝在花园里给牡丹浇水。

董承抚着夹竹桃的树干,看了看四周,悄声说道:"这人为人城府极深,对皇上也阴晴不定,让人难以猜透他的动机。"

献帝把两手一摊,满脸愁苦地叹息道:"我这太上皇当得……"

二人正谈得投机,曹孟德携刘备已径直走上花园。

献帝和董承同时观察曹孟德身边的那个人,董承早听说有一个方面大耳,两手下垂,手指可以过膝的刘备。"想必这就是刘备了。"董承心想。

"刘备特来觐见皇上。"刘备上前一步施礼。

"这不是在殿上,不必拘礼。"献帝见刘备相貌堂堂,面容慈善,加之早已听说刘备待人温良谦和,体恤百姓的名声,暗自高兴,亲热地将刘备扶起来。

曹孟德走上前在献帝面前讲述了一通刘备的德才,于是,献帝封刘备为左将军,宜城亭侯。

曹孟德回府的第三天,太尉杨彪被指控为与袁术勾结欲举兵造反,曹孟德派满宠去治罪。这时,孔融从北海特意赶到许昌来见曹孟德。

二人都是文学上的擎天玉柱,曹孟德原以为孔融要与他切磋诗文,不想

第十四章 刘备归服曹营帐 吕布丧命惹疑心

孔融直言不讳地劝谏曹孟德:"杨彪几代都光明磊落地拥护朝廷,怎么可能与袁术相勾搭?"

曹孟德显出无能为力的样子,说:"这是朝廷的意见。"

孔融毫不让步,一针见血地说:"如果周成王杀了召公,周公能不知道吗?"

曹孟德迫不得已,就下令罢免了杨彪的官职,放逐乡野。议郎赵彦与杨彪私交甚好,于是上疏献帝,请求皇上以不奉帝旨,擅自诬害大臣之罪处罚曹孟德。曹孟德大怒之下马上派人杀了赵彦。大臣百官于是噤若寒蝉。

大胡子谋士程昱对曹孟德说:"现在明公威名震慑天下,应当乘此推翻朝廷,建立新政权。"

曹孟德听了程昱的话,异常惊愕,眼珠子转了两圈,大声呵责程昱:"你怎么敢为我出这样的馊主意,袁术不是做了皇帝吗?结果如何呢。"

程昱百思不得其解,兴致勃勃地来献策,想了很久的建议,竟被曹公劈头盖脑一顿骂。他实在揣摸不透曹孟德的心思。

曹孟德想起程昱的建议,就感到一阵后怕,幸好没有外人在场,望着程昱这位忠心耿耿文武双全的智将在暮色中远去的背影,感慨万端。"我想请天子去打猎,你们觉得如何呢?"曹孟德问荀彧。

荀彧想了想,意味深长地说:"上次我们到寿山打猎,丞相得到了郭嘉与许褚将军。这次打猎,收获一定更大。"

"知我者,天下唯荀彧也。"曹孟德用手梳理着胡须摇晃着脑袋说道。

曹孟德与天子并辔而行,后面跟着刘备、董承等大队人马,好不热闹。

汉献帝较长时间来对曹孟德越来越不感兴趣,但又无可奈何。

"陛下可曾读过《孟子》?"曹孟德陡然问汉献帝。

"粗略看过,不曾细读。"献帝极为漠然地回答。

"陛下还记得孟子对齐宣王说的那番话吧。孟子大概是说君王如果出巡狩猎,老百姓皱着眉头面带饥色,就说明君王无能,没有把天下治理好从而使百姓受穷挨饿。如果老百姓见天子出巡狩猎,都前呼后拥,面带喜色,那么就说明君王把天下治理好了。那么,陛下今天打猎,天下情形又如何呢?"曹孟德说罢勒住马缰,等候自己的文官武将。

回头一望那旌旗猎猎,惊尘蔽天,足音鸣雷的打猎队伍,曹孟德油然生出一种极度的自豪感。此刻的他所关注的不是汉献帝如何回答他提出的问题。

汉献帝万分羞辱,但瞟了瞟威风凛凛,于马背上仰头傲向苍穹的曹孟德,只得忍气吞声,自惭形秽。

狩猎大军浩浩荡荡来到方圆二百多里的许田围场。

汉献帝和曹孟德在围中勒马等候即将从樊篱中放出来的猎物。

"皇叔,我今天首先要看你的表演。"汉献帝高呼侍立在围场一侧的刘备,想借刘备的威风来灭一灭曹孟德的气焰。

这时草丛中窜出一只兔子,刘备拈弓搭箭,只听见"嗖"地一声,兔子应声倒地,蹬了蹬腿就不动了。

"射中了,皇叔射中了!"汉献帝高兴得拍手大喊。

曹孟德不屑一顾地说:"雕虫小技耳!"

转过一道土坡,忽然从荆棘中奔出一只大鹿。曹孟德轻蔑地笑道:"该陛下试试身手了!"

汉献帝双腿紧夹逍遥马,抽出箭囊中的金鈚箭,挽起宝雕弓。三支箭发出去了,那鹿子依旧在原处来回蹦跳,汉献帝非常沮丧,他也想让曹孟德出出洋相,让他当众出丑。就说道:"听说丞相武艺高强,该你露两手了。"曹孟德说:"我没有带箭。"汉献帝反唇相讥:"丞相约我打猎,却不带箭,开什么玩笑。"曹孟德说:"我的箭有神无形,别人看不见,借你的金鈚箭让我试试。"

曹孟德要过汉献帝的宝雕弓和金鈚箭,却引而不发。

"丞相眼都看花了,怎么还不射?"汉献帝巴不得曹孟德出乖露丑。

"那鹿子正静静地吃草,与死鹿无异,有啥意思!"曹孟德索性放下弓箭。

就在那只鹿子疾速奔跑之际,曹孟德的金箭已端端插入鹿的咽喉。

负责收拾死猎物的军士抽出鹿中的金鈚箭,以为是汉献帝发射的,大声欢呼:"陛下射中了,陛下射中了!"群臣将校都欢呼雀跃地奔向献帝,口中连呼"万岁"。

曹孟德的坐骑好像听到催征的战鼓,跃上前来,正好挡住了汉献帝。四周将士骇得失去常态,关云长大怒,心里直骂:"曹贼,想窃国篡位,天理难容。"提刀拍马就要奔向曹孟德。刘备看了,连忙扯住他的衣裳。董承的手也紧紧抓住了剑柄。

这短暂的一幕,怎能逃过曹孟德的眼睛。

"丞相果真是神箭,我刘备只能望其项背。"刘备拍马上前,拱手道贺。

曹孟德回头笑着对汉献帝说:"这是天子的洪福啊!"这一笑里掩藏着曹操对皇帝的蔑视,以及对刘备的赞赏。

第十五章　孟德疑犹留玄德
　　　　　　挟天子而令诸侯

　　自从刘备见了献帝之后,以及刘备与曹孟德出猎的事情,让刘备的压力与日俱增,他越来越觉得匡复汉室已成为当务之急,不能长期在曹孟德这里留守了。

　　同天子打猎归来,曹孟德已明显感到一种无形的压力,关云长、刘备、董承的一言一行都使他辗转反侧,夜不成寐,迷迷糊糊中常常被噩梦惊醒。为了早日摆脱噩梦的困扰,曹孟德将荀彧和郭嘉叫到面前。"丞相这段时间来神情恍惚,精神不好,一定有什么重要的心事。"没等曹孟德开口,郭嘉说道。"恕我直言,丞相一定是处在杀刘备与不杀刘备的矛盾之中。"荀彧更干脆。

　　曹孟德忽而来了精神,亲自为荀彧和郭嘉斟满一盅酒。

　　"你们两位是我运筹天下的左右二臂,你们既然已知道我的心事,就请替我出出主意,以解我的忧虑。"曹孟德已作好了洗耳恭听的准备。

　　"刘备如丧家之犬,惶惶不可终日。他们来投袁绍兄弟,却寄食了我们。如今三兄弟在曹丞相锅里舀饭吃,足以向天下人昭示曹公不是那种容不下人的鼠目小人。我们刚刚杀了赵彦,放逐了杨彪,别人已经有了看法,如果再杀了人们心目中的大仁大德的刘备,在道义上我们就被打败了。"郭嘉说道。

　　但荀彧不同意郭嘉的看法,他慢条斯理地说道:"丞相待刘备宽容,奉他为座上宾,这固然是仁义的表现。但'仁'也有大仁和小仁之别。"

　　曹孟德对荀彧这句话忽而有了兴趣,放下酒盅,连忙问荀彧:"依你的理解,何谓大仁,何谓小仁呢?"

　　荀彧不慌不忙说道:"所谓小仁,不过是具有多数人共有的恻隐之心,见人遭逢不测,或饥寒交迫,或伤病死残,于是就掬一把眼泪,或解囊分羹。"

　　"那么,何谓大仁呢?"曹孟德听得十分专注。

　　"所谓大仁,是说在山河破碎,天下混沌之际,能够挺身而出,肩负起整顿纲纪、建立太平盛世的伟大重任。如今曹公所做的一切,就是在行大仁。"荀彧从容地回答。

　　"你的话使我一时难以明了。"曹孟德又为二人满上一杯。

　　"刘备虽暂且保持沉默,成日在园圃浇水施肥,只因他翅膀没有长硬。一旦有了契机,他定会远走高飞。前车之鉴,后事之师,丞相千万莫学那个沽名钓誉的西楚霸王。"荀彧说道。

　　郭嘉说:"千万不能贸然动手,待窥探刘备的动机之后再说。"

曹孟德听罢二人的谈话，对"仁义"这两个经常搅得自己心烦不安的字眼有了更深刻的认识。

恰如荀彧所言，成日在园圃中浇水施肥的刘备的确不是鸡鸣狗盗之辈，他在蓄积、酝酿、等待……

当国舅董承夤夜来到刘备住处，出示献帝血写的诏书并拿出义状时，刘备毫不犹豫地加入了由董承、王子服、种辑、吴硕、吴子兰、马腾这班皇亲国戚、朝中旧臣组成的谋刺曹孟德的组织。

青青园中葵，朝露待日晞。刘备挽着裤腿，脚穿草鞋正在井边用吊桶打水。迎着金光灿灿的朝阳，桑叶上的露珠晶莹闪亮，篷架上的瓜果鲜嫩得使人望一眼就会分泌唾液。刘备干得很投入，不时取下搭在肩上的手巾擦汗，俨然一个庄稼汉的模样。

"左将军，丞相请你去府中议事。"许褚和张辽在木棚外勒马喊道。

莫非……刘备手一松，吊桶咚地一声滑落井里，溅起一串细细的水珠，两位兄弟不在，我这一去恐怕是以肉投饿虎了。刘备作好了最坏的准备，整肃衣冠，将匕首揣入内衣中，大不了跟曹贼拼个死活。刘备反倒镇静下来。

曹孟德早已在府中等候，当刘备步态沉稳地走来，便亲切地拉着刘备的手说："听说使君成天在菜园中整饬劳作，皇叔学圃，不容易，不容易啊。"

"除草浇肥，舒活筋骨，这要比我年轻时织草鞋轻松得多了。"刘备风趣地回答。

二人谈笑风生地携手来到曹府后花园。

"我刚才在园中漫步，看到枝头上梅子青青，便遥想起当年金戈铁马远征张绣的事。那时，行军太急，将士们来不及准备饮水……特地邀请使君到小亭一叙。"曹孟德边说边招呼刘备登上亭子。

刘备见曹孟德如此热诚亲切，就完全放下了那颗悬着的心。

亭子里的石桌上已摆好了一盘青梅、一樽煮酒。二人于是对坐于亭子上，谦让一番后开怀畅饮。

二人正喝得起兴，忽然天色骤然暗下来，乌云密布，一场大雨即将来临。二人同时对酒失去了兴趣，曹孟德一时豪气勃发，长声对刘备说："使君知道龙的变化吗？"

"知之甚少，想听听丞相的见地。"刘备说。

曹孟德诗兴大发，说："风起于青萍之末，龙生于大泽之中。龙能大能小，能升能隐，大则兴云吐雾，小则隐介藏形。升则飞腾于宇宙之内，隐则潜伏于波涛之中。如今正是春深时刻，龙更是乘时变化，如同人得志而纵横于四海。龙之为物，好比人世间的英雄。"

刘备听得入神，连声赞叹："丞相对龙的见解实在太精辟了，不愧为一代文豪，佩服，佩服。"

曹孟德话锋一转,说:"玄德久历四方,阅尽人世沧桑,一定知道当今的英雄豪杰。不妨说与我听听,让我见识见识。"

刘备觉得曹孟德话中藏有深邃的内容,告诫自己不可口吐狂言。"我不过是凡夫俗子,哪里具备识别英雄的慧眼。"刘备说。

曹孟德有些不快,人说刘备城府很深,果然如此。"我实在不太喜欢装得过分谦逊的人。"曹孟德已下定决心,一定要听听刘备对英雄的见解,便用话语激将。

刘备在逼问下说道:"我蒙受丞相推荐,才能出仕于朝廷,天下的英雄,我实在不曾谋面。"

"这不打紧,说说他们的名字总可以吧?"

刘备被逼得走投无路,默想了一会儿。

刘备小心翼翼地说:"淮南袁术,兵粮充足,不知可不可以称作英雄?"

曹孟德轻蔑一笑,脱口道:"袁术不过是荒野中的老朽枯骨,我早晚可以抓到他。"

刘备于是搬出袁绍,心想袁绍准能符合曹孟德的英雄标准。

曹孟德听了只是摇头。

刘备有些不服气了,他辩说:"河北袁绍四世三公,起于名门望族,身份高贵,人缘关系广泛。如今雄踞冀州,部属中的能干之人颇多,我想算作当世之英雄。"

曹孟德说:"袁绍喜欢虚张声势,其实胆识不大,虽有一点谋略但遇事不能当机立断……"

刘备听罢曹孟德的分析,也觉得言之有理。

"荆州刘表,威镇九州,人称八俊。不知可不可以称作英雄。"刘备见气氛和谐,也就放得比较开了。

"刘表徒有虚名,没有实力,够不上英雄之名。"曹孟德又轻而易举地否定了刘备的提议。

"江东孙策,血气方刚,雄踞一方,可称得上英雄?"

"借父之名,怎么能算英雄。"

"益州刘璋可称得上英雄?"

"刘璋虽为宗室,却坐吃山空,不过是一条守门之狗,更不配称英雄。"

"张绣、张鲁、韩遂……"

"区区小儿,更不足挂齿。"

刘备搜肠刮肚地列数了一大串当今颇有影响的人物,却被曹孟德三下五除二给否定了。"那么,何谓英雄,只有请丞相赐教了。"刘备很想反过来给曹孟德一个难堪,以挫挫他的锐气。

曹孟德说:"石桥老人黄石公赠送给张良一本兵书,名叫《三略》,我十分推崇那里面对英雄这一概念的诠释。真正的英雄绝非只为自己私权,而弄得天下大乱的盖世豪杰,而是肯为国家倾出智能,肯为理想牺牲的大勇之士。"

刘备暗自叹服曹孟德对英雄的见解。他说:"丞相的见解可谓深刻独到,使我顿开茅塞。不过,你所说的英雄恐怕是镜中之花,水中之月,可望而不可即啊。"

曹孟德以手指刘备,再回过来指向自己说:"放眼天下,当今够资格称为英雄的人,只有刘使君和我曹孟德二人。"

刘备一听,心中不觉为之一震,手中汤匙掉在地上。这时,一道惊雷滚过天宇,刘备在瞬间已恢复常态,从容地拾起地上的汤匙,自我解嘲地笑道:"虎吼雷鸣,实在太威风了。"

曹孟德已把刘备刚才的失态看在眼里,意味深长地说道:"英雄也怕雷声吗?"

刘备略作思考,不慌不忙地说:"圣人说过'迅雷烈火必变',怎能不怕呢?"

尴尬的场面也就这样轻轻松松过去了,曹孟德眼见刘备反应敏捷,实在是一位杰出的人才,他又想起《三略》中的一句名言:"夫主将之法,务揽英雄之心。"于是对刘备的爱怜之意代替了原来存有的戒备之心。

二人重新坐定,在融乐的气氛中畅饮。

亭外已是大雨如注,天色阴沉得令人窒息。

"丞相,枣祗死了。"一位军士来报。

曹孟德的酒樽掉在了地上,他吃力地站起来,趔趔趄趄地走向栏杆,侍卫连忙上前扶住。

"枣祗是谁?"刘备见曹孟德如此悲恸欲绝,心想那个枣祗一定是曹孟德阵营中一个顶天立地的人物,于是就问身边的一位军士。

"枣祗将军是屯田都尉,兖州百姓有饭吃,全靠他。"那军士说。曹孟德手扶栏杆,望着亭外那一丛被雨点敲打的芭蕉,喃喃地说:"人生苦短,人生苦短啊!"都说曹孟德狠毒狡诈,今日竟为一个小小的屯田都尉的死而如此悲伤。那不是装出来的,那可是真情的流露啊。刘备的内心也在激烈地翻腾着,翻腾着……

"大哥,大哥在哪里!"

张飞在前,关羽于后,二人急冲冲地来到亭下。

"曹……"张飞圆睁大眼,"贼"字还没有吐出来,见刘备在亭子的栏杆前向他挥手送目,二人拨开军士的阻挡,如履平地般登上亭台。

"两位英雄,来得正是时候,快来喝上两樽。"曹孟德招呼手按剑柄的关张二人。

"听说丞相和大哥饮酒,特来舞剑以助酒兴。"关羽不肯落座,张飞大大咧咧地端起酒樽。

曹孟德的脸上悲痛的神色似乎已被雨水洗濯尽了,他朗声笑道:"我和玄德品青梅饮煮酒,共论世间英雄,这里是花园小亭,不是新丰鸿门,哪里用得着项庄、项伯呢?"

张飞见大哥毫发无损,也不管曹孟德说什么文绉绉酸溜溜的话,只管坐在凳上大嚼大饮。

关羽观察曹孟德没有半点加害兄长之意,也就坐下来喝酒。

"添酒,给两位英雄压惊!"曹孟德招呼。

曹孟德再看关羽,如此轩昂的气宇,如此耿耿忠心,倘若我能拥有,那该有多好啊。他简直是有些嫉妒刘备,早听说桃园结义的故事。这段时间亲眼目睹了几位兄弟之间情同手足,肝胆相照的诸多事例,他对三位兄弟特别是有儒雅风度的关羽更添了几多爱意。

董承病了,病得不轻。董太妃非常担忧,连忙告诉献帝。献帝已把自己的命运与国舅拴在了一块,倘若董承有个三长两短,这已经酝酿既久,亟须实施的伟大计划由谁来支撑呢?于是,献帝命随朝太医吉平前去为董承医治。

吉平原是江湖医生,跟枣祗是同乡,二人相处甚好,汉献帝被曹孟德从长安迎到许昌,吉平不愿意,他听人说曹孟德待人如虎似狼,本来伴君就如同伴虎,又添一只老虎,当然使人恐惧震慑。枣祗说:"我原来也这么看待曹阿瞒,也打算远走他乡,可跟曹阿瞒接触以后,却发现他也是一位有血有肉、懂得民生疾苦的豪杰。"吉平在枣祗的劝说之下来到了许昌。

董承在床上长吁短叹,样子非常痛苦。吉平观董承气色毫不异常,不像病魔缠身的人。又把脉,脉跳也如常人。还是开了一个方子,让人去抓药。吉平在宫中出入惯了,董承也没有把他当作外人,当晚便留吉平在自家房里就寝。

半夜时分,吉太医被酒樽落地的声音扰醒,接着就听见有人在窃窃私语。

"今晚是个绝好机会,趁府中大宴,庆赏元宵,将曹府围住,杀他个措手不及。"是王子服的声音。

吉平差点惊愕得叫起来,他非常明白目前的处境,倘若一惊动,立刻就会送掉老命,他久走江湖,毕竟见识要比一般人广得多。于是他时断时续地打起呼噜来。

"马腾已联络韩遂,率西凉军七十二万人,从北方杀过来了。"是吴子兰的声音。

"我马上去组织侍卫军和僮仆,收拾兵器,五更时分在曹府后门集合。"种辑说。

屋里于是安静下来。董承揭开蚊帐,看见吉平头向里面,依然打呼噜,嘴里还发出谵语:"国舅,没关系,调养,调,调养几日,就,就康复了。"董承抽出佩剑,想了想,又放回鞘内。

董承最后一个离开屋子。

吉平待户内外完全没有任何动静,于是来不及穿鞋,披衣起床,去开门,门已反锁,心想董承太精明了。吉平急得团团转。吉平忽然看见床后有一点光亮,尔后看见有一扇没有关闭的窗户,吉平过去试了试,能够勉强翻出去。

吉平翻出窗户,一溜小跑绕过后花园,出了宫门,门口两个侍卫问吉平深更半夜到哪儿去,吉平说董国舅病得厉害,亲自到街上药铺为国舅配药。朦朦胧胧,侍卫没有注意吉平光着脚板,迟疑了片刻,放吉平出去了。这下吉平发疯似的一阵好跑,直抵曹府辕门,被正在巡视的夏侯惇撞见。夏侯惇也认得吉平,问:"夜半三更啥事那么急?"吉平说:"丞相现在在哪儿?"夏侯惇说:"你自己进去吧,我把腰牌给你。"

吉平拿着出入曹府的腰牌顺顺当当地进去了。

曹孟德正在与一群侍女嬉戏调笑,他的腿上一边坐一个如花似玉的女子,几个侍女围着曹孟德喂水果什么的。

"丞相,吉太医有要紧事禀报。"

曹孟德正在兴头上,很不耐烦地说:"叫他明日来,简直败我的胃口。"

吉平已经走进了曹孟德居住的内阁。

曹孟德见吉平神色紧张,知道有火急之事,侍女们看曹孟德的脸色,哪里还敢继续逗趣调情,各自整理好衣服,弱柳扶风般散去。

"丞相,董承他们今晚要谋害主公,吉平特来禀报。"之后,吉平简单陈述了经过。

曹孟德先是一怔,马上化为一腔怒火,烧得双目通红,牙关咬得咯咯作响,在桌上猛拍一掌,说:"我还来不及整治他们,反倒先暗算我来了,好,我曹孟德今晚又要开杀戒了!"马上传令曹仁领兵去董府,许褚去王子服住宅,张辽去种辑的将军府。安排完备,曹孟德紧紧抓住吉平的手说:"太医的大德大义实在令我感动,不知怎么谢你才是啊。"一会儿,突然问:"你为何救我呢?"吉平回答道:"听枣祇常讲述丞相体恤黎民百姓,开荒垦殖,造桥修路,平定天下,我这样做也是为天下百姓做点善事罢了,若董国舅阴谋得逞,天下又将出现不堪收拾的局面啊。"

曹孟德更是感动万分,连声说:"吉太医深明大义,难得、难得啊!从今以后,你就留在我身边,我的偏头痛老毛病可能又要犯了。"

董承等人来不及动手就束手就擒了。

曹孟德估计几位将军已经收拾得差不多了,亲自率侍卫军进入了董府。董承、王子服、种辑、吴子兰四人已被捆绑得结结实实,曹孟德亲自审问。

"董承,你可知罪?"

"老夫不知犯了何罪。"

"你密谋害我,该当何罪?"

"定罪得有人证物证,丞相难道不知?"

"大胆董承,还敢狡辩,传吉太医上来!"曹孟德大呼。

董承的心理防线已经垮了一大半。吉太医当众陈述了董承等人密谋经过。董承辩解道:"听吉太医一面之词不足为据,那是血口喷人。"

曹孟德正感到棘手,一名军士拿出一条带血的白绢,说:"刚从董承的内室搜出来的。"

董承一下瘫软在地上。其余几个也垂下了头。

曹孟德抓过白绢,迅速地浏览一遍,厉声吼道:"刘备在哪儿?刘备在哪儿?"

张辽禀报说:"在抓董贼的路上碰见关羽,关羽问我带兵去哪儿,我说去抓董贼。"

曹孟德一拍脑门,大声说道:"我又放走了一只猛虎!"

带血的白绢上,刘备的名字排在最末尾。曹孟德命军士取来墨水,抓起笔来在董承、种辑、王子服、吴子兰四个人的名字上各画了一个大大的"×",在刘备的名字上画了一个"?"。

董承大骂一声"曹贼",便一头撞死在台阶上。

杀了余下的三人,曹孟德又带人气咻咻地直扑皇宫,那里早已被围了起来。

曹孟德将白绢扔给汉献帝,说:"这个你该记得吧,陛下!"献帝不敢看。"董承已被我杀了。"献帝结结巴巴地说:"董卓早已被吕布杀了。"看着汉献帝浑身发抖,差不多失去记忆的狼狈相,曹孟德的笑声在肃静的宫中久久回荡。

军士已将大腹便便的董贵妃押上来。

汉献帝扑通一声跪在曹操面前,哭着哀求道:"丞相看在她有五个月的身孕,免她一死吧!"

这个时候的曹孟德已差不多是两眼喷火了,他的脑子里苍白又模糊,翻来覆去只有一个"杀"字。

"留个孽种好将来谋刺老夫!"话音刚落,曹孟德的剑已穿透了董贵妃的胸膛。

汉献帝立刻昏厥过去了。

正是梅子黄熟时。

许都城却笼罩在悲凉肃杀之中,屋檐下、窗口上、茶坊酒市,人们默默地望着大街。一个、两个、三个……一支约七八十人的队伍过来了,他们被捆成一长串,两旁有挥刀弄枪的军士,前面有马队开路,因为董承、因为种辑、因为王子服、因为吴子兰,他们将被押赴刑场。

马腾得知董承东窗事发,刘备已逃徐州,就退回西凉州去了。

"好玄啊,幸亏二弟遇上张辽,否则我们已做了曹贼的刀下鬼了!"刘备说。

"这叫做大难不死必有宏福,留得青山在,不怕没柴烧。"关羽勒住马头,手握青龙偃月刀,仰望苍天。

"我早晚要杀回许都,将曹贼碎尸万段。"张飞挥舞他的丈八蛇矛,炸雷般说道。

三兄弟马不停蹄,疾风骤雨般率军抵达徐州,徐州刺史车胄虽是曹孟德心腹,但远在徐州,不知许都刚发生的事情,于是出城迎接。刘备原想一不做二不休干掉车胄,又担心逼急了曹孟德,毕竟自己实力不济,袁术正在向徐州进兵。

回到徐州后,刘备回家探望老小,同时派人窥探袁术的行动,又在陈登的建议下派孙乾去北方游说袁绍,希望能得到袁绍的援助。

盛怒之下的曹孟德就要点将出兵征讨刘备。

程昱劝曹孟德说:"刘备在徐州时深得民心,老虎既已归山,自然会抖擞威风。何况袁绍目前有和刘备结盟的迹象,正屯兵官渡,打许都的主意。如果我们东征,刘备势必向袁绍求救。袁绍乘虚而来,那情形实在大为不妙。"

荀彧也说:"我们干脆以静待动,让袁术与刘备鹬蚌相争,我们到时坐收渔利。"

曹孟德已经有了自己的主张。

三人正在商议,郭嘉从门外进来。曹孟德简单地复述了他们的议题,郭嘉沉思片刻,说:"袁绍遇事跟妇道人家无异,幕僚之间互相拆台,虽有谋略,但却是乌合之众。如今,刘备新整军马,差不多是白手起家,丞相引兵东征,定能取得胜利。"

郭嘉的建议与曹孟德一拍即合。曹孟德又派人给车胄传话,叫他里应外合,设法除掉刘备。

车胄得到命令,连忙请陈登商议。陈登说:"这件事太简单了,如今刘备外出招兵买马,过几天就要回来,你安排军士埋伏于瓮城边,装作迎接他的样子,等他回来,乘施礼问候之机,一刀就解决问题……"车胄连声夸奖陈登。

陈登将车胄暗害刘备的事告诉父亲陈圭,陈圭又派人告知刘备。张飞鼓张着大眼就要带人去攻打车胄。关羽说:"三弟跟光膀子许褚差不多,不会动脑筋,蛮干还可以,我有个主意……"余下内容附在刘备耳边交代,刘备听后频频点头。

夜三更,徐州城出奇地静,一大队人马大摇大摆地向瓮城开去,马蹄声此起彼落。

"你们是何方军士,为何深更半夜到此?"城楼上的军士高声询问。

"我们是丞相的先锋张辽部队。"楼下军士回答。

车胄又请教陈登,说:"这其中恐怕有诈,不知如何是好。"

"刺史大人,赶快打开城门吧,以防刘备知道。"城楼下的士兵轻声喊话。

陈登心中有数,果断地说:"打开城门迎接丞相先头部队!"

城门开了,关羽、张飞一马当先冲进瓮城,大军如潮水般涌入,车胄大呼上当,来不及披甲上马,就被关羽的青龙偃月刀削去了脑袋。其余军士纷纷倒戈,瓮城上又遍插上了刘备的旗帜。

徐州城是刘备的老根据地,没几日,刘备就招募了几万人马,整日集训,喊杀声整天价响。

差不多就在郑玄游说袁绍的同时,袁术的帝王梦已快做到了尽头,力量已处于土崩瓦解之时,得力干将雷薄、陈兰投嵩山去了。袁术送信给袁绍,答应将帝号让给袁绍,袁绍多少念一点手足情,派人招降袁术,袁术于是收拾人马准备投袁绍。

曹孟德得知这一消息非常震惊,于行军途中招集幕僚商量对策。他先分析了时局,目前我们的敌人远不只刘备,如果袁绍兄弟联合起来,再加上刘备、马腾的力量,我们的麻烦就多了。

荀彧说道:"袁绍和公孙瓒南北对峙,暂时分不出力量来对付我们,我们应采用各个击破的办法,先收拾袁术这支最薄弱的力量。"

"接下来是刘备、马腾,最后对付袁绍。"郭嘉接过话头。

"袁术正想投袁绍,我们可将他歼灭于投奔路上。"程昱说得更具体。

"袁术北投袁绍,必经徐州。"满宠说。

"好,借关羽的青龙刀和张蛮子的丈八蛇矛除掉袁术!"满宠的话提醒了曹孟德。

曹孟德下令:暂缓进兵,以静待动。

袁术几千军马正北上投袁绍,忽然得知刘备已经反叛曹孟德,正盘踞徐州城的消息。徐州,那可是北上的必经之路啊,这如何是好,袁术正在抓耳挠腮,军士送来情报,说关羽、张飞、朱灵、路昭共五万兵马,由刘备指挥布防于离徐州城约八十里的关口。军士又送来情报,上书:"袁术老贼,擅称帝号,天理难容,看在为兄袁绍面上,暂且饶你。若从吾胯下爬过,放你投兄。"落款"张翼德"三字赫然入目。袁术将来信撕成碎片,大骂道:"这个杀猪匠也敢轻辱我,我还未到虎落平川之时。"马上命令纪灵为先锋攻打关口。张飞执丈八蛇矛,如铁塔般屹立关上,纪灵引军冲向山口,张飞迎上去,大吼一声,纪灵滚下坡。袁术孤注一掷,作鱼死网破的打算,麾军直冲山口。刘备分兵三路,朱灵、路昭布兵于山口左侧山头,关羽、张飞列兵于山口右侧,刘备挡在山口中央,"刘"字军旗迎风呼啦啦作响。

刘备在门旗下责骂袁术:"你大逆不道,欺君作乱,我奉天下人之意在此为你送葬!"袁术也回骂道:"你这编席织屦,朝三暮四的小人,怎敢轻视我!"说罢指挥大军冲杀上来。刘备暂且退回几里,让左右两路举队杀出,从下午到黄昏,山坡山谷血流成河,尸横遍野。

在黑夜的掩护之下，袁术退到江亭，清点人马，只剩下一千多人，钱粮草料又被嵩山雷薄、陈兰抢走。酷热难当，粮食差不多光了，只剩下三十斛小麦，也被官吏抢来夺去。骄奢惯了的袁术嫌饭太粗，大骂火头军，要火头军送糖水来止渴。火头军说："只有血水，没有糖水!"袁术的眼前笼罩着一道红色的光环。大叫一声，倒在地上，口吐鲜血，很快就瞪直了眼睛。袁术吐血而死的第二天，侄儿袁胤护送袁术的灵柩和妻子逃到庐江，被徐璆全部杀戮。徐璆夺了玉玺，赴曹营中献于曹孟德，曹孟德当即封他为高陵太守。

就这样，大约在建安四年夏天，一位没有得到历史认可的皇帝，仅仅演了一幕短暂的闹剧，就一命呜呼了。

袁绍得知刘备逼死袁术后，仍不免有点悲痛，虽为异母所生，毕竟兄弟一场，人同此心，心同此理。袁绍一时间似乎苍老了许多。

"明公，刘备派孙乾送书信来了!"袁绍正在沉思默想。

孙乾施礼之后将郑玄亲自写的书信交与袁绍。

郑玄与袁绍三世相通，关系很好。汉桓帝在位时，郑玄的官位升至尚书，后因十常侍之乱，弃官归田，远离红尘，隐居徐州。刘备作徐州牧时，经常登门求教天下政事，对郑玄十分尊重。当陈登建议派人去北方向袁绍求助时，刘备就想到了郑玄。郑玄素知袁绍心理，于是在信中先讲述了刘备是如何礼贤下士，仁义爱民，然后列数曹孟德是如何的骄横残忍，要挟天子，最后要求袁绍体谅刘备在万不得已的情况之下攻灭袁术的行为。这封信措词委婉，情透纸背，其理实、其情真，不能不使人动容。

袁绍展读郑玄的亲笔信，思量道："玄德剿灭了我的胞弟，按理不该帮助他，但郑尚书的信句句都在情理之中，况曹贼挟持天子，发号施令，招摇撞骗，残害忠良，连怀孕的皇妃也不放过，对这样的奸贼是应该加以讨伐。"

于是袁绍聚集文官武将，商议举兵征讨曹孟德之事。由于刘备向袁绍提供了曹军的情况及部署，更强化了袁绍急于南下的意愿。

但正如曹孟德及谋士们所分析的那样，袁绍虽然胸藏韬略，而部属之间却相互倾轧，遇大事难以达成共识。田丰首先提出反对意见，他说："如今兵灾连年，百姓疲弊，公家粮仓积蓄不多，不能够大规模发兵，应该先派人去游说曹孟德，借口河北地区土地富庶，物产丰饶，人民安居乐业，正是建都的好地方，便可一举消灭曹贼。"

审配不屑一顾地说："我不赞同这种观点。凭借明公的文韬武略，军队的强大，举兵讨曹贼是易如反掌之劳，何必去等猴年盼马月!"

郭图说："公孙瓒够强大了吧，却被我们彻底击溃了。还犹豫什么?"

谋士沮授则倾向于田丰的主张。

田丰又回过头去驳斥郭图，说："公孙瓒怎可与曹孟德相比，用兵、治国、广纳英才等方面，公孙瓒只能望其项背。"

审配咄咄逼人地说:"你这是长曹贼的志气,灭自己的威风。"

郭图见审配帮腔,也把语调提高了八度,说:"愿从郑尚书之言,与刘备共仗大义,剿灭曹贼,上合天意,下合民情。"

袁绍觉得每个人的话都有道理,听着听着,脑子里就乱糟糟的,就像有无数只蜜蜂在耳边嗡嗡作响。

四人争论不休,袁绍踌躇不决之际,许攸、荀谌从门外进来。袁绍想,这二人见多识广,就依他们的,如果他们二人的观点又不相同,干脆休会让自己回去想。袁绍直截了当地说:"郑尚书来信让我起兵帮助刘备攻打曹操。你们只需回答起兵还是不起兵。"

二人看了看众人,又相互看了看,居然异口同声说:"明公讨汉贼以扶王室,以强攻弱,以多胜少,应当起兵!"

"二人与我不谋而合,对,起兵!"袁绍懒得再考虑了。

田丰情急之下,以头抢地,大声呼叫:"若不听良臣之言,出师必不利。"

袁绍心烦,怒斥道:"你在哭什么,又不是叫你去奔丧。"

田丰声泪俱下道:"我在学蹇叔哭师啊。"

袁绍听罢大为恼火,他是蹇叔,我不成了秦穆公吗?蹇叔哭师,秦军兵败崤山,这不是分明诅咒我袁绍吗?袁绍越想越气。

"将田丰革职,下狱!"袁绍气急败坏地宣布。

余下的气氛严肃得多了。

郭图说:"明公行大义伐曹贼,必须列其罪状,发布檄文,这才好名正言顺地出兵。"

袁绍点头说:"想得周到。"又说:"干这种事非陈琳莫可。"

陈琳,字孔璋,文才斐然,做过汉灵帝的主簿,董卓之乱后避难冀州,袁绍慕名,经几次劝说,陈琳才答应替袁绍做事,不过只要求干一些文字工作,袁绍也看出陈琳不是运筹大事冲锋陷阵的角色,就让他作谋士。

陈琳接受这份苦差事之后简直伤透了脑筋。作为文人,他非常欣赏曹孟德写的诗,那诗写得多好啊,饱蘸着忧国忧民的情怀,文如其人,奸贼能写出这样的诗吗?奸贼能把那些豪俊义士聚集在自己的门下吗?

陈琳越想越想不通,越想越写不下去。时间一天一天地过去了。袁绍催得急,陈琳就拣些不太着实质问题的大话空话写这篇檄文,不过文采挺优美的。

袁绍看后很不满意,要求陈琳重写。陈琳说:"我对曹孟德不太了解,实在写不出这篇文章。"袁绍说:"这很简单。"就列出曹孟德的一切罪状,又搬来曹孟德的家史。陈琳就从曹孟德的家史开始落笔:"司空曹操,祖父中常侍腾,与徐璜并作妖孽……"写了三五百字交与袁绍,袁绍仍不满意,甚至说:"我简直有点怀疑你的才华了。"

第十六章 袁绍檄文何所惧
孟德五路攻徐州

袁绍一气之下不再用陈琳写檄文了,但是,为了照顾陈琳的面子,索性让审配起草,由陈琳负责文辞的修改润色。

曹孟德率军缓缓前行,用了很长时间才抵达黎阳,与袁绍军队相隔约百里。

"谁率军屯兵黎阳?"曹孟德问。

"许攸和审配,还有老谋深算的沮授。"探子报告。

曹孟德听罢如释重负地笑道:"用不着担忧!"

原来许攸不满意审配领兵,沮授又怨恨袁绍不用他的计谋,各不相和,不思进取。

就这样,两军始终相隔约百里,各自陈兵布防,既相持不战,又不能往来。从赤日炎炎的盛夏到天高云淡的初秋,两军相持了两个月光景。

曹孟德似乎意识到了什么,吩咐吕布手下降将臧霸守黎阳隘口,于禁、李典屯兵河上,曹仁总督大军屯于官渡,自己率大军旋风似的返回许昌。

在曹孟德亲率大军进兵黎阳的同时,一支约五万人组成打着丞相旗号的队伍开往徐州。

"刘岱、王忠哪里是刘备的对手。"程昱说。

"你怎么知道?"曹孟德一本正经地问。

"我见这两人接过军旗时双手都在颤抖。"

"我知道刘岱、王忠不是刘备的对手。我这是虚张声势,等我击败袁绍,再回过头来对付刘备。"曹操得意地说。

这番对话是王刘二人进发徐州之际进行的。

曹孟德远远地看见绣有"曹"字的大旗在晨曦中是那样醒目、庄严。

看见了,曹孟德看见了许都郊外那金黄的田野,看见了农舍的上空那袅袅的炊烟。

听见了,曹孟德听见了雄鸡报晓的声音。

听见了,曹孟德听见了红檀的琴声。

那是谁,是枣祗,站在小桥上看奔腾咆哮的河水。揉揉眼,啊,不是枣祗,是担水的农人。

"白骨露原野,千里无鸡鸣……"曹孟德在怀想写那首诗的情景。

萧萧鸟鸣唤醒了曹孟德,他用力扬起马鞭,马蹄敲打着这片熟悉的土地,也敲打着散发稻香的黎明。

倘若刘备发现了自己在虚张声势,从徐州掩杀过来怎么办。自己的大军在黎阳,若回防不及,许昌的老巢就有被端掉的可能。这,就是曹孟德从黎阳速返许都的原因。曹孟德感到一种后怕。

几个月的奔波与操劳,曹孟德返回许都的第二天就病倒了,偏头痛,这是他的老毛病。

"丞相,你还是回府休息吧,这里的事由我顶着。"荀彧关切地说。

曹孟德摇摇头。

"你去府上把红檀接来照顾我。"曹孟德想了想,又补充说:"别忘了让她把那架古筝带来,我又想作词谱曲了。"

曹孟德不习惯寂寞。离开了马背,卸下戎装,他的心里就空落落的。在吉太医的精心调治下,他的病有所好转,看书、舞剑、赋诗、散步……

这天,曹孟德身着便装,由几名身手绝好的便衣侍卫跟随,来到了许昌城北的郊区。

满眼金光的田坝,田坝中央微微突起一块小山包,那是枣祗的墓地。

穿过一条弯弯的田埂,爬一道缓缓的土坡,就到了枣祗墓前。

墓碑上,"屯田都尉枣祗之墓"几个红色的大字在林阴里分外夺目,那是曹孟德亲笔题写的。

"王者贤其明,宰相股肱皆忠良。咸礼让,民无所争讼三年耕有九年储,仓谷满盈,斑白不负载……"曹孟德久久伫立在枣祗墓前,望着眼前这片丰收在即的田野,心中又浮起了那首自己创作的歌词。

琴声,多么熟悉的琴声。

透过窗户,曹孟德看见了一个生动美丽的倩影,那是红檀,他朝思暮想的红檀,在那个心醉神迷的夜晚,在柳堤夜色之中,他从她身上获得了活力和欢娱,这是从丁夫人以及几个偏房,包括秋娘在内的女人那里找不到的。

太漫长了!

琴声,如泣如诉的琴声,仿佛在倾诉一腔婉曲的情愫,又仿佛在讲述一个古老而动人的故事……

曹孟德在门外驻足倾听,直至一曲终了。

红檀看见他进来,迎上去扑入他的怀中。

一夜之间,许都的大街小巷雪片似的贴满了声讨曹孟德的檄文。上面写道:

盖闻明主图危以制变,忠臣虑难以立权。是以有非常之人,然后有非常之事;有非常之事,然后立非常之功。夫非常者,固非常人所拟也。

司空曹操,字孟德,小字阿瞒,祖父为中常侍曹腾,和徐璜等同时在朝中作孽,贪贿无行,专擅宫廷,伤害教化,虐待百姓。其父曹嵩更不知廉耻,拜曹腾为养父,以金钱贿赂买得官位,不顾官道,乱搞金权政治,盗取政府高官显职,败坏朝廷风气。曹操就是这些赘阉的后代,本来就没有好的本质,所以狡诈阴险,好乱乐祸。

大将军袁绍,当年统领精军,扫除宦官之祸,后遇董卓专权,侵官暴民,于是提剑起义……就在这时,曹操参加了袁将军的阵营,以其擅长用兵,舞文弄墨,可作为爪牙之任,不料曹操谋略短小,轻于进退,因而屡次遭到击败,损失不少士卒,但袁将军仍补充其队伍,并推荐他驻屯东郡领兖州刺史……希望他能发挥武德,为国家多做点事,想不到曹操却利用此资源,跋扈用权,恣行凶忒,残害贤良之士。……曹操兵败徐州,大本营被吕布所夺,彷徨于东西战场,连最起码的根据地也没有,袁大将军本强于弱枝之义,不忍心见他众叛亲离,故仍对他伸出援助之手……

不久,天子蒙尘,……袁大将军无法分心他顾,乃派遣从事中郎徐勋,协助曹操缮修郊庙,护卫年轻的天子,更不料曹操乘机掌握朝廷,威胁皇帝公卿大臣,卑侮王室,败乱法纪,其所爱者,五族同享光荣,其所恶者,夷灭三族。敢公然讽谏者处死,背后批评者暗杀。

故太尉杨彪,德高位尊,只因和曹操有小冲突,竟被诬以重罪,遭受毒刑;议郎赵彦,忠谏直言,颇得圣上信任,曹操为了阻碍圣德,捕而杀死。……观之历代政治,无道之臣,贪酷残烈,以曹操最为严重。

袁大将军正全力对付北方叛乱,没有时间整顿内部,所以一直对曹操宽容,希望他能知悔改过。但曹操豺狼野心,潜包祸谋,妄想摧倒国家栋梁,孤弱汉室朝廷,除灭忠臣之士,专制朝政以为枭雄。……

如今曹操只好屯据谷仓,凭借黄河之天然屏障,欲以螳螂之臂,挡历史之车轮,大将军袁绍奉汉室之威灵,大军南下渡黄河,直逼曹操阵营前线,更有荆州支持王室正义力量之友军,在曹营之背后,准备夹击,正义力量已成摧枯拉朽,秋风扫荡落叶之势。以曹操之微薄的力量,定逃不脱毁灭的命运。

方今汉室衰微,纲纪弛绝,朝廷上无辅介之臣,更无股肱般耿耿忠臣,以和曹操拼命抗衡……

如今,曹操又假传皇上制命,调遣全国军队。因此,袁大将军担心,边远的军团,不了解曹操叛逆的真相,出兵助纣为虐,误受曹操欺骗,为天下有识之士所耻笑,所以特以此檄文通告于全国。

即日起,大将军起幽、并、青、冀四州军团共同进军,并以文书会同荆州建忠将军刘表,协同制造声势。全国各州郡军团也请各整编义军,并匡社稷,以建立非常之功。

能够斩得曹操首级者,封五千户侯,赏钱五千万。曹操的部队裨将校及其官员,若有投诚之行动,既往不咎。广宣恩信,布告天下,希望大家共赴国难,一切行动遵照国家律令,特此声明。

曹孟德展阅檄文,周围的人气不敢出,空气显得异常凝重。

曹孟德的鼻孔轻轻扇动了一下,将檄文揉成一团,说:"文采倒不错,起草檄文的人看来颇有才气。"

孔融说:"这一定出自孔璋之手。"

"孔璋,哦,我想起来了,就是以前当过汉灵帝主簿的陈琳。"曹孟德说。

"对,就是他。此人淡泊功名,为人倒也耿介。"孔融说,心里为陈琳捏了一把冷汗。

"这是多数文人的秉性。孔丘说过:'不仕无义',有本事的人不愿意出仕,连孔仲尼都瞧不起,陈琳不过是一个腐儒,我怎能与他计较。哈……"曹孟德说罢放声大笑。他突然宣布:"今天晚上开欢庆宴会,庆祝我们迎天子到许昌四周年!"

"是啊,是四年了。"荀彧恍然记起。

刘岱、王忠从徐州狼狈逃回,这是曹孟德预料中的事。他本不想责罚二人,但刘岱、王忠却在众人面前赞美刘备是如何宽厚爱人,体恤百姓。

曹孟德听罢火冒三丈:"睁开你们的狗眼瞧瞧,这兖州地区如今是地有其主,百姓衣食有所安,难道我曹孟德就是独夫民贼吗?"大怒之下,就要下令斩刘、王二人。

孔融谏道:"他们二人攻打刘备,本来就是以卵击石,能坚持这么久,也很不容易了。若杀了他们,以后谁敢给你当马前卒呢?"

曹孟德觉得孔融的话动情入理,就免了二人的死罪。

"看来袁绍与刘备是要与我决一死战了。这二人的力量加在一起也不足为惧,如果张绣、刘表再与他们结盟,那我们的前景就不妙了。"曹孟德背着手,踱来踱去,显得有些焦躁不安。

"应该先派人招安张绣、刘表,之后图徐州,最后对付袁绍。"孔融陈述了自己的看法。

曹孟德亲切地抚着孔融的背,说:"只有像你这样的文人才有价值,既能挫万物于笔端,又能笼天地于形内。"

"丞相过谦了,我比之横槊赋诗的曹公,不知有多大距离。"孔融极有风度地笑着说。

曹孟德采纳了孔融的建议,派刘晔去游说张绣。

刘晔到了襄城,先拜会了好友贾诩。第二天,刘、贾二人一同去见张绣。三人正在海阔天空闲聊,袁绍的使者也找上门来。

贾诩知道使者的来意,问道:"最近袁绍大军攻打曹操,胜败如何?"

来使回答:"眼下正是严冬之际,袁主公暂缓进军速度。不过,依袁将军的深谋远虑和部下的精明强悍,擒曹操如同瓮中捉鳖。张将军与荆州刘表都具有国士之风度,所以特意来请将军助袁主公一臂之力。"

贾诩大笑着说:"你的使命已经完成了,你回去告诉袁绍,说他们兄弟之间都不能和睦相处,怎么容得下天下的国士。"之后,当面扯碎招降书,斥退了使者。

刘晔起先还有点不安,后来目睹贾诩的表现,心里就比较踏实了。

张绣却显得有些紧张,责备贾诩说:"如今毁书叱使,假若袁绍盛怒之下加兵于我们,那怎么办呢?"

贾诩似乎在突然之间想出了主意,说:"不如去投曹操。"

张绣连连摇头,说:"我与曹操有旧怨,他的儿子曹昂死于我的刀下,他怎么容得下我呢?"

"曹孟德并不像檄文中说的那么坏,莽夫许褚、寒士郭嘉、江湖医生吉平,曹孟德用其所长,况将军的才干早已为他熟知。"

张绣心有所动。

贾诩见火候已到,来不及咽下口中的酒,说:"投曹操的理由有三:第一,曹操在许都已站稳脚跟,特别是他推行的屯田制在短短的几年内就使得粮仓充实,百姓安居乐业,这是取胜的基本保证;第二,袁绍那么强大,我们投他,他也不把我们放在眼里,认为是增加了几个酒囊饭袋,正是由于曹操的力量目前较弱,我们去投他好比是涧水入小溪;第三,袁绍手下能人虽多,但派系也多,力量在关系网络中耗损得多,而曹操部下要纯得多,能拧成一股绳。"

张绣说:"那好,且让我学学廉颇。"

张绣于是把大军交与贾诩,自己让军士捆绑起来,坐于马上前行,不几日,就到了许都。

曹孟德正担心刘晔劝降不成,贾诩率张绣大军浩浩荡荡开进了许昌城。

"张将军,你这是为何?"曹孟德见张绣被捆绑,感到莫名其妙,只想是贾诩个人倒戈。

刘晔忙上前解释:"张将军是在学廉颇。"

曹孟德万分感动,连忙走下台阶,亲身解去绳索,紧紧抓住张绣的手,对张绣一顿表扬,赞赏。

曹孟德让张绣写信招安刘表。张绣面有难色,说:"这件事我实在无能为力,我与刘表交往不深厚。"

贾诩说:"刘景升喜欢结纳名流,如果有一位文才出众的名士去劝刘景升,成功的可能较大。"

曹孟德很是狂放自信地说:"除了我和孔融,谁又谈得上文才出众呢?这件事看来得请北海相出山了。"

孔融说:"我有一位朋友叫祢衡,字正平,其文才十倍于我。"

曹孟德觉得孔融的话有点夸张,普天之下,有文才的人我还有不知道的吗?孔融当然不例外,此外,陈琳、徐干、刘桢、曹植兄弟、蔡邕……单单没有

听说过祢衡的大名,莫非是一名出世既久、造诣宏深的隐士不成。

"照你这么说,那位叫祢衡的才子,其才能不也十倍于我啦?"曹孟德锋芒毕露地戏谑道。

孔融暗自佩服曹孟德反应之迅捷,风趣地说:"丞相才思敏捷,谈锋犀利,谁能匹敌,只是集政务军务于一身,怎能让你亲自出马呢?"

曹孟德于是让人去请祢衡,祢衡倒也爽快,一请就到。

大凡不寻常之人乃有不寻常之举,这似乎已成为一条甄别人才的不成文的法则或秘诀。曹孟德也在运用这一法则。

施礼完毕,曹孟德有意不叫祢衡落座。祢衡仰天长叹说:"我听说许昌人才济济,我到了这里,怎么看不见一个人呢?"

曹孟德说:"我手下英雄荟萃,怎么会没有人呢?"

祢衡说:"请丞相列数这班人的尊姓大名。"

曹孟德于是一一列举手下文官武将的姓名及才干特点。

"荀彧、荀攸、郭嘉、程昱,智谋卓越,简直是萧何、陈平再世。张辽、许褚、李典、乐进,勇武过人。岑彭、马武恐怕也赶不上。吕虔、满宠为从事,于禁、徐晃为先锋;夏侯惇天下奇才,曹子孝世间猛将。怎么说我手下无人呢。"

谁知祢衡半睁着眼睛,一副似听非听、似睡非睡、没精打采的神态。

曹孟德强压住怒火,耐着性子看祢衡的表现。他告诫自己:千万别冲动,让盖世奇才从眼皮下溜走了。

祢衡听罢曹孟德的介绍,好半天才睁开眼睛,嘴角往两侧一撇,目空一切地说:"曹公居然把这类人当做宝贝,只能说明这许都太缺乏人才了。荀彧只适合干一些吊丧问疾的事,荀攸只配看坟守墓,程昱可以去守大门,郭嘉勉强可以去鼓琴作赋,张辽擂鼓力气蛮大,许褚可以去放牛羊……"

曹孟德实在是憋不住了,打断祢衡的话:"你究竟有什么才能?"

祢衡也不谦虚,说:"天文地理,无一不通;三教九流,无所不晓;我祢衡上可以辅佐炎黄尧舜,下可与孔子颜渊比贤德,怎能与凡夫俗子共论天下大事。"

当时只有张辽在曹孟德身边,实在看不惯祢衡酸而狂的德性,拔剑就要砍祢衡,被曹孟德挥手制止了。

"我眼下的文武百官各司其职,只差一名专管鼓乐的官吏,祢衡可以充任。"曹孟德说。

祢衡也不推辞,应声而去。

"这家伙出言不逊,竟敢当着丞相的面辱骂我们,连丞相也被他言辞中伤了。"祢衡出去以后,张辽怒气未消。

"这人倒也会摇唇鼓舌,尚不知真本事如何。如果我杀了他,天下的人会嘲笑我太缺乏气度了。既然祢衡自作聪明,我送他一个乐官,已经是在侮辱他了。如果他真是一匹千里马，那他一定会逃之夭夭。到时，我再用别的办法招他到身边。"曹孟德十分平静耐心地向张辽解释。

一天，曹孟德大宴宾客，让鼓队击鼓助兴。乐官说："如此喜庆祥和的气氛，击鼓的人应穿上新衣服。"祢衡却故意穿着旧衣服走进乐池。

曹孟德有意试试祢衡。

祢衡就击打《渔阳三鼓》，鼓槌起落处，声韵美妙多变，时而激越亢奋如金戈铁马，时而低缓深沉如幽咽冰泉，时而欢畅明快如鸟鸣春涧，时而哀怨伤感如生离死别，四下里听得慷慨流涕，喜怒哀乐俱形于色。

那祢衡打得兴起，将身上的旧衣服一件件剥下，又将裤子一条条褪下，全身赤条裸露。坐客们都掩面惊叫，如晴天中午起一阵惊雷。

"大庭广众，为何一丝不挂，有辱斯文！"曹孟德呵斥道。

祢衡从容地回答："身体发肤，受之父母，我祢衡本是清白之身，为何要遮遮掩掩。欺君罔上才叫无礼，我不过是展露清白之体而已。"

"你很清白，谁污浊呢？"曹孟德吼问。

"你不识贤愚，是眼浊；不读诗书，是口浊；不纳忠言，是耳浊；不通古今，是身浊；不容诸侯，是腹浊；你阴谋篡位，是心浊！我是天下名士，却辱没我当个乐官，这好比是孔仲尼被阳货轻贱，孟子被臧仓怠慢。你不是想在天下称霸吗，怎么如此对待我呢？"祢衡大大咧咧地回答。

曹孟德的脸青一阵白一阵，孔融生怕他一怒之下杀了祢衡，连忙上前说："此人生性狂放不羁，在草野呆久了，不谙世故。"曹孟德沉默多时，说："我让你出使荆州，若能劝降刘表，我封你做公卿。"

祢衡说："这还差不多。不过，我要用丞相的坐骑，让两个美女送我一道去。"

曹孟德大惑不解道："你为何提出这个要求。若讲得有道理，依你就行了。"

"骑上丞相的坐骑，表明主公待人的确不同，这样，我一介寒士的身份不就显得高贵了吗？而我的身份可是代表丞相啊。我乃天下闻名的才子，带上两个美女，才子配佳人，不正好说明我们许都人才辈出，占尽了国色天香吗？"祢衡解释道。曹孟德听这番话倒也无懈可击，也就同意了。于是，亲自在许都东门为祢衡饯行。

祢衡来到荆州。

刘表见祢衡长得丑陋矮小，讥讽道："你们许都怎么如此缺乏人才，派如此侏儒来荆州，比曹孟德还丑陋。"

祢衡反唇相讥道："人说刘将军是豪杰，依我看来不过是徒具将军父亲的衣钵而已。荆州土地贫瘠，将军正好可以为荆州积聚大量废物，依你如此高大的身躯，若尸陈稻田，势必可以换得来年的丰收。"

刘表很不高兴，又一想，祢衡侮辱曹操，曹操没有杀他，莫非是想借我之手杀他不成，这样，杀名士之罪名就落在了我的头上。于是，就让祢衡去见黄祖。

祢衡走后，谋士问刘表："祢衡戏弄主公，你为何忍气吞声，不杀他。"刘表说："祢衡多次辱骂曹操，曹操都能容忍，如果我杀了他，不是证明我刘表太没见识和气度了吗？我让他去见黄祖，就是要让曹操知道我是一个有见识的人。"

就在祢衡出使荆州的同时，袁绍也派外交使臣来到荆州。刘表本来就缺乏主见，这下更是举棋不定，荆州区区弹丸之地，早晚会被人吞食，这种局势刘表还是能够认识到的。

从事中郎将韩嵩说："人往高处走，水往低处流，如今曹操和袁绍两雄对峙，但曹操善于用兵，优秀的人才都聚集在许昌，袁绍貌似强大，但手下的人相互猜忌，尔虞我诈，田丰就成了他争权夺利的牺牲品。我们不如去归附曹操……"

刘表觉得韩嵩的话有道理，就说："你去许都，观察曹操的动静，回来之后再作打算。"韩嵩说："我替将军做事，虽赴汤蹈火，也在所不辞，但如果我去许都之后，被作为汉臣对待，那么，我今后就不再为你效命了。"刘表说："这些都是后话，你先去许都窥窥动静再说。"

韩嵩到许都之后，曹孟德看出韩嵩有归顺之心，就授予韩嵩侍中的官职，任命他做零陵太守。荀彧不太明白曹孟德的意图，后来曹操一说觉得有理。

"丞相考虑问题真是周到。"荀彧由衷地赞叹道。

韩嵩回至荆州，大肆赞美曹孟德。刘表忿忿地说："你心怀二主，吃里爬外，我要挖出你的心来瞧瞧！"准备斩韩嵩。蒯良劝刘表说："韩嵩去许都之前，就声明在前，将军不能食言。"刘表犹豫许久，终于没有下手杀韩嵩。

祢衡去见江夏黄祖，两人饮酒直至深夜。黄祖也是个狂放不羁的人，他问祢衡："听说许都人才济济，跟我相比如何？"祢衡说："孔融文采斐然，曹孟德马背赋诗，我祢衡两片嘴唇可以吐纳人世风云，而你不过一抔黄土，一尊木偶而已。"黄祖本来就醉醺醺的，听了祢衡的话，更是怒不可遏，喝令手下将祢衡杀死。

曹孟德听人说祢衡被黄祖杀了，一点也不感到惊讶，十分平静地说："这是我预料中的事，腐儒爱以唇剑杀人，如今却反因唇剑被杀，这是合乎逻辑的。"

"丞相的千里马却白送给了刘表。"有人说。

"刘表早晚要降我，千里马自然就物归原主了。"曹孟德不以为然地说。

一天，两天，半月过去了，曹孟德却不见刘表来投降。荀彧着急，曹孟德说出了自己的安排。

荀彧也同意曹孟德的战略部署。

曹孟德于是率领二十万大军,兵分五路攻徐州。

消息被孙乾得到,孙乾先去下邳报知关羽,又星夜到小沛告知刘备。刘备说:"我们还是得向袁绍求救,才能解危。只有请袁绍亲自出马,给曹贼以实质性的进攻,我们才有喘息之机。一旦袁绍动手,我们就可以乘机端掉许昌老巢,让曹贼进退维谷。"

孙乾于是第二次去向袁绍求援。这时田丰仍被袁绍关在狱中,在沮授的再三进谏下,袁绍才答应见孙乾。

孙乾见袁绍衣冠不整,神色萎靡,面容憔悴。孙乾说:"这么短的时间不见,主公似乎显得衰老多了。"袁绍说:"我已经活不了多久了。"孙乾听了大吃一惊,说:"主公的话从何说起?"袁绍说:"我有五个儿子,只有小儿子最聪明伶俐,能够干一番大事业,却身患疥疮,生命垂危。我哪里还有生活的信心。"孙乾说:"如今曹操东征刘玄德,许昌空虚,如果主公乘虚而入,上可以保天子,下可以救万民,这是泽被后世、贻福子孙的大事业啊。希望主公以社稷苍生为重。"袁绍说:"你讲的道理固然不错,可是眼下小儿病入膏肓,如有不测,我怎么活下去啊。"孙乾还是要执意相劝,袁绍就开始下逐客令了。

"你回去对玄德讲,如果徐州呆不下去了,让他来投我,我不会计较他逼死兄弟的。"袁绍又吩咐人去遍访替小儿治病的医生去了。

孙乾顺便去狱中探望田丰,把袁绍不肯发兵的事告诉他。田丰说:"袁绍就是这么一个瞻前顾后的人,不该发兵却执意要发兵。如今正该乘势东进,夺取许都,他却顾念婴儿之病,实在不是大丈夫所为。我田丰身陷囹圄,空有一腔报国热忱,可悲可叹啊。"孙乾看田丰老泪纵横的样子,也禁不住流下了两行热泪。

第十六章 袁绍檄文何所惧 孟德五路攻徐州

第十七章　得胜许都降关羽
　　　　　　悔将赤兔赠关公

　　且说曹孟德对待爱将,真可谓是视如生命,所以在他足下才有那么多的贤才为之效劳。

　　然而,刘备完完全全把希望寄托在袁绍身上,见孙乾进门时蔫耷耷的样子,已经预感到了问题的严重性。张飞安慰刘备说:"兄长不必忧虑,曹贼远道而来,一定疲惫不堪,我们趁他来不及安顿好,先去劫他的营寨。"刘备正处于束手无策之际,想张飞捉刘岱时也用了一条妙计,于是就依了张飞的计谋,分兵去劫曹孟德的营寨。

　　曹孟德率大军直奔小沛,上到一个山口,忽然狂风骤起,战马嘶鸣,驻足不行,曹孟德又听"咔嚓"一声,一面旗幡被风吹折。

　　"这是一种不祥的征兆,风从东南方来,来势凶猛,伴着飞沙走石。"荀彧看了看尘埃滚滚的天空说道。

　　曹孟德不太相信众谋士据天相测凶吉的那一套。他凭着二十多年南征北战的经验,早已料到了刘备要劫寨的动机。曹孟德为了证实自己的判断,就问毛玠:"刚才东南方疾风骤起,吹折了青红牙旗一面,你觉得这是一种什么征兆?"毛玠说:"我估计今晚必定有人来劫寨。"

　　曹孟德仰望昊天说:"刚才还是乌云四合,狂风呼啸,现在却是天朗气清,这是上天在帮助我啊。"言罢挥动马鞭,大队人马直扑小沛。

　　小队人马在靠近小沛约两里处扎寨,余下大军分成八队,趁暮色来临之际,在下寨周围的山坡谷口八面埋伏。

　　曹孟德的营寨里不时传来军士们猜拳行令的吆喝声。

　　刘备在左,张飞在右,兵分两路悄悄潜入营寨,留孙乾守小沛。

　　张飞已经摸进了营寨,却不见多少人马,昏黄的灯光下,仅有三三两两的军士大声说着醉话。张飞正在纳闷,四边火光大起,喊杀声震天。张飞方知中了计,急忙退出营寨,早已被张辽、许褚以及从黎阳撤回来的夏侯惇、夏侯渊等将领团团围住。张飞所率的部队原本就是曹孟德旧军,见大势已去,全部投降。张飞左冲右突,纵有十八般武艺,怎奈寡不敌众,好不容易杀开一条血路,退到东北方的小山头,只剩下几十个人马。想杀回小沛,去路已断,想投徐州、下邳,又被曹孟德大军拦截住了;张飞后悔不迭,悔不该自作聪明反中了曹操的奸计。张飞回首之时,到处都是曹军的呐喊之声。

　　"大哥,我对不起你!"张飞正要拔剑自杀,被军士苦苦劝住。张飞又想起了桃园结义时三兄弟共同许下的"不能同生,但愿同死"的诺言,长声呼号道:"大哥,多保重啊!"张飞擦干眼泪,向小沛东北方向的芒砀山奔去。

刘备的遭遇同张飞大抵相同。正引军劫寨,就在他靠近寨门的那一刹那,忽然喊声突起,背后冲出一队曹军,截取了一半人马,迎面夏侯惇冲出,刘备回身撤退,后面夏侯惇紧追不舍,自己只有几十骑跟随。当他喘过气来,望见小沛城已是满天火起,红光映得城内外如白昼一般。想投徐州、下邳,又被漫山遍野的曹军截住了去路,刘备想起了袁绍托孙乾捎给他的话:"若有不测,可来投我。"想,看来只有暂且寄居于袁绍门下了,于是往北方青州路奔逃。

曹孟德不费吹灰之力就取了小沛。第二天拂晓,又进兵攻徐州,糜竺、简雍抵抗一番,只得弃城而走,陈登拱手献出了徐州。曹孟德登上城楼,感慨万千。

"徐州一向富庶,眼下百姓生计如何?"曹孟德问陈登。

"刘玄德来徐州以后大量招募青壮年,老百姓都倾慕刘玄德的声望,倒也安心为他练兵打仗,只是这大片大片的田地荒芜了。"陈登说。

"老百姓恨我吗?"曹孟德忽然提了这么一个问题。

陈登一时不知如何回答。

曹孟德看来并没有要让陈登回答的意思,独自叹道:"普天之下,道貌岸然,沽名钓誉者多矣,有多少脚踏实地为天下百姓着想的人啊。"

曹孟德一方面安顿百姓,另一方面谋划夺取下邳事宜。

荀彧说:"关羽保护刘备妻小,死守下邳,如果强攻,我们也要损兵折将,那关云长可有万夫不当之勇。"

曹孟德说:"显然不能强攻,只能智取,若能劝降关羽,这可是我的福分。"

郭嘉说:"关羽是堂堂正正的义士,劝降恐怕不易,如果派一名跟关羽私交很好的人前往劝降,或许有成功的可能。"

张辽蛮有把握地说:"我与关公交往不错,愿意去试一试!"

程昱附在曹孟德耳边低声说了些什么,曹孟德连声说:"妙,此计甚妙!"

曹孟德派数十名降兵,星夜溃逃到下邳向关羽投降。关羽认为他们是旧兵,就收留了他们。

第二天,曹孟德命夏侯惇领五千兵马到下邳城下挑战,关羽紧闭城门,让弓箭手伏于城门四周,任夏侯惇怎么呐喊,就是不出城门。

从早晨骂到中午,夏侯惇嗓子都冒烟了,关羽仍端坐于城墙上,夏侯惇真想放一冷箭杀关羽,但曹孟德有令在先,不得伤害关羽,夏侯惇只得怏然而归。

曹孟德说:"这好办。关羽一向以仁义为重,爱刘备胜过爱自己的手足,不妨将已死军士的人头割下,修整成刘备的模样,悬挂于马头,关羽大怒之下必然弃城死战,我们先夺下城池,待他走投无路之际,再派张辽去劝降。"

第十七章 得胜许都降关羽 悔将赤兔赠关公

众人叹服曹孟德用计如神。

夏侯惇又在城下破口大骂,说:"刘备已被我们破了。军士们正在捉拿大耳朵。"

关羽不予理睬。

一军士忽地来报:"夏将军,我们已取得刘备首级。"那手里提着一个血淋淋的人头。

关羽在城头上看那脑袋,酷似刘备,大叫一声:"大哥,不能同生,但愿同死,我关羽苟全还有啥意义啊!"引三千人马出城,与夏侯惇交战。两人战了十多个回合,夏侯惇佯装败走。关羽穷追不舍,夏侯惇且战且走。不知不觉追杀了二十多里。关羽怕刘备家小有失,连忙调转马头,只听轰隆一声炮响,左有徐晃,右有许褚,两队人马截住了关羽的归路。夏侯惇又从背后杀将回来。关羽奋力拼杀,毕竟势单力薄,到黄昏,退到一座土山,气未喘定,曹兵已将山头围了个水泄不通。

俯瞰下邳城,那里已是火光冲天,"二位嫂嫂,你们……"关羽嚎啕着只身冲下山去,那密密麻麻的箭呼啸而来,虽然不曾伤及身体,却挡住了关羽下山的去路。

关羽痛不欲生,气得昏厥过去。待他醒来时,天已拂晓,东曦渐露,晨光把山头照得朦朦胧胧。关羽揉揉红肿的双眼,见一人骑马直奔自己而来。关羽抡起青龙偃月刀,就要迎敌,仔细一看,原来是旧交张辽。

"文远莫非是来劝降的吧?"关羽明白了张辽的来意。

张辽下马与关羽一块儿坐在大青石上。

"大哥已死,冀德不知下落,我活着有啥意义,只想跟曹操拼死一战,赚点本钱。"关羽又说。

"玄德并没有死,估计他投袁绍去了,冀德往东北方去了,也无性命之忧,昨天曹公已破下邳,安顿好了城内外百姓,还派人专门守候玄德家眷,我特来告诉兄长。"张辽说。

"那曹操杀人不眨眼,吃人不吐骨头,他不会如此对待百姓,更不会善待我兄长家眷。"关羽咬牙切齿地说。

"兄弟对曹公的认识太片面了。"张辽说。

"杀黄巾军,挖祖坟,杀董承,连董贵妃也不放过,狼子野心路人皆知。"关羽愤愤地列数曹孟德的罪状。

张辽说:"刘玄德不也杀过黄巾党人吗?袁绍不也干过毁祖坟的事吗?那是曹孟德为了招兵买马,不得已而为之,不像袁绍兄弟掘祖坟是为了占有珍奇珠宝。杀董承等人,也是不得已而为之,假如有人将刀架在你的脖子上,你也不会无动于衷。至于杀董贵妃,灭董承九族,是有些过分,这类情形也不是曹公开先例啊。"

"曹操完全可以乱箭射杀我,可以派大将取我的首级,为何围而不攻,让我困在山上呢?"关羽问张辽。

"其实,曹公一向仰慕兄长的义勇,他早已许下诺言,若能劝降兄长,是他一生之大幸。"张辽说。

关羽仰天大笑,说:"我关某岂能一身事二主。如今我身处绝境,视死如归,你赶快离开此地,我即刻下山迎战!"

张辽说:"你这样做,只能败坏你的忠义之名,为天下人耻笑。"

关羽有些莫名其妙。

张辽苦口婆心地劝说。关羽沉吟良久,感情上已处于极度的矛盾之中。

张辽抓住时机,进一步说服关羽。

关羽思量再三,说:"我也有三个条件,若丞相答应,我马上卸甲归顺;如若不答应,我宁可战死或自杀!"

张辽说:"丞相待人宽容大量,你提条件他一定会答应,不妨让我转达。"

关羽说:"第一,我们三兄弟发誓匡扶汉室,我今日降汉而不是向曹操屈膝;第二,丞相必须好生赡养二位嫂嫂,不得无礼,单独给二位嫂嫂安排官邸,由我择人侍奉;第三,我一旦得知刘皇叔去向,即便关山重重,我当即去找寻。这三个条件若缺一个,我断然不降,希文远如实转达丞相。"

张辽急忙下山,先讲了关羽的第一个条件。

曹孟德拈着胡须,笑着说:"云长这个条件太低了,我乃大汉丞相,降汉降曹,不是一回事吗?"

张辽又说出了关羽的第二个条件。

曹孟德没等张辽说完,立刻说道:"比照皇太后的俸禄给刘玄德两位夫人,侍奉夫人的人选由云长自行决定。"

当张辽转述关羽第三个条件时,曹孟德有点为难了,说:"我招降关羽,是为了完成统一四海的大业。刘玄德随时可能出现,这样一来,关羽不是借我的房子躲雨吗?"

张辽说:"关羽一时难以割舍兄弟情,这也是人之常情,假如你对他更为周到,天长日久,他也许会淡忘刘玄德。以德服人,以情动人,丞相求贤若渴之心就是铁石心肠也会软化。"

曹孟德一拍脑袋,说:"还是文远考虑问题周到,你速去告诉云长,三件事我慷慨应允。"

张辽又驱马登山见关羽,说丞相已答应了三个条件。关羽说:"请丞相先退兵,等我进城见了两位嫂嫂,然后再投降。"张辽又下山禀报曹孟德。

曹孟德一声令下:退军三十里!

一向谨慎的荀彧劝谏曹孟德:"关羽智勇双全,这当中恐怕有诈,丞相可要当心!"

曹孟德摆摆手，以不容置辩的口吻说："不必多言，关云长义冠四海，不会失信。"

关羽入城见过二位嫂嫂之后，又去见曹孟德。

曹孟德整肃衣冠，亲自走出辕门迎候。关羽下马叩拜，说："我关羽败军之将，谢丞相不杀之恩。"曹孟德连忙将他扶起，说："我一向倾慕云长忠义，今日能与我共图天下大事，我实在是三生有幸。"

关羽还在担心曹孟德食言，说："文远向丞相转达的事，想必丞相早已铭刻在心。"

"云长怎不知我的脾气，君子一言，驷马难追，云长忠义之名天下传扬，难道我曹孟德愿意作一个不仁不义之人吗？"曹孟德一席风趣的谈话使关羽放心了许多。

在回许都的路上，曹孟德想：都说关羽是顶天立地的仁人志士，我倒想见识见识。车行至一个驿馆，曹孟德有意安排关羽与二位嫂嫂共处一室。

更深人静，寒风呼啸，曹孟德策马悄然来到关羽与二嫂下榻的馆舍，只见关羽威风凛凛，目光炯炯地立在馆舍门前。曹孟德完全被关羽的行为折服了，他走上前去解下自己的大氅，亲自披在关羽身上，像是在自言自语："天下义士，我算亲眼见到了！"

大军班师回许都，曹孟德引关羽朝见汉献帝，汉献帝也素闻关羽品行，封关羽为偏将军，曹孟德分给关羽一个大宅，关羽将大宅分成两个院子，二位嫂嫂居处一个院子，自己住在靠外的院子中。

曹孟德得胜回许都，又招降了关羽，感到无比轻松舒畅。荆州刘表不堪一击，只有一个劲敌袁绍了。该放松自己了，以便积蓄力量与袁绍决战。

曹孟德忽然想起了那个绝色美人。

许昌城西有一庙宇，那里住着吕布的家眷。

曹孟德鬼使神差地来到了那座庙宇。

庙宇中有个亭子，亭子的一角，一个女人斜倚栏杆，静静地望着满池绿藕，那双似乎很少见阳光的眼睛流露着无限的落寞与凄婉，略显苍白的两腮却是那么细嫩生动。女人侧着身子，胸脯便显得更加丰满，厚厚的冬衣也难以遮盖那玲珑的曲线。

想必这女人就是貂蝉了。曹孟德叫两个侍从站在庙宇门口，自己径自走向女人所在的亭子。

那个女人见一个矮小丑陋的男人突然来到自己身边，吓得如同小绵羊一般蜷缩成一团。

"你，你是谁？"貂蝉惶恐地问。

"哈哈哈，天底下居然有不认识我曹孟德的人。"曹孟德大笑着走近貂蝉。

貂蝉连忙跪在地上，说："奴婢不知将军到来，请丞相恕罪。"

曹孟德将貂蝉扶起,抚着她的背说:"我成天东征西讨,不曾问候吕温侯家眷,还请夫人谅解才是。"

那貂蝉经曹孟德这么一安慰,越发伤心,眼泪玉珠似的滑落下来,呜呜咽咽地说:"丞相不杀贱妾,我就感恩不尽了。"

曹孟德看那泪人儿般的貂蝉,更觉得她凄楚动人,一下将她揽于怀中……

自古英雄爱美人,关羽能例外吗?曹孟德挑选了十个美女,亲自送到关羽的住宅。关羽却当着曹孟德和二位嫂嫂的面说:"二位嫂嫂正需要人侍奉,就让她们陪伴好了。"曹孟德独自叹道:"真是一个铁骨铮铮的硬汉!"

曹孟德又备了许多绫罗绸缎及金银器皿,亲送与关羽,关羽根本不过目,全部送给二位嫂嫂收藏。

一天,曹孟德见关羽身上的绿锦战袍已破旧不堪。吩咐裁缝制作了一件十分华丽的战袍送给关羽。关羽推辞再三,终于穿上了,外面仍用旧袍罩着,曹孟德不解地问:"云长怎么如此节俭?"关羽答道:"我并不是节俭,这旧袍是昔日刘皇叔所赐,我穿上它,兄长音容历历在眼前,我怎么能够喜新而厌旧呢?"曹孟德感叹之余,心里想道,一生能有这样的兄弟,那刘备应该知足了,我曹孟德若能拥有这样的兄弟,一定奉若圣明,天天供在佛龛之中。

有一天,曹孟德请关羽赴宴,宴散之后,曹孟德送关羽出府,看关羽的坐骑很是瘦弱,问:"云长坐骑为何这般瘦?"关羽说:"我身躯太沉,马不能承载。"曹孟德吩咐左右牵来一匹坐骑。

关羽看那坐骑高大雄健,浑身红如火炭,关羽说:"这马世所罕见,这是吕布的赤兔马。"

"云长上马一试!"曹孟德说。

关羽也不推辞,飞身上马,一抖缰绳,赤兔马扬起蹄子,如脱弦之箭一般奔出,一道轻尘漫起之时,赤兔马已远离了曹府大门。

"莫非他这一去……"满宠很是不安地说。

曹孟德挥手止住了满宠的话。

曹孟德等人静静望着赤兔马远去的影子。

一会儿,马蹄声由远而近,迎着旭日,那枣红马像一团火焰,燃烧着,越来越旺,越来越大,眨眼功夫,关羽已飞身下马,扑通一声,双手抱拳跪在曹孟德面前。

"谢丞相赐予这匹良马!"曹孟德略显一丝不快。

关羽不急不忙地说道:"丞相送赤兔马与我,说明丞相太了解我关羽的心情,我骑上它日行千里,有朝一日得知皇叔的消息,我即刻就能与兄长团聚。"

曹孟德独自叹道:"富贵不能淫,威武不能屈,贫贱不能移,真乃天地间的圣人啊!"他有些后悔将赤兔马赠与关公。

夏侯惇是曹孟德的心腹猛将,关羽的到来,曹孟德似乎冷落了他。为此,夏侯惇大为不满去找曹孟德讨个公道。

"我兄弟二人对丞相如何?"夏侯惇开门见山地问。

曹孟德一眼就看出了夏侯惇的来意。

"夏侯将军兄弟为我出生入死,我铭记在心。"曹孟德诚恳地回答。

"那关云长对丞相身怀二心,知恩却不图报,而你却待这小子如座上宾,敬奉若神,我实在有点想不通。"夏侯惇气昂昂地说。

曹孟德亲热地拍拍这位久经沙场的爱将的肩头,缓慢而深沉地说:"是啊,不只将军想不通,很多人都想不通!"

夏侯惇说:"关云长早晚会成为我们的劲敌,不如杀了他!"

曹孟德厉声正色道:"这不是疆场厮杀,你逞什么能,再说,杀了这个义绝天下的英雄,不正好往我这老脸上抹黑吗?倘若你们敢动关云长一根汗毛,我曹孟德绝不轻饶。"

夏侯惇嘟嘟囔囔地拂袖而去。

张辽又去与关羽叙旧。

"兄长到曹营这么久了,曹公待你如何?"张辽问。

"丞相倒也是宽厚待人,我关羽感激万分。"关羽答。

"既如此,你该安心了吧,为何常常生出投皇叔之念头?"

"我与皇叔、翼德虽非手足,但我们之间的感情自桃园盟誓之日起便远甚手足,不仅兄长,天下人都知道。"

张辽:"兄长的话文远不敢苟同,识时务者为俊杰,处事不分轻重,非大丈夫所为,玄德对待你,未必超过丞相待你,为何苦苦念着玄德而对丞相厚德视若无睹呢?"

关羽反诘道:"丞相是为了重用我而对我百般安抚,哪有我们三兄弟之间的感情那么纯粹、真挚。丞相既然待我不薄,我也不会平白无故地离开丞相,等我为丞相立下功劳再说。"

张辽说:"倘若皇叔遇到不测……"

关羽毫不犹豫道:"我关羽立刻步其后尘!"

张辽劝告无效,把关羽的一席谈话告诉了曹孟德,他很是叹息。

荀彧说:"既然关羽许下诺言,要为丞相立下功劳再走,我们不给他立功的机会不就行了吗?"

曹孟德说:"你的主意甚好,可是……"

显然,曹孟德为关羽又陷入了极度矛盾与痛苦之中。

袁绍的小儿子大病初愈。

袁绍终于发动了一场大规模的征讨曹孟德的战争。建安五年春正月,袁绍积极备战,初步完成了南征军团的编组工作,从第一次决心征讨曹操的军事会议算起,大约有整整八个月的时间,也就是说,田丰已在狱中度过了整整八个月。

　　田丰得知袁绍已下定了南征的决心,在狱中哭道:"如今曹操刚破了徐州,招降了张绣,气焰正盛,主公这一去是以羊投饿虎,有去无回啊!"

　　袁绍听罢,大为恼火,使人传言与田丰,说:"你知道什么,区区老朽如果你早一天死,你坟上的树可以长到使人双手合抱了!"

　　田丰双手抓住铁窗,嚎啕道:"袁公出兵,官渡就是军士们最大的墓地啊!"

　　郭图说:"这老东西在诅咒我们,给我剁掉他的手指!"

　　一军士挥刀斩去,田丰的三个手指落在了铁窗之外,他依然不停地喊骂,在田丰的哭喊声中,袁绍大军向南开拔了。

　　袁绍南征军团的最后作战目标,自然是许都。袁绍早已有了十分明确的作战方针:最直接又有力的行军路线是由白马津或延津渡黄河,经过酸枣,渡阴沟水和北济水抵达阳武,再渡过官渡水和渠水,便可一路南下,直捣许都。这条进军路线,也正是曹军最主要的正面防线。司隶区的河内郡和青州,便也成了这个主战场的左右两翼辅助战线了。

　　从邺城到许都大约五百里,以正常行军一日三十里,就算没有什么骚扰,至少也要十七天的行程。

　　袁绍又展开了地图:无数的绿色箭头表示行军路线上河流重重。

　　"玄德公,你熟知曹操的军事部署,哪路军的防守力量最为薄弱?"袁绍和刘备并辔而行。

　　刘备说:"臧霸的青州军团组织松散,应当是曹操左翼上最严重的弱点。"

　　许攸说:"依我之见,应由袁谭军团突破曹军右翼,主公的主力军团以中央突破方式进攻并同时肃清左翼方向的可能威胁,以弥补我们在对方领土上长驱作战的各种困难。"

　　袁绍忽然意识到自己昔日应该援助徐州的刘备,那样一来,就增加了东方战线的优势。

　　袁绍不知是动了真情还是情绪的突然激动,他紧紧抓住刘备的手说:"玄德啊,假若我当初不以小儿缠绵病榻为念,出兵徐州,情形就和现在大不一样了。"

　　刘备的情绪也似乎受到了感染,目光坚毅地说:"主公不必忧虑,我们不是正挥师直捣曹贼老巢吗?"

　　袁绍经过仔细分析,确立了更为具体的作战意图。

第十八章　官渡备战智勇全
　　　　　暗藏杀心斩文丑

黄河之水天上来,奔流到海不复回。

夜色中的黄河是那样温顺,安静得像摇篮中熟睡的婴儿,白天的咆哮变成了低低的吟唱,像一首催人入眠的摇篮曲。

曹孟德一行人巡视于黄河中下游地区河南河北交界处的官渡口。在这以前,为应付袁绍的军事威胁,曹孟德也积极采取以攻势代防御的战略。针对袁军的部署,曹孟德并不完全在防线上静候,反而以更主动机警的调动,随时抓住袁军的薄弱环节,以运动战和突击战为主要战术,以扰乱袁军南征军团的前哨及先锋部队。这是曹孟德基本的战略思想。

袁绍开始南征,曹孟德的主力部队仍集结在主战场的兖州,统帅部编组如下:

统帅:曹操
总参谋:荀攸、郭嘉
战地行政指挥长官:贾诩
后勤支援指挥:刘晔、任俊……
骑兵团司令:曹孟德兼任,并由钟繇负责后勤补给。

为了应付袁绍东西战线部署,曹孟德也编成了三个独立军团,各军团人员结构如下。

青州军团:司令臧霸(吕布降将),领导黑山党军团独立作战。目的在于遏阻袁军左翼的袁谭军团可能施加的压力。

司隶区军团:司令曹仁,属支援性预备队,独立作战能力强。

河内驻屯军团:司令魏种,独立作战,目的在于牵制袁绍南征军右翼的高干军团,由于高干是袁营中相当杰出的将领,因此由责任感特强,擅长坚守的魏种负责。

曹孟德在大本营许都的留守人员编制如下:

留守主帅:荀彧。由夏侯惇将军负责防卫支援,李典,史涣,韩浩三将配合。

首都区防卫司令:李通,负责西南方荆州区的防卫及牵制行动。

汝南区防卫:袁绍家乡汝南地区可能会起事响应袁绍的行动,特派遣汝南郡太守满宠负责经营防范。

郭嘉首先打破了宁静。

"黄河正处于冀州和兖州的交界处,袁军必须渡过黄河,才能发动总攻势。"

荀攸接着说:"袁军的攻击前哨设在黄河北岸的黎阳津,我军前哨的甄城、白马、延津,都可能成为初期交战的主战场。"

曹孟德问道:"袁绍前锋由谁担当。"

"据悉是颜良、文丑二人,据说这两人有万夫不当之勇。"荀攸说。

曹孟德不以为然说道:"颜良、文丑何足称道,徒有匹夫之勇,跟我们的夏侯兄弟差不多,这种将领最忌讳独立作战,更不能让他们打先锋。"

荀攸说:"目前最关键的问题是选择什么地方作为战场。"

郭嘉说:"只要延津和甄城这两个地方能挡住袁绍的进攻,袁军主力一定选择官渡作为突破口。"

当荀攸和郭嘉正在商议之时,曹孟德已经把战略目光集中在了官渡口。此刻,官渡地区的地形地貌又在他脑海中浮现:茫茫的渡口,渡口北方是官渡水这一天然屏障,对守方极为有利;渡口南北两岸是大片的开阔地,地势平坦,正有利于我们的骑兵作战……

曹孟德紧握了一下拳头。

正在这时,江东霸主孙策死亡的消息传到许都。

曹孟德得知这一消息高兴得像过节一般,说:"江东小霸王呜呼哀哉,天下暂时又少了一个凑热闹的人。"

显然,孙策的死又减轻了曹孟德战线上的一个重大压力。

"荆州方面动静如何?"曹孟德还有点不放心刘表。

荀彧说:"丞相放心,我已经用黄金和官位收买了刘表手下的主要将领以及靠近长江一带的郡守,连刘表的妻舅蔡瑁和名士蒯越也反对刘表向豫州用兵,过不了几天,长沙、零陵、桂阳、武郡几个地方的部队一定会来向我们倒戈。"

曹孟德手拈胡须,朗声说道:"天时、地利、人和,我们已经完全占尽了。官渡,官渡,那里便是袁绍的葬身之地!"

建安五年三月,北方大地早已冰雪消融,而战争的硝烟是从不选择季节的,袁军在黎阳前哨调动频繁,尽管曹孟德成竹在胸,前线情况的紧张是客观存在的。

镇守甄城的程昱部队只有七百余名,甄城又位于曹军东战线的最前哨。因此可能在战争一开始便遭到袁军的强烈攻击。

曹孟德策马来到甄城。

"程将军是否需要增援军队?"曹孟德问程昱。

程昱似乎不假思索地回答:"不必添一兵一卒。"

"你真的有把握?"曹孟德感到奇怪。六七百人要对付袁绍的主力部队,谈何容易啊。"

程昱见曹孟德心存疑虑，就慢慢解释说："袁绍在乐阳方面集结的主力部队已超过十万，如果他拼死力攻打甄城，再多的增援也于事无补。袁绍一向因兵多势大，自认所向无敌，如今见我方兵少，一定不看在眼里，很有放弃甄城的可能。如果甄城的守备增加，袁绍便会以为甄城重要，就非攻不可了，所以增援部队反而只会增加我们的危机和压力。"

曹孟德听罢程昱的讲解，思忖片刻，说道："程将军的胆量及见识，真令我佩服。"

于是，曹孟德就放弃了增加甄城防守力量的打算，腾出大量主力在官渡口一线。

依照原定计划，袁绍应在青州袁谭军团击败臧霸的阻击之后，指挥主力部队由白马津和延津渡过黄河，以侧翼作战法由中央和左翼突破。

袁绍便屯兵黎阳，等待袁谭军团的进展，以实施整体的战略目标。

曹孟德最担心的也就是侧翼的力量能否挡住袁绍的进攻，如果袁绍不能打开侧翼缺口，势必从中央突破，这样两军在官渡决战的局面就形成了。

臧霸原是黑山党领袖，先被吕布收复，后又因吕布兵败投曹孟德，曹孟德让臧霸的青州军团阻挡袁军的右翼进攻，是作过一番深思熟虑的。

"臧将军，若袁谭军队向你大举进攻，你能坚持多久？"当时臧霸军团只有一千多人马，而袁谭的进攻部队约有两万人，何况有高干这一智将辅助，曹孟德不能不为之忧虑。

"丞相需要我坚持多久？"臧霸反问。

"至少需要两个月，这样，袁绍的侧翼力量受阻，必然会集中从中央突破。"曹孟德再次阐明利害关系。

"别说两月，就是十年百年，袁谭也休想突破我臧霸的防线！"臧霸夸下海口。

"你怎么防守法？"曹孟德问得很细致。

臧霸讲了他的作战意图。

这是臧霸出兵青州之前与曹孟德的一番对话。

袁绍反复思考自己的战略部署，感到十分满意。如果不出意外的话，袁谭和高干的青州、并州两军用不了半个月就可以撕开曹操左右两翼的缺口，那时全线出击，用不了半年就可以踏平许都。

袁绍扳起指头，袁谭和高干已进驻青州七天了。他估计二人已经有了进展，于是准备攻打甄城。刘备和沮授都不同意。

"甄城不在我们的主战线内，这个小城连曹操也不放在眼里，派极少数人马守备，我们没有必要夺取它。"刘备说。

审配说："主公的军事力量如此强大，应该趁黄河汛期未到，抢渡黄河，直抵许昌,我们几十万大军,势如破竹,根本没有必要瞻前顾后。"

袁绍利用刘备作顾问,是因为刘备熟悉曹操军情,他认为刘备和审配的意见都比较中肯,于是就放弃了攻打甄城的计划。

袁军南下的第一道河川便是黄河,在这段主战线上,黄河自东向西分别有白马津、延津和杜氏津三个现成的渡河点。以原定的进军计划,白马津是主要渡河点,其余两个是辅助性质的,沿着这三个渡河点,袁绍在一年前便建造了不少营寨,并由二十余位部将防守。以白马津进攻的计划对袁军是相当有利的侧翼作战法,可是袁绍一放弃攻打甄城,也就改变了原来的作战计划,而把延津作为了跟曹孟德接触的第一个战场。

曹孟德原来也把重兵摆在白马津南岸。

"丞相,延津告急,袁绍亲率大军进攻延津。"曹孟德忽然接到于禁的报告。原来,当曹军在白马津严阵以待的时候,袁绍于三月底从黎阳出发,渡过黄河,攻打于禁在延津一带部署的防寨。

曹孟德说声"不好",连忙取来地形图。他立刻明白了目前形势。

那么,谁能担此大任率轻锐部队增援于禁呢?曹孟德突然想到了以猛勇见长的乐进。

"乐进,我抽五千精兵与你,火速增援于禁,不要跟袁军拼命,设法拖住他们。"曹孟德吩咐。

乐进领命而去。

"汝南局势不知如何了?"乐进走后,曹孟德又涌出了另一个问题。连日来,他的脑子里围绕"官渡"这两个字眼,方方面面的问题织成了纵横交错的网络……简直让人不敢去想象。

可谓英雄所见略同吧,袁绍和曹孟德几乎同时关注着汝南地区。

汝南郡是袁绍的故乡,故吏、门生、宾客甚多,在得到袁绍的召集令后,果然纷纷起事,拥兵独立。其实,曹孟德早就料到了这一着了。果然,满宠不负使命,去汝南不到十天,就在当地招募了五百多名士兵,然后深入乡间,号召农兵保护自己的农园乡土,和袁氏派的官员对抗。这一招很奏效,愈聚愈多的农民部队,连续攻破二十多个袁绍忠实同乡的营寨,死硬派分子很快被瓦解了,一时间重新归附曹孟德的袁氏同乡便有二万余户,满宠还抽训了其中的两千多名男子为特别队,仿效枣祗的经验在汝南一带进行屯田。

豫州地区的郡县在袁绍的号召下,也有不少公开背离曹孟德的,在该地区百姓的心目中,刘备那种大仁大义的形象已经扎下了根,而曹孟德总是以窃国大盗的形象出现在他们的眼睛里,这个地区的麻烦事便由留守的荀彧和首都区防卫司令李通来负责解决。李通原来只是阳安郡的都尉,当年豫州郡县大多投向张绣,只有李通坚持拥护曹孟德,因此获得重用。

曹孟德在进军黄河前哨之前,嘱咐荀彧和李通多采用宽容政策。"攻心

为上,争取一切力量瓦解袁绍。"曹孟德这句话像重锤一般经常敲打在两位留守将领的身上。当时,豫州地区棉花因虫害大面积歉收。李通和荀彧商量之后没有向曹孟德汇报,果断地作出了免征棉绢税的决定,并向群众宣传这是曹丞相的决定,在一定程度上使曹孟德的形象得到了改观,争取了豫州民众的支持,淡化了这些郡守和袁绍的关系,只要他们没有军事行动,便睁只眼闭只眼装作不知,一方面又由夏侯惇和李典加强豫州的军事戒备,给这些郡守以军事震慑力。在软硬兼施之下,这些原先拥袁行动颇积极的郡守,最后都雷大雨小地只和袁绍保持联络而已,未曾有实质性的行动,使袁绍在豫州一带的策动计划收效甚小。

在黄河东线的青州和西线的并州,袁谭和高干遭到了臧霸的两支游击军团的严重骚扰,进军速度差不多等于零。

面对如此形势,沮授建议袁绍停止行军,谁知袁绍骄狂地笑道:"我七十万大军对付曹阿瞒的七万军马,何惧之有。"

"我军虽众,但战线太长,力量分散;曹军虽少,但斗志旺盛,骁勇善战。"沮授冒死相劝。

矜骄的袁绍骂沮授蛊惑人心,长曹操的志气,灭自己的威风,盛怒之下就要斩沮授,经众将领的苦苦哀劝,仍将沮授捆绑起来装入囚车。沮授一路嚎叫:"主公,你不听良臣之言,大祸临头啊!"

建安五年四月,袁绍不听沮授劝阻,亲自率军,由黎阳出发,渡过黄河,攻打于禁在延津一带部署的防寨。于禁判断袁军的行动一定迟缓,因此他和曹孟德派来的乐进商议,决定采取主动攻势。月黑之夜,他们神不知鬼不觉地密渡黄河,使袁绍军未真正出师便遭到了不小的打击。

由于于禁的部队调动极快,对地形又极为熟悉,袁军根本无法捕捉。进入延津的庞大军团找不到敌人,分开驻守又遭到于禁游击军的袭击,进也不是,守也不是,只好再渡河返回乐阳,连驻守在主要渡口杜氏津的袁军,也遭到了于禁游击队的突然袭击而溃散。为了躲避袁军围剿,于禁和乐进将部队化整为零,利用地形在延津地区打游击,给袁绍军队不少的困扰。于禁这支特遣军队,一直到官渡会战前,才被曹孟德调回主战场。

为了弥补初期的军事挫折,重整士气军威,袁绍放弃了与于禁在延津一带的纠缠,改从白马津渡河,进而包围刘延所驻守的白马城,并由先锋大将颜良指挥白马城的攻城作战。颜良骁勇而凶猛,刘延军团的将领几乎闻其名而丧其胆,刘延只好采取坚守策略,加强防御工事,以箭雨和落石顽强抵抗。

刘延的告急文书传到曹孟德大本营。

"如何解白马之危呢?"曹孟德没有想到袁绍的先锋这么快就来攻打白马城。

荀攸说:"假若我们移军延津,装着攻打袁绍大本营黎阳的架势,袁绍一定会调重兵防守黎阳,然后我们派轻骑部队赶赴白马,即可解白马之危。"

曹孟德果断地采纳了荀攸的建议,由自己率大军伪装渡延津以攻打黎阳。

袁绍满以为曹孟德到黎阳拼命来了,立刻将重兵调回延津北岸,准备和北上的曹军决战。

哪知曹孟德的主力到达延津之后,却只将夏侯渊的步兵留在渡口,摆出大举渡河的样子,自己却率领轻骑部队赶往白马城。

曹孟德在白马城外的一座土山上驻扎,远望山前宽阔的野地里,颜良率精兵约五六万排成阵势。曹孟德素闻颜良的威名,不料又拥兵众多,而自己仅带了几千人马。

看来,曹孟德是横了一条心,以马鞭指颜良说:"谁人能取颜良的首级?"

吕布降将宋宪拍马跃下山去,曹孟德在眨眼功夫,便看见宋宪滚下马来。

"谁敢迎战?"曹孟德话音未落,徐晃已冲下山坡,不一会儿就气喘吁吁地败回阵来。曹军只得凭借地形招架。

曹孟德见连折二将,心中忧闷,程昱说:"看来只有请关羽出马了。"

曹孟德连连摆手,说:"不可不可,关羽立功之后必弃我远去!"程昱说:"假如刘备不死,必投袁绍无疑,关羽大破颜良,袁绍肯定怀疑刘备暗通我们而将刘备杀掉,那样,关羽不是可以永远跟随丞相了吗?"曹孟德觉得有理,即刻派人去请关羽助战。

很快,关羽就骑着红似火炭的赤兔马,手握青龙偃月刀奔向颜良,同样是眨眼功夫,关羽已提着颜良的人头奔回本阵。曹孟德马鞭一挥,曹军风卷残云般追杀下山。

"云长真是神将。"曹孟德由衷地赞美道。

关羽用衣袖拭了拭偃月刀,轻描淡写地说道:"我不值得称道,我兄弟张翼德于百万军中取敌上将之头,就如同口袋里抓东西一般轻松。"

这么一提醒,曹孟德又想起了那个豹头环眼、须眉倒竖、声如炸雷的汉子。他告诫自己:"以后遇上张翼德,切不可掉以轻心!若能得到他,再损十个宋宪也值得。"

袁绍又回到黎阳布阵。

先锋颜良人头落地的消息传到黎阳,袁绍又被激怒了。他马上派遣先锋部队另一名与颜良齐名的战将文丑,率五六万军马从延津渡河攻打曹军主力。与此同时,还派刘备跟随,准备招降关羽。在此之前,袁绍已从败回黎阳的军士口中,得知杀爱将颜良的是一位手执青龙偃月刀,红脸长须的大汉,绍一听便知是刘备兄弟关云长。袁绍气急之下准备杀刘备,刘备急中生智,说:"天下同貌之人很多,怎能就此判断杀颜良之人是关云长呢?"袁绍还后悔险些杀了好人。

曹孟德在解了白马之危后,既喜且忧。

解白马之危的第二天,曹孟德便将轻骑兵带回延津,和夏侯渊会合。他已经作好了下一步打算,预计袁绍将挥大军直攻许都,为了加强沿线防备,特别是预定会战区官渡的部署;便先行遣回夏侯渊的主力部队,并命令辎重车队缓缓南退,自己率领少数骑兵队断后。

被戴上刑械的沮授再次劝告袁绍不要去管曹军在延津南区的调动,先将大本营设立在延津渡口的北岸,再分一支先遣部队直趋官渡探查曹军在官渡地区的部署和活动。袁绍对沮授的成见已深,哪里听得进,一意孤行地将前军部队分成两路,分别由郭图和淳于琼带领。

许攸也劝道:"主公,我们应暂缓进兵,以静待动,粮草未到,人马先行,这可是用兵之大忌啊!"

审配一向与许攸格格不入,便附在袁绍耳边说:"主公可不要轻信他的话,这小子和曹贼以前私交甚密。"

袁绍一听,便想治许攸的罪,但又没有找到许攸和曹操私通的罪证,只好愤愤地说:"我主意已决,谁敢多言!"并用手握了一下剑柄。

袁绍自己率大军由黎阳南渡黄河,在延津建立了密匝匝的桥头堡,急催文丑尽快追寻曹孟德的部队。

曹孟德为了安抚关羽,迅速表奏朝廷,封关羽为汉寿亭侯。忽然听说文丑已过黄河,在延津扎下营寨,曹孟德先派人将可能受战争惊扰的百姓迁徙到黄河南岸以西的地区,自己率军抵挡文丑的先头部队。

在白马山的南坡,文丑和曹孟德的断后部队相遇了。从前哨探马的报告,文丑得知曹孟德亲率数支骑兵队在山丘上,正指挥辎重车队的撤退行动。为了报仇抢功,文丑不听刘备的苦劝,未曾向袁绍报告,便主动攻击曹孟德。

当哨兵发现文丑军急速逼近时,曹孟德下令瞭望台上的士兵详细报告袁军的行动。"大概有六百余骑在快速逼近中!"

"又发现有不少骑兵及步兵紧随其后!"

"主将文丑在前头的骑兵队中,大约半个时辰便可到达!"

"后面尚有约数千名部队,双方相差约有两个时辰以上的距离!"

"不用再报了!"曹孟德下令骑兵队在敌人可以看到的山丘上,解下马鞍休息。

这时,由延津地带和白马城中撤退出来的辎重部队,正走向南坡。

大将吕虔非常着急,说:"应当让这些辎重车队暂时退向营区,以免遭到袁军的突击。"

曹孟德笑而不答。众将领大感不解。

荀彧看出了曹孟德的计略,便向诸将领解释道:"这是要让敌人上当的鱼饵,怎能不要他们呢?"

刘备素知曹孟德善用奇兵,一直苦劝文丑慎重行动。但文丑一方面满怀颜良被斩的仇恨,一方面看不起刘备这个败军之将,根本不把刘备的劝告放在心上。为了抢功,自己带着五六百轻骑猛追,将大军交付后面紧随而至的刘备。

原本想直接攻击曹孟德的文丑军,看到小山丘上的曹军都解甲下马休息,以为曹军疏于准备,无法应付自己的突击,又见到辎重车队正通过南坡,于是迅速攻向南撤中的辎重车队。

此时,曹孟德嘴里嚼着一枚树叶,悠闲地说:"还不到时候。"

众将领差不多停止了呼吸。转眼工夫,文丑的骑兵队已攻入辎重车队,去抢劫车上的东西,文丑吼叫着,似在招呼他们不要这么乱,但疯狂的士兵一如既往地抢夺财物。

"时机到了,全体上马!"

曹孟德一声令下,六百多名轻骑,如猛虎出山般杀入乱糟糟的文丑部队,文丑挺身独战,军士左冲右突,像晕头的兔子,相互践踏,鬼哭狼嚎。文丑招呼不住,只得拨马回走。

"文丑为河北名将,与颜良匹勇,谁替我出马?"曹孟德马鞭直指往回奔走的文丑。

张辽、徐晃驱马直追文丑,文丑回头看见二将赶来,于是按住铁枪,拈弓搭箭,箭如蝗虫一般飞向张辽,张辽低头躲闪,头盔的红缨被射掉。张辽奋力再追,面颊上又中了文丑一箭,张辽落下马来,徐晃运斧如风,截住厮杀,那文丑孤注一掷,杀红了眼睛,徐晃的大斧渐渐不听使唤。

曹孟德先见张辽落马,又见徐晃的大斧乱了招式。正在心急如焚,忽见十余骑奔来,为首一人红脸长须,手执青龙偃月刀,嘴里高喊:"文远,云长为你复仇来了!"喊声刚落,那战马如同一团火似的追上了文丑,刀光迎着日头一闪,那文丑的脑袋就像熟透了的瓜果掉在了土坡下。

后面赶上来的刘备大军见文丑已死,不敢恋战。

刘备远望曹军阵营中有一个与众不同的将领,一团长须在日光下分外醒目,大叫"二弟",却被乱军冲散。刘备眼巴巴地望着那个熟悉魁梧的身影离自己越来越远。

曹孟德在延津获胜之后见好就收,并不急着扩大战果,反而命令白马城刘延撤军,自己立即回防官渡,只保留于禁的游击部队继续在延津南北两岸活动,以困扰袁军的军事行动。相反,气急败坏的袁绍,不顾幕僚的苦劝,亲率大军紧追不舍地南下,这真是曹孟德一记漂亮的诱敌行动,使袁绍不知不觉中接近了曹孟德精心选定的主要作战场,官渡。

袁绍损兵折将,听说文丑又是被一个红面长须的人斩杀,更确信那人是关羽,当然会把怒气迁到刘备身上。刘备见骗不过袁绍,只得说:"这是曹操的计谋,他知道我在明公处,害怕我帮助你,故意让云长杀你两员大将,以激

第十八章 官渡备战智勇全 暗藏杀心斩文丑

起明公的仇恨。这显然是曹操借明公之手来杀我。"一席话又将大怒之下准备杀刘备的袁绍说得心悦诚服。刘备怕关羽不知自己在袁绍军中,趁机对袁绍说:"我即刻起草书信,派心腹送给云长,云长知道我的下落,必然弃曹操投明公,共诛曹操,以报颜良、文丑之仇。"袁绍大喜过望,说:"关羽若能投我,颜良、文丑何足挂齿,关公较之颜良、文丑,有如天渊之别。"刘备即刻起草书信。

三月底到四月初。袁绍一路急行军,至少深入敌境五百多公里,在官渡的西北方约十里处的阳武,设下了行营指挥部。但经过两年的准备,曹孟德在官渡地区已设下了铜墙铁壁般的防御工事,袁绍不得不先行稳定前线部署,运筹军中补给,使战事暂时缓和下来。

官渡两岸林立的城堡,从城堡上弥漫的炊烟,敌我双方在春风中猎猎作响的军旗,操练的军士……这一切暂时被战争这魔怪遗忘了。

那日斩了文丑之后,关羽也似乎听到有人在呼唤"二弟",但那声音顷刻就被一片喊杀声淹没了。但关羽已初步估计刘备在袁绍军中,回到许都以后,关羽成日闷闷不乐,终日饮酒解闷。

关羽闲得无聊,正伴烛影捧读史书,忽然听说有朋友相访。关羽迎那人进屋,却不认得来人。那人自我介绍说:"我是袁绍部下陈震。"关羽立刻意识到有要紧事,连忙使眼色让左右的人离开。陈震从内衣中掏出一封密信给关羽,关羽就着烛光迅速阅览五遍,大呼一声:"大哥!"

眼泪就夺眶而出。待眼泪拭净,关公匆匆写道:"窃闻义不负心,忠不顾死,羽自幼读书,粗知礼义,观羊角哀、左伯桃之事,未尝不三叹而流涕也。前守下邳,内无积粟,外无援兵;欲即效死,奈有二嫂之重,未敢断首捐躯,致负所托;故尔暂且羁身曹营。曹孟德待我以礼义,但不能取代我们兄弟三人之情。今日得兄长之信……"陈震连夜回去了。

曹孟德已把关羽悒郁的心理观察得清清楚楚,他早已得知刘备在袁绍阵营之中。关羽已为他立了奇功,如果得知刘备目前下落,一定会跃马扬鞭而去,但曹孟德充分估计到,无论什么时候,关羽都不会不辞而别,有些时候在曹孟德的心中无端涌出一个凶狠的念头:刘备这大耳朵早该死去!

成日忐忑不安的曹孟德在作出了关羽已得到了刘备下落的判断之后,就派伤势初愈的张辽去试探关羽。

张辽按曹孟德的吩咐,进屋就施礼道:"听说兄长有了玄德的音信,今天特来向你祝贺。"关羽一惊:"文远怎么知道?"张辽不急不忙地说:"那日在延津与文丑交锋,我亲眼目睹刘玄德在文丑的后继部队中,想必你也看见了。"

关羽以为张辽已清楚了这件事,也就不再隐瞒,将陈震私自造访并捎来刘备书信的事一股脑儿讲给了张辽听。

张辽听完关羽的讲述,又提出了以前曾提及的问题。

"丞相待兄长如何?"

关羽说:"三日一小宴,五日一大宴,送战袍坐骑,赠金银美女,在物质上远远超过了玄德待我。"

"既如此,你为何还要苦苦恋着刘玄德呢?"张辽说。

关羽神色庄重地说:"我们三兄弟肝胆相照,是兄弟手足情,犹如唇齿,唇亡则齿寒,文远也是明白人,怎么分不清感情的轻重厚薄。"

张辽默然。

酒过三巡,张辽又见关羽长吁短叹。

张辽说:"得知玄德下落,本是可喜之事,去投奔兄长不就得了,却为何这么惆怅?"

关羽把竹筷放于桌上,双手托腮,缓缓说道:"我又何尝不想立刻飞到兄长身边,可丞相那里……我左右犯难啊!"

张辽马上调正了感情的天平,他意识到了自己所肩负的由曹孟德交与他的重任。他的耳际又响起曹孟德那几句让人动情的话:"文远啊,你与关公是故交,你可要设法留住他啊,哪怕多留十天半月也好。"其实,张辽就作好了最坏的打算,那就是能挽留一天就算一天。张辽最担心的就是关羽不辞而别,那样,对丞相的心理打击就大了。更为可怕的是,如果关羽投到袁绍门下,反过来帮助袁绍对付丞相,这……

"兄长不会悄然而去吧?"张辽试探着问。

关羽说:"大丈夫立于天地之间,从不做不仁不义的事。只是,我眼下连向丞相开口的勇气都没有啊。"

关羽又陷入了深深的痛楚和矛盾之中。

张辽想了一个两全其美的主意。他想,关羽是天下人所知的光明磊落的耿介之士。他一定要征得丞相的同意之后才有礼有节地坦然而去。对,我即刻去告知丞相,让丞相装着生病,病上一段时间,待这场大战结束之后再说。

关羽也似乎下定了决心,说:"请文远放心,丞相是通达事理的人,我择日就去辞行,想来丞相会恩准的。"

甘、糜二位夫人由于刘备的生死不明,好长时间沉浸在挂念和悲伤之中,随着时光的流逝,加之有关羽这位好兄弟的照顾,心情渐渐有了好转。春光明媚,风和日丽,二位夫人和侍女们在院中谈笑风生。关羽进去施礼之后,将刘皇叔的下落告诉了二位嫂嫂。

两位夫人不知是悲从喜来,还是喜从悲来,感情急剧变化,先是惊喜,之后是哭泣,最后是欣喜若狂,马上催着关羽打点行装,巴不得马上扑入刘备的怀抱。

女人,毕竟是女人,她们怎能理解关羽此时此刻的心情啊。

张辽离开关羽住宅的第二天,曹孟德就病了,荀彧连忙吩咐人去叫吉平。就像当年董承没有瞒过太医吉平一样,曹孟德的病兆也没有瞒过吉平。

"丞相没事,主要是被心事困扰。"把过脉,吉平说道。当然,吉平对曹孟德而言,只能尽一个医生的职责,他哪里知道曹孟德的病根,连荀彧也不知道。

多少次,关羽拜辞曹孟德,都被回避牌挡在门外,关羽怏怏而归,便叫昔日随从收拾车马,除赤兔马和新战袍外,曹孟德所赐的一切物件一一留下。

二位嫂嫂催得急,关羽万般无奈之际又去找张辽,希望张辽转达自己的辞别之意,张辽也以生病为因,拒关羽于门外。

关羽何尝不明白曹孟德和张辽的用意。原来,曹孟德在这个问题上耍了个小聪明,他派专人盯梢关羽的行踪,一旦关羽来到府门,他即刻叫人置上回避牌,关羽失望着离去,回避牌也随即移开,曹孟德又恢复了他精力旺盛,手不释卷的本来面目。

终于有一天,关羽实在忍耐不住了,写下了一封辞别信,他一面差人去相府投递,一面将"汉寿亭侯"的大印悬挂在堂上,将曹孟德赐予的金银绸缎送到府库中,然后请二位嫂嫂上车,自己跃上赤兔马,手提青龙刀,率领旧日随从差役,护送车仗,直接出许都北门。守门军士想阻挡,见关公怒目横刀,只好避闪让道。

曹孟德正在运筹官渡的作战方案,突然接到关羽送来的书信,上面写道:"我在下邳沦陷之时所提的三个条件,丞相早就许诺。今天意外得知皇叔下落,故决定投兄长而去。丞相待我以礼,委实令我终身难以回报。人言投之以木瓜,报之以琼瑶,滴水之恩当涌泉相报……"

读罢书信,又有人来报:"关公留下大量的金银绸缎,将汉寿亭侯大印挂在堂上,带着二位夫人和旧日随从出北门去了。丞相以前赐给他的美女已叫人带回了丞相府。"

周围的文官武将十分惊诧。蔡阳说:"我马上率领三千人马去将关羽捉拿回来,献给丞相!"摩拳擦掌就要行动。

曹孟德用眼光唬住了蔡阳,一字一顿地说:"不贪财物,不恋美色,不忘故主,来去坦然,真是一个伟丈夫。"

程昱说:"今日放了关羽,让他去投袁绍,这分明是为虎添翼,不如杀了关羽,以除后患。"

曹孟德拍拍程昱的肩膀,说:"程将军也是个大明白人,怎么今日变成了一条糊涂虫。你想想,我曹孟德去追杀一个气贯长虹、义盖天下的美髯公,那不遭天下人耻笑从而使我贻笑于大方之家吗?今后,谁敢于乱世中投我门下!"又回头对张辽说:"我这一生最敬重的人莫过于关云长,这人情是平时买来急时用,说不准哪天我也要托身于关公门下呢。你马上替我准备路费和战袍,快马追上,我随后赶来!"

那赤兔马虽日行千里,无奈护送车仗,只得放下缰绳,徐徐而行。"云长且慢!"关羽听得背后有一熟悉的声音,便勒住赤兔马,按定青龙刀,让车仗先行一步。

"莫非文远来擒我回去?"原来是张辽赶来了。

张辽说:"丞相嘱我来与你道别。"

"前些日子我来道别,丞相和文远让我吃闭门羹,今日却来道别,究竟是什么意思?"关羽有些气恼。

这时候,曹孟德带了数十个人马跑来,后面紧随许褚、徐晃、李典等将领。

关羽握紧了青龙刀。

曹孟德已勒住了马缰,与关羽面对面相距几步之遥。

"云长怎么走得这么急,怎么不当面向我辞别呢?"曹孟德首先发话。

关羽又拿回答张辽的话答复了曹孟德。之后补上一句"丞相莫非忘了我昔日提出的三个条件?"

曹孟德说:"我一向钦羡你的勇武忠义,怎么会食言呢?我的心意你难道一无所知。以前我自信能留住你,看来我过高地估计了我自己,你决意要走,我已无话可说,只是念你为我立下赫赫战功,特准备了一点盘缠,还请你笑纳。"

关羽朗声笑道:"区区小事,何足挂齿!"

"只怨我曹孟德没这福分,许都这么大,竟留不住云长,我特备了一件锦袍,无论如何要给我一个面子。"曹孟德言辞恳切,两眼已噙满了泪花。

关羽显出了少有的激动,微颤着手接过军士捧送到面前的银两和锦袍,然手双手抱拳,说声:"丞相,后会有期!"一抖缰绳,赤兔马奋蹄向远去的车驾飞奔而去。

曹孟德在马上久久呆坐,目送着关羽远去,直到那个高大雄健的身影还有身影下那团红色的光焰融迤在山坳的那一方。

在返回的途中,曹孟德突然想起自己疏忽了一件重要的事。

刘备两次险些被袁绍所杀,均用巧妙的语言说服了袁绍,关羽该收到陈震捎去的密信了吧,怎么还没有来投袁绍,陈震也怎么一去数日不返呢?刘备心里十分不安。一天、两天,刘备在袁绍帐下待时间越长,越看出了袁绍潜伏着的日益严重的危机:幕僚之间的勾心斗角,涣散的军心,田丰下狱,沮授被囚,许攸和审配之间的明争暗斗,袁绍的任人唯亲,优柔寡断,这一切都让刘备感觉出了前途的渺茫。

"我怎么这样糊涂啊!"刘备感到十分后悔,悔不该让陈震捎信给关羽,二弟斩了袁绍手下的两位超级战将,必定会得到曹操的重用,二弟是位义气颇重的汉子,他不可能悄然逃出曹营,即便脱身逃走,纵有十八般武艺也难以越过曹孟德势力范围内的重重关口,我这不是推二弟入火坑吗?那曹操是什么事都干得出来的,他喜欢而得不到的东西也不轻易让他人得到。

当刘备心烦意乱之际,陈震回来了。

第十八章 官渡备战智勇全 暗藏杀心斩文丑

刘备得到关羽亲笔信的同时也得到了二位夫人在许都的消息。惊喜之余,刘备更进一步判断关羽绝不可能置二位嫂嫂于不顾而独自前来,关羽不来,袁绍更不能容自己。

刘备走投无路之际,汝南地区的局势又发生了逆转,汝南地区袁绍门生故吏的反叛,本来在满宠又拉又打的经营策略下已经波平浪静。可树欲静而风不止,建安五年六月,汝南黄巾党人头目刘辟突然叛离曹孟德,响应袁绍南征,袁绍在这件事上表现了少有的积极和主动,立刻派遣刘备率军援助刘辟,试图在豫州后方另辟战场,以牵制曹军在官渡的军事行动。

踏破铁鞋无觅处,刘备接受任务之后,心情就像当年逃离曹营那样舒畅,也仿佛又获得了生机和活力。

"这是上天帮助我摆脱袁绍的束缚啊,天高任鸟飞,海阔凭鱼跃,我刘玄德的旗帜不久又可以打起来了!"刘备回望静如滞水的官渡,向身边的旧日随从说道……

那天,曹孟德追关羽太急,竟忘了让关羽带上放行文书,这就是曹孟德折回的路上想起自己所疏忽的一件大事。

"东岭关守将孔秀被关公斩了!"军士来报。

"洛阳太守韩福被关公斩了!"又有军士来报。

"黄河渡口守将秦琪被关公斩了!"军士来报。

前两位守将被关公所斩的消息并没有使曹孟德感到太多的遗憾,这已在他的预料之中,而秦琪被斩,夏侯惇一定不会轻易放过关羽。夏侯惇是曹孟德的心腹爱将,曹孟德叫声不好,连忙叫人将张辽传来。

关羽本不想开杀戒,无奈一路上都遇上了守关将领的阻拦。莫不是曹操有意这样安排的么……关羽百思而不得其解。

关羽最感到遗憾和不忍的,是那些死于青龙刀下的将领,他们也是人,也有妻儿老小亲眷故人啊,苍天啊,是你安排我去杀这些跟我无仇无怨的人么?想到这里,他恨不得将这把涂满了鲜血的青龙刀抛向荒谷旷野。车仗向北徐行……

"云长稍驻!"关羽正追悔不已,骑马之人已经到了他面前。

原来是孙乾。

"皇叔如今到汝南会合刘辟去了,托我一路等候你的消息,幸好在这里邂逅,不然你和二位夫人又要受制于袁绍了。"孙乾说。

关羽紧紧握住孙乾的手,缓缓吁出一口气。二位夫人只知道一个劲地哭泣,经关羽安慰一番,才罢休了。

于是,车仗又调过头来,向汝南方向前进。

"关羽休走!"尘埃起处,一队人马飞奔而来,为首一人大声吼叫。

关羽让孙乾护着车仗继续前进,自己又不自觉地摆出了立马横刀的架势。

"你来追杀我,有失丞相气度!"关羽首先发话。

夏侯惇睁大那只独眼,气势汹汹地说:"丞相无放行文书与你,你一路杀人,连我的部将秦琪也屈死于你的刀下,我特来捉拿你!"

两人正准备交锋,有人大叫着飞马而来:"云长,元让,暂停打斗!"两人勒马,原来是张辽赶到。

张辽将曹孟德亲笔写的放行文书交与夏侯惇,夏侯惇显得格外沮丧,不得已拍马回头而去。

张辽说:"云长打主意去哪里?"

关羽说:"皇叔已去汝南,我正去找他。"

张辽抚着关羽的肩说:"倘若找不到玄德,丞相嘱咐你直接去官渡,他多么希望你去啊。"

关羽说:"这是后话,我就是踏遍天涯海角,也要找到皇叔和冀德,桃园已把我们兄弟三人拴在了一块儿。你回去告知丞相,我一路斩杀他的将领,实属无奈,相信丞相会恕罪的。"

张辽只说了声:"兄长保重!"不忍回头,驱马而去。

曹孟德虽然爱才如命,但是也留不住关羽的心。关羽是个重情重义的英雄,尚且曹孟德对于这样的英雄,更不忍心伤害。

第十八章 官渡备战智勇全 暗藏杀心斩文丑

第十九章　智取官渡捷报传
　　　　　　　忠烈沮君得厚葬

此时的官渡,各方势力都处于一种相持阶段,每一方都在等待对方的战争信号。

曹孟德前往官渡大本营的当天,就得知了一个不好的消息,刘备已和汝南刘辟会合,豫州的局势非常危急,汝南的黄巾党头目龚都已和刘备、刘辟联手。

曹孟德果断地派曹仁率两千轻骑直奔汝南,他深知,目前,刘备到汝南的目的就是为了摆脱自己和袁绍,如果不及早剿灭,刘备东山再起也是毫无疑问的。

袁绍还在一个劲地增兵。

黄河在夜的襁褓中重复着那首单调的歌,黄河两岸的城堡中灯火点点,如天上的星星不慎坠落。

曹孟德就着昏暗的灯光,又在看书,又在前人的智慧引导之下审视自己的用兵策略。

曹孟德反复咀嚼每一个字的个中底蕴,他肯定了自己选择官渡的正确性,而现在的处境是粮食供给困难,人数大大弱于袁绍,想到这里,他把目光集中在那个"奇"字上。

曹孟德实在太倦了,他的竹枕旁静静地躺着那本已磨得破旧的《孙子兵法》。喊杀声把熟睡的曹孟德扰醒了。

这是袁绍自引大军挑战来了。

三次鼓刚过,袁绍金盔金甲,穿着崭新的锦袍,系着闪闪发光的玉带,立马于阵前。袁绍的左右排立着张郃、高览、韩猛、淳于琼等战将,很是威风严整。

曹孟德先让张辽出战,张辽跃马相迎。

许褚挥刀纵马光着膀子助战,高览挺枪接住。

曹孟德命夏侯惇、曹洪引几千军马冲向敌阵。审配见曹军冲阵,下令放起号炮,两边万弩齐发,曹军死伤太大,往南退走,袁绍乘胜驱兵掩杀,曹军大败,退回官渡南岸的营寨中。

袁绍紧追不舍,逼近官渡下寨。审配说:"可以拨兵十万守官渡,在曹操寨前筑起土山,居高临下,以箭镞射杀曹军。"袁绍依计行事,在各营寨中选大批精壮兵士,掘土筑寨,十天之内就筑成了几十座高寨,上面设置高橹,派弓弩手于上面往曹操营寨中大放箭矢。曹军不明不白地死伤很多,外出汲水也胆战心惊。

曹军本来就没有饱饭吃,加之到处都可能遇上袁军高寨中的冷箭,显得非常慌乱。曹孟德在营寨中坐卧不安,满脑子都是一个"奇"字,这个时候,怎样才能出奇制胜呢?曹孟德连忙召集谋士。

刘晔说:"可以造一种发石车破敌人的高寨。"曹孟德马上让刘晔将发石车的草图画出来,叫大家研究怎么个造法。于是,曹孟德连夜候着军中懂木工活的士兵造了几百乘发石车,分别放在营墙内,端端正正对着土山上的云梯,等着敌人弓箭手登上云梯,营内便一齐拽动石车,炮石飞空,往高寨上乱打一通,弓箭手再也不敢登云梯放箭了。

审配又向袁绍献了一计:让军士暗打地道,直通曹营,曹兵探知袁军正在山后吃力地掘土坑,便报告曹孟德。曹孟德说:"这下就难不住我了。兵法云'敌掘道而攻我,则掘长堑以拒之。则敌伏道无用也'。"曹孟德就下令军士连夜在营寨外围绕土墙开挖长而深的山沟。袁军费了九牛二虎之力挖掘的地道都失去了作用。

转眼已是盛夏,双方就这样小敲小打相持了一百多天,兖、豫两州本来就比较贫困,虽在屯田后改善了不少,但仍很难应付较长时间的军资需求。因此,黄河以南地区郡县不胜其扰,又纷纷起来反对曹孟德,尤其是汝南地区和豫州西南,在刘备及刘辟的鼓动下,大有另立门户另起炉灶之势。

曹孟德向来不敢轻视刘备的能力。这大耳朵搞攻心战是行家里手,用兵也非等闲之辈,谁能担此任去煞刘备的威风呢?曹孟德在想恰当的人选:第一,此人必须忠心耿耿,否则有可能被刘备拉过去。第二,独立作战能力强,经过深思,曹孟德决定派曹仁和徐晃领兵去汝南征战。

袁绍的探马很快发现曹仁引军南下,曹军左翼呈空虚状态,立刻派韩荀率领一支部队乘虚而入,想切断曹军在官渡大本营和关中方面的联系,这样或许可以由西侧攻击曹操,但没有想到曹仁很快便击败刘备,又很快和徐晃军团双双抵达最前线,韩荀军队意外的在距离官渡西南二百来里处的溪洛山遭逢北上的曹仁军团。韩荀显然不是曹仁的对手,交战不过一个时辰便败回去了。这样,曹军左翼的力量又得到了恢复,袁绍的策略也再度落空了。

时间一天天过去了,曹军的补给日益困难,虽然留守许都负责供应粮秣的荀彧没有任何抱怨。负责战场后勤的贾诩也尽了最大努力,但曹孟德从粮秣的调度和运送人数及次数的增加,已感到补给上的重重困难了。更严重的是长期的以少敌众,无法得以休息,难免产生疲惫的心理。"再过十几天,一定可以赶走袁绍,大家一定要坚持!"曹孟德每天亲自到各营区打气,就像当年的"望梅止渴"的故事一样。

尽管曹孟德对自己这番信口开河的鼓励话都不敢相信,但出自一个主帅

之口,的确在一定程度上鼓舞了士气。

曹孟德告诫自己,在这个非常时期,一定要沉住气。但情绪上的不安定也客观存在。于是,这种心理促使了他拿起笔来给许都的荀彧写了一封信。在信中,曹孟德先诉说了心中的不安,之后又说出了自己打算放弃官渡退守许都的想法。

不几日,曹孟德收到了荀彧的回信,信中写道:现在我们在军需上虽然困难重重,但仍比不上在荥阳及成皋时刘邦军队的艰苦。我们难过,敌人也一定不轻松,当时,刘邦和项羽谁也不愿意认输撤退,是因为进入了决战时刻,任何撤退会失去气势,往后一定陷入不利的地位……这正是用奇兵取胜最好的时刻,请绝对不要放弃。

曹孟德仿佛吃了一颗定心丸。负责后勤的荀彧都有信心,身在前线的总指挥怎能认输退却呢?

郭嘉也打趣道:"厨师都不着急,我们这些吃饭的人倒担心起来了。"

"奇兵取胜",曹孟德又把思维集中在了这个特大的"奇"字上。"对,兵书上不是讲过'困粮于敌'的道理吗?'凡用兵之法,驰车千驷,革车十乘,带甲十万,千里馈粮,则内外之费,宾客之用,胶漆之财,车甲之奉,日费千金,此后十万之师举矣!'"

"我不正是拥有十万之师吗?"曹孟德终于在"奇"字上想出了道理。

曹孟德进一步分析时局:袁军从黄河以北一直拉到官渡,战线非常长,无疑也增加了补给上的艰难和危险。如果加上东线青州战场没有进展,黄河南岸的甄城仍有程昱镇守,延津一带又有于禁和乐进组成的游击军,袁军的左翼很容易遭到攻击,因此补给的工作可能由预备军团韩猛担任,大多是沿着右翼的西方战线送来。

郭嘉建议道:"华北地区秋收刚完成,袁绍的运粮车必在最近启程,负责运粮的将领八成是韩询,此人一向自恃武艺超群,但做事一向不慎重,必然以人数众多而轻于防卫。因此只要派出五支轻骑部队,搜寻攻击,一定会破坏袁绍的补给系统。"

曹孟德问:"谁可担此大任呢?"

荀攸想了一下,说:"徐晃原为杨奉军团主将,对西战场地形极为熟悉。加之徐晃武艺高超,又有责任感,一定会完成重要任务。"

其实,粮食之于战争的重要性,岂仅曹孟德一人能认识到。袁绍把押粮任务交与自己的心腹战将韩猛,把军需秘密屯在乌巢,足见出他在这方面的认识并不比曹孟德逊色多少。袁绍哪里料到曹孟德先下手了。

徐晃的轻骑部队很快找到了韩猛的运输部队,加上曹仁军团的援助,在距离官渡西北不远的武阳地带,成功地袭击了运粮部队,并烧毁了袁绍所有的运粮设备。

消息传到大本营,袁绍只说了一句"曹贼真狠",并没有显出太大的恐慌,"我有乌巢,北方四州物产丰饶,可以再运来。"袁绍是这么安慰自己的。

不过,曹孟德劫粮也给袁绍敲响了警钟,他立马吩咐审配去北方督办粮草,又派亲信大将淳于琼率众军把守乌巢。

正当危急时刻,许攸向袁绍积极建议:"如今曹操兵少,却以全部军力和我们僵持于官渡,显然许都所剩下的军队已不多,若分派军队绕过官渡偷袭许都,许都势必难以坚持,许都陷落,我们便可以奉迎天子讨伐曹操,这样一夹击,曹操不就成了疲于奔命的丧家之犬吗?"

许攸虽颇有智谋,但好说大话,加之和曹操有旧交,因此袁绍对他有所顾忌,加之审配的排挤,许攸的地位就可想而知了。

袁绍愤怒地说:"这不是在替曹操作缓兵之计吗?"

正巧,审配从邺城捎来密信,说许攸的家人犯了法,案情可能涉及到许攸。这么一联系,袁绍更疑许攸有叛逃之嫌,喝令左右要拉许攸下去斩首,经众人苦苦相劝,袁绍才说:"今番饶你死罪,今后不得在我面前进言。"

许攸思来想去,决定去投奔曹孟德。

许攸和曹操早在年轻时就有了交情,当年冀州刺史王芬谋反,许攸便建议拉拢曹操,但被曹操严词拒绝,双方也因此断了往来。

曹孟德听说许攸前来投靠,高兴得来不及穿鞋,光着脚从卧室里跑出来,亲切地握着许攸的手高声喊道:"子远投我,大事成矣!"

二人坐定之后,许攸问曹孟德:"袁军在声势上拥有压倒性绝对优势,你打算怎么对付他们呢?你们军中的存粮还剩下多少呢?"

曹孟德一怔,该不会是诈降吧?

"我随时都准备有一年以上的存粮!"曹孟德郑重其事地说。

许攸见曹孟德心存疑虑,又笑着说:"不可能吧!请告诉我真正的数量。"

曹孟德见许攸言行举止都不像诈降的样子,就把戒心稍稍放松了些。不过,他仍有保留地说:"不过……现在只能支持半年了。"

许攸哈哈大笑,说:"孟德啊不是想打败袁绍吗,为什么不对我说老实话呢?"

曹孟德想疑人不用,用人不疑。曹孟德只好说真话了。"刚才不过是跟你开个玩笑,看来你心中也是雪亮的,我军的粮食最多只剩下一个月了,我也不知道怎么办才好?"

许攸见曹孟德将军事机密作了坦白的交代,深受感动,便也把袁绍的内幕告诉曹孟德。"那淳于琼是何许人也?"曹孟德已养成了这么一种习惯,先不问敌方力量,而先问主将或负责人是谁。

"淳于琼是袁绍的亲信,此人倒也有匹夫之勇,但他嗜酒如命,头脑糊涂,加之防卫战线过长,军队分散,乌巢的守卫必不完备。只要有一只善战的轻骑部队，便可乘其不备，烧毁其粮食，不用三天，袁氏不战自败。"

如此重大的问题，曹孟德还是避开许攸，召集几位谋士研究劫粮方案。

荀攸说："计划很好，但万一这是一个圈套，袁军在乌巢设下埋伏。这样一来，我们在乌巢和官渡就会受到敌人的分割歼灭。"

郭嘉说："要检验这一情报的可靠性，办法很简单。"说罢附在曹孟德耳边嘀咕了一遍。

当晚，曹孟德留许攸在帐下喝酒，几杯酒下肚，曹孟德便说不能再喝了，就躺在床上于蚊帐中看许攸自斟自饮。曹孟德躺下去约摸一个小时，就边装着打鼾边窃探许攸动静。那许攸饶有滋味地饮酒吃菜。一会儿，蚊帐里又响起曹孟德的谵语："明、明天、乌、乌巢……"

第二天下午，郭嘉高兴地说："劫粮计划可行！"

"为什么？"曹孟德只按郭嘉的吩咐打鼾说梦话，其余的事暂且不知。

郭嘉说："我暗中派人窃探了袁绍和淳于琼的动向，没有半点设伏的迹象。"

曹孟德欣喜若狂地赞叹道："奉孝年轻有为，老夫自愧弗如。"

赌注就在乌巢！曹孟德动员所有的将领，只留下荀攸及曹洪镇守官渡，其余人都去了乌巢。为避免守卫的袁军起疑心，每小队的人数不多，由不同路线向乌巢会合。

黑夜，静悄悄。只有收获后的田野响起此起彼落的蛙鸣。为了瞒过守卫岗哨的袁军，这些突击队员每人抱着一束干柴，遇上盘查，但说："袁将军担心曹军偷袭，特派我们前来支援。"由于领队都是有经验的将领，神色自若，岗哨的守卫也没有起疑心。

拂晓时刻，天麻麻亮，天地间混混沌沌，曹军从各个方向抵达目的地。曹孟德下令趁视线不清的掩护下，包围了乌巢的屯粮营区。

乌巢的护粮区，也是袁绍后军司令的大本营，因此是由淳于琼亲自坐镇。淳于琼一向是高傲而自信的老将，便刻意减少直属部队的军力，以显示自己的艺高人胆大。

此刻，淳于琼老将还在打呼噜，想必是昨晚又多喝了几杯。

由于曹军是分组行动，淳于琼被士兵从沉睡中叫醒，披甲出营，只看见小股曹军在劫粮不甚在意，并未通知自己的其他部队，便率领少数驻屯部队出营对抗。但曹军愈来愈多，而且由曹孟德亲自指挥，攻势甚急。淳于琼见大势不妙，马上派人通知袁绍，全军退入营寨。这时，曹军已将乌巢营区团团围住了。

袁绍在官渡大本营接到飞马传信，马上召集文官武将商讨对策。

刚从青州到来研究军情的袁谭主张采用"围魏救赵"之计，他说："我们应直接攻打曹操的大本营，使劫粮的曹军无枝可依。"

张郃表示反对,说:"淳于琼的守粮部队万一被攻陷,我们全体都完了,不如先救乌巢!"

郭图基本倾向袁谭的建议,他说:"淳于琼的力量必能守住乌巢,这是攻破曹操官渡营寨千载难逢的良机。"

张郃反驳道:"曹操敢于出击乌巢,营寨中必有万全准备,万一攻之不克,淳于琼的粮区反被攻陷,我们将成俘虏了。"

袁绍阵营每临大事总这么热闹。因此,袁绍又稍稍折衷了一下。他决定:由张郃、高览等部队攻打官渡军主营,派一千轻骑支援淳于琼。此刻,乌巢正打得激烈。

袁绍轻骑很快赶到,几位将领主张分兵抗敌,以免遭到袁军夹击。曹孟德断然拒绝,他跑到第一线,红着眼大声疾呼:"贼兵已到背后,只有拼死冲进营区才有生路!"一时间,曹军士气大振,一个劲地往前冲,很快,淳于琼的阵脚松动了,曹军大举冲进营寨。

"放火!"曹孟德马鞭一抖,一时间火光冲天,连救援的袁军轻骑都惊慌失措,淳于琼已无法控制场面,袁军相互践踏,死伤不计其数,淳于琼被活捉。

大火在熊熊燃烧,乌巢的所有粮秣荡然无存,被俘的士兵们哭声连成一片。

"攻城为下,攻心为上,一定要瓦解袁绍的军心,不容他有喘息之机!"正打主意班师回官渡的曹孟德突然心血来潮,下令将淳于琼和十几名士兵的鼻子割下,然后放他们回袁军大本营。

只有忠心耿耿的淳于琼回到了袁军大本营。

袁绍及左右吓得退后了好几步。

一切都似乎用不着询问,用不着解释。袁绍有气无力地挥手,叫军士将淳于琼带下去。

曹孟德在官渡的大本营,由荀攸和曹洪全力防守,由于工事坚固,张郃和高览竭尽全力猛攻都无济于事。

袁绍的大本营一下子显得那样沉寂,袁绍背着手走来走去,一双眼睛像要爆裂开来。

郭图为了推卸责任,强打精神对袁绍说道:"张郃心怀怨恨,未尽全力抢攻,以致延误军机,是为罪魁。"

袁绍迟疑不决,如在往常,他肯定要马上宣布治罪,大本营中平日和张郃关系友善的将士将这一信息传给了正在苦苦攻寨的张郃。

张郃高览正因攻寨无功,军士死伤惨重,曹孟德大军又回营而烦恼心焦,听了郭图谗言之事,更是暴跳如雷。

"二位将军,主公要你们马上回去!"又有军士来报。

张郃高览意识到自己的命运恐怕和田丰、沮授差不多,经过片刻的商量,决定举兵投降曹孟德。

这下倒把曹孟德吓住了,他不敢下令放张郃高览入寨。

郭嘉打趣道:"丞相提着脑袋去劫乌巢都丝毫不畏惧,却害怕两个降将。我已得到了张郃和郭图争执的情报,他们显然已经走投无路了。"

曹孟德也拈须笑道:"感谢袁绍又为我输送了两员战将,看来河北真是一个出产人才的好地方啊。"言罢哈哈大笑。

袁绍无论如何也不敢相信自己七十万军队对付不了曹孟德的十万军队,他更想不到那个穷途末路、靠变卖祖业甚至挖掘祖墓筹集军饷的曹孟德,羽翼丰满得如此之快。

想到没有了鼻子的将士那狰狞的面孔,袁绍就不寒而栗,想不到苦心经营了许久的征讨计划就这样……袁绍想到这里,更是后悔不迭,不禁老泪纵横。"这,这难道是天意!"袁绍泪眼婆娑中,颜良、文丑、淳于琼等爱将的英武形象历历如在昨天。而今,他们已血洒疆场、魂归黄河了。

袁绍望着身旁耷拉着脑袋的将士幕僚,厉声吼问:"田丰在哪儿,沮授呢?"四下静悄悄的,他才感觉到了自己的失态,他无限凄楚地把袁谭端详了一阵,他的目光移到壁上悬垂的宝剑,袁谭已意识到了什么,紧紧抱住袁绍,声泪俱下地说:"爹,自古道,留得青山在,不怕没柴烧,当初项羽若是过了江东,定有东山再起之时,爹一向气度宽宏,千万莫学项羽啊!"

袁绍终于在极度的悲哀中静了下来,代之而起的是咬牙切齿的愤怒。"曹贼,终有一日,我将用你的脑袋祭扫死难将士的陵墓,许攸、张郃、高览,这几个叛贼,终有一日,我将生吞活剥你们!"

"全营撤军!"袁绍下令。

镇守甄城的程昱及在延津附近活动的于禁,乘机北上攻打袁绍北岸的重要营寨黎阳,曹仁和徐晃的联军抢攻酸枣。

"曹操来了,割鼻子来了!"军士们边喊边跑,郭图挥剑乱砍,也驾驭不住作鸟兽散的士兵,只好任凭各军团自动撤营。

曹孟德探知袁绍兵动,立刻下令曹洪、张辽、张绣军团急速攻击袁绍在官渡的大本营。守卫前营的袁军,毫无斗志,四散奔逃。袁绍听说大本营卫队溃散,来不及穿甲戴盔,便单衣幅巾上马,长子袁谭率侍卫队紧随其后。

袁绍在慌乱中渡过济水,机密图书、辎重车辆、金银珠宝尽弃岸边,只率八百余轻骑渡河而去。

在一片混乱中,被屠杀或投降后被坑杀的袁军达十多万,南济水、官渡水尽成红色,尸首充塞河中,差不多阻住了河水。袁绍命袁谭飞抵延津渡准备渡口船只。待袁绍赶至延津渡口,仅有二三十只船,袁谭挥舞着宝剑,命令军士按官位大小依次过渡。军士哪里听得进,纷纷抢登,一时间有被砍掉手指耳朵的,有落水飘走的,一片鬼哭狼嚎。

袁绍由延津渡黄河直奔黎阳。

"穷寇莫追!"为整顿战场,曹孟德下令。

一时间,官渡口热闹非凡。

沮授被活捉。曹孟德和沮授以前曾有交往,便前往探询。

沮授见了曹孟德,一个劲地呼叫:"沮授宁肯屈死于袁公门下,也决不向你投降!"

曹孟德笑着劝道:"袁本初不听你的计谋,从而使你受到牵连,你为何还要替他守节!我曹孟德若早得你的帮助,天下大事就不会让我忧虑了。"

沮授高昂头颅,蔑视着曹孟德。曹孟德沉思片刻,果断而又不动声色地做了一个斩杀的手势。

沮授至死神态安然,重复着对曹孟德说过的那句话,曹孟德命厚礼殡殓,将沮授安葬于黄河口,亲自在墓碑上题下"忠烈沮君之墓"几个大字。

第十九章 智取官渡捷报传 忠烈沮君得厚葬

第二十章 袁绍惨死留后患
邺城告罄谏群策

袁绍兵败之后,昼夜兼程逃到了冀州前哨大本营的黎阳。撤退较慢的军队听说袁绍在黎阳,便纷纷前往黎阳,总算又集结到了不少兵力。随后,袁绍率兵向邺城回师。

公元201年,即建安六年春天。刘备的力量又有复活的迹象,乘曹孟德大军征伐袁绍之机,刘备在汝南地区已建立了许多根据地,并由关羽、张飞以及原公孙瓒手下的虎将赵子龙统兵,刘备又善于安抚民心,因而汝南地区刘备的力量又有星火燎原之势。曹孟德早就意识到了这一点,无奈官渡形势太逼人,只派了夏侯渊率进剿部队进驻汝南,自然,夏侯渊的部队敌不过刘备的力量,两千多人马被打得支离破碎。

现在,摆在曹孟德面前的任务是:先剿灭袁绍还是先围歼刘备。每当这个时候,曹孟德总是先不说自己的打算,而是让幕僚们畅所欲言。

夏侯惇兄弟可能是出于强烈的复仇心理,主张攻打刘备。

郭嘉和荀彧则主张先打袁绍,郭嘉是这样分析的,他说:"袁绍刚遭惨败,北方四州郡县潜藏着很大程度的离心力,应该乘此良机讨灭之。如果远征西南的荆州、汉中,使袁绍乘机收拾残局,卷土重来,由背后夹攻我们,则我们反而陷入挨打的局面。"

大家各抒己见,曹孟德心中豁然一亮,便有了独到的见解。

几天后,新编的北征军团成立了。各路军衔已经安排好。

荀彧问郭嘉:"你说丞相这样编组的意图是什么呢?"

郭嘉反问:"你说呢?"

荀彧也就不推辞,分析说:"这次丞相并不想将袁绍彻底踏平,只重行动速度,不重全盘规划,目的就是侵入袁绍势力范围,展现军威,以加速袁军阵营各州郡的离心力。"

"那么,你我等人留在许都,意图何在呢?"

"这……"荀彧一时想不出个究竟。

郭嘉说:"丞相是要我们安安静静地对官渡大战后巨变中的新形势作认真的评估,以拟订更妥善更有效的全盘性策略。"

说完,二人相视而笑。

袁绍大气还没有喘定,得知曹孟德挥师北上的消息。

"曹贼是要致我于死地啊!"袁绍大叫一声,痨病又犯了。妻子刘氏担心袁绍死后,几个儿子会自相残杀,待袁绍的病情略有好转,就劝袁绍立后嗣。当时,袁绍的长子袁谭出守青州,次子袁熙守幽州,三子袁尚留在袁绍身边。

郭图说:"大军压境,立什么后嗣,闹不好兄弟之间相互大动干戈,祸起萧墙,曹贼将不战而胜。"

袁绍就将立后嗣之事搁在了一边,派人叫袁熙、袁谭及外甥高干引军前来邺城助战。

曹孟德北征军的机动性和各路军的独立作战能力都相当强,袁绍不得不在曹军的每一个可能渡河的渡口都部署重兵,严加防范。特别是最靠近邺城的渡口黎阳津,更是大军屯集,防守得非常森严。曹孟德并没有急着渡河,而是待袁绍布防完了的时候突然下令选择距离邺城最远的仓亭津渡河。

"久违了,黄河!"曹孟德又登上了黄河岸边的小山之巅,还没有到汛期,黄河显得比较安分温驯,曹孟德的胡须在河风的吹拂下飘忽着。

曹孟德站了好一会儿才下令渡河。曹孟德刚渡河,袁绍已率大军赶到仓亭。双方各自下寨。

第二天,两军布阵交锋,曹孟德带了几个将领走到阵前,袁绍带三个儿子一个外甥儿及文官武将出阵。仇人相见,分外眼红,两位枭雄一晃几个月不见了。

曹孟德首先发话:"本初黔驴技穷,怎么不举手投降呢?如果我的刀架在你的脖子上,后悔就来不及了。"

袁绍满腔怒火,懒得跟曹孟德较量嘴劲,只求赶快杀曹孟德以解心头之恨。"谁替我捉拿这个丑鬼?"

袁尚挥舞军刀冲出阵来,徐晃部将史涣挺枪迎上去,两人交战不过三合,袁尚拨马回走,史涣追赶上去,袁尚拈弓搭箭,照史涣脑门射来,史涣应声落马,袁绍挥鞭一指,大队人马拥来,混战大杀一场,各自鸣金收兵。

程昱说:"兵法上有'置之死地而后生',敌众我寡,我们退军河岸,埋下伏兵,诱敌军前来,我们反戈一击。"

曹孟德采纳了程昱的建议。半夜时分,许褚引兵佯装劫寨,袁绍率全军一齐出击,许褚大呼"上当"败退后撤,袁绍以为得胜,追许褚到了河岸。这时,河岸伏兵一齐拥上去,曹孟德高喊:"背后是黄河,只有决一死战才是出路!"曹军背水一战,杀得袁绍人仰马翻,尸横遍野。退到仓亭,袁绍与三个儿子抱头痛哭。

"我袁本初雄踞四州,兵精粮足,想不到今天如此狼狈,这是天要亡我!"言罢口吐鲜血。袁谭叫辛评、郭图前往青州,袁熙回幽州,高干回并州再整人马,自己和袁尚先护送父亲回冀州养病。

许褚等人建议曹孟德进攻冀州,曹孟德不容争辩地说:"我这次北征的目的已达到了,全军撤退!"

北征军正要撤退,曹孟德收到荀彧来信,说刘备在汝南纠集刘辟、龚都几万人马,得知丞相出征河北,令刘辟守汝南,刘备亲自率军乘虚攻打许都。

曹孟德平静地说:"这已在我的预料之中,只是没有料到大耳朵来得这么快。"于是留曹洪屯兵于仓亭渡以虚张声势,自己率大军赶往汝南。

在河南西部的穰山,袭击许都的刘备大军与北征归来的曹军进行一场遭遇战,曹军远来疲困,来不及布阵,被关羽、张飞、赵子龙三员大将杀得退后十多里下寨。

张辽说:"云长怎么还要带兵来打丞相,真有些不讲义气,自己辱没了义名。"

曹孟德却说:"各事其主,两军对垒,打斗拼杀是正常的事情,我们现在要紧的是如何击退敌人。"

张辽离开营寨,曹孟德还在冥思苦想,他突然想起了一个绝妙的计谋。

第二天,赵云率军来寨下挑战。曹兵不动。

张飞又来挑战。曹兵不动。

刘备也似乎意识到了什么,忽然送来消息:龚都运粮大军已被曹军围困,刘备命张飞去救龚都,又传来消息,夏侯渊引军径取汝南,刘备命赵云、关羽去救汝南,自己退回寨中坚守。

这天下午,刘备同时得到消息:夏侯渊已攻破汝南,刘辟弃城逃走,张飞被围。刘备从下午挨到天黑,弃寨而逃。

在路上与赵云等人会合后逃往荆州。

曹孟德没有去追击刘备,再度将军队带回许都。

"这下该好好休息一段时间了,来年春天,我们将举行第三次北征!"

这一年的春正月,曹孟德率侍卫部队回到了位于豫州的故乡谯县。除了访问乡里父老及亲友外,曹孟德显然是为了长期劳累后,需要有个安静下来思考的时间,以养再度北征的精锐之气。

这一年,曹孟德四十七岁。

公元202年,即建安七年五月,北方霸主袁绍咯血身亡。在北方雄霸了十多年的擎天柱的突然坍塌,在客观上都使得北方四州处于群龙无首的混乱局面,袁氏家族的宏伟基业由此而走向衰亡。

袁绍死后,袁氏阵营便开始上演一幕争嗣的闹剧。审配、逢纪恐袁谭继位后自己将失去依附,为郭图、辛评所害,于是和刘氏假借袁绍遗命,立袁尚为嗣子,继任大将军之职。

对于袁绍死后的北方形势,曹孟德不是十分清楚。如果大规模北征,显然不符合知彼知己的用兵原则。

建安七年秋九月,曹孟德渡河攻打黎阳。

曹军中的文武百官对这次北征的方案很多人感到不解。这次行动规模不大,虽由曹孟德亲征,但真正渡河北上的仅仅只有张辽军团,由乐进以讨寇校尉出任副官,郭嘉、荀攸作随军参谋。此外,由一向小心谨慎的李典驻守安民,振威将军程昱仍守甄城,负责后勤补给工作。

不用说,曹孟德早已有了这次北征的意图,那就是:了解袁绍死后北方情势的转变,以作为全盘歼灭袁氏集团的参考。

由于袁尚不向黎阳增兵,所以张辽的军团便没有费多大的精力就强渡黎阳津,很快包围了黎阳城。袁谭再度向袁尚告急,袁尚为了显示自己初任大将军的威风和权力,留下审配守邺城,亲自率兵马前往黎阳城解围。

双方在黎阳城外,进行了数次的小规模作战。

如何解黎阳之围呢?袁氏兄弟暂时没有计较前嫌,召集幕僚商议对策。

郭图说:"我们不妨借用官渡大战中曹操用过的策略,派人攻击曹军的后勤补给,断曹军粮道,以其人之道还治其人之身。另一方面进攻河东方面,另辟战场,转移曹军的注意力。"

袁谭、袁尚合计了一下,决定派并州刺史高干向河东方向进攻,派遣魏郡太守高蕃去断曹军的粮道。

曹孟德见黎阳城的袁军只守不攻,气氛比较缓和平静,意识到了袁军可能在实施金蝉脱壳之计,就去问了郭嘉、荀攸这种情况预示着什么内容。

郭嘉说:"两军相持的日子较长,则双方必定有所图。"

荀攸分析道:"郭图是官渡大战中自始至终的参与者,说不定他已将失败的教训化成了某种制胜的经验。"

两个高参的话一下子点醒了曹孟德。他想,袁军八成是打我背后的主意。于是,曹孟德即刻下令活捉一名袁军来探听虚实,方可拟订新的进攻方案。

"这两天黎阳城里的军队有没有较大规模外出的?"曹孟德亲自审问被活捉回来的袁兵。

那袁兵在刀架在脖子上的情况下说道:"昨天高将军带了一支约两千人的部队出了黎阳城,至于到了哪儿去,我们这些当兵的就不便过问了。"

张辽还想盘问,曹孟德说:"不用审了!"

曹孟德当即写了一封密信,叫人快马送给正在黄河南岸负责运输粮草的李典和程昱。

李典和程昱接到曹孟德的信后,连忙拆开来,上写:袁军可能断我粮道,如果那样,勿与硬争,改采游击战术分别扰乱之,由陆路作粮草之补给。

李典和程昱便下令运粮草的部队暂且停下来。他们二人亲自到河岸观察敌情。

程昱说:"袁军显然是想由水路拦截,陆上穿铠甲的军士不多,显示轻敌懈怠之心,不如先下手渡河攻击,定可给予致命打击。"

第二十章 袁绍惨死留后患 邺城告罄谏群策

173

李典有些犹豫,说:"丞相的意思……"程昱鼓励李典说:"丞相要求我们保护粮草,只要达到了这个目的,丞相是不会怪罪我们的。"

李典一向信服程昱,就没有理会曹孟德的指令。

二人各率一支部队渡河攻打高蕃在北岸的营寨,高蕃的增援劫粮的部队尚未立住脚跟,原来的驻守部队只认定曹军的运粮部队渡河速度必然缓慢,因而防守相当松懈。这样,曹军水路上的粮草运输就畅通无阻了。

就在曹孟德收到李典程昱捷报的同时,河东传来不好的消息。

原来,并州刺史高干接到袁尚的命令之后,擅长谋略的他首先任命其部将郭援为河东太守,直接前往经略河东的郡县,摆出一副强制走马上任的姿态。逼迫绛城的百姓,说服匈奴帮助他,而且还对贾逵进行威胁,囚禁。曹孟德得到这一消息,特别是听人陈述了贾逵及绛城百姓的气概,仰天长叹说:"我一时的疏忽使河东的百姓又遭殃了,我愧对河东的父老啊!"不觉已是泪水涟涟。他从极度的悲愤中抬起头来,黄河岸边的小土山上那群箪食壶浆的父老的话仿佛又萦回在耳畔。

"堂堂大汉丞相,难道能眼睁睁看着袁氏兄弟凌辱官吏践踏百姓吗?不行,剿灭袁氏集团的步子得迈大一些了!"

曹孟德果断地下令让镇守洛阳的司隶校尉钟繇负责河东的防务。

钟繇的军队很快便找到了南单于的匈奴军,并在平阳郡将他们团团围住。但两天以后,郭援的并州军团也抵达了平阳。情势十万火急,曹孟德一时的冲动之下没有客观地估量郭援的能力。

钟繇派遣新丰郡令张既去游说关中军团的马腾,并陈述利害。马腾还有些犹豫,谋士傅干对马腾说:"自古道,顺德者昌,逆德者亡。曹公奉天子之命诛暴逆,以法治天下,让百姓不愁衣食,这就是顺道,袁氏不顾汉族百姓死活,驱使匈奴人侵犯河东,这就是逆德……"

本来静坐观曹袁之争的马腾被傅干的一番话说得怦然心动,于是派儿子马超率一万多军马,以庞德为先锋,赶往平阳郡援助钟繇。

在平阳战场上,钟繇的几个部将主张撤退,因为郭援的声势太强大了。但钟繇已估计到了张既的游说有极大的成功可能性,就鼓励部将们说:"我们再打败仗,丞相在黎阳进攻的士气将大受损失。过不了半天,马腾就会来援助我们。如果我们撤退,马腾就更瞧不起我们从而倒向袁氏集团,那不更麻烦吗?"钟繇就命人连夜挖地道,将城中百姓和大量的军队往外输送,一面派人跟郭援和谈以争取延缓袁军进攻的时间。郭援答应了钟繇提出的并不过分的投降条件后,大规模涌入平阳城,却被钟繇从地道内撤出的军队来了个反包围,钟繇指挥军队围而不攻,三天以后,城中的粮食已空。这时,马超庞德率领的关中军团已经赶到,不费一兵一卒就攻下了平阳,郭援被乱军所杀,南匈奴单于呼浩投降。这样,袁军在河东的经营便功亏一篑了。

当袁曹两军陷入僵持状态的时候，袁绍旧盟友荆州刺史刘表，派遣刘备乘机攻占豫州的叶县。袁尚兄弟满以为曹孟德在后院起火的情形下会班师夺叶县，便打主意伺机反扑。曹孟德却按兵不动，只派夏侯惇、于禁和李典引兵攻打刘备，之所以这样安排，是因为于禁和李典谨慎而富有智谋，正好可以与夏侯惇的勇而无谋相调和。

刘备见夏侯惇大军到，立刻烧毁营寨，向西南撤退，夏侯惇命令全军追击，李典劝夏侯惇说："敌兵无故撤退，必有伏兵，西南方的路又狭窄难行，两旁草木丛生，不可追赶。"

夏侯惇不听，便命令于禁、李典留守叶县，自己率领本部军马猛追刘备，果然中了火攻之计，夏侯惇全军大溃败，幸好于禁和李典率军救援，才保住了性命。刘备见于、李二人的大军追杀，难以对抗，全军撤回、退入荆州。

这次出兵，虽然把刘备重新赶回了荆州，但曹孟德已明显感觉到后方的隐患是不容忽视的，决定拉拢江东孙权以牵制刘表。孙权是原长沙太守孙坚的儿子，当年孙坚是袁术军团的成员，对抗董卓，屡建奇功。后因荆州刘表应袁绍要求，派遣黄祖军团袭击孙坚，孙坚被乱箭射死，军团归袁术直接指挥。孙坚长子孙策，年轻气盛，在谋士张昭等人的辅佐下，脱离袁术军团，全力经营长江以南的扬州。袁术死后，孙策乘机抢过军权，成为江东地区的一个霸主，人称"江东小霸王"。不幸的是，孙策在二十六岁锋芒崭露的年龄，被政敌暗杀，临终前嘱咐张昭及水军都督周瑜共同辅佐十七岁的弟弟孙权，并请母亲吴太夫人执掌大事，继续统领江东。当然已是建安五年的事了，当时，曹孟德和袁绍在白马津杀得难解难分。

为了保证孙权对许都的归服，曹孟德也采取了历史上用惯了的和亲政策，打主意将女儿清河公主嫁给孙权。清河公主是二夫人刘氏所生，与曹昂是同父母，比曹昂晚生六七年。清河公主大约是受了曹孟德遗传基因的影响，人长得不算漂亮，但很有才气，据说十一二岁就敢于和当时的大文人孔融及兄长曹丕、曹植切磋诗文。孙权也素慕清河公主的才华，准备答应这门亲事。张昭和秦松主张服从，但周瑜等人坚决反对。

周瑜说："曹操的意图很显然，北方未平，生怕我们来个釜底抽薪，抢他的许都，故采用这种见惯不惊的手段。如今将军继承父兄遗志，拥有江东六郡，兵精粮足，铸山为铜，煮海为盐，境内经济力量强盛，民间生活富饶，事业发展大有前途。"

吴太夫人也说："不能被曹操牵制，就目前来讲，曹操兴的是仁义之师还是匪霸贼寇，我还不甚明了。先委婉拒绝曹操，静观时局的变化。"

孙权还是忍痛割舍其对清河公主的爱慕，以母亲为自己定下了一门亲事为由回绝了曹孟德的求婚，只答应在长江以南牵制刘表的军队。

公元203年，即建安八年春天，曹孟德见后方已经没有太大的后顾之忧，

便下令张辽军团加紧攻打黎阳。三月初,黎阳外墙被攻破,袁谭、袁尚兄弟只好联军出战,双方在城下展开血战,袁军败退入城。曹军讨寇校尉乐进一马当先,领军率先登墙,曹军士气大振,黎阳城防务将领严敬奋力抵抗,被乐进杀死,城墙防御部队溃散,张辽乘机挥军攻入城内,袁氏兄弟只好弃城,向邺城撤退。

四月,曹孟德率张辽军团抵达邺城,袁氏兄弟不敢出城迎战,只通令各地袁军紧急支援。摆在曹孟德面前的难题是:撤军前功尽弃,不撤又有被袁军赶下黎阳乃至赶回黄河南岸的可能,因为远敌深入,久战暴露的弱点更容易被敌方利用。

张辽等将领主张加紧攻城,彻底解决袁氏兄弟。

荀攸和郭嘉则持相反意见。

郭嘉说:"袁绍在两位儿子之间未作妥善安排就撒手而去,如今相互明争暗斗,各拥党羽。如急切攻打他们,他们彼此团结。袁氏力量今天仍有与我方抗衡的实力,若强行攻打,鹿死谁手犹未可知!不妨慢慢攻打他们,袁氏兄弟外在压力解除,势必加深窝里斗,用不着我们插手,他们将自行消亡。我们不如假装将注意力转向荆州,静观其变,等他们内耗,搞得两败俱伤,我们一战就可以定河北。"

曹孟德原来倾向于张辽的主张,兴师动众两次北征,如果还不能定河北,势必影响军心士气,让世人讥笑,曹孟德是基于这一点认识的。但郭嘉的分析使他马上摒弃了先前的意向。

于是,曹孟德决定撤军回许都,只留贾诩镇守这次北征看得见的胜利果实黎阳城。

果然不出郭嘉所料,曹孟德从邺城撤军不到半年,袁氏兄弟立刻发生内乱。

先是袁谭向袁尚建议:"上次由于我驻守黎阳兵力不够,才会被曹操所败,趁现在曹军撤走,留守黎阳的守军不多,我们反过来攻打,必定能取胜。"

但袁尚以冀州军新败,亟待整顿为理由加以拒绝。袁谭大怒,于是率自己的军团驻屯邺城城外。

郭图、辛评对袁谭说:"将军不能获得大将军之职,全是审配在暗中搞鬼,不如攻打袁尚,或许可以得到冀州人的拥护,夺回先公的遗职。"

袁谭就率军攻打邺城,但袁尚和审配早有准备。双方在城外进行会战,冀州各郡县将领严守中立,袁谭人马占劣势,只好引兵撤退到东北方的南皮。

冀州别驾北海太守王修,听说袁谭力量薄弱,就招募吏民赴南皮增援袁谭,袁谭气未喘定,马上又要去攻打袁尚。王修努力劝阻。

但袁谭不听,仍在南皮地区蓄养兵力,并联合冀州、青州部分郡县,建立反邺城政权的势力,使袁氏阵营形成东南两个大派的对抗。

为防止冀州分裂,被曹操各个击破。覆巢之下无完卵,审配的心中是明亮的。因此他建议袁尚及早打下南皮。袁尚就以大将军名义号召冀州各郡县共同声讨袁谭,适逢袁谭副将刘询阵前倒戈,不少郡县响应,袁谭势力大挫,最终还是被袁尚打败了。袁谭逃到平原郡,并固守于婴城。袁尚决心彻底解决袁谭,以绝后患。袁谭派辛评之弟辛毗向曹孟德求救。

这个时候,曹孟德正在西平和刘表对峙中,各军团都部署好了,单等曹孟德一声令下,即可荡平荆州。辛毗快马赶到西平,请求曹孟德看在不至于让袁氏残杀灭门的情况下,出兵援助袁谭。曹孟德于是又召开了一次民主会议。

夏侯惇首先粗声粗气地说:"为打荆州,我们准备了这么久,箭在弦上,不发不痛快,应先解决荆州,然后北上。"

曹孟德却跟他开了个玩笑说:"夏侯惇将军当年在叶县被刘备烧红了眼,所以要去找大耳朵算账。"

每当这个时候,曹孟德喜欢来一两句插科打诨的话,使气氛变得很轻松,因此,谋士们也能放开手脚帮着出谋划策。

张辽也倾向于夏侯惇的主张,他说:"我们打来打去,一个都没有被打垮,将士们被搞得很疲惫。"

荀攸却说:"当年天下风起云涌,刘表却坐保江汉之间,不积极向外拓展势力,他无争霸天下之雄心由此可见一斑。袁氏雄踞北方四州,拥有数十万甲兵,袁绍为政宽厚,颇得各郡县及地方军团支持。倘若袁氏兄弟能和睦相处……"

曹孟德本来有意等袁氏兄弟内斗进一步加深后才动手,郭嘉则从另一角度说:"万一袁谭自认输而向袁尚投降或被袁尚迅速剿灭,则北方的势力再度恢复统一,我们不妨援助袁谭,来一个推波助澜,以加深袁氏兄弟的裂痕。"

曹孟德在重新衡量南北局势后,决定将军队调过头来,直扑北方。

曹军已全部逼近邺城。

袁尚接到审配急报,立刻解除平原郡之围,返回邺城。镇守平阳的袁军守将吕旷、高翔叛归曹孟德,邺城防务告急。

袁谭有意让曹孟德和袁尚火并,坐收渔人之利,于是暗中勾结吕旷和高翔。但曹孟德因吕、高二人的投降而识破了袁谭的如意算盘,在郭嘉的建议下和袁尚结为儿女亲家,先稳住袁尚的心,便结束邺城的包围战,再度引军退返黎阳,让袁氏兄弟继续斗下去。

十月底,曹孟德引军返回许都,重新拟订平定河北的方案。这次返回许都,曹孟德的婚史有了小小的改变。原配夫人丁氏回娘家去了,并表示这辈子和曹家不再有任何关系。丁氏的自动撤退,曹孟德一定也不感到惊异。不过,令曹孟德遗憾的是丁氏将红檀也带回娘家去了,听说她已正式将红檀收为女儿。

曹孟德随即立三夫人卞氏为正房,卞氏即为曹丕、曹植的生母。

第二十一章　子承父业并肩战
　　　　　　　袁谭违约斥孟德

　　建安九年正月,曹孟德的粮草队伍浩浩荡荡地由黄河驶入汉水,再进入白沟顺东北而上。二月,袁尚留审配、苏由守邺城,自己率大军再攻袁谭的根据地平原郡。

　　曹孟德仍采用"围魏救赵"的策略,直接率大军攻打邺城。这次曹孟德再度动用了数个大军团,包括夏侯惇、曹洪、张辽、乐进、张郃、徐晃、李典、许褚,自己任总指挥;后勤补给则由夏侯渊负责,包括兖州、豫州、徐州所有的粮草运输;仍由荀攸和郭嘉做全军参谋。

　　当大军抵达邺城东南方五十米的洹水地域时,曹孟德突然接到有人打算做内应献出邺城的情报。原来是镇守邺州的袁军将领苏由,由于和审配不和,意识到命运已经就是如此了,倒不如做个顺水人情以谋求后路。曹孟德立刻下令前方的夏侯惇军团迅速推进。但不久便传来苏由反叛的行动泄露,反叛军和审配的部队发生巷战,反叛军因人数太少,不得不撤出邺城,投奔城外的曹军。

　　曹孟德的马鞭从不离手,亲自走到阵前命令夏侯惇、张辽、曹洪三支军队为主力,全力攻打邺城。这一举动对冲锋陷阵的将士无疑是起了极大的鼓舞作用。但邺城在审配的苦心经营下,其防御工事非常坚固。曹孟德下令掘地道进攻,但审配也回敬曹孟德在城内挖堑壕。曹孟德于是仿效当年打官渡的办法,在城外堆个高耸入云,可以俯瞰城内的土山,再派弓箭手向城里飘箭雨。奈何城里的掩体太多,箭矢反被审配利用起来向城外发射。

　　就这样,从二月到四月,两个多月了,曹军的攻击似乎毫无进展。

　　曹孟德的脑海里突然燃烧起一团熊熊的烈焰,他想起了乌巢劫粮。于是马上派人去弄清袁军的粮道,但攻城行为不终止,以免引起审配的怀疑。

　　情报得知,邺城的补给来自上党,并由驻屯在毛城的武安县县令尹楷负责。曹孟德故伎重施,留曹洪军团围攻邺城,自己率领夏侯惇和张辽军团越过邺城,直攻尹楷。尹楷拼着一死迎战一番后往西北撤退。曹孟德获胜回来,顺手牵羊般攻下了沮授儿子沮鹄镇守的邯郸城。

　　曹操下令徐晃军团镇守住这个新占领的地区,使邺城完全陷于孤立。

　　徐晃和易阳县令韩范和涉县县令梁岐是旧交,曹孟德听荀攸这一讲,马上指示徐晃进行策反活动。徐晃悄悄与这两人接触,申明大义,要他们认清天下局势,不要再蒙着头当袁氏兄弟的替罪羊,这两人便答应做内应。

徐晃还向曹孟德建议："冀州的各个郡还处在观望中,首鼠两端,不如重赏韩范、梁岐,一定可以策动其他郡县脱离袁氏,投向我方。"

曹孟德就封韩范、梁岐为关内侯,果然不少西北方的冀州郡县令倒向曹营。自从张郃投降了曹孟德,属下的许多部将有的逃走,杳如黄鹤,有的被袁绍杀掉,找来找去才找到这么一个丁点大的小将。想起昔日部队的威风,张郃很是感伤。

在张郃的努力下,冯礼答应倒戈。但曹孟德将更大的目标放在邺城内魏郡太守袁春卿的身上,遂从大老远的扬州请来袁春卿的父亲袁之长,并由董昭执笔写了一封机密的劝降信给袁春卿,但袁春卿却将书信交给审配,使策反的计划全部败露。

幸运的是冯礼这条线未曾曝光,使曹孟德怀着一线希望。审配早知大军围城,策反行动是绝对存在这一军事常识,一直加强反策反的工作。

冯礼带兵进入城门,结果中计被砸死。攻邺城的行动就这么艰苦而缓慢地进行着。曹军的损失要比邺城守军的损失大得多,曹孟德心急如焚。曹孟德无计可施之际,正和几位谋士武将在漳河岸边漫步,久久地凝望着漳河水,曹孟德突然一拍大腿。这个动作表明,曹孟德必定想出了某种妙计。

曹孟德让军士们白天轮番休息,晚上,四十里的沟堑两旁密密麻麻都是曹军,借着夜幕的笼罩,借着曹军营寨中故意发出的闹嚷声的掩盖,沟堑迅速拓宽,拓深。天亮时,四十里的壕沟全都成为宽深各两丈的大河沟,审配发现后想派军队出城阻挡,可为时实在太晚了。

漳河的堤坝被决开了,河水慢慢地涌入壕沟,水量渐渐大起来,水位也慢慢涨起来,四十里的沟堑就变成了一条河流,绕着邺城漫流。

漳河的水流量虽然很大,但汛期没有真正到来,加之邺城的主城地势较高,要想一下淹没于水中,也需要相当长的时间。但目睹日渐日高的水位,审配还是沉稳不下去了,到六月中旬,邺城的部分外城已处于水的淹没之中。

七月底,袁尚带领攻打平原郡的万余兵马,火速赶回救援。曹孟德面对这新局面,又在探讨新的对策。

郭嘉说:"'归师勿遏',避免不必要的伤亡。"

荀攸也说:"这种情形之下的士兵一般非常勇敢,一人可抵十人,像逼急了的兔子,我们应暂避锋芒,放他们进来慢慢收拾。"

这次,曹孟德却有独到的见解。他说:"按兵法的常规模式的确应避开锋芒,勿与抗争。但是,如果袁尚军由大路赶回,表明他已决心死战,这时候我们最好避开。但如果他沿着西山小路回来,则正好可以让我们逮个正着。"

袁尚军果然沿着西山小路回来。

曹孟德对郭嘉、荀攸说:"他们既然如此小心翼翼,一定没有豁出去死战的勇气,力量也将大打折扣。"

二人都暗自佩服。

曹孟德决定全军迎战。

袁尚派遣主簿李孚化装成曹营人马,混入围城区,准备偷偷进城与审配联系。

军士向曹孟德报告了这一消息,郭嘉便建议将计就计,下令放李孚进城,并派情报人员仔细观察袁尚及审配两方面的活动。

果然不久,曹军发现袁尚军趁夜色点火为信号和邺城联系,审配军也立刻点火回应。

曹孟德判断袁军即将出阵,于是下令曹洪全力抵挡审配军出城,自己则率夏侯惇和张辽军直接攻打漳河水旁的袁尚营寨。

审配军一出城门,立刻遭到曹洪的箭雨和轻骑兵的冲杀,无法抵挡,只好再退回城中。袁尚见审配军退回城内,夹击的预谋失败,也无心和曹孟德会战,便主动退回漳水弯曲处的营寨,据险而守。

曹孟德毫不放松,下令全军采用包围战术,封死袁尚军的对外联络。袁尚见大势不妙,心慌意乱,派人向曹孟德求降。

曹孟德费了死力气征讨北方,耗费了大量的人力物力,特别想起那些肝脑涂地的士兵,更是怒火万丈,他不允许袁尚投降,加紧围攻。

袁尚趁夜色逃走,连印授、衣物都没带走。曹孟德将袁尚的信物向邺城中的军民展示,一时人心浮动。

审配无力制止,只得安慰军民说:"密州刺史袁熙的大军即将到来,只要坚守死战,曹军长期远征势必疲惫。不久会自动撤军。"

面对审配的摇唇鼓舌,邺城袁军及百姓见日渐涨高的水势,粮食缺乏,曹军又无半点回撤迹象,便人人自危,不思守城。

夏侯惇几番想冲进城拼杀,都被曹孟德喝令禁止。为了减少不必要的伤亡,曹孟德不愿强行攻城,他在等待城内守军的自动崩溃。

曹孟德为了鼓舞士气,同时也想摧毁邺城军民的士气,便经常穿着战袍,在邺城下巡视。审配看见了,下令弓箭手埋伏城墙上,伺机射杀曹孟德。

一天夜里,审配的侄儿审荣眼见大势已去,为了给审家留条后路,就偷偷打开自己防守的东门。事先在大门前的曹军立刻蜂拥而入。审配闻讯,下令侍卫队拼死巷战,自己也手舞宝剑与曹军拼杀,直至被俘。

辛评煽动袁谭和袁尚翻脸时,辛评的家属全在邺城,因此也遭到了审配的囚禁,邺城陷落时,辛评身在曹营,立刻前往狱中营救家人,想不到辛家几十口人早已被审配集体杀害。辛评悲恸欲绝地返回曹营,正见到曹兵将审配捆绑押往曹孟德面前,辛评用马鞭追打审配,来发泄自己的情绪。

曹孟德亲自审问审配,他笑着说:"那天我在城下,哪来那么多暗箭啊!"

审配昂头而答:"只恨没能射中你!"

曹孟德在审配面前踱着步子，用惋惜遗憾的口吻说道："可叹啊，如此尽忠尽职的人！"

审配说："别装模作样，我审配已打定了死的主意，否则早就俯首称臣了。"

曹孟德又劝道："你也是一个难得的人才啊，识时务者为俊杰，袁绍貌似强大，却落得这般结局，你何必为他殉节呢？"

审配依然昂头回答："你可听说过伯夷、叔齐宁肯饿死于首阳山而不食周餐的故事，我堂堂一个袁主公老臣，岂能向你屈膝而辱主公名声！"

曹孟德见审配壮烈成仁之意甚坚。加上辛评在旁痛哭，要求曹孟德为辛家报仇，便下令斩首。

"你有什么要求！"曹孟德问审配。

审配说："面向北而死。"说罢把头转过去，昂头挺胸向北走去。

曹孟德在原地久久地伫立。

冀州城北有一座雄伟的陵墓，一代霸主袁绍就长眠于那巨大的坟墓之中。曹孟德带着一支迤长而壮阔的祭悼队伍缓缓走向袁绍陵墓。

而且还是带着陈琳一同来的。此刻的陈琳也是呆若木鸡了。曹操还不想杀掉他。

曹孟德回眸袁本初陵墓，突然有一种衰老的感觉。

正当曹孟德大规模祭悼袁绍陵墓之机，曹丕却独自进了袁绍府邸。

曹孟德早就下令不准任何人进入袁绍府，并差遣军士守住了袁府。

"丞相有令，不准任何人擅自进入！"曹丕被挡在大门之外。

"你知道我是何人？"曹丕怒叱道。有位将领认出了曹丕，哪里还敢阻挡。

哭声笼罩着这座宽敞美丽的府邸。曹丕早听说袁绍次子袁熙娶了一位美艳绝伦的女子，又听弟弟曹植用诗一般的语言描述这位女子的美色。

曹丕私闯袁府的目的显然是为了目睹那位绝色美女。

曹孟德返回冀州城的路上，听人说曹丕撞闯袁府，便怒气冲冲地带一队人马进了袁府。

"丕儿，你怎么……"余下的还没有说完，曹孟德的眼光却停留在甄氏的身上。

曹丕连忙走上去跪下对父亲说道："我要纳甄氏为妻。"

曹孟德的眼光还在甄氏的身上。

袁绍之妻刘氏也跪在曹孟德面前说："只有公子才保全了贱妾全家。"

曹孟德看了看儒雅翩翩的曹丕，又看看那个秀色可餐的甄氏，想了一会儿，才说道："孩儿既然如此，我就不好干预了。"

曹丕连忙叩谢父亲。

这时，曹植也进了袁府，正见兄长搀扶着甄氏，对发生的事情已明白了三分。

曹植打量甄氏,跟想像中的甄氏相比较,眼前的甄氏更为生动可人。

至此,甄氏在曹植的心目中不再以嫂子的身份出现,而是一尊神。

曹孟德抚慰了刘氏一番以后,命人清点归还了袁绍的亲眷宝物,决定给予固定的俸禄。

不久,并州刺史高干也派遣使者向曹孟德表示归诚,曹孟德仍封他为并州刺史,使并州在名义上归入了朝廷。曹孟德自封为冀州牧。之后,率军返回兖州。

当曹孟德在邺城和袁尚及审配展开殊死搏斗的时候,困守在平原郡的袁谭,乘机向青州征调部队,并攻占了冀州东西的甘陵、安平、渤海、河间四郡。

袁尚逃亡中山郡时,袁谭也领军追踪而至。虽然两兄弟对大将军之职已经都不可能奢望,但袁谭对袁尚已是恨之入骨。袁尚一支七零八落的军队不敢与袁谭对抗,就逃到了故安。袁熙原打主意保持中立,在目前形势下能够生存已算不错了。羞辱、愤恨、悲痛一系列情感促成了他与袁谭合作的复杂动机。

袁谭和袁熙重整父亲旧部,打算重振袁氏雄风。

曹孟德深知袁谭的野心,便遣人送信给袁谭,谴责他不但不带回四州归顺朝廷,反而想拥兵割据,显然违背了当年请求援助时的约定。

但袁谭也回信责骂曹孟德言而无信,未将女儿清河公主嫁与他,反而以朝廷名义相要挟。

曹孟德本想再招降袁谭,将清河公主送往中山郡,但立刻遭到郭嘉的反对。

郭嘉说:"公子纳甄氏为妻,袁熙必定羞辱恼怒,依他现有实力,恐怕已与袁谭结盟。若将公主送去,岂不是往狼群中送吗?"

曹孟德恍然大悟,说:"奉孝见识实在使老夫叹服。"他感到一种后怕。

曹孟德又一次编组大军,准备攻打冀州东北方的袁谭的势力。

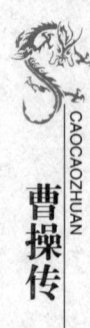

第二十二章　观沧海共展大业
　　　　　　　悲天悯人失郭嘉

　　在艰苦的寒冬里,曹孟德的北征开始了。这次他将大部分军团,分别部署在新占领的冀州中部及西部。自己带领张郃、徐晃两员猛将的军队,由荀攸、郭嘉、董昭作幕僚,直属亲卫骑兵队虎豹骑,则由曹纯率领。此外,曹孟德下令青州的游击军团总指挥臧霸和孙观由青州北上,进攻袁谭在青州的势力。东战线是遥远而复杂的,收复东线是时间上的问题。袁谭听说曹军指向平原郡,立刻往北撤退两百来里,据守在渤海郡的南皮城,准备和远来的曹军决一死战。

　　建安九年十二月,曹军攻入平原郡,周围县城都望风投降。

　　正值寒冬,河川全部冰冻。刺骨的北风一阵紧似一阵,行军非常困难。

　　袁谭判断曹军必定在平原郡过冬,等着春天来到之际进攻南皮。

　　曹孟德在和幕僚们详细评估时机和作战的艰辛程度后,仍决定在寒冬里完成这次北征。

　　河北平原已是千里冰封,万里雪飘。通往南皮的清河更处在冰天雪地之中。

　　曹孟德只好下令张郃、徐晃召集沿河两岸的居民用铁锤锥开河上结的冰,便于船只运输。历经千辛万苦,终于打通了北上的航道。

　　袁谭在南皮天天围着火炉取暖喝酒,当然少不了美女陪伴。无论如何,袁谭也不相信曹军会在寒冬到来。

　　毕竟,曹孟德是来了。

　　郭图与辛评主张乘曹军远来,尚未稳定,火急攻打或许能给曹军以致命打击。袁谭认为这一建议可行,就率领一支突击队出城攻打曹军。

　　曹军多半出生在华中地区,很少在冰天雪地作战,手脚都不灵活,一时间死伤惨重。徐晃、张郃、曹纯三将拼命死战。袁谭怕城中有变,自己人数又少,不敢过分拼杀,在天黑以前收兵回城。

　　茫茫的雪地上,曹军士兵横七竖八地躺着。

　　鹅毛大雪和暮色在短短的时间内就草草地埋葬了这一具具无名尸体。

　　曹孟德目睹这些尸体的消失,一具,两具……

　　曹孟德忽然产生了撤军的念头。

　　曹纯似乎看出了叔父的心思,说道:"我们历经千辛万苦,不远千里而来,怎能随便撤军呢?如果无法赢得胜利而退兵,一定会折损军威,在这长远的撤军途中,军队的安全也会处处受到威胁。"

曹孟德想不到年轻的侄儿如此大胆而富有见地。

荀攸和郭嘉也同意曹纯的建议,更进一步要求军士们加强运动,由体内引发的热量来御寒,使手脚变得灵活,随时做好战斗准备。第二天一大早,攻击行动开始了。

为了避免城内兵马在曹军热身运动完成之前便出城反击,经荀攸建议,将军队分成若干小队,绕圈跑步,再部署进入攻击预备线。

城上的袁谭及士兵们看得莫名其妙。

"我身经百战,还没有见过这样的阵式。"袁谭说。

"不能轻易出城迎敌,等弄清楚了其中名堂再说。"连一向以谋略见长而自居的郭图也小心翼翼地说。

曹孟德也忍不住要发笑。

临近中午,气温稍稍升高,曹军热身运动已完成。曹孟德亲自击鼓,一时士气大振,各部队奋勇向前。

袁谭本想出城抗拒,但曹军各个部队一齐冲击,袁谭根本不知道往哪儿突破。徐晃军团下的乐进部队攻进东门,郭图无法抵抗,当场被擒。袁谭由北门杀出,正遇上曹纯的虎豹轻骑军,一阵冲杀,袁谭被曹仁斩杀,袁军群龙无首,全面溃败,南皮也因而陷落。

被押解着的郭图问:"今天早晨你们摆的什么阵式啊,看得我眼花缭乱。"

那军士哈哈大笑,说:"那是郭嘉先生让我们做热身运动呢!"

袁谭之死,意味着青州黄河以北和冀州全部已属于曹孟德。幽州因焦触的反叛、袁熙的逃亡而处于四分五裂的割据状态。

曹孟德便急着整顿幽州和远征雄踞东北,庇护袁氏兄弟的异族,乌桓。

当年袁绍并吞刘虞父子遗留下来的幽州,幽州的元老将领阎柔和鲜于辅坚不投降,反而和曹孟德结盟。因此,许都的汉朝廷便任命阎柔为护乌桓校尉,鲜于辅为建宁将军,并令两人将他们的军团屯在乌桓族部落的边境,经营并防止乌桓族势力的扩充。官渡大战时,这两人保持中立,但仍经常和曹孟德保持联系,给予袁绍后方不少心理威胁。因此就乌桓族附近的局势而言,他们两人掌握的地方可以说是曹孟德的盟友区了。

公元 205 年,建安十年夏天,幽州地区的故安守将赵犊、霍奴公开号召反曹。袁氏兄弟乘机煽动乌桓骑兵攻打边境地区。

一天,曹孟德突然接到了阎柔和鲜于辅两人的告急求援书,便立即前往邺城集结军队。这次,他留下荀攸、郭嘉等配合荀衍的军队守冀州,自己亲率张郃和乐进军团北上,很快便剿平赵犊等人的亲袁势力,并在犷平城大破乌桓族的骑兵队,把袁熙兄弟再度逼出幽州。

曹孟德分析这是一场有计划的叛乱,因为一听到曹孟德北征乌桓,并州刺史高干也立即宣布反叛。在官渡大战后，溃败的袁氏集团中以高干军团保持得最完整，大约拥有五万兵马，作战力相当旺盛。曹孟德还没有喘过气来，就接到了冀州西北方的上党被高干攻占的消息。

为巩固冀州防务，曹孟德不敢动用荀衍的军团，他命令帮他攻下雍奴的乐进，率领一支勇猛的轻骑兵，火速赶到壶关，准备反攻。

高干的部队由壶关直逼邺城，但荀衍军团防守坚固，高干的先锋部队不敌，不得不再次返回壶关。

乐进以折冲将军官衔受任进攻壶关突击队的总指挥，并由谨慎温文的儒将李典率领军队协助，这是乐进第一次独当一面，他感到丞相交与的担子是沉重而艰巨的。

"绝不能给丞相丢脸，这可是对自己的鞭策和鼓励啊！"乐进想。在曹营众将领中，乐进以忠诚勇敢，任劳任怨而闻名，他很少表示自己的意见，完全听命行事，不避任何艰难危险，是冲锋型的猛将。或许是在这次北征行动中表现优异，又立下了斩杀袁谭的大功劳，所以曹孟德委以重任。同时，曹孟德又派李典协助，用意显然是以柔克刚。

"乐将军，这次可就看你的了！"乐进忘不了那天曹孟德紧紧握住他的双手的情景。

乐进明白自己进攻壶关的艰难，自己率领的轻骑兵，即使加上李典的部队，人数也远逊于高干的壶关守军。但信心是有的，自己一直在壶关和高干对峙了四五个月。在曹孟德整顿好幽州以前，高干以优势兵力，却无法越壶关一步。

曹孟德从不期望乐进能攻占壶关，他只给乐进少数兵力，目的是让乐进以机动的力量缠住高干，以减轻邺州的压力而已。

乐进却表现超人的勇猛，他率少数轻骑兵不直接由正面攻打壶关，而快速行军，绕道北方，由山路攻打高干的后方。高干措手不及，连续两场接触战都被打得大败，伤亡惨重，高干只好困守壶关，和并州的本部大军也失去了联络。

一波未平一波又起，关中的司隶军区也发生了兵变，河内人张晟聚众万余人抢掠于崤山和渑池之间。起因是：河东太守王邑因失职被调离，郡守卫固和中郎将范先，向司隶校尉钟繇要求赦免王邑，正直而严厉的钟繇不答应，卫固等人便私下和高干联合，打算号召关中诸将，反叛曹孟德主持的许都政权。

曹孟德对河东的治理完全伤透了脑筋，谁才能驾驭复杂的河东郡呢？曹孟德又陷入了偏头痛的困扰中。郭嘉虽然跟了曹孟德这么久，但对各地方的治理也难以想出高招。

曹孟德病卧床榻，郭嘉忧心如焚，便给许都的荀彧写了一封信，简单讲述了河东的混乱局势。书信内容如下：

关西诸将，外表服从，实怀二心，今张晟在崤、渑一带烧杀抢掠，并且南通刘表。若大家都效仿，为害就大了。河东是天下重要的地方，丞相为之操碎了心，您看有什么贤能的将领可以为丞相守住这块地方。

几天后，快马传来荀彧的来信，荀彧在信中说："西平太守京兆杜袭，勇足以当难，智足以应变，可以任用为河东太守。"

但杜袭却向曹孟德建议："河东郡人口有三万户，参与叛乱的县令不多，如果以大军压境逼迫，不想叛乱者也投向卫固集团，那么卫固等人的力量必跟着膨胀，征讨不能取胜，将会造成更严重的混乱局面。征讨即使获胜，则一郡军民将蒙受兵灾。况且卫固等人还没有公开反抗朝廷王命，只是以拥护王邑为他们出兵的理由，我因此判断一定不敢杀害主管。现在我决定单车前往，出其不意地进入河东，卫固为人多谋而少断，一定会在不得已的情况下接受我。只要我在河东呆上一个月，河东的一切问题都可以解决。"

说了这么一大堆，倒是最后一句合曹孟德的口味。于是，曹孟德下令夏侯惇暂缓进兵行动，杜袭由小路直抵河东。

范先欲杀害杜袭以显军威，卫固迟疑不决，范先却连杀郡守门下主簿三十多人，以威胁杜袭，但杜袭行为自若。

卫固见状便极力反对说："杀了杜袭，对朝廷毫无损害，只是白添了我们的罪名罢了，况且河东目前还在我们的控制之下，用不着杀害他。"

这样，卫固和范先就接受了杜袭担任河东太守。

一天杜袭对卫固、范先说："你们才是河东军民所仰望支持的人，我不过依赖两位的力量，才能就职。所以郡中大事还是由我们共同商议。"于是，杜袭封卫固为都督，行郡丞事，领功曹，官衔一串串，并将三千名校吏全部交范先统领。自己毫不犹豫。卫固等非常高兴，对杜袭也颇有好感，便在表面上奉杜袭为太守。

卫固等欲发兵响应张晟的叛乱，杜袭不以为然，便对卫固说："如今出动大军，必造成河东地区骚扰，不如向张晟表示，我们一方面招募部队，另一方面在行动上稍缓一步。以观时局的变化。"

不久，高干派军队入护泽，卫固、范先等响应。杜袭知道河东诸县已大多听自己指挥，于是在十多天内征集了几千人。卫固、范先等联合张晟和高干的部队攻打杜袭，但杜袭已有了完善的准备，双方僵持不下。

曹孟德立刻派议郎张既以朝廷旨意调动关中马腾领军攻打张晟。张晟不敌，向东撤退，但仍遭到马腾等联军击败，张晟、卫固、范先死于乱军之中。

之后，曹孟德就让杜袭治河东。

建安十年十二月，曹孟德在邺城经过两个多月的准备，把一直驻守豫州西南区，防范荆州刘表的曹仁军团调回冀州，准备会同进攻壶关。

时值严冬,大雪纷飞,曹军必须翻越太行山才能到达壶关。

五十多岁的曹孟德和军士们一起艰难地行进。对于告别家乡,告别都市的征人,谁都不免几多伤感。

曹孟德的心情也是那般沉重而忧郁,他和大家一样,多想回到东方的故乡。但不能啊一定要挺下去。

可是,河水深冻,桥梁断绝,军士们常被阻挡在半途上。行军途中经常迷失方向,到了晚上没有投宿的地方,可不能停下来,那可有变成冰人的危险啊。赶快翻越这冰封皑皑的太行山。

面对此情此景,曹孟德又孕育成了一首气势磅礴的长诗,谱成曲子,由军士们传唱。

曹孟德站在巍峨的太行山之巅,捋着胡须,面对千里冰封,万里雪飘的北国世界,放声歌吟:

> 北上太行山,艰哉何巍巍!
> 羊肠坂诘屈,车轮为之摧。
> 树木何萧瑟,北风声正悲。
> 熊罴对我蹲,虎豹夹路啼。
> 溪谷少人民,雪落何霏霏。
> 延颈长叹息,远行多所怀。
> 我心何怫郁,思欲一东归。
> 水深桥梁绝,中路正徘徊。
> 迷惑失故路,薄暮无宿栖。
> 行行日已远,人马同时饥。
> 担囊行取薪,斧冰持作糜。
> 悲彼东山诗,悠悠使我哀。

苍老而高亢、沉郁而悲壮的声音久久地回荡,回荡。

军士们跟着唱起来:"北上太行山……"

公元206年,即建安十一年春正月,曹孟德大军终于到达了壶关,和乐进、李典的先遣部队会合了。壶关的军民拼死固守,曹孟德回眸茫茫太行,回想北征的辛酸,感到无比愤慨。于是,他当着敌人的面,向大军下令:"攻下壶关城,不要留活口,全体活埋!"

曹军士气大振,全力强攻了一个月,而壶关却依然屹立不动。

于是,曹孟德又召集众将领研究对策。

曹仁说:"如果能给城内百姓以活命的机会,反而可以松懈城民的抵抗意志。如今主公公开表示屠城,更坚定了他们死守的决心。而且,壶关城的防御工事相当坚固,存粮又多,一味强攻,只能白增加伤亡。即使双方陷入僵持,平白耗费时间,反而会增加我方补给的困难。"

曹孟德差不多是第一次听到曹仁的建议,而且觉得颇有道理,于是立即派人向城内军民传话,除高干一人外,全部赦免。

高干面临强大压力,便将壶关交给夏昭、邓升两人防守,自己率队向袁氏盟友南匈奴求援。但南匈奴见袁氏已衰微,不愿再和他们有任何联系,宣布保持中立,并拒绝高干的投奔。高干不得已,只好带数亲信投奔荆州刘表。

夏昭见援军的希望落空,大势已去,只好打开城门投降了。

高干逃出并州,渡过黄河,到达洛阳一带,正逢河东境内白波贼作乱。河东、河南均告急,防备森严,高干的残部被上洛督尉王琰的守军所擒,因反抗而被杀。

自此,并州已完全纳入曹孟德的统辖范围。

壶关之役后,曹孟德已完全掌握青、冀、幽、并四州的经营统辖权,唯一不安的是袁熙和袁尚兄弟仍在乌桓部落的庇护之中,常在边疆从事骚扰性的攻击。

塞北长征势在必行。

曹孟德不回许都,而直接回到邺城,便是为了准备远征乌桓的行动。

但是,在远征乌桓的问题上,曹孟德又面临着属下的分歧。

镇守兖、豫本州的军团头目,以曹仁为首,都强烈反对北征行动,他们认为劳师动众,远征乌桓,并没有绝对的必要。

郭嘉的意见是:"曹公虽威震天下,但乌桓人恃其地远,对我们不会防备。趁其不备而攻之,一定能彻底解决北方问题。何况袁绍长久统治北方,对乌桓人影响颇大,若舍此而南征,万一袁尚兄弟乘机死灰复燃,那么冀、青两州就永无宁日……"

曹孟德也是从整体上这么考虑的,因此下令积极准备塞北远征。

这次的塞北远征,曹孟德再次动用庞大的兵力。为巩固后方的行政及防务,曹孟德将荀攸留在冀州。张辽、张郃、徐晃、韩浩、张绣等主力军团随行。曹洪协助荀攸守冀州,乐进负责右翼的防务,曹仁驻军并州负责左翼防务,夏侯惇负责豫州防务,以监视刘表军团的蠢动。谨慎小心的智将于禁及李典驻扎西南区外围,随时在必要时支援夏侯惇。

早在去年十一月间,曹孟德便曾为军粮押运出塞北的交通问题征询幕僚的意见。董昭建议建筑通海的沟渠,由海上转运,曹孟德认为可行,便即刻下令动工。这个工程主要有两个:一是呼沱入孤水的叫平虏渠,一是由沟河口入潞河的叫泉州渠,使大部分的粮运航线均在海上,以免河水的冰冻造成运输的困难。

依郭嘉的计划,塞北的军事行动在建安十二年夏天出兵,预计冬天到来

第二十二章 观沧海共展大业 悲天悯人失郭嘉

之前结束。

五月初,北征大军到达右北平郡的无终城,郭嘉因水土不服上吐下泻,卧病军中。塞北地域,黄沙滚滚,狂风四起,道路崎岖,人马难行,郭嘉的病一天天加重,已由人用车推着前行。

曹孟德十分不安地到车上探望郭嘉,儒雅英俊的郭嘉已被病魔折腾得不成人样,面容憔悴,脸色苍白,嘴唇干起了一个又一个茧壳……

曹孟德抚着郭嘉的手背,很是无奈地说:"我看到北征路途困难重重,想先撤军,正想求教先生意见。"

郭嘉听了大为吃惊,他挣扎起身,曹孟德连忙和军士将他扶起来。

"军国大事,怎可因我的身体而延误!兵贵神速,千里遥远想袭击敌人,如果辎重太多势必无法争取时间,不如以轻骑兵快速出击,以攻其不备。但首先要找到知道捷径和险路的向导。"郭嘉声音低缓,曹孟德差不多贴在他的病体上倾听了。

郭嘉的话又坚定了曹孟德取胜的信心。他留郭嘉在无终城养病,特地请到在此隐居多年的原袁绍旧将田畴为向导。这时,天气已接近夏天,塞北地方雨水充沛,道路几乎全为雨水淹没,袁氏及乌桓联军又严守住交通要道,曹军无法行动,更无力进攻。

曹孟德和田畴商议,行军比较困难,只能通过卢龙寨出发,越过险道才能攻入敌人的大本营。曹孟德采纳了田畴的建议。

他下令所有军团,全军准备班师回朝。他还特地让大家相互传告:"炎夏多雨,积水太深,无法前进,等秋分以后天气干爽,再行远征。"

乌桓人截取了这份情报,立刻向大本营报告曹军撤退的好消息。

其实,这个时候,曹孟德正请田畴组成熟悉地形的向导团约百余人,分别在各军团前面引路。

全军爬上徐无山,通过卢龙寨,再通过五百余里的山路才可到达平冈城。

五十三岁的曹孟德也同大家一样艰难地攀登。

"这叫什么山?"曹孟德停下脚步喘着粗气。岁月不饶人,毕竟,他已经老了。

"这叫碣石山。"田畴指点着这座山说道。

曹孟德站在山脊凭高远眺,一阵凉风拂面,撩动他的胡须。面对如此雄奇壮观的景象,怎不撩动曹孟德感情的丝竹管弦,一首《观沧海》新诗在他激情奔涌的胸中诞生了。

曹孟德站在碣石山的脊梁上,面对此情此景,朗声咏叹《观沧海》。

那么尾两句粗壮而悠长,余音久久缭绕于碣石山的上空。

那一年,曹军如神兵出现在白狼山麓。

乌桓和袁氏的联军几乎倾巢而出,袁尚、袁熙和乌桓的三位首领指挥联军在白狼山下布下阵来。

这可是最后一次北征！

曹孟德千里迢迢,翻越重重关山赶来,似乎就是为了这么一天！

曹孟德一向以擅长指挥轻骑兵野战而著名,但这却是第一次面对擅长骑战的游牧民族所进行的大规模野战,加上自己的军力尚未全部到达,有的将领感到有些紧张。

但曹孟德却一下子感觉到全身充满了自信的力量,他似乎为能进行一场轻骑兵大会战而感到兴奋。当张辽向他禀报敌军动态时,他立刻在虎豹骑的保护下勒马登高瞭望。他见到乌桓兵虽满山遍野,却不懂得阵式作战,部署上紊乱不堪,与袁氏兄弟军队的配合也谈不上。

于是,曹孟德决定以突击的方式给予敌人以重创,打乱其本已紊乱的阵式。猛勇无比的张辽首先率队攻入敌阵,随即展开屠杀。不一会儿,乌桓兵团的阵脚大乱,三位部落首领虽集结了部分兵力准备反攻,但很快就被曹军的第一波、第二波、第三波的攻势冲散。袁尚及袁熙军团想前来支援,又被徐晃的轻骑兵挡住了。袁尚兄弟杀了一阵后引数千骑投奔辽东接受公孙康的保护。乌桓兵见大势已去,三位首领两死一伤,只得纷纷投降。

清点结果时发现,投降敌军达两万多人,曹孟德抚慰乌桓兵团劫后余生的将领,将降兵再交还由他们重新编组。在投降仪式完成后,便释放他们返回各部队原来的家乡。

白狼山下,曹孟德感叹道:"这北方原野又可以太平一些时日了！"

这时,后方探马传来郭嘉病逝的噩耗。

曹孟德几乎不敢承认这一现实,他踉踉跄跄退后两步,脑袋里嗡的一声,尔后一团模糊,曹纯连忙上前搀住。

四下一派肃穆,刚才的欢乐气氛被噩耗驱赶得无影无踪。曹孟德突然大哭道:"奉孝之死,天丧我矣！"

众人忙围上去劝慰。

曹孟德终于止住了大哭,幽幽地对几位幕僚说:"各位的年纪都和我同辈,只有郭奉孝年纪最轻,我本要将后事托付与他,想不到他竟早早地离我而去,真令我心肠崩裂啊！"

探马呈上郭嘉遗书,曹孟德拆视,看完之后又大哭起来。

由于袁氏兄弟逃奔辽东太守公孙康处,众部将都劝曹孟德乘胜追击,连公孙康一起解决。曹孟德目无表情地说:"不必劳烦诸公之虎威,数日之后,公孙康自会送袁氏兄弟的头来。"众人莫名其妙。

果然没过多久,公孙康遣人送来袁熙、袁尚的首级,众将大惊,都说丞相料事如神。

曹孟德重赏来使,并封公孙康为襄平侯左将军,双方签订和约。之后,曹

孟德向大家宣读郭嘉遗书：

"今闻袁熙、袁尚往投辽东，明公切不可加兵，公孙康久畏袁氏吞并，二袁往投必疑。若以兵击之，必促成并力以迎敌，急不可下。若缓之，公孙康及袁氏必相自图，其势然也。"

大家唏嘘不已。

曹孟德感郭嘉之功，设置灵位祭拜。之后，令人扶郭嘉灵柩回许都安葬。郭嘉英年早逝，享年三十八岁。

建安十二年十一月，北征大军回到前进基地易水河畔。"风萧萧兮易水寒，壮士一去兮不复还。"

当年，燕太子丹派荆轲怀揣匕首去刺秦王，就是在这易水河畔诀别燕国和亲人。曹孟德正站在这里，不过，他不是在怀念那个劳而无功白送性命的荆轲，而是在怀念那些把魂留在北方广袤的原野上的将士们。

曹孟德在易水河畔重新编组，并加强部署北方的防备。袁氏的势力总算连根拔除，不论实质上或名义上，幽、并、青、冀四州已完全纳入许都政权的体系中。

这一年，曹孟德五十三岁。这一年，距离他在陈留举兵、白手创业只有十八年。

第二十三章　巧夺荆州下江陵
　　　　　　　玄德战术跑为先

　　曹孟德从乌桓回许都前后呆了近两月。之后，又回到了邺城。

　　从建安五年的官渡之战开始，到建安十二年北征乌桓为止，连续八年，曹孟德把全副精力和智慧都投入到了华北地区，铲除袁绍的庞大势力。其间虽然数度在豫州汝南一带用兵，但大多是策略性的小接触而已，谈不上真正的两军对垒。

　　建安六年的仓亭之役后，为了彻底清除刘备在汝南地区的骚扰和煽动，曹孟德派大军进入豫州地区进行清剿。刘备驻军新野后的一系列活动已说明他东山再起的思想是明显存在的。

　　当曹孟德在许都修养的两个月中，邺城边已出现了一个巨大的人工湖——玄武湖，这是曹孟德班师回朝的路上授意建造的。

　　回到邺城的当天，曹孟德视察了玄武湖的水战演练。对于水战，曹孟德很不在行，这位马背上的好汉面对满湖的大小战船，只觉得壮观，好看。对他而言，只能添助一点诗兴而已。

　　曹孟德建玄武湖的用意显然是司马昭之心。

　　刘表是在荆州处于危机之际赴命的。

　　他以荆州刺史的身份单身到宜城，结合荆州名士蒯良、蒯越兄弟，用计集中叛军头目五十多人到襄阳，并一举讨平，荆州很快地恢复和平状态。

　　不久，张济也欲乘关中大乱，率军攻占荆州，刘表派军抵抗，张济在攻打穰城时，死于流矢。荆州官员都向刘表表示祝贺。而刘表表示很扫兴。刘表此时已经拥有十多万军马。

　　官渡大战期间，袁绍派遣使者请刘表由南方夹击曹孟德，刘表光打雷不下雨，似乎有意稳坐江汉，试看天下鹬蚌相争。从事韩嵩建议刘表投奔曹孟德，蒯越也这般建议，但刘表反而瞧不起这些人。

　　曹孟德此刻的目标正对准了南方的几个州县，其中包括刘表的荆州，东南方向的扬州、交州，西南方向的汉中以及益州。此时北方的养兵政策仍然在紧张地进行着，水田作业也没有懈怠。

　　公元208年，即建安十三年春天，即曹孟德八年抗战已取得决定性胜利的那个春天，孙权已由一个乳臭未干的公子哥儿成为江东又一个小霸主。孙权为了报复当年父亲孙坚被杀的仇恨，派出猛将甘宁、凌统、吕蒙等袭击黄祖，黄祖命令水师都尉陈就对抗。吕蒙和偏将军董袭各率敢死队百人围住陈就

的主舰,吕蒙勇敢地跃上主舰,杀死陈就。黄祖军在无准备的对抗中陷入大乱,荆州军退入夏口,东吴军在城外围攻甚急,黄祖率队打算突围,却在混战中为东吴军所杀。孙权见复仇目的达到,便下令全军撤退。

黄祖是荆州境内最强的抗曹势力,却未用曹孟德亲自动手而被孙权一口吞了。

刘表有两个儿子,长子刘琦为原配所生,次子刘琮为续弦蔡氏所生。少壮派权臣蔡瑁、张允等都明显支持刘琮,加之蔡氏怂恿,刘表也无意立温和软弱的刘琦,就派他做江夏太守,接任黄祖的职位,使他远离荆州的权力中心,让刘琮能顺利接掌政权。

曹孟德总喜欢在静观中等待,在蓄积中爆发。眼下局势正是出击的好机会,大敌乃荆州大耳朵刘备,若不将其铲除,无疑是养虎为患。

向荆州出兵势在必然,但曹孟德在分析自己的实力:直属军团力量严重不足,刚平定的幽、冀、青、并州尚需驻屯大量直属军队监视,关中地区诸侯随时威胁兖州大本营。对外宣传拥兵百万,而实际兵力不过四五十万,况绝大多数兵马都是新编不久的袁氏旧军。这些形势,曹孟德当然是了然于心的。

难得曹孟德这番自知之明。董承事件过后,曹孟德便有意无意地回避朝见汉献帝,因此常驻屯邺城,甚至把许都的一群侍妾也带到了邺城。曹孟德将许都交给和汉室公卿比较合得来的荀彧负责治理,兖州及许都均由直属部队防守,目的显然是为避免意外事故危及大本营。因此,曹孟德真正能自由调度的军队,其实力量单薄得很。尽管南征的意愿很强,但实际行动却不能不小心翼翼。

六月的一天,玄武湖上督师操练的曹孟德突然接到襄阳城传来的密报说,荆州牧刘表突染重病,病情恶化,随时有生命危险。刘表健康状况不佳已是公开的秘密,但病情突然恶化却是始料不及的。襄阳城内的少壮派官僚决定拥立刘琮专权,完全封锁了刘表的病情消息,连镇守江夏的刘琦和驻屯新野的刘备都不知情。

显然,荆州情势即将发生巨变。

曹孟德的情报战也打得不错。邺城,平静了极短时间的邺城又将酿造一阵战争风雨。

荀彧在许都给曹孟德的密信中说:"这是千载难逢的良机,应急速整军南下,由宛县和叶县抄小路急行军,杀他个措手不及。"

在荀攸及荀彧的鼓励下,曹孟德决定采取极大胆的军事行动。他派于禁、李典配合荀攸监守新征服的北方四州,夏侯惇军团配合荀彧镇守兖州及许都,徐州仍由臧霸管理,司隶校尉繇负责司隶区,并封关中马腾为卫尉,其子马超为偏将军。

由此部署可以看出,这个南征军团,曹营中不少的谋臣武将并未随行,不过,投入的兵力却是曹孟德历次作战中最多的一次。

七月底,曹孟德的军队由宛城和叶城分两路迅速前进,八月初便接到刘表病逝的密报,在蔡瑁和蒯越的拥立下,刘琮勉强夺得继承权,但曹孟德的军队已攻入荆州境内,到达军事重镇樊城了。

刘琮想自己和刘备都是皇帝后裔,加之刘备仁爱的名声远播天下,因此主张和刘备联合,打算在襄阳城部署抵抗曹军。但蔡瑁和蒯越极力反对。

蒯越向来不把软弱无能的刘琮放在眼里,刚听完刘琮的主张,便怒目圆睁,粗声粗气地说:"曹操以朝廷命令出师,百万大军南下,其势如秋风扫荡落叶,不如奉迎他。"

刘琮听蒯越这么绘声绘色地一讲述,有如晴空霹雳当头,谈虎而色变。

刘琮仿佛看到曹孟德已踏平荆州,正在割士兵的鼻子,正在抢夺自己的妻小,他实在不敢再往下想。

于是刘琮瞒着刘备和刘琦,当即派遣使者和曹孟德谈判,并下令所有荆州的郡县及军团头领无条件向曹孟德投降。曹孟德不费一箭一矢就摆平了刘琮。当他一听到刘琮不战自降的消息,只是鼻孔里鄙夷地哼了一声,并没有现出太多的喜悦和得意。

毕竟刘琮是荆州地方权力的象征,又是刘表的后代。基于这一想法,曹孟德就任命刘琮为青州刺史,让他远离荆州原有势力,其余各郡县及军团首领,仍各自镇守原地。曹孟德瞧上了蔡瑁、张允的八万荆州水军,就让他们加入了自己的南征军团,随军行动。

曹孟德越过荆州,浩浩荡荡直下江陵。

原先驻守在新野的刘备军团,在风闻曹军南下后,便全军进入樊城备战,并紧急向襄阳城的刘表报告军情。由于一直未得到刘表的表示,刘备很是疑惑。于是一再派使者到襄阳城请示。刘琮不得已,才命令部属宋忠通知刘备,告诉了父亲逝世的消息以及准备全军投降曹操的决定。

曹军已抵宛城,离樊城不到三百里。对于曹孟德大军的到来,刘备则采用了边打边跑的战术。他决定先向南撤退,打算先行攻占长江北岸的军事重镇江陵,以江陵拥有的军资及防备工事,再联合江夏太守刘琦的主力军,或许能够有效地守住南半部荆州。

第二十四章 孙刘联军孔明策
形势危急祸患藏

八月中旬,据守江东的孙权,也已获悉曹军南下及刘表去世的紧急军情,立刻派鲁肃前往江东,探询刘琦和刘备的态度。然而刘表已死,他的两个儿子不团结,刘琮投降了曹孟德。

孙权被鲁肃的一番话说得心有所动。鲁肃说:"我请求出使荆州,慰问刘表的两个儿子,并且慰劳他们军队中的当权者,顺便劝说刘备,使他安抚刘表的部众,同心同德,共同对抗曹操,刘备一定高兴,并且听从我的意见,如果能够成功,天下的形势就可以确定了。"

鲁肃到了夏口,听说曹孟德已向荆州进发,他日夜兼程赶路,等到了南郡,不料竟得到了刘琮已经投降曹孟德的消息,听说刘备已朝南逃跑了。

鲁肃已意识到了肩上担子的沉重,决定往南去追赶刘备。刘备经过襄阳城时,刘备停马向城内呼叫刘琮答话。刘琮在城头上探出头来窥探了一下马上又缩了回去。刘备骂道:"你枉自皇族后代,曹贼大军未到,你就闻风丧胆,羞辱祖宗先人!"刘备的涵养是相当好的,能骂出这般难听的话,想必是太感情冲动了。

刘琮虽不答话,但心里委实不服气,很想说,皇叔你不也投降过曹操吗?你眼下不也正逃之夭夭吗?

襄阳城中不少官吏和军民,听说刘备打这儿经过,许多人自动跟随刘备南下逃难。

"苍天啊,你怎么有眼无珠,让百姓跟我一起受难!"刘备号啕大哭,好容易才被关羽张飞劝住。

"皇叔德高望重,我们愿随你前往,跟你在一起,就是饿死累死也比在这儿等着曹操割鼻子好。"

逃难百姓齐刷刷地跪在刘备面前。

气氛倒也悲壮,张飞都流泪了。

刘备将他们一一扶起,答应让他们随同前往。

陉阳城南有一座无名小山,山上白色的旗幡在秋风中翻飞,刘备看见一座很雄伟的坟墓,便勒马观看。逃难的襄阳百姓告诉他:"那就是刘景升的陵墓。"

刘备连忙翻身下马,趔趔趄趄地走向那座无名的小山头。他的后面,紧跟着兄弟诸将还有数不清的难民。

· 196 ·

刘备带着军民从襄阳再退了四百多里,到达了当阳县。由于荆州境内跟随而来的军民多达十余万人,大小行李车辆多达数千,道路拥塞,每天行军不到十里路,距离目的地的江陵还有三百多里,估计以这种速度至少需要一个月,根本无法躲避曹孟德的追军。

刘备不得已改变计划,他下令关羽率万余水军由汉水顺流而下,先到江陵布守防务,并派人到夏口联系刘琦,会师江陵,自己则带着难民慢慢地上路。

不少幕僚人员及部将劝刘备带领这么多不能打仗的百姓,只会拖累于他。可是刘备的一番话让大家都非常感动。逃难人群中有一位僧人,名叫觉彻,他高声对大家说:"这个耳朵很大的人虽遭颠沛流离,却更遵守信义。在万分紧迫的形势下,而仍然能言不失其道,谨守和刘景升生前友谊,不背先人之约,情义感动三军。这种人日后准能成就大事业。"

鲁肃赶到夏口,听说曹军已攻下荆州,即将到达南郡,而且刘琮已经投降,刘备全力往南撤退。

这时,鲁肃忧心如焚,四处打听刘备行动方向,又向人询问捷径,终于在当阳台附近追到了刘备。

鲁肃向刘备讲述了孙权的意图,发表了自己对天下大事和目前形势的看法,表示自己殷勤恳切的心意。

刘备黯然不语。

鲁肃讲出时下的境况,而且建议刘备能够和孙权在江东结盟,共同讨伐曹孟德。

刘备于是采用了鲁肃的计谋,进兵驻扎在鄂县的樊口。

曹孟德挥师南下,他要求先头部队不惜一切手段迅速占领江陵。他在马背上听人说刘备带着很多百姓南下了,就对贾诩说:"以前我还把刘备当做英雄,实际上是一个凡人,自己都不能保全,何能拯救百姓,太装模作样了。他在许都呆了那么久,目睹了我如何对待兖州百姓,却偏要做起一种体恤下民的姿态,实在是矫揉造作,沽名钓誉。"

"刘备直往南走,你估计他想去投谁?"曹孟德又问。"只有去投苍梧太守吴巨。"贾诩说。曹孟德拈须大笑,说:"果真如此,刘备真的又要成为我的阶下囚了。苍梧乃弹丸之地,吴巨不过一只蚂蚁。"

不几日,曹孟德大军就占领了江陵,消息传来,刘备说:"好玄啊,幸亏鲁肃先生赶来相劝!"

诸葛亮对刘备说:"我们目前的唯一选择只有向孙将军求救。"刘备无可奈何,他早已尝够了寄人篱下的滋味,可现在,还有什么路可走呢?

征得刘备同意之后,诸葛亮就同鲁肃一道返回了孙权那里。在柴桑见到了孙权。

诸葛亮劝孙权现在应该以大局为重,应该联合起来共同抵抗曹孟德。孙权想再听听诸葛亮的分析,说:"请先生谈谈目前时局。"

诸葛亮说:"假若您能率领江东人马与中原地区抗衡,那么不如早点同曹操断绝来往;假若不能,为何又不放下武器,收起甲胄,去投降曹操呢?如今,将军表面上打着服从曹操的旗号,但内心里却怀着迟疑未决的计谋,事态危急却不能决断,大祸很快就要临头了。"

孙权很是机智地反问道:"就算是像你所说的那样,那刘豫州为什么不去投降曹操?"

诸葛亮说:"田横,不过是齐国的壮士罢了,尚且坚守信义,不愿向刘邦称臣忍受奇耻大辱;更何况刘豫州是王室的后代,卓越的才能压倒世人,许多人仰慕他,好像百川归海。倘若他的事业未能成功,这仅仅是天意罢了,他怎么可能再去做曹操的部下呢?"

孙权勃然大怒,说:"我不能拿东吴大块的土地,十万善战的士兵让别人来控制。我的主意已经决定了,除非刘豫州,天下是没有谁能抵抗曹操的。但是他刚败之后,又怎么能抵抗住曹操凌厉的攻势呢?"

诸葛亮见孙权尚存怀疑犹豫,就分析道:"豫州的军队虽然败了,但这是表面的,实则是力量的大转移。现在,豫州依然拥有水陆精兵上万人,刘琦集合江夏方面的战士也不下一万人。曹操的士兵远道而来,势必疲劳困顿,听说为了追击刘豫州,轻骑兵一天一夜奔驰三百多里,这种情况就像兵书上所说的'强弓射出的箭到了最后,它的力量连轻细的鲁缟也穿不过'。所以《孙子兵法》最忌讳这样做……曹操一旦兵败,一定会回到北方去。如果那样,那么荆州、东吴的势力就强大了,三分天下的形势就形成了,成功或失败的关键,就在今天!"

孙权听了这番话,喜悦万分,说:"好,我立刻与群臣商量这件事。"

这个时候,曹孟德派使者给孙权捎来一封信,信上写:近来我奉皇帝的命令讨伐有罪的臣子,大军南进,刘琮俯首称臣。我现在已训练好了八十多万水军,正想与将军在东吴会猎。

孙权一口气将这封信读完。

群臣像失去了窝巢的蜜蜂一般,立刻出现了非常热闹的场面。

"啊呀,八十万水军,还没有包括步兵。"

"起码有一百万!"

"我们不过几万兵马,这……"

长史张昭是典型的主降派,以各种理由说服孙权投降。

大家七嘴八舌地议论开了。只有鲁肃默坐不语。

孙权起身上厕所,鲁肃赶忙追到屋檐下。孙权似乎知道他的用意,紧紧握住鲁肃的手说:"先生想说什么?"

鲁肃说:"刚才我听了这般人的议论,感到非常气愤,他们的主张只能坑害将军,这般人不值得同他们商讨国家大事。今天我鲁肃可以迎降曹操,但你不可以。"

孙权感到莫名其妙,说:"先生这语使我不解。"

鲁肃说:"今天我迎降曹操,曹操当会将我送回乡里,品评我的名位委以官职,还不至于不能生存。我还能够做个小官吏,出门乘坐牛车,一批小吏士卒跟着我,与士大夫们交朋结友,相互拜访,一级级往上爬,仍然不会失去州官郡守一类的官职。"

"那么,我又为何不可以迎降曹操呢?"

鲁肃说:"你胸怀大志,继承父兄之业绩,怎么能将祖传的基业送给他人呢?就像刘琮一样,有辱先人啊。希望你及早拿定主意,切莫采纳张昭那般人的意见。"

孙权长吁了一口气,说:"这些人发表的议论很使我失望。现在你提出的策略,正与我的想法相同。"

诸葛亮本不便参加孙权主持的会议,但他想到东吴国内部主张迎降曹孟德的力量很强大,恐怕孙权的力量难以说服他们,自己辅佐刘备以来,这么久了尚未建功,恐被人耻笑,今天出使东吴,倘若孙刘达不到结盟的目的,这如何向主公交代呢?他们可正处在逃难之中。诸葛亮思来想去,决定进去参加会议,把孙刘联合的道理传达给众人。

诸葛亮托侍卫将鲁肃唤出来。

"子敬,今日之事如何?"诸葛亮急切地问道。

鲁肃答:"子布、元表这类旧臣极力主张迎降曹操,孙权和都督不容易说服他们,双方正在进行激烈的舌战。"

诸葛亮说:"看来得引我进去,我可以说服那些投降派。"

在鲁肃的引领下,诸葛亮风度翩翩地进入会场。

可是群臣就因为看出了诸葛亮是来求救兵的,所以都不主张援救。把矛头都指向了刘备。

经过精彩的辩论,诸葛亮用三寸不烂之舌说服了这群乌合之众。

孙权听诸葛亮一番精彩的辩论,暗自叹服,坚定了他联合刘备共抗曹操的决心。但如何筹划,还得等周瑜回来。

正当诸葛亮游说孙权之际,曹孟德的轻骑兵以一日三百里的速度行军,他亲自率领,并由曹纯配合虎豹骑统一指挥,日夜兼行。这个时候,他的脑子里想的是,绝对不能让刘备与孙权搭上,万一那样,南征行动将和北征一样艰难而漫长。于是,他一面追赶刘备,一面发信给孙权,用攻心战先唬住孙权。

终于,曹军在当阳长坂坡附近与缓缓蠕动的刘备大军相遇了。

刘备的部队虽比曹孟德带来的人多得多,但曹军来得突然,刘备又急着保护跟随的难民,根本无法作战。

在曹孟德的轻骑兵一阵冲杀下,刘备全军大溃,连妻儿都陷于乱军中,幸赖赵云全力死战,并在乱阵中救出甘夫人及刘备之子阿斗。负责殿后的张飞二十骑轻骑兵,则巧妙地选择在漳水及沮水会合的长坂桥部署,布下疑兵阵,以阻挠曹操的追兵。

这个地方水势湍急,极难渡过,加上长坂桥已被张飞破坏,除了冒险渡河,没有其他通路。

曹纯赶到长坂桥头,只见张飞在对岸横矛直立,大声怒吼:"我乃张翼德,有胆的不妨过来决一死战!"

曹纯见张飞一副有恃无恐的样子,弄不清有何诡计,也不敢贸然渡河。双方在断桥的两岸僵持良久,使刘备得以撤退到安全的地方。

为了避免曹军死命追赶,刘备决定放弃江陵,向东南直接退守夏口。终于在扬水及汉水间巧遇关羽的船队,乃一同顺流而下。不久又碰上江夏太守刘琦北上支援的一万多名水军,双方会师暂住夏口,以便和孙权取得联系。

当曹孟德追到长坂桥时,曹纯已向后转了。

曹孟德惊愕地问:"侄儿为何不追刘备军队?"当他看到坍塌的桥梁时才明白是怎么一回事。

"守住那方桥头的人是谁?"曹孟德问道。

"是一名满脸胡茬的粗壮将领,声音特大,拿一长矛。"曹纯说。

曹孟德突然感到一种庆幸,幸亏曹纯没有与那将领对仗,否则……

"叔父,只怪那将领毁了长坂桥,不然我早已取下他的人头。"曹纯不无遗憾地说。

"你知道刘备的手下有一个叫张翼德的名将吗?这家伙在万军之中取敌方上将的脑袋好比探囊取物。这个守桥的将领就是张翼德。"曹孟德对曹纯说。

哪知曹纯不以为然地说:"张翼德又有啥可怕,就是吕温侯再世,我也要与他打斗几十回合。"

曹孟德望着这位年轻英武的同族晚辈,不禁脱口赞叹道:"后生可畏,后生可畏啊。我们曹氏家族可谓占尽了天下文武,前途无限好啊!"

曹孟德这次用了不到两个月的时间就占领了江陵。

当时周瑜正接受使命到了鄱阳。鲁肃劝孙权召他回来共商大事。

周瑜字公瑾,出身士族,曾助孙策起兵,创建孙吴政权。孙策死,辅孙权,任前部大都督。

周瑜从鄱阳县回来,孙权马上将鲁肃的建议和自己的想法告诉他。

"都督认为处在目前这种情形,如何对待曹操?"孙权很想听听周瑜的建议。

周瑜说:"曹操虽然自称自己是汉朝丞相,实际上他是汉朝的奸贼。主公凭着超人的武略才智,加上继承了父兄开创的事业,占据江东,时至今日,已经拥有方圆数千里的土地,部队武器精良,粮草充足,英雄俊才都忠于职守,各显其能。面对这些优势,你应当威震天下,替汉朝扫除残渣,荡除污秽。今天曹操自取灭亡,你怎么可以迎降他呢?"

孙权听了这番话,心下已经比较踏实了,因为诸葛亮、鲁肃,还有自己都这么认为。

"我想听听将军的具体策略。"孙权对周瑜可以说是寄予了极大的希望。

"现在北方的一些地区,曹操还没有完全平定,马超、韩遂尚具反叛曹贼之心,他们成了曹贼自己觉察不到的隐患。再说曹操丢掉骑兵,依仗船只,来与江东争胜斗强,现在天气又很寒冷,马匹没有饲料,驱使中原地区的许多士兵来到南方的江东的江湖地带,士兵们不服水土,不习水战,光疾病就够他受的。这些都是用兵的忧患,但曹贼狂妄至极,称霸野心太强烈了,全然不顾兵家大忌,将军打败曹操,今天就是一个绝好的机会。"

周瑜的分析很是具体详尽,孙权于是又一次召集谋臣武将研究具体的抗曹方案。

周瑜说:"我请求领几万精兵,进驻夏口,保证击败曹军!"

主张迎降曹操的人又在讥讽迎战派了:"但愿都督的几万精兵以一当十,把曹操赶回许都去!"首先发难的又是长史张昭。

"都是刘备找来的麻烦,我们江东和曹操一向没有仇怨。"

"不能与刘备联合,保存我们自己的实力。"

孙权见形势如此紧迫,居然还有那么多人抱着侥幸心理,很是气愤。

孙权从座位上猛地站起,厉声说道:"老贼想废掉汉献帝以自立的野心是由来已久了,只是因为顾忌二袁、吕布、刘表和我而不敢称帝罢了。现在几个称雄割据的人已被消灭,只有我还存在着。我跟老贼势不两立……"大家都被孙权的语言和行动镇住了,会场鸦雀无声。

这天晚上,周瑜又会见了孙权,说:"众人一见到曹操信上所说的水军步兵八十万,就各自恐慌起来,不再考虑曹操兵力的虚实情况,便提出迎降的主张,纯属无稽之谈……我只要得五万精兵,就足够打败曹军了,希望你们不必担忧。"

孙权紧紧抚摸着周瑜的手,不知怎么表达感激之情才好。这位足智多谋的人辅佐兄长创下江东霸业,如今国难当头之际又为我竭忠尽职,我孙权就凭这一点也该和曹操决一雌雄,以告慰父亲和英年早逝的兄长。

良久,孙权才说道:"公瑾啊,你和子敬太了解我了,子布、元表这些人,各人只顾老婆孩子,怀着个人的打算,太令我失望了。"

周瑜见孙权如此伤怀,就劝慰道:"众望难归,众心难收,自古皆然,希望你不要把区区小事放在心里,以免伤了身体,你肩上的担子挑的可是方圆几

千里的东吴啊。"

孙权好像是自言自语地说："你和子敬大概是上天安排来帮助我的人。五万兵一下子难以集合起来,我现在已选好了三万人马,船只、粮草和武器辎重等都已准备停当,你和子敬、程公马上在我之前出发,我准备继续调拨人马,多载粮草,作为你的后援。你能对付,那太好了。若不能击退曹军,就回来同我会合,我们共同与曹贼决一高下。"于是命令周瑜、程普为正副统帅,率领部队与刘备的部队会合,一起迎战曹操,又派鲁肃做赞军校尉,协助周瑜与程普谋划作战策略。

这样,东吴方面军队三万多人马,加上刘备及刘琦的两万多兵马,总数约五万人马,大约是曹操南征军团,加上参与作战的荆州水军的四分之一左右,双方在力量对比的殊悬上大致相当于袁曹官渡大战的情形。

曹孟德唾手而得江陵,好不欢喜,独自叹道:假如孙仲谋能归附我,这天下可就太平无事了。

贾诩说："丞相可知江东乔玄?"

一句话点醒了曹孟德,他早听人说乔玄有两个女儿,长得美极了,有沉鱼落雁之容,闭月羞花之貌,大乔原来就是孙策之妻,小乔是周公瑾之妻。

这么一想,曹孟德的眼前就出现了一对花容月貌的女人形象。人说江南多美女,我过不了多久,就可一饱眼福了。

曹孟德正遐想,有人从江东捎来信报,说招降书已被孙权撕得粉碎,孙权已和刘备结盟,目前,孙刘联军已向赤壁方向移动。

兴致被破坏了,曹孟德想不到孙权敢冒天下之大不韪,帮助丧魂落魄的刘备。他问:"是谁从中搭桥让孙刘狼狈为奸的?"

"八成是诸葛亮。"贾诩说。

"周公瑾倒是一位杰出的人才,诸葛亮是何人?"

贾诩便向他简介了诸葛亮的情况。

"二人相比如何?"曹孟德问。

"诸葛亮虽出仕不久,但此人谋略过人,周公瑾也许不及。"贾诩说。

周公瑾作为孙权的水军都督,大名在外,如今又多了一个诸葛亮,这……

"丞相不必忧虑,我有一计可以使周瑜除掉诸葛亮。"贾诩很是自信地说。

曹孟德听了贾诩的陈述很是满意。

第二十五章　战事不利疾病传
　　　　　　　　周郎巧施反间计

　　公元208年,建安十三年九月底,刘备在鲁肃的建议下,将大队人马由夏口顺流而下二百多里,改驻屯在樊口,以和东吴军就近会合。根据情报,曹操的大军已在江陵作好了出战的准备,随时会顺流而下。但诸葛亮和鲁肃却仍毫无消息,刘备忧心如焚,希望寄托在诸葛亮的身上,倘能说服孙权出兵,局势就可以逆转。如果情势发展不是鲁肃所预料的那样,那就不敢想象了。刘备于是每天派前哨往江中下游探查东吴军队的调动情况。

　　张飞说:"这个孔明,折腾我们够了才出马,我看他只有耍嘴皮子。"

　　关羽说:"三弟不要妄下定论,先看孔明先生能不能说动孙权出兵。"

　　刘备保持缄默,他的焦躁与不安极少表露,但他对诸葛亮充满了极大的信心。

　　大约过了两天,哨兵传报孙将军已答应出兵,并派周公瑾率水军逆流而上,即将到达樊口。

　　刘备又是绝处逢生,多么感激孙仲谋,为表示一点谢意,刘备派人去迎接和慰问周瑜的船队。

　　上行船很缓慢,象逆流而上游的大鱼,行动比较迟缓,加之船只很多,速度和距离都要基本保持同一步调。因此过了一两天,刘备才盼来了周瑜的船队。

　　指挥船上,一人按剑立于船头,这只船上挂一面很大的红黄相间的旗帜,上有一个大大的"孙"字。岸上的刘备判断按剑而立的人可能是周公瑾。

　　"公瑾先生,公瑾先生!"刘备放开喉咙。

　　这日天气晴朗,又处中午时分,江上云雾已消失殆尽。周瑜把头仰向岸边,看那喊话的人,心想这人可能就是刘玄德了。一会儿,周瑜就将指挥船移到岸边,看清这人长得方面大耳,面容和善,身旁立着两个威风凛凛的人,一个人满脸胡须,体格魁伟健壮,两眼圆睁,想这人就是天下人都知道其大名的张翼德了。另一个人身材高大,脸色红润,丹凤眼,很是伟俊,心想这人大约就是那个身在曹营心在汉,过五关斩六将的关云长了。

　　"公瑾先生,请上岸休息休息。"刘备施礼道。

　　周瑜说:"形势紧迫,我们即将赶赴赤壁。将军可到船上小叙。"

　　刘备吩咐关羽和张飞负责陆上的军务,自己登上了周瑜的指挥船。

　　"孙将军的抗曹力量准备得如何?"

"一共有三万多人。"周瑜坦然地回答。

刘备显出失望和不安的样子。

周瑜信心十足地说:"豫州不必担忧,你就等着看我打败曹军吧。"

"孔明和鲁子敬二位先生呢,怎么没有随你同来?"刘备问。

"他俩在后面船队上,大约三天后可以到达。"

刘备越想越担心,告别周瑜回到岸上的营中,立即暗中派出许多人马,由关羽带领,北上过汉水预作部署,以留撤退的后路。

曹孟德遇到了一个严峻的问题。

在部署问题上,他是十分谨慎的。首先,他命令曹仁和曹洪驻屯襄阳,负责陉阳到江陵间荆州降军的监视工作,并保持前线军团和后方间的联系路线畅通。乐进及满宠则率领袁氏降军也在这块地方部署,一方面防止孙刘联军的可能的反攻行动,一方面也和荆州降军作相互的制衡,并亲自在江陵建立后勤指挥部,以掌握全盘军情,随时准备进行必要的反应策略。自己则率领程昱、曹纯、张辽及徐晃的军团,配合荆州蔡瑁和张允的七万水军,由长江乘船舰顺流东下,准备在水上和孙刘会战。

为什么曹孟德突然放弃自己一向擅长的野战,而选择他不熟悉的水战呢?这个问题,就连许多曹军将领也想不通。

程昱曾问曹孟德:"我们的优势在陆地,顺流东下,万一东吴在水上处处布防,我们的水军未经长期集训,如何迎战?"

曹孟德回答:"前面有荆州水师开道,七万水师够东吴难受了!"

"万一蔡瑁和张允有变,我们如何应急?"程昱说。

曹孟德回答:"刘琮在我们手中,蔡、张二人的亲眷全在荆州,他们还巴不得早日踏平东吴返回荆州呢。"

其实,曹孟德的心中早已装下了这样的谱子:如果以大军团由长江北岸进攻东吴,孙权可以恃长江天险来个相应不理,如果想强行渡江,自己对长江沿线的天候、地形都不熟悉,危险更大。倘若由荆州顺长江而下,那么,东吴占尽的长江天险的优势不就自行消亡了吗?此外,由水上进攻,可以在气势上给东吴致命的打击,何况荆州水军在数量上两倍于东吴,只要在长江攻防战中掌握优势,刘备和孙权将会无计可施,不得不投降了。

曹军果然一路顺风强占了江陵。但是,曹军和东吴的水上接触尚未开始。

严峻的问题出现了。曹军舰队中的士兵接二连三地出现呕吐、泻肚的现象,半日不到,就有两万兵士染上了疾病,曹孟德只好放弃了立刻南下的计划,下令全军原地休息。

接着,死亡的阴影又笼罩着舰队,平均每天大约有四五十人死亡,曹孟德下令将死亡士兵的尸体趁夜色秘密投入江中,以免动摇军心。

曹孟德命军中医官集中一切力量对付疾病,这些医务人员在岸上买回或亲自采回许多草药,熬成药汤,不分白天黑夜逐一送上每只战船。

这样,时间一长,曹军就慢慢适应了江南水土,疾病不再那么严重了。

攻心为上,攻城为下,不战而屈人之兵,曹孟德一贯奉这条孙子兵法。破袁绍,占荆州,下江陵,这一法则的运用确实使曹孟德尝到了不少甜头。占据江陵以后,他立刻派遣使者出使东吴,去劝孙权放下武器,但失败了。他并不感到意外。对孙权这个新一代江东盟主,他还是有比较客观公允的认识。东吴本来就有了一个治军能手周公瑾,如今又添了一个诸葛亮。看来,要荡平东吴也绝非轻而易举之事。怎样才能"不战而屈人之兵"呢?想压孙权象刘琮之辈那样归降,看来是没有多大可能了。如今,必须让东吴与刘备的力量不能使到一块,让周瑜去对付诸葛亮。

"周公瑾一向为人气量狭小,容不得他人比自己强,今诸葛亮与之合作,一山不能容二虎,我想可以借周公瑾的手来杀诸葛亮。"贾诩说。

"那怎样激起周公瑾对诸葛亮的仇视呢?"曹孟德问。

"东吴那方,周公瑾和陆绩一向很好,他们是同窗。诸葛亮在劝说孙权出兵之际,骂得陆绩狗血淋头,陆绩必然怀恨在心,我们可以怂恿陆绩鼓励周公瑾找诸葛亮的茬子。"贾诩说。

曹孟德就吩咐贾诩去办理此事。

忽然传来情报,说孙刘联军已进驻三江口。

曹孟德在攻心战术完全无望的情况之下,准备下三江口迎战。

程昱说:"这场水战应缓慢进行,我们对这一带的水域很不熟悉。"

曹孟德一改过去沉稳和善于纳谏的作风,说:"趁他们来不及作周详的部署,我们可以一下子打乱敌人的阵脚。如果时间拖长,他们占有了地利,又得人和,我们就不好收拾了。惊弓之鸟,不用顾忌!"

蔡瑁、张允也说:"荆州的水军以前操练得太少,进入新的水域,应作一番实地操练,才能适应这里的水战。"

对于两位降将的建议。曹孟德更不以为然,说:"二位休得多言,我主意已定了。"

张允说:"将士们刚刚受了一场瘟疫,身体尚未复原,从江陵下三江口,水势汹涌,如此颠颠簸簸进入战区,恐怕……"

曹孟德说:"我不能再等到猴年马月了,你们二人若是害怕的话可以守江陵,我自率军下三江口。"

二人见曹孟德阴沉着脸,哪里还敢多言。

公元208年,即建安十三年十月底,周瑜已将他的船队总指挥部设在三江口。大约在汉口下游五十公里处。他一方面派出大批情报人员深入上游的曹军活动区,随时掌握曹军动态;一方面则在曹操船队必经的通道上,选择赤壁附近的水面,作为预设决战点。这里的落差大,河流宽度约十里,水流时速八里,经常会出现漩涡状的浪潮,因此在此行驶的船只摇晃得很厉害,对不习水战的曹军极为不利。

赤壁附近两岸几乎全由红色岩石构成,水面波涛汹涌,极不利于登岸。北方对岸两百里处有一座叫做乌林的大森林。周瑜亲自在水面、岸边详细观察,然后胸有成竹地在此布下天罗地网,只等曹军到来。

陆绩说:"都督部署真是无隙可击,只有诸葛亮才能跟你相比。"

周瑜一听,心中有些不快,他素知诸葛亮的大名,群英会舌战群儒,孙权也佩服得五体投地。

陆绩又说:"诸葛亮狂妄至极,那天在群英会上,他说东吴方圆几千里,难找一个英雄豪杰。"

周瑜更是怒火中烧,说:"这人初出茅庐,竟敢口出狂言,等曹军一到,我倒要见识见识。"

陆绩又说:"刘备得了诸葛亮才能起死回生,这人一出仕,就在博望烧得曹仁大败而逃。今日虽孙刘暂为一家,若打败曹操之后,这人辅佐刘备,一定是江东的隐患,不可不除。"

鲁肃说:"大敌当前,岂能搞内讧,那不正合曹贼的心意吗?"

周瑜想了想,没有说话。

鲁肃又说道:"诸葛瑾是孔明的亲兄长,可让他去说服诸葛亮同事东吴,等把这场恶仗打完再说。"

第二天,周瑜叫来诸葛瑾,说:"你的弟弟孔明是王佐之才,为什么委屈自己去投刘备呢。你可否前往刘备处说服孔明,这样兄弟二人同事东吴,主公一定高兴万分,东吴的事业一定能成功。"

诸葛瑾说:"我到江东这么久,没有建立任何功绩,深感愧疚。既然都督如此吩咐,我敢不效力吗?"

诸葛瑾策马来到驿亭见孔明。

兄弟相见,百感交集,均成为泪人。

诸葛瑾哭着说:"弟弟可知道伯夷、叔齐饿死不食周餐的故事?"

孔明知道这一定是东吴派兄长来说情的。

"谁不知这二人是贤明之人。"孔明答。

"伯夷、叔齐兄弟俩宁肯饿死,也相守在一块。我与你同父共母,而今却各事其主,比较伯夷、叔齐,能不惭愧吗?"

孔明却说:"兄长所说的话确也合乎情理。但你我均是汉人,如今刘皇叔是汉室后代,兄长如果能与我共同辅佐刘皇叔,岂不两全其美。"

诸葛瑾本想劝说孔明投孙权门下,想不到反被孔明的一番话说得不能开口,只得失望而去见周瑜。

曹孟德在江陵已经做好了攻击江东地区的编组工作,他将张辽、徐晃、程昱的军团编组成船队,加上蔡瑁、张允带领的七万荆州水军。这样,开赴战区的人数大约十多万人。

正如张允所说的那样,从江陵到三江口这段水域水势汹涌,船只颠簸得甚为厉害,军士们晕船现象相当严重,每只战船上约有上百的士兵呕吐不止,还有不少的人休克,曹孟德见到这种情形,非常着急。这样的状态不战自溃了,怎么能够迎战呢?

曹孟德下令停止行船,休整一段时间后再说。

这时,华中地区已进入了冬季,强劲的西北风自上而下掠过江面。曹孟德和贾诩、程昱等上岸一边休息一边想对策。每只战船留下部分人守候,绝大部分人下船来休息。

长江沿岸十多里长的路段,炊烟袅袅,天气转晴,阳光洒在江面上,金波闪耀,船只整整齐齐排列,煞是壮观。

如何解决将士们的晕船问题呢?曹孟德在河滩上来回踱步。他的身旁跟着程昱、贾诩等文臣武将。突然,他想出了一个办法。

曹孟德说:"我想将整个舰队用铁索链串联起来,形成巨大的连环船。这样,行船就平稳了,晕船现象即可克服。"

程昱说:"丞相这办法虽能避免船的剧烈摇晃,但万一遇上敌人火攻,那如何得了。"

贾诩也说:"遇上火攻,我们连逃生的办法都没有。"

曹孟德叫二人不必顾虑,他说:"你们看!"二人也跟着曹孟德仰望天空,只见天空一片澄澈,万里无云。他进一步解释道"我们的战船顺流而下,与风向一致,敌军在下游,火攻无济于事。二位尽管放心,吩咐大家注意两岸防守就行了。"

贾诩连声说:"丞相主意甚好。"

程昱独不言语。

曹孟德这个时候更怀念逝去的郭嘉,他多么希望谋士当中有谁能够提出与自己不同的见解,并且以十分充足的理由说服自己。可是,下到江陵以后,差不多自己在想主意,提出的观点几乎无人反驳。程昱、贾诩、娄生这班人虽然有谋略,但临大事,还得郭奉孝这样的人啊。曹孟德忽儿感到很孤独。

经过一个多月的努力,三千多只战船已经串成了一个整体,整个船队首尾相连数百里。平行的船队每个横面有二十四只船,看起来如同一座水上长城,气势非常雄伟,并由数百艘小船在周围巡逻,以避免敌人偷袭。由于规模空前庞大,光是整编便耗费了一个多月。

在这短短的一个月之内,东吴方面的情形如何呢?

陆绩的一番话使孔明在周瑜的心中成为了一团阴影,周瑜智谋过人,善于治军,特别擅长治水军,深得孙策、孙权兄弟二人赏识。这样,就使得周瑜天性中的妒嫉、气量小等毛病一步步加剧。

想来想去,周瑜还是觉得孔明的存在是那么使人生厌。好比一座高山,本来独临大江,一览天下,却不料面前陡然冒出一座高山,一下时遮挡了自己的视线,这能不使人觉得可恶吗?

周瑜与陆绩等人沿江溯流而上进行一番实地考察之后,决定引军北上迎敌。孙权说:"都督先行一步,我随后。"周瑜又对孔明说:"先生可有胆量同我一道迎战曹操的大军?"孔明说:"跟都督随行,可蒙受许多教诲,当然愿往。"

于是周瑜、程普、鲁肃与孔明一道登上指挥船舰,张起风帆,向夏口方向开拔。

在离三江口五六十里的地方,周瑜令船队依次停泊,在岸上扎寨屯住。周瑜在中央下寨,作为临时指挥中心。孔明在一只小船上安身。对于周瑜,孔明的认识是全面而客观的,他知道周瑜容不下自己,只是碍于目前形势,还不至于加害自己。

孔明正仰躺在小船的舱内休息,忽听说周瑜请他到帐中商量军务。孔明整了整衣衫,习惯性地拿起那把羽毛扇。酷暑严寒,这羽毛扇都不离手,这是他的怪癖。

孔明依旧迈着优雅的步态进入了周瑜帐中。二人施礼一番后,周瑜说:"大战即将开始,兵法上说:'粮战优于兵战',我突然想起官渡大战中曹操火烧乌巢之事。如今,曹军八十多万,我们联军不过八九万,情形正与官渡大战一样。我已探知曹操的军粮屯在聚铁山。先生对那一带应该是非常熟悉的。我想劳烦先生带一千精兵去断敌军粮道。"

孔明略一思忖,便知道了周瑜葫芦里装的是何药:无非是借曹操的手来杀我,曹操用兵历来非常注重后勤补给,我这一去不是白送性命吗?

又一想,假若我不去,一定被周瑜讥笑,借题疏离两军关系。车到山前必有路,先应承下来再说。孔明就欣然答应了。

孔明走后,鲁肃问周瑜:"都督遣孔明劫曹军粮草,是打的什么主意?"周瑜说:"很简单,借刀杀人,以绝后患。"鲁肃大为吃惊,辞了周瑜,跑到小船上,见孔明正在睡大觉,连忙将他推醒,说:"你去断粮草,究竟有多少成功的把握?"孔明漫不经心地说:"我精通兵法,熟知各种战争,不像周都督,除了水战稍显能事,此外便一无所知。"鲁肃很着急,又不便向孔明挑明周瑜想加害他的事,嘱咐道:"先生要多留点神。"

鲁肃将孔明的一番话告诉周瑜,周瑜大怒道:"孔明欺我不能陆战,我倒要让他看看我如何去断粮道。我立刻带一万兵马,往聚铁山断曹操粮道!"

鲁肃又将周瑜这番话告诉了孔明,孔明说:"公瑾让我去断粮道,是想让曹操杀我。所以,我跟公瑾开了一个玩笑,他居然连这区区小事都容不下。目前正是用人之际,只希望吴侯与刘使君同心协力,如果自相残杀,实在是不识时务。公瑾一气之下要去断粮道,也是有去无回。如今只宜水战以挫敌军锐气,陆战是水战之后的事情。"

鲁肃又连夜将这番话告诉了周瑜,周瑜叹道:"这人见识真令我只能望其项背,如果不除,以后将严重威胁我们东吴!"鲁肃说:"大敌当前,正是用人之时。等破了曹操以后再杀他不迟。"鲁肃也在用缓兵之计。周瑜没有吭声,此时,他的心中只装着一个念头:"除掉孔明!"

一个月之后,曹孟德率几千只战船沿江东下。士兵们在船头船尾欢呼:"丞相办法高妙!"

连成整体的战船行驶十分平稳,只是行驶速度比以前慢了些,但看到精神抖擞的军士,曹孟德感到满心喜悦。

忽然听说周瑜水军已屯驻三江口,派出去的招降使者已被周瑜斩首示众,那封招降书被周瑜撕得粉碎。曹孟德大怒道:"两军交战不斩来使,这周瑜欺人太甚,我非给他一记重创不可!"命令蔡瑁、张允为前军,催督战舰迅速抵达三江口。

宽阔的三江口,东吴船只正徐徐而上,为首一只船的船头立着一员大将。那大将扯着嗓门大喊:"我是东吴战将甘宁,谁敢来与我决战!"

蔡瑁、张允败回。曹孟德命船队停止开拔,然后将蔡张二人传到帐下。

"东吴兵少,反而将你们打得惨败,你们二人怎么交代?"曹孟德责备他们道。

蔡瑁说:"荆州水军,很久没有操练;青州和徐州的军队更不会水上作战。这就是失败的原因。我军应当设立水寨,让青、徐两军在中间,荆州军在外面,每天让他们集训,这样经过一段时间才能迎战东吴水军。"

曹孟德说:"既然让你们做水军都督,训练之事自行安排就是了,何必向我禀报。从明日起,你们二人好好训练水军,再打败仗,提你们的人头来见我。"

二人胆战心惊地退出营帐。

周瑜初战告捷,犒赏三军,一面派人向孙权报喜。

这天晚上,周瑜出寨观望,只见上游两三里处火光接天。左右的军士告诉他:"这是曹军的灯火。"

曹孟德见蔡瑁、张允治军有方,非常高兴。鼓舞将士,说:"胜败乃兵家常事,等两位将军训练好水军,踏平东吴指日可待!"但曹孟德依然不忘自己形成习惯的攻心战。他想,若能劝降周瑜,擒孙权,捉刘备就易如反掌了。但想起周瑜毁书斩使之事就感到劝降的渺茫。他嘱人四处打听军中有没有跟周瑜关系接近的人。

曹孟德正为此事苦恼,帐下突然有人毛遂自荐。原来是幕宾蒋干,九江人,名子翼。曹孟德高兴至极,问:"子翼有把握劝降周公瑾?"蒋干说:"我与

公瑾是读书时的同窗好友,凭我的三寸不烂之舌,定能劝说公瑾弃暗投明!"曹孟德说:"你需要什么东西尽管吩咐。"蒋干:"只需一童随往,两人驾船送我就行了。"曹孟德想起曾劝说刘表而被黄祖所杀的弥衡,就对这位有些口吐狂言的蒋干产生了怀疑。又想,此人久居我帐下,今天说不定是真正的显山露水,去也无妨,万一能说动周瑜,那岂不是一大好事。于是置酒与蒋干送行。

蒋干乘一叶扁舟,直接到周瑜寨中,叫人通报:"公瑾同窗蒋干来访!"

周瑜正在寨中思考如何除去蔡瑁、张允之事,听说蒋干来访,笑着说:"说客来了!"眉头一皱,计上心来,就低声向众人吩咐一番,出寨迎接蒋干。

蒋干拱手施礼道:"九江一别已是十五六载,公瑾活得可好。"

周瑜说:"一介书生,竟然远涉江湖,恐怕又是替曹氏当说客来了?"

蒋干听周瑜一语中的,非常惊愕,笑着说:"我与公瑾分别这么久了,特来叙旧。居然疑我为说客,实在有些不够朋友。"

周瑜说:"我虽然不如师旷那么聪慧,但对你还是了如指掌。"蒋干显得有些不悦,说:"公瑾如此对待老朋友,我只好告辞。"

周瑜笑着去挽住蒋干的臂膀,说:"我满以为你是替曹氏做说客。既然是以老朋友身份来访,怎么能让你走呢?"二人一同进入帐中。

这时,江左的许多文武百官云集帐下,周瑜向他们介绍了蒋干之后,让他们分两排坐定,自己与蒋干坐在上位。这时,乐队已陈列于帐下,一群美女也翩然而入。

鼓乐声起,舞女们轻舒广袖,好不热闹。

一曲终了,周瑜说:"蒋先生是我的同乡,虽是曹营中人,但今日特来与我叙旧情,先生绝不可能做曹氏说客。"又将佩剑解下交与太史慈,说:"你可以佩剑监督我们饮酒,老朋友相见分外亲切,切勿谈起那些冲冲杀杀的事,否则,我让太史慈执剑斩之。"四座噤如寒蝉。

蒋干哪里还敢提劝降之事。

周瑜说:"我本来滴酒不沾,今日与老朋友相聚,破例开戒,大家开怀畅饮,一醉方休!"说罢,大笑畅饮,座上觥筹交错。

饮至半酣,周瑜拉着蒋干的手,一同出帐观赏江上夜景。周瑜问:"我的军士如何?"蒋干说:"真是威武之师。"周瑜又带蒋干到帐后观望,只见粮草堆积如山。周瑜问:"我的粮草如何?"蒋干说:"兵精粮足。"

周瑜装着酩酊大醉的样子,大笑着说:"想当初我与子翼同窗之日,哪里想到我有今天。"蒋干说:"公瑾读书之日就锋芒初试,能有今天,当属情理中事。"周瑜又拉着蒋干的手说:"大丈夫行事不能见风使舵,应择主而事。孙仲谋为人率直,勇谋过人,前景光明,我已跟定了孙将军,荣华富贵都不能动我跟定孙仲谋之心!"说罢大笑不已,蒋干劝降之意更是远在九霄云外。

周瑜又拉着蒋干入帐,与众人再饮,直至月亮西沉,蒋干说:"我实在不能再喝了。"周瑜说："好久不曾与子翼同床而眠,今晚就与我同睡。"时已近三更,帐内灯火微明,蒋干看见桌上堆着一卷文书,于是蹑手蹑脚走到桌旁,轻轻翻阅,忽然看见一封信,上面写着"蔡瑁、张允谨封"。蒋干大为震惊,便悄悄展读。蒋干想,怪不得丞相责备二人不思进取,治军不严,原来这两人早已有谋反之心。又想,劝降之事不成,带回这份情报也算不冤枉。于是将信装入内衣口袋。这时,周瑜在床上翻了个身,嘴里含混地发出一串梦话："子翼,你若不走,我几天之后让你看操贼之首。"

蒋干忙吹灭灯盏,将翻检过的文卷稍事整理,回到帐中,轻唤："公瑾,公瑾。"没有回应。蒋干揣着密信如获至宝,哪里还有心思睡觉。周瑜很是懊悔地说："我平日不沾酒,昨晚多喝了几杯,不知说了什么?"那人说："江北有人到此。"周瑜说："轻点声!"又喊："子翼,子翼。"蒋干也学着周瑜打起鼾来。之后,周瑜悄悄走到帐外,蒋干侧耳偷听,只听得外面有人说："蔡、张二将军让我们这几天暂不出兵……"一会儿,周瑜又进帐来喊："子翼。"蒋干依然鼾声如雷。周瑜又倒头便睡。

蒋干想："周瑜是个精明之子,假如他醒来找不到密信,我如何脱身。"时至五更,蒋干穿衣完毕,又喊公瑾,周瑜正睡得香甜。蒋干悄悄出帐来,叫小童一道快步走出辕门。守门军士问："先生到哪儿去?"蒋干说："公瑾昨晚贪杯,正蒙头大睡,我实在不忍惊扰,留下几句话在案上。"那军士也不阻拦。蒋干快步登船,命小童快速划船,自己也帮着操桨划水。

天色微明,蒋干径自到了曹孟德帐下。

"丞相不曾醒来。"守帐军士不让蒋干进去。

"子翼莫非带回了好消息。赶快进来!"帐内传来曹孟德的声音。

"周瑜心肠似铁,不是言词能打动的。"蒋干说。曹孟德脸色阴沉。

蒋干神秘地说："我得到了一份重要情报。"看看左右无人便从怀中取出密信递与曹孟德。

曹孟德一面整顿衣冠,一面说："给我传蔡瑁、张允到帐下来。"

一会儿,蔡、张二人到来。

二人见曹孟德满脸杀气,不知发生了什么事,你看看我,我看看你,感到十分惶惑。

"我待你们不薄,为何这般吃里爬外!"曹孟德吼道。二人不知所云,面面相觑。

曹孟德将那封密信扔给二人,二人看了信,哭道："冤枉啊,丞相!"

"事实面前还敢狡辩,推出去斩了!"曹孟德挥手说道。二人被军士押解出帐。

"慢着!"曹孟德似乎意识到了什么,连忙招呼军士。

军士止步。

曹孟德走到二人身边,很是愧疚地说:"二位将军受惊了,我差点冤枉了你们!"

成命收回,二人仍然莫名其妙。"你们走吧,训练水军去吧。"

二人走后,曹孟德颓丧地坐回凳上。

"人老了,这脑子也愚笨了,我险些枉杀了两位能干的将军。"他仿佛经历了一场噩梦。

娄生对曹孟德的举止大为不解,说:"丞相今日如何这般表现?"

曹孟德说:"我差点上了周瑜的当。你想想,蔡、张二人可能叛变吗?第一,两个的亲眷均在荆州,属于我们的掌握之中,二人难道不为家人着想。第二,我方力量如此强大,灭孙权刘备是旦夕之事。二位愿意去投行将为我所灭的孙权、刘备吗?第三,蒋干的去意周瑜明明知晓,一封绝密信件怎么能轻易落到蒋干的手中,蒋干又如何能轻轻松松地回来。这分明是周瑜设下的圈套。我险些上当!"

娄生说:"可否找蔡、张二人核对笔迹?"

曹孟德说:"用不着,不能再让二人担惊受怕了。"

娄生忽然有个念头,他想验证曹孟德的判断。

这一天夜晚,蔡瑁、张允正在训练水军,忽然有人喊:"两位将军稍息,丞相有会。"

二人走出水寨,娄生说:"二位将军训练很是辛苦。"二人没吱声。蔡瑁想,如今水军已训练得差不多了,莫非丞相……

张允说:"既是丞相吩咐,想必是有要紧事。"

娄生想观察二人的反应,说:"可能是半月前那桩事。"

二人一听,满以为丞相见他们训练已经成功,留他们没有什么用了。张允便向蔡瑁使了一个眼色,蔡瑁会意。三人走到一个僻静处,张允拔剑说:"疑我们反叛,我们干脆投东吴去。"一剑刺去,正中娄生心窝,可怜娄生一介谋士就这样被小聪明误了性命。

二人正想登舟逃跑,被夜间巡逻的虎豹队发现,曹纯问:"二位将军半夜三更打算去哪儿?"张允说:"去下游看看水情。"曹纯说:"凡出水寨,必得有丞相的放行文书。请将军出示与我。"二人杀了娄生,又拿不出放行文书,回头也不免一死,干脆驾船逃命。

曹纯更怀疑二人是叛贼,跃上船头,二人来不及作任何反应,就被曹纯砍为四截。

可怜蔡、张二人,兢兢业业为曹孟德训练水军,却因娄生的小聪明而断送了性命,而让曹孟德成为周瑜及世人的笑柄。

曹孟德冤枉,娄生冤枉,蔡瑁和张允更冤枉。及至明末,有一个叫柳敬亭的读书人很为他们鸣不平,于说书讲史中编了一首小诗,诗云:

周郎巧施反间计,曹公识破竟不语。
娄生自作小聪明,蔡张屈成刀下鬼。

曹纯提着两颗人头去禀报曹孟德,当即又有人禀报娄生被杀的消息。曹孟德气得说不出话来。这个中究竟,把贾诩都弄懵了。还是老将程昱能理会,他说:"厚葬二位将军,对外就说二人企图谋反而被处死。"又派人到荆州安抚蔡、张的家属。

曹孟德一气之下又杀了蒋干,说:"一介腐儒,成事不足,败事有余。让老夫贻笑大方!"之后,任命毛玠、于禁为水军都督。

周瑜得知蔡、张二人被杀的消息,并没有显出太多的高兴。鲁肃说:"二人已除,都督的心腹之患就没有了,众将领兴高采烈,为何你却悄然不语?"周瑜说:"我的计谋能瞒过诸将,却难以瞒过孔明,你去探探孔明的口气,看他有何反应?"

鲁肃依照周瑜的吩咐来到孔明的船上,孔明正在读书。

"好久不曾拜望先生,今日偷闲来向你致歉。"鲁肃先开口说话。

孔明笑着说:"子敬、公瑾这几日好辛苦,总算干成一件大事。我正想向公瑾表示祝贺呢。"

鲁肃愕然。

孔明又说:"希望子敬在公瑾面前不要说我知道蔡、张二人被杀之事。我担心公瑾加害生事。"

鲁肃应诺一番,回去将孔明的料事如神以及希望公瑾不要加害于他的事告诉了周瑜。周瑜惊恐万分,说:"此人绝不可留!"鲁肃劝道:"若杀了孔明,恐怕被曹公讥笑。"周瑜说:"我当然要叫他死个明白!"

一腔的愤怒,只是一时的冲动罢了,要涉及正事的作战应该把个人的恩怨放置一边才是。

第二十六章　谋天机草船借箭
　　　　　　孟德心念铜雀台

　　在诸葛亮与周瑜发生冲突之后,他们两人以大局为重,还是把抗曹作为主要的斗争对象。二人不再因为区区小事而斤斤计较,第二天,周瑜嘱人请孔明来帐中议事。

　　"我不久就要和曹军决战,大江作战,什么兵器最好?"周瑜问孔明。

　　孔明答:"水路交战,当然是弓箭最好!"

　　周瑜说:"先生的意见与我相同,只是我军弓箭缺乏,可不可以劳驾先生监造十万枝箭,但愿你不会推卸吧?"

　　孔明思忖片刻,说:"我愿为联军效力,只是不知什么时候需要?"

　　周瑜想,造十万枝箭谈何容易,昔日自己亲自监造,也得一月以上,"十日之内,能完成吗?"周瑜说。

　　"战事如火烧眉毛,十日恐误军情,三日如何?"孔明一本正经地说。

　　周瑜简直不相信自己的耳朵,强调说:"三日能完成?"

　　孔明肯定地点点头。

　　周瑜太高兴了,以为孔明是被自己吓昏了头。

　　"军中无戏言!"周瑜提高声调,语气异常严肃。

　　孔明也提高了声调说:"三日不办,甘愿受罚,我愿立军令状。"

　　周瑜求之不得,连忙吩咐军政司取来笔墨纸砚,写好军令状。

　　军令状已下,孔明告辞的时候说:"第三天的黄昏,请派人到江边取箭。"

　　鲁肃悄声对周瑜说:"孔明莫非在欺骗你?"

　　周瑜大大咧咧地说:"他自己往死路上走,不是我逼他,如今当众立了军令状,谁也帮不了他的忙,即使军中工匠一齐动手,三天之内也不可能造出十万枝箭,这下,孔明可是插翅难飞了。"说罢狂笑不已。

　　鲁肃又去见孔明,孔明说:"我嘱咐你不要说出我知道蔡、张二人之事,你却说了,害得我立下军令状,三日之内,我如何能造十万枝箭。子敬得救救我!"

　　鲁肃说:"谁叫你立军令状,我如何能救你?"

　　孔明装着可怜状,说:"恳请子敬借与我二十只船,每船要三十个军士,船上四周用青色布幔遮盖,舱内装上千把稻草人。这样,不愁弄不到十万枝箭。但我恳求你不要告诉公瑾,否则,我的命真的没有了。"

　　鲁肃答应了,却不知孔明向他索取那些东西有啥用。周瑜问起孔明造箭的准备情况,鲁肃没有谈孔明借船等事,只说:"孔明并不用箭竹、翎毛、胶膝等东西,但我看他胸有成竹的样子,一定大有名堂。"周瑜说:"管他怎么造呢,反正三日之后看他如何交差。"

鲁肃将船等物交与孔明,却不见孔明有所行动。一连两天如此,鲁肃沉不住气了,三番五次跑去催问孔明,孔明整日躺在船舱内看书吟诗作文,很是悠闲。周瑜听了鲁肃的汇报,更觉得不可思议。

第三日四更,孔明悄悄把鲁肃请到船中。

鲁肃问:"你召我来有什么吩咐?"又打趣说:"莫不是有后事托付与我。"

孔明正经八本地说:"特请子敬与我一同去取箭。"

只见孔明已将二十只船用一根长绳连起来,二人登船以后,孔明敦促船只直接向北岸逆流而上。

这天早晨大雾漫天,几步之外不辨人影。大江大雾已成文人墨客的歌咏内容,有篇题为《大雾垂江赋》的文章,这样咏叹道:

"大哉长江!西接岷、峨,南接三关,北带九河。汇百川而入海,历万古以扬波。至若龙伯、海若、江妃、水母,长鲸于丈,天蜈九首,鬼怪异类,咸集而有。盖夫鬼神之所凭依,英雄之所据守也。时也阴阳既乱,昧爽不分。讶长空之一色,忽大雾之四屯。虽舆薪而莫睹,惟金鼓之可闻。初若溟蒙,才隐南山之豹;渐而充塞,欲迷北海之鲲。然后上接高天,下垂厚地;渺乎苍茫,浩宇无际。鲸鲵出水而腾波,蛟龙潜渊而吐气。又如梅霖收溽,春阴酿寒;溟溟漠漠,浩浩漫漫。东失柴桑之岸,南无复口之山……"

约至五更,船已近曹军水寨,孔明教人将船横排于江面,然后又教人擂鼓呐喊。鲁肃很紧张,说:"假如曹兵一齐杀来,怎么对付?"孔明说:"毛玠、于禁见如此大雾,怎敢出来?"二人于是置酒对饮。

毛玠、于禁果然不敢出来阻击,只是一股脑地下令军士们放箭,箭似飞蝗般射来,穿透青色帏幔,插在稻草人上。

孔明估计十万支箭已是有多没少了,就下令打顺船只,并令军士们齐声高喊:"感谢二位将军赐箭!"

这时江上雾已快散尽了,于禁、毛玠看"孙"字旗帜分明可见,方知上当,连忙派船追击,孔明船队已顺流漂走二十多里,曹军追之不及,只得返回。

鲁肃赞叹道:"先生真是神人,怎么知道今日江上要起大雾呢?"孔明说:"不读兵书,不晓天候,不知天文地理,不通阴阳八卦,我怎么敢冒死应承呢?公瑾限我十天完成,不派工匠与我,材料不济,不是明摆着要我性命吗?我的命是天给的,公瑾怎么害得了我。实不相瞒,三天以前我就算定今日江上有大雾,所以才夸下海口。"

这时候,周瑜已派五六百军士在江边等候搬箭。

鲁肃去见周瑜,讲述了孔明取箭经过,周瑜叹息道:"孔明神机妙算,我的

第二十六章 谋天机草船借箭 孟德心念铜雀台

确不如他！"

周瑜又邀孔明进帐饮酒。周瑜说："吴主又派人来催我进兵，但我还没有想好破曹的计划，希望先生赐教。"孔明谦逊地说："我不过一平庸之辈，哪有什么妙计？"周瑜说："我观察曹军水寨，很是严整，一般人对此无计可施。我想了一条计，不知如何，请将军同我一块筹划。"

孔明说："我们各自将思考的结果写在手上，看是否一致。"周瑜非常高兴，叫人取来笔砚，自己先往手心上写了一个字，尔后孔明也在自家手上写了一个字，两个凑到一起，伸出手来，两人的手心都写了一个"火"字。周瑜说："我两人不谋而合，这条计可以用，希望先生不要泄露。"孔明说："军中大事无儿戏，公瑾只管实施就成了。"

曹孟德因蔡瑁、张允二将无端被杀，感到万分懊悔。南征以来，虽无大的波折，但他总感觉磕磕绊绊，远不如北征那么顺手。他反复审视自己在战略上的策划。是时机不成熟，还是南方力量本身就很强大，他想不出个究竟。从力量而言，自己是联军的十多倍，单就水军的力量，自己也是孙刘联军的五六倍，步兵就更不用说了。……

曹孟德想理顺南征以来的千头万绪，他的面前跪着毛玠和于禁两位刚继任不久的水军都督，他们正等候着他的发落。他仿佛没有看见他们的存在，依旧想自己的心事，贾诩的离间周瑜、孔明的计划看来毫无进展，孙刘力量已经拧成了一根无法折断的绳子，攻心战在这里显得苍白无力。既然立下以天下任为己任的抱负，怎么能知难而退，功亏一篑呢？

"丞相，我们有罪，请发落吧！"

毛玠、于禁的声音打断了他的思绪。

曹孟德欠起身来，忽然感到脑子里一片迷茫，接着"嗡"的一声，踉跄几步，险些跌倒，左右侍卫连忙上前搀住，他意识到自己的老毛病又要犯了。之后，他从悲愤中昂起了不屈的头颅。

曹孟德一步步走向毛玠和于禁，两人的头垂得更低了。

没有呵斥，没有责骂，更没有发落，他将两人一个一个扶起，拍着他们的背，幽幽缓缓地说："这不怪你们，只因孔明太厉害了。况且，你们二人对水战不在行，若是我也可能放那么多箭，水上作战，百般兵器箭为首啊！"

"程、程老将军呢？"曹孟德忽然想起程昱。

"正在江上布防呢。"军士答。

"快快叫将军！"曹孟德吩咐。

军士应声而出。

一会儿，程昱到。

"程将军，我也思谋了很久，主战船连在一起，固然克服了战船摇晃，军士晕船的毛病，但我还是担心，万一周瑜用火攻，那后果就令人不堪设想。"曹孟德又说出了挂在心上放不下的问题。

程昱说:"丞相放心,主战船的周围有许多护航的机动战船,战船上弓箭手林立,再说,这段时间已入冬了,不会刮东南风。"

"多派军士日夜守护战船,凡未持有守船令者,跨入禁区半步,即刻处死!"曹孟德说。

程昱领命而去。

望着这位忠心耿耿,随自己南征北讨的老将军,曹孟德心中涌起一阵酸楚。颐养天年,是啊,是该颐养天年了。

"丞相不必忧虑,我有一计可以破东吴。"贾诩说。

曹孟德没有吱声,但有听下去的意思。

贾诩说:"江东有周瑜、诸葛亮二人用计,很难对付。"

"这不用赘述。"曹孟德打断贾诩的话,显得有些不耐烦。

"可差人去东吴诈降,以做内应。"贾诩只好直截了当地说。

曹孟德想了许久,才说:"军中谁可以担此大任呢?"

贾诩说:"蔡瑁被杀,蔡瑁的族人亲眷都在军中。蔡瑁的族弟蔡中、蔡和现为副将。丞相可以派二人前往。"

"这……",曹孟德显得非常犹豫。

"东吴周瑜以为丞相杀了蔡瑁,今番蔡瑁之弟去投东吴,这是情理中事,不会引起周瑜的怀疑。"贾诩解释道。

曹孟德在没有想出更好办法的情况之下,只得依贾诩之计而行了。

周瑜见第一战就挫了曹军锐气,又不费一兵一卒就夺得十多万支箭,正打主意进兵。

寒波澹澹起,白鸟悠悠下。

周瑜等人正在寨外往上游观看,忽见一只小船像树叶一般从上流飘将下来,眨眼工夫,那小船已泊在东吴水寨旁边。

从船上急急跳下两个人来,哭喊:"周都督在哪儿,周都督给我们做主啊。"

周瑜把二人唤进帐中。

二人哭拜着述说:"兄长蔡瑁,无辜被曹贼所杀。我二人欲为报兄仇,特来投靠周都督。"

周瑜说:"难得这般忠义之心,我接纳你们。"又盼咐人赏与二人一些银两。

二人暗自高兴,以为周瑜中计。

周瑜悄悄把甘宁叫到一边,说:"这二人不带家小亲眷,必是诈降无疑。吾准备将计就计,你好好照料二人,待出兵之时,拿他们杀了祭旗。"

鲁肃去见周瑜,说:"蔡氏兄弟来降多半有诈。"

周瑜斥责道:"兄长被杀,替兄报仇而来投我,这是情理中事,何诈之有。你如此多疑,如何揽天下之士?"一阵抢白,鲁肃感到大惑不解,去找孔明。

"那公瑾为何……"孔明哈哈大笑,说:"公瑾是将计就计,正需要二人通报消息。"

鲁肃笑道:"你和公瑾真是天下少有的智士。"

这天夜里,周瑜正独坐帐中思谋如何利用蔡氏兄弟向曹操传递假情况,黄盖老将军来访。

"将军深夜来访,一定有良谋赐教?"周瑜说。

黄盖说:"敌众我寡,不宜长久相持,何不用火攻之?"

周瑜说:"不知曹操战船如何分布,若是连在一块,则宜火攻。倘若分散排列于江上,到时着火船只左右冲突,我军也要受其害。"

黄盖说:"我愿意去北军水寨看个水落石出,之后再作定论。"

周瑜握着黄盖的手说:"老将军为东吴可以说心力交瘁,可惜东吴像你这样的人太少了。"

第二天,黄盖、甘宁、周泰、吕范四员战将各领一只战船逆流而上,船速很慢,至黄昏,渐渐逼近曹军船队,黄盖立在船头看那曹军水寨,气势颇为壮观,外围皆被游动的船只包围,内围看不清楚。

黄盖吩咐甘宁等几人:"我们突然冲上去,尽量往里冲,看清主战船的分布之后立即调转船头各自往回撤。"

四只战船在黄昏的笼罩中突然加速,直冲敌阵,曹军早有准备,箭如雨下,黄盖的左肩中了一箭,来不及拔去箭,一直冲进里层,然后掉过船头又冲了出来,其余三条战船也处于包围之中,左冲右突都无济于事,军士们被箭雨射死者不计其数,尸体在江上飘飘悠悠而下。

如容易才找到一个空子,四只战船发疯似地冲过去,吕范的船首当其冲,刚冲出一个空子,迎面又飞驶过来两只敌船,吕范大吼一声:"黄老将军不要管我,赶快回去禀报都督!"只听见一声巨响,吕范的战船和迎面来的两只敌船相撞了,巨响过处,江面上溅起一团很大的浪花。黄盖等三只战船终于冲出重围。

曹军欢呼雀跃,水军负责外围防守的头目张云,急忙上寨报告曹孟德:"丞相,我们重创敌船。"

曹孟德并没有露太多的喜色。

"来了几条战船,有哪些将领?"曹孟德问。

张云说:"一共四只,每只战船上有一员主将,他们是黄盖、甘宁、周泰、吕范,吕范已被乱箭射死,其余三将狼狈而逃。"张云为了邀功,显然谎报军情,没有向曹孟德禀报自己船只受损之事。

曹孟德问:"他们冲进我方主战船没有?"

张云答:"刚接近外围,就被我们杀得大败而逃。"

曹孟德判断这四条战船是来探虚实的,既然未冲进主战船便遭到重创,就放心了。曹孟德高兴地奖赏了水军,立刻封张云为水军副都督。

为了庆祝水上作战的第一次大胜,也为了激发决战前夕的士气。曹孟德下令在主战船,连环船上大开庆祝宴会。

公元208年,建安十三年冬月十五日。

激战之后的江面风平浪静,这晚月明如画,江山也如画,曹孟德坐上主战船。

月涌大江流。

曹孟德左右侍御者数百人,都如同过节一般穿着锦衣绣袄,荷戈执戟。文武百官,依次而坐。

曹孟德仰头以手指山:"这叫什么山?"

左右答:"这叫南屏山,山上有一古钟,守山老人敲钟以报时。"

曹孟德侧耳聆听,一会儿,果然有悠悠钟声萦回于大江两岸。向东望去,可以看见柴桑广袤的土地,向西远眺,夏口的江上渔火点点,向南远望,樊山气势恢弘,那后方便是乌林。

曹孟德对文武百官们说:"我自举义兵以来,仰仗天意及群臣辅佐,为国家除残去秽,成果卓著,北方早已是国泰民安,五谷丰登的景象。唯一使我不安的就是这江南大地依然四分五裂,诸侯割据。今天,我拥有百万雄师,只要大家同心协力,收复江南就指日可待了。"

大家齐声欢呼:"愿早奏凯歌,以乐太平。"

曹孟德手指夏口,说:"刘备,诸葛亮,敢与我百万雄师抗衡,蚍蜉撼树,何其难哉!"又回头对众人说:"听说乔公有二女,皆是国色天香,不料为孙策、周瑜所娶,如取江南,我当娶二乔,奉养于铜雀台上,以娱老夫暮年!"说罢敞声大笑。

众人举杯欢呼:"丞相康健,天下兴旺!"

曹孟德正与众人饮酒谈笑,忽听寒鸦之声于水上掠过,曹孟德问左右:"这乌鸦为何夜间鸣叫?"

左右答:"鸦见月色明朗,以为天晓,所以离开枝头,于夜空中嘹唳。"

这时,曹孟德已是酩酊大醉,命人取来那杆槊,自己将槊立于船头,将满满一杯酒洒向江中,把槊横握在手中,大笑着说:"我持此槊擒吕布,灭袁术,收袁绍,征乌桓,深入塞北,直抵辽东,纵横天下,此槊不负大丈夫之志,面对此景,老夫我感慨万千,我乘着酒兴赋诗一首,大家跟着我吟唱。"

沉吟片刻,曹孟德引喉高歌:

对酒当歌,人生几何。譬如朝露,去日苦多。

第二十六章 谋天机草船借箭 孟德心念铜雀台

慨当以慷,忧思难忘。何以解忧,唯有杜康。
青青子衿,食野之草。我有嘉宾,鼓瑟吹笙。
皎皎明月,何时可辍。忧从中来,不可断绝。
越陌度阡,枉用相存。契阔谈䜩,必念旧恩。
月明星稀,乌鹊南飞。绕树三匝,无枝可依。
山不厌高,水不厌深。周公吐哺,天下归心。

大家跟着唱起来:

高举酒杯,开怀畅饮,高歌一曲,及时行乐!
人生在世,时日无多,好比朝露,日出消失!
……

黄盖、甘宁等败回。
周瑜鸣鼓,诸将齐集帐下。孔明也在座。
周瑜说:"败军之将,有何面目见我!"
甘宁、周泰以头抢地,连呼"死罪!"独有黄盖高昂头颅,一只手捂着受伤的胳膊说:"曹公果然厉害,我们几万军士怎奈何曹公八十三万人马,我们尽死力拼杀,好不容易才拣回这条老命。"
周瑜大怒道:"两军开战,你怎敢长曹贼之志气,灭我东吴之威风,来人,将这败军之将拖下去斩了!"
甘宁连忙为黄盖求情,说:"公覆是东吴旧臣,望都督宽恕。"
周瑜吼道:"你还有脸说话,给我乱棒打出去!"
甘宁被推出去了,接着传来噼噼啪啪的声音和甘宁痛苦的叫声。
韩当跪下来为黄盖求情,说:"黄老将军罪该重处,但两军对垒之际,重责名将,恐怕不利。"
周瑜斥道:"哪有你说话的份,退下!"
黄盖依然昂头说道:"我随破虏将军纵横东南,三世老将,岂能在区区小儿面前下跪!"
周瑜吼声"大胆"。吩咐左右的人将黄盖按倒在地,剥去衣服,一阵乱打。可怜这位年逾花甲的老将军,臂膀本来就中了箭伤,在寒风中赤条条伏在地上,片刻功夫被打得皮开肉绽,鲜血迸流。老将军依旧骂声不断:"周瑜小儿,擅自用权,不得军心!"四下的军士无不掩面流涕。
蔡中蔡和偷偷观察周瑜,只见他脸色铁青,牙关咬得格格作响。心想,这周瑜也太狠心了。
鲁肃也看得老泪纵横,待众人散尽,随孔明来到船上。

"今天公瑾怒责公覆,我不敢为之规劝,先生是东吴之客,为何那般铁石心肠,袖手旁观。"鲁肃说。

孔明笑着说:"子敬又在欺骗我。"

鲁肃颇感冤枉地说:"我与你渡江以来,从未欺瞒先生,骗人之语又从何说起呢?"

孔明见鲁肃不是在装模作样,也就对鲁肃说了实话,他说:"周公瑾打黄盖,一个愿打,一个愿挨,是在用皮肉之苦换来东吴的水战成功。"

鲁肃才有所醒悟。

孔明又说:"曹操智谋过人,不在周公瑾之下。不用苦肉计怎能瞒过曹操那双鹰一般的眼睛。公瑾一定是派黄老将军诈降曹操,而让蔡中、蔡和送情报说黄盖有倒戈之意。子敬见了公瑾,千万不要说我知晓个中底细,只说我孔明也为黄盖鸣不平,埋怨都督太狠心了。"

鲁肃离了孔明小船,又入了周瑜帐中。

鲁肃和周瑜讨论黄盖一事,孔明的反应。

五更时分,周瑜佯装四处视察军情,看左右无人,溜进了黄盖帐中。此时黄盖正躺在床上呻吟,见周瑜进帐,挣扎着要起身,却被周瑜轻轻按住了。

周瑜紧握黄盖的手,说:"委屈老将军了!"

黄盖也很感动,说:"为了东吴,我这把老骨头早该献给吴主了,都督日夜操劳,也够辛苦的,吃点皮肉之苦能换得一方太平,值得,值得。"

一席话说得周瑜热泪盈眶。

"都督,火攻之计可行啊!"黄盖说。

周瑜来不及拭泪,将黄盖的手握得更紧了。

"昨日我们突击曹军战船,我好不容易接近曹军主战船,发现敌船用铁索连在一块,曹操的指挥船正处中央,我看清了那杆帅旗。"黄盖说。

二人正在交谈,外面有人说:"都督打老将,打也心甘痛也心甘。"声音不大,却能听见。

周瑜吓得变了脸色。

说话人已入了帐,二人一看,原来是阚泽。阚泽能言善辩,为人颇重恩义,性情耿介,好打抱不平,二十出头时,因杀贪官聚众于会稽山落草。孙坚赏识阚泽的胆略,招他为幕宾,如今已近二十年,自然是东吴元老了。周瑜出仕孙策,阚泽不喜欢周瑜为人虚假,嫉贤妒能,好大喜功,恃宠骄横,于是撒手不问及政事。成日闲荡,既是元老,人们奈何不得,在国难当头之际,阚泽被黄盖的耿耿忠心打动了,那天周瑜打黄盖的场面他也目睹了,他知道曹操派了蔡氏兄弟诈降,又从周瑜的言行举止判定黄盖在替周瑜实施苦肉计,于是,阚泽决定摒弃前嫌,为黄盖,也为东吴助上一臂之力。

阚泽突然入帐,周瑜骇得瞪大了眼睛,他怕苦肉计泄露,就想拔剑杀阚泽。

此时,周瑜的手已伸向了剑鞘。

"都督杀了我阚泽,谁能为你献诈降书呢?"阚泽镇静自若地说。

周瑜反倒被阚泽的言语神态给镇住了。

黄盖也料到周瑜有此番行动,便挣扎着去阻拦周瑜,见周瑜伸向剑鞘的手又缩了回去,黄盖才又躺下。

阚泽说:"拯救东吴,抗击曹操,难道只是都督公覆之事吗?我阚泽受吴主三世恩泽,虽未报点滴,但也不曾做过有辱吴主之事。"

周瑜见阚泽诚恳至极,心想这阚泽虽很久未为东吴出策献计,但为人倒也坦荡磊落,就渐渐放下心来。

阚泽抚着黄盖的手说:"公覆兄安心调养,明日我就去送诈降书。"又侧身问周瑜:"都督若不嫌弃阚泽,当为吴主效犬马之劳。"

周瑜又思想这广袤的东吴之地有智谋忠勇的人实在太少,而畏首畏尾,见风使舵,只会嚼唇舌的人又太多了,实在找不出更合适的人。

阚泽见周瑜还心存犹豫,便厉声说道:"举大计不决,有辱都督名望。如果诈降不成功,我阚泽愿葬身鱼腹以效忠吴主。"

黄盖叹了一口气说:"此番行动,非阚泽莫属啊。"

周瑜见阚泽说出掏心窝子的话,就答应让阚泽送诈降书到曹军水寨。

"周公吐哺,天下归心!"曹孟德还沉浸在昨晚的欢乐兴奋之中。一夜之间,偏头痛的毛病似乎又离他远去了。

初冬的早晨,江上云蒸霞蔚,景象万千。此时,一抹朝阳从大江远处的水面上慢慢升起,远望如红橙浮在水上,近处雾气缭绕,反倒辨不清山水。

曹孟德在虎豹队的保护下在江边漫步,舒展着筋骨。

"逝者如斯夫,不舍昼夜。"望着滚滚东流的长江水,曹孟德忽然感到人生是那么短促,五十多岁了,依然有那么多的事需要做,何时得休闲啊。

"曹仁,我老了吗?"这个问题,他自己也知道不是第一次提起了。

"丞相没有衰老的迹象,丞相依然精神焕发。"曹仁也记得自己不是第一次这么回答。

这时,一阵歌声从江面上传来。

"太阳浮在江中,星星还在水中,清晨烟雾中撒渔网,迎面送来凉爽的风……"

歌声那般的深沉,透出一种悲怆与凄凉。

渔歌中,渔船慢慢地飘向曹孟德所处的陆上营寨。

"注意戒备!"曹仁说声。虎豹队员各就各位。

"请禀报丞相,我是东吴来的,送降书与曹丞相!"渔船上的人扯着喉咙喊道。

"又来诈降!"曹孟德冷笑道。就吩咐:"将来人引到我的帐下!"

这时,曹孟德已整顿好了衣衫,端坐帐中,四周排列着文臣武将。

"我是东吴参谋阚泽,字德润,特送来黄老将军的请降书。"阚泽施礼之后,自报姓名来由。

"黄公覆是东吴三世老将,为何不早不迟,偏在这个时候来投我曹孟德,这简直是痴人说梦。"曹孟德言罢哈哈大笑。

阚泽说:"黄老将军前日被周公瑾派遣与曹公交兵,结果被打得大败,肩膀受了箭伤,好不容易逃得性命,却被周瑜小儿于众将前毒打,不胜忿恨羞辱。我与公覆交情甚好,公覆故遣我密献降书,不知丞相肯容纳否?"

曹孟德知道这当中甚有蹊跷,但求贤若渴的心理还是驱使他想慢慢弄个究竟。

"把密信呈上来!"曹孟德说。

阚泽不慌不忙地脱下棉袄,从夹层中撕开一个口子,取出一封密信,信封上还有点血迹。

曹孟德看看那上面的一团血迹,在心里冷笑道:"这周公瑾把计设得天衣无缝。"

曹孟德拆信。

信中的内容是黄盖归顺的意思。

既来归降,却不写明来降日期。既然被打得皮开肉绽,文字却写得如此遒劲从容。不早不迟,偏在两军恋战之时,那天黄盖分明是来探军情而被我军打得狼狈而逃。且让我看看这人的反应如何?

"大胆渔翁,敢来欺诈我。这分明是周瑜用的苦肉计,给我推下去斩了!"

左右将阚泽拥下。

阚泽面不改色,仰天大笑。

曹孟德说:"且慢!我已识破你的奸计,为何这般大笑?"

阚泽说:"我不是笑你,而是笑黄公覆太不了解人了。"

曹孟德问:"你说黄公覆为何不了解人?"

阚泽把头一昂,说:"要杀就杀,何必多问!"早摆出一种大义凛然,视死如归的架势。

曹孟德并不想马上杀人,而想弄清楚个中蹊跷,于是又说:"我自幼熟读兵书,深知奸伪之道,你这条计只能瞒那些无能之辈,在我面前,简直是鲁班门前耍大斧。"

阚泽也掌握了曹孟德的心理,说:"你说密信中哪些事是奸计?"

曹孟德说:"我说出来也无妨,好让你死个明白。既说举兵倒戈于我,怎么不写明日期?"

阚泽朗声大笑,说:"亏你还说熟读兵书,还不如及早收兵。倘若交战,必被周瑜生擒。不学无术之辈,可惜我屈死在你手上。"

第二十六章 谋天机草船借箭 孟德心念铜雀台

曹孟德说:"只要你说得有理,我自然敬服。"

阚泽说:"岂不闻背着主人另投他人,不能约定期限。倘若泄露机密,则害人害己。只能见机行事,这道理实在简单,你却不勘愚贤,不识真伪,不辨忠奸,实在是昏庸无能之辈。"

这一席话使得曹孟德怀疑起自己的推断来了。他想,既然阚泽已在我手中,早杀晚杀都一样,等把事理弄清楚之后再作定论。

于是曹孟德满脸堆笑,从席上走下,拉着阚泽的手,很是后悔地说:"我差点枉杀了一个有识之士。你和黄老将军能识大体,实在难得,日后破了孙权刘备,我定要加官封爵。"

阚泽若无其事地说:"阚泽不敢望丞相加官封爵,只要不枉杀我辈,也就感恩戴德了。"

曹孟德命置酒以待阚泽。

一会儿,又有人入帐来,在曹孟德耳边私语。

曹孟德说:"把信拿来!"

那人把信呈给曹孟德。

阚泽见曹孟德面有喜色,心想:"一定是蔡氏兄弟密报黄盖受刑的事,这样,曹孟德就更相信我了。"

曹孟德回头对阚泽说:"劳顿先生再回江东,与公覆约定倒戈之具体时日,再派人与我联络。"

曹孟德之所以要这样做,是因为他对阚泽尚怀戒心,待阚泽来不及弄清水寨战船的布局,打发他回东吴,实则是两全其美之事,一可以试探黄盖求降的真伪,二可免军情泄露。

阚泽说:"我出来时间长了,恐周瑜生疑,也好,我立刻回去把曹公真诚纳降之事告知黄将军,也好早日择机而来。"

曹孟德厚赠以金银布帛,阚泽没有接受,辞别曹孟德,登上轻舟,趁黑夜飘然而下。

周瑜黄盖见阚泽安然而归,非常高兴。

阚泽说:"事已成功了大半,曹操深信不疑。"

黄盖说:"我用轻舟逼近曹操水寨,上装引火材料,然后实施放火,大功可成。"

阚泽说:"关键的问题是以什么办法与曹操联系呢?"

周瑜说:"可借蔡氏兄弟之口。"

阚泽很是轻松地说:"我今日去访蔡氏兄弟,让他们把联络方法告知曹操。"

周瑜就依了阚泽的意见。

这天晚上,阚泽先进了甘宁营寨,蔡氏兄弟与甘宁同在一个营寨。

阚泽假装瞅瞅四周,说:"那天公瑾无端毒打公覆,你为公覆求情,反被公瑾痛骂,我很是鸣不平。"

甘宁笑而不答。

二人正在打哑谜,蔡氏兄弟进来了。

阚泽用目光示意甘宁,甘宁会意。

甘宁叹息着说:"周公瑾自恃其能,全不把我们放在眼里。我被他羞辱,有何面目见人啊。"说罢,牙关紧咬,捶胸顿足。

阚泽乘机附在甘宁耳边窃窃私语,一副同仇敌忾的样子,一种同是天涯沦落人的味道。

蔡和便悄悄向蔡中递了一眼色,意思是说:这正是劝降的天赐良机。

蔡中说:"将军为何这般气恼?"

阚泽叹了一口气说:"我们这些人的烦恼,你们怎能知道啊!"

蔡和说:"莫非想背叛吴主而投曹操?"

阚泽环视左右,大惊失色地说:"你,你怎么……"

甘宁拔出剑来,说:"我们的事已被你们识破,今日我不能不杀人灭口!"

蔡和、蔡中慌忙说:"我们是曹公派来诈降的,二位若有归降之心,我可向丞相引荐。"

阚泽说:"事已至此,我就不瞒二位了。我已将黄老将军无端遭辱而欲弃暗投明的事告诉了丞相。看来,我们四人是拴在一根绳上的蚂蚱了。"

甘宁说:"我早就不想受这窝囊气了,好了,我们四人干了这杯,同心同德,助丞相踏平江南。"

四人举杯同饮。

"事不宜迟,我马上写信给丞相,就说'甘将军与我同为内应,黄盖欲来,未得其便;但船头插青牙旗而来者,即可纳之。'"

阚泽和甘宁候着蔡氏兄弟将信写完,封好。

曹孟德想:决定战争胜利的因素中,我已占尽了天时与人和,如今是初冬,西北刮劲风,正是乘风破浪直捣东吴的好机会。蔡中蔡和内应,黄盖阚泽来降……

"天助我也!"他禁不住对着江对岸的远山高声呐喊。

"丞相,东吴有信来。"细作送信给曹孟德。

曹孟德一看便知道是蔡氏兄弟写的。

他连忙拆信,上面写着:

"东吴中黄盖甘宁决定投丞相,甘宁与我们兄弟二人做内应,黄将军择机行事,但见船头插青牙旗而来的便是。"

曹孟德下令:"谁替我下三江口出战?"

话音未落,有二员将领挺身而出,说:"小将虽是幽燕之人,也能泛舟江

第二十六章 谋天机草船借箭 孟德心念铜雀台

海。今天愿意带巡船二十只,直捣三江口,夺旗鼓而还,以扬江北军之神威。"

曹孟德一见请求出战的人是袁绍手下旧将焦触和张南,极不放心地说:"你们二人是长在北方,恐怕不能担此任务,江南之兵,往来水上如浪里白条,习练精熟,你们二位可不要拿性命当儿戏啊。"

焦触、张南二人大声嚷道:"如果不能,我们甘愿受军法惩处。"

曹孟德说:"战船已经锁住了,只有小船。每条船可容纳二十人,担心不能接战。"

焦触说:"何须劳驾大船,我们只需二十几只小船,我和张南各带十来只,今天直抵江南水寨,一定要夺旗斩将而还。"

曹孟德习惯地拍着脑袋想了一会儿,果断地说:"好,我就拨二十只船与你们二人,再拨精锐军士五百人,都执长枪硬弩。明日拂晓,我率主船到下游,以助声威。另外,派文聘率三十只巡逻船接应你们。"

二人领命,欣喜而退。

第二天,曹军水寨四更起便热闹非凡,将士们作好出征前的一切准备。五更时分,水寨上擂鼓鸣金,这是出发的信号。大小战船徐徐驶出水寨,小船靠前,大船居中,大船上张起一面蓝黄相杂的大旗,那便是曹军帅旗,"曹"字在晨曦中赫然夺目,晨风吹来,帅旗呼啦飘举,曹孟德抚剑立于大船船头,胡须轻扬。其余战船上,青红两色交杂的牙旗也迎着西北风哗啦啦作响,景象无比壮观。

一种情愫涌上曹孟德的心中,化为一代诗人的灵感,曹孟德放声歌咏:

大风起兮云飞扬,云飞扬兮起江上。
猛士胸怀揽大江,揽大江兮慰四方。

歌咏中,大小战船浩浩荡荡往江南进发。一时间,江水似停止了流动,朝雾也被劈开。

南岸昨夜已听到北方水寨鼓声喧震,远远望去,只见大小战船在游龙似的穿梭,知道是曹军在调练水军,便报知周瑜。周瑜登上南岸小山顶观看,曹军已经停止了调练,周瑜感到纳闷。这日大早,周瑜还在睡梦之中,听人急急到帐下禀报,说有小船冲波而来。周瑜连忙披衣而起,坐于帐中。

"谁敢去拦截曹军飞舟?"周瑜环顾左右。

韩当、周泰二人齐出。说:"我们二人愿做先锋破敌!"

周瑜点头,又传令各寨严加守御,不可擅自行动。

韩当、周泰二人各自带领五只哨船,从水寨左右两侧驶向江中,溅起两行汹涌的浪花。

焦触、张南二人凭一勇之气,飞棹小船直奔东吴水寨。韩当手执长枪,独立船头。焦触战船先到,便命令军士用乱箭射韩当,韩当用盾牌遮隔。焦触也用长枪与韩当交锋,只一个来回,便被韩当扎了个穿心透。张南随后大叫着赶来,周泰的船也迎上来,两边军士各用箭乱射。周泰一手挽着盾牌,一手提刀。两船只相隔七八尺,周泰飞身一跃,稳稳立于张南船头;手起刀落,张南人头便如南瓜滚落水中,周泰趁势乱杀驾船军士。曹军其余船只急忙调头北向,韩当、周泰催船追赶,到江心,恰与文聘的战船相遇,两边就摆开架势厮杀开来。

此时,周瑜带着众将领立在山顶观战,远远望去,只见江北水面艨冲斗舰排列江上,很是严整壮观。回头看文聘与韩当、周泰正在厮杀,韩当、周泰左右夹击,文聘勇斗一番之后调头北向,韩周二人催船急赶……周瑜猛然想起了什么,大叫一声,往后仰倒,口吐鲜血如注。诸将急忙扶起,周瑜已不省人事,被众将救回帐中。

众将便成了无头之鸟,说:"这下怎么得了,万一曹军得知都督突然病倒,趁势杀奔下来,我们如何抵挡?"连忙差人禀报吴侯,一面求医调治。

鲁肃见周瑜卧病,心中委实不安,来见孔明。孔明说:"好端端的公瑾,怎么突然之间病重如此。"鲁肃哭道:"这难道是天要亡东吴!"孔明说:"子敬不必伤感,我能疗救公瑾。"鲁肃化悲为喜,说:"倘能医好公瑾病,东吴有望啊。"

鲁肃先入帐见周瑜。周瑜说:"心腹搅痛,头晕目眩。"鲁肃问:"可曾服药!"周瑜说:"心中直想呕,药不能下咽。"鲁肃说:"都督放心,我刚才去看望孔明,孔明说他能为你疗治。他正在帐下,请他入帐,可以吗?"周瑜点头。

周瑜让左右的人扶起,坐在床上,只见脸色苍白,气喘不定。

孔明入帐,说:"几天不见都督,怎么病成这般模样?"

周瑜有气无力地说:"人有旦夕祸福,岂能自保?"

孔明笑着说:"天有不测风雨,人又岂能预料!"

周瑜听了之后,脸色更白了,又不断地呻吟起来。

孔明问:"都督心中是不是感觉很烦闷呀?"

周瑜答:"正是。"

孔明说:"看来只有以凉药来解。"

周瑜答:"已服了凉药,却全无效果。"

孔明说:"必须先理顺郁积之气,肺气顺畅,你的病不需药物即可自愈。"

周瑜问:"要理顺郁积之气,该服何种药物呢?"

孔明说:"拿笔墨纸砚来!"

孔明让左右的人退下,在纸上写下了十六个字:"欲破曹公,宜用火攻;万事俱备,只欠东风。"

写完之后递与周瑜,说:"这就是都督的病源。"

周瑜见了大惊,心想:"孔明的确有过人的智慧,我且待解了东吴之危,再

第二十六章　谋天机草船借箭　孟德心念铜雀台

设法对付,眼下不得不借助他的奇谋了。"就说:"先生已知我病源,将用什么药来疗治呢?燃眉之急,万请先生赐教。"这是周瑜在孔明面前第一次说的谦逊的话。

孔明说:"我才疏学浅,只是曾遇上一个仙人,自称是姜尚第二十八代传人传授奇门遁甲天书,可以呼风唤雨。都督若要东南风,可在南屏山上建一楼台,名叫七星坛,坛高九尺,共三层,需一百二十人,手执旗幡围绕。我在台上作法,供三日三夜东南大风,帮助都督用兵,怎么样?"

周瑜说:"不要说三日三夜,只一夜大风,即可杀败曹操,只是事情紧迫,不能再延缓了。"

孔明说:"十一月二十日甲子祭风,到二十二日丙寅风息,如何?"

周瑜听罢,精神立马振作起来,病已全无。众人见都督一夜之间面色红润如初,以为天方夜谭,均说都督这种人有神仙庇佑。

南屏山上好不热闹。

孔明正在山上指挥筑坛。

孔明于十一月二十日甲子吉辰,沐浴斋戒,身披道衣,赤足散发,来到坛前,吩咐鲁肃说:"子敬尽管去协助都督调兵,这里由我安排。"

曹孟德那日与周瑜开战,损了两员战将,他并不感到有丝毫气馁,比往常更加平静。这两员战将求胜心切,遇上韩当、周泰二位虎将,哪有不败之理。

忽有细作来报:孔明在南屏山上筑坛,坛高九尺云云,曹孟德笑着说:"周瑜、孔明已黔驴技穷,那是装神弄鬼扰乱军心。"

贾诩说:"这孔明智慧过人,我们应当提防为是。"

程昱也说:"那日帅旗平白无故飘落江中,这恐怕是一种不祥的征兆。"

曹孟德正色道:"大势所趋,旁门左道怎能奈何于我。孔明有祭坛,我有铜雀台,我与大乔、小乔于铜雀台上欢娱之日已为时不远了。"言罢捋须大笑。

这边东吴也积极准备火船,船内装满了芦苇干柴,灌上了鱼油,上面铺着硫磺、焰硝之类的引火药物,各用青布油单遮盖;船头上插上了青龙牙旗,船尾拴上了易于奔跑的小船。

第二十七章 借东风胜券在握
赤壁战败势已定

公元208年,即建安十三年十一月二十二日。天气情况非常良好,至于孔明说的策略也有待于考察。

周瑜对鲁肃说:"孔明的法术咋不起作用呢?"

鲁肃说:"孔明向来料事如神。"

周瑜又急又气,说:"隆冬之时,我看这东南风怎么个起法。"

三更时分,忽然听到一阵风刮过,旗幡转动。周瑜走出营帐,只见旗脚向西北飘去。霎时间,东南风突起,水波哗然动荡,水流都差不多快变换了方向。

周瑜一阵惊骇之后,大声说:"孔明有夺天地造化的法术,若留得此人,东吴后患无穷。趁早杀了他,了却我心中大事。"

周瑜随即差遣丁奉、徐盛二将各带一百人,徐盛从江上,丁奉从旱路直奔南屏山七星坛前。周瑜说:"我只要孔明的首级!"

二将领命。徐盛下船,一百多刀斧手荡开桨棹;丁奉上马,一百多弓弩手各跨征驹。两路人马直扑南屏山。

南屏山上东南风正起。

丁奉马军先到,见坛上执旗将士当风而立。丁奉下马提剑上坛,不见孔明,慌忙问守坛将士:"孔明在何处?"守坛将士也如走火入魔一般,木愣愣半响才开口:"刚才好像看见先生下坛去了。"那丁奉火冒三丈,一刀将守坛将士刺翻在地,匆匆下坛找寻,这时,徐盛的船已到山脚之下。二人沿江边寻找,问一守江之卒。小卒说:"昨晚上一只快船泊在前面滩口。刚才看见孔明披发登船,那船便箭一般向上游去了。"

丁徐二人叫声"糟糕",又分水陆两路追赶。徐盛教张起满帆,抢风而驶。远望前方不远有一条船,徐盛扯开嗓门大喊:"军师休去,都督有请!"

只见孔明羽扇纶巾立于那飞驶的小船之上,大笑着回答:"请回禀都督,好自为之,孔明暂回夏口,改日再相见。"

徐盛又喊:"请暂少驻,有紧要话说!"

孔明也大声回答:"我已料定都督不能容我,故预先教子龙来接,将军不必追赶!"

丁奉也在岸上急急追赶,听说是赵子龙来接孔明,大有谈虎色变,闻风丧胆之势,忙叫徐盛靠岸。

二人回报周瑜,自然少不了挨一顿臭骂。

鲁肃说:"都督不必逼得太紧,等破了曹军之后再说也不迟。"

周瑜很久才平静下来。

接着是东吴紧张地调兵遣将。周瑜遣发了这六队船之后,又让黄盖安排火船,让一军士飞棹去约曹操,说黄盖今夜来降。然后拨了四只战船,在黄盖船后接应。第一队领兵军官韩当,第二队领兵军官周泰,第三队领兵军官蒋钦,第四队领兵军官陈武,四队各率战船三百只,前面各摆火船二十只。周瑜自己与程普在指挥船上督战,丁奉、徐盛为左右护卫,只留鲁肃与阚泽及少数军士守寨。

孔明在赵子龙的接应之下到了夏口。

孔明立刻部署:

一、赵子龙带三千军马渡江径取乌林小路,拣林木芦苇茂密处埋伏;

二、张飞率三千兵渡江,截断彝陵这条路,去葫芦谷口埋伏;

三、糜竺、糜芳、刘封三人各驾船只,绕江剿灭或生擒败军。

部署完毕,孔明欠起身来对刘琦说:"武昌很重要,你回去之后率所属兵马阻在岸口,曹军败逃而来,将逃兵擒住,保住城池就行,切莫滥杀逃兵。"

刘琦去了。孔明对刘备说:"主公在樊口屯兵,凭高而望,坐看今夜周郎大战赤壁。"

曹孟德接到密报:黄盖今夜来降,以船头青牙旗为联络信号。

"好!"曹孟德手握拳头,等待了几月之久的总决战终于开始了。他的心久久不能平静,夙愿总算要实现了。今后呢? 他独立船头,遥想这场大战之后的情形:山河一统,百姓安居乐业,修学校、兴水利……

建安十三年十一月二十二日黄昏前后。

夕阳瞬间西沉,阵阵微风也停止了,赤壁一带的空气好像凝结了。黄盖时时来到高塔上俯瞰江面,失去了他惯有的镇静,显得烦躁不安。

天气明显的变化,也使曹孟德大为不安,他下令全军戒备,所有将领登上最前线的程昱军指挥舰上,随时应变。又通知陆地上的曹纯虎豹骑全天待命,以应付突发事件。

酉时,江面上微风再起,逐渐转强。

黄盖全副武装,坐镇岸边,仔细观察风向的变化,并派遣亲信人员将硝石、干柴、膏油搬入快船内。

从酉时到戌时,风势转强,但风向不稳,周瑜下令全军备战。黄盖亲登高塔,凝视着随风向飘动的龙旗。当旗面逐渐稳定地飘向西北方向时,黄盖毅然拔下军旗,持旗下塔,登上快船,嘱咐亲信立刻向周瑜报告,随即下令数十艘船快速驶向北岸的曹军水寨。

周瑜在接到黄盖已经出击的报告之后,立刻派快马通知第一队的韩当船队,随即出发。周瑜自己率领主力船队共三百多只战船浩浩荡荡地逆流而上。

东南风劲吹,风满帆饱,东吴船队以惊人的速度驶向上游。十一月二十二日午夜。

"丞相,东南角江面上出现数十艘插有青龙牙旗的快船!"

曹孟德立刻率众将领登上船首远望。

"准备迎接,这是黄将军如约倒戈的信号!"贾诩代曹孟德发出号令。

几个月的等待,决战的时刻到了。将士们欢呼雀跃,充满着兴奋之情,大家都期待着即将发动的总攻击。

"呼啦"一声,新挂的帅旗又折断了,从不信邪的曹孟德似乎在瞬间意识到了什么,他阴沉着脸,杀气腾腾地喝道:"传旗手到!"几名旗兵被押至指挥船上,大家预感到丞相要干什么了。

曹孟德亲手执剑,一剑一个,几个旗手倒在了帅旗的旗杆之下,这是古战场特有的仪式,祭旗,即在出征前或临战前夕斩杀降兵降将、奸细、叛兵叛将,以鼓舞士气的一种仪式。

可怜几位旗兵,就这样无端地成了战争的牺牲品。他们的生命如同草芥一般,是那样的容易枯萎、凋零。

他们的尸体被抛入滚滚东流的长江,那冷眼相看世事沉浮的万古大江,只发出些微的声响,之后便无声无息了。

"丞相,有情况!"程昱大叫一声。

曹孟德和将领们向插着青牙旗的快船张望,只见船身轻浮,显然是没有多少人乘坐的空船。

"既然前来投诚,却没有军队,一定有诈!"贾诩说。

曹孟德一听,脸色大变,突来的东南风,投诚的空船,加上本身的铁索连环船,紧接而来会发生什么事已相当清楚了。

"箭雨阻挡!箭雨阻挡!"曹孟德下令。

箭如骤雨,箭如飞蝗……

"赶快弃船!上陆上营寨!"捆扎得严严实实的战船显然无法拆卸。

千钧一发之际,曹孟德只能这样,方能将伤亡减少到最低的程度。

一时间,曹孟德苍老的声音被喧哗声淹没了,几千只连在一起的战船静静伫立于江中,俨如一位风烛残年,但等死神降临的老人。

将领们指挥着撤退,几十万大军在很短时间之内作大规模的撤退,可以想像是何其难哉。尤其是青、徐等北方军士以及荆州水军,更是混乱不堪,他们多半是被驱使着南下赤壁,在这样的情形之下,逃生的欲望压倒了一切,他们哭喊,他们怒骂,他们嚎叫,他们抢着下战船,他们不顾将领的刀剑就架在脖子上,心中只有一个念头:赶快逃生。

只有曹孟德的直属部队依然坚守战船,因为他们看见自己的主帅正站在指挥船上,指挥着弓箭队。

第二十七章 借东风胜券在握 赤壁战败势已定

"丞相，赶快上寨！"曹纯高喊。

"丞相，这里由我把守！"程昱高喊。

"丞相，你走吧！"于禁高喊。

曹孟德依然稳稳定于船头，挥着佩剑。他的牙关紧咬，他的脸色铁青，他的眼睛正喷射着火焰，他的头仍然昂向滚滚大江。

黄盖在距离曹军舰队两里处，突然看见曹军战船一片混乱，紧接着箭雨如注，又看见主战船周围的巡逻船纷纷驶向主战船———铁索串连而成的庞然大物的前方，黄盖立刻判断曹军已料到了自己的动机。

"点火！"黄盖下令。

顷刻之间，二十几只载满干柴、膏油、芦苇、芒硝的快船全部着火。

风助火势，火趁风威，一阵急似一阵的东南风，助长了火速和快船行进速度。箭雨挡不住，二十几只快船燃烧着，吐着红红的火焰发疯似地冲向曹军船队，外围巡逻船被冲散了。

曹孟德几乎被曹纯、于禁等将领拖着离开了庞然大物。

眨眼工夫，爆炸声四起，曹军庞大的连环船队立刻陷入一片火海中，火光映红了赤壁，浓烟弥漫大江，杀声震天，热气腾腾，组成了人类战争史上又一座惨烈的人间炼狱。

黄盖乘坐的快船，冒着箭雨率先冲入曹舰的火海中，下令士兵登上燃烧着的连环船杀敌，但刚站起来，便立刻中箭跌入江中。幸好黄盖谙熟水性，很快又浮上来，被随后即到的快船上的官兵救起，急忙中谁也没有注意到这位威名显赫的老将军，就把他安置在较大的船舱中，准备让随后即到的后勤人员救治。

不久，黄盖清醒过来，看到在船头上指挥作战的将领，原是有近四十年交情的老战友韩当，立刻大声呼叫，韩当听了，惊奇地说："这不是公覆的声音吗？"

韩当立刻脱下战袍，让受伤的黄盖换下潮湿的衣服，使生命垂危的黄盖，保住了性命。

韩当和黄盖都是辅佐吴主三世的老将军，交情甚笃。韩当居然不知道黄盖干了些什么。

曹孟德在众将领的保护下弃船上岸，匆匆进入营寨，回眸江上，已是火海一片，天宇一派血红。曹孟德觉得空荡荡的，好像五脏六腑被什么东西掏空了一般，什么都没有了，他颓然坐在帐下，好像一个从未败北的赌徒一下子输了个精光。

这时，一个个报告接踵而至：

布防在乌林北方的乐进军团，正遭到东吴陆上部队和刘备军的联手攻击；

曹纯的虎豹队挡不住吕蒙军的冲击；

连环船大多停靠岸边,陆上的营寨已经着火;
黄州地界发现太史慈的军队;
彝陵已发现凌统的军队;
乌林的小路上发现赵子龙的军队;
葫芦谷口发现张飞的军队;
孙权以陆逊为先锋直抵蕲、黄地区。
曹孟德被打败了。局势已很明显:陆上的大本营随时可能陷落,如果乐进军团后撤,乌林的屯粮区即将被破坏,乌林通往江陵的道路也将被切断,其后果将不堪设想。
"看来,周公瑾和孔明要想致我于死地了!"曹孟德冷冷地笑道。
这时,程昱已将部队妥善地退回陆上营区,他一方面指挥割断连环船与陆上营寨的火势,另一方面重布防线,抵挡东吴水军可能的登陆攻击。
东吴水军的进攻力量毕竟不足,一次又一次的进攻,都被打退了。当然,这并不意味着曹军就摆脱了险峻的局面,更大的危机已在潜滋暗长。
东南风已经微弱,南岸山上的林涛与江水正合奏着一支雄浑而悲壮的古曲,正在讲述一个惊心动魄、神秘惨烈的故事。
东南风,令人不可思议的东南风把赤壁的故事捎带得很远很远。
八十三万军队,在东南风中弹指间灰飞烟灭。但曹孟德终于没有倒下。
在临时营帐内,曹孟德召开撤退前的紧急会议。
"周公瑾一把火烧得大家焦头烂额,怎么比我还狼狈啊?"曹孟德用幽默的话语尽力缓和不安的气氛。
大家见曹孟德如此轻松,也跟着他勉强苦笑。
曹孟德简要讲述了目前的处境,要大家想对策。
张辽说:"我主张由程昱的残余部队护送丞相撤退。"
"那么,由哪条路撤退安全呢?"程昱问。
毛玠说:"最好不要入江陵,江陵是战略要冲,恐怕刘备早已在打主意了,应该直接绕道华容退往襄阳。"
曹孟德说:"张辽和徐晃的部队损失不大,重行编组后,在乌林一带布防断后,以争取大部队撤退所需的时间。"
程昱说:"目前襄阳到江陵间,大多由荆州军和袁氏降军布防,这些军队军心未安,忠诚度不高,最好尽量封锁我军失利的消息。"
于是,经过短暂的酝酿,曹孟德下令曹纯军紧急增援乐进,以巩固华容道的安全;张辽和徐晃负责护送文官及受伤的武将撤退,任务完成后迅速退回襄阳;火速致信与曹仁,尽量坚守江陵城,若孙刘联军压力过大,可随时准备撤回襄阳。
这场大战,曹军方面真正遭到击溃的是荆州的水军和程昱的先头部队,张辽和徐晃的主力军损伤不大。陆上方面,曹纯的虎豹骑为了固守大本营,损失惨重。

建安十三年十一月二十三日凌晨。

硝烟尚未散尽,江面异常平静,赤壁之下,散乱着残损的战船,江岸上的尸体横七竖八地陈列着。他们将永远头枕青山,足濯大江,长眠于很快就会被岁月掩埋的古战场。

从赤壁到襄阳,大约有两百里路程。

曹孟德回眸这熟悉而陌生的赤壁水寨,毅然转过身去,说声:"向襄阳撤退!"

艰难的战略大撤退开始了。

这时,晴了许久的华中地区骤然下起了大雨,气温也陡然下降,空气潮湿,道路泥泞不堪,车马难行。

随同曹孟德撤退的军士只有五百余人,由程昱临时组成的骑兵队护送。

坐在马上的曹孟德这时只有一个想法,火速到达荆州,迅速赶回大本营。

孙刘联军布下天罗地网捉拿曹孟德。

华容道上,关羽空手而归。

乌林地面,甘宁引军杀来,准备焚毁曹军屯粮点,屯粮区只有极少的曹军。粮草已大部分运往江陵,这些曹军比较会打地面战,凭借树林沟涧跟甘宁纠缠,那甘宁是水上好汉,到了地面作战反倒不自在,一千多人马竟对曹军二百来人束手无策,从早上纠缠到黄昏,都奈何曹军不得。曹孟德一行恰好从乌林大道往华容地区奔逃。

张飞也从北彝陵失望而回。

赵子龙在乌林的另一条小路上埋伏了一天,也一无所获。

孔明怀疑自己的神机妙算,莫非曹操会飞天遁地不成。

其实,曹孟德也撤退得不轻松,虽然不曾遇上大规模的阻挡,但北往之路实在难行。

将士们口干舌燥的时候,曹孟德又重复那个"望梅止渴"的故事。末了,说上一句:"只可惜不是梅子青青时,骗不了大家了。"把大家逗笑了,精神也似乎好起来。

有时候,他又对大家说:"这样清清静静走,反倒使人疲倦,倘若遇上一小股敌人,杀上一阵子,只要不取我的命,倒也振奋精神。"说罢,就抽出佩剑,向路边的树枝砍去。

受伤或生病实在走不动的将士,曹孟德就将他们留在离路不远的村落里,谎说是东吴兵,托老乡照顾,又给这些老乡一些银两。

十一月二十六日,曹孟德一行终于逃到襄阳,这天下午到黄昏,张辽和徐晃军团的残兵也到达襄阳。这两个军团在撤退时都遇上了联军大规模的清剿和堵截,因此损失惨重,乐进和张辽两人更几乎是拼着老命才逃回襄阳的。

撤退的耻辱,比战场上的惨败更让人觉得丧气,这也是创业以来空前未有的打击。

洗去征尘,曹孟德换上一身崭新的衣袍,依然显得很有精神。他与众将官聚在一起,见大家无精打采的样子,曹孟德冷不丁地说:"其实,周瑜和诸葛亮也没有什么了不起,如果是我来部署的话,你们一个也别想逃回来。"说罢哈哈大笑。

诸将不禁为曹孟德突来的大话和笑声弄糊涂了,也跟着傻笑起来,忧郁之气一扫而空。

接着,曹孟德写了一封公开信给孙权,说:"赤壁之役时,我方有严重疾病,缺乏作战力,孤只好自己烧船后撤退,才使周瑜获得大胜的虚名。"

曹仁在南郡,吩咐曹洪守彝陵,以为掎角之势。有军士来报:"吴兵已渡汉江。"曹仁说:"只能坚守,不要出战。"骁将牛金奋然进言,说:"兵临城下而不出战,是胆怯的表现。我军刚败,正应当重振锐气。请拨与我五百精兵,我将与东吴兵决一死战。"曹仁答应了。

吴将丁奉纵马迎战,两将交锋四五个回合,曹仁和牛金得胜回城。

进入襄阳城的第三天,曹孟德封徐晃为横野将军,派他立刻率军南下增援江陵的曹仁军团,并以折冲将军乐进守备襄阳,自己带着贾诩、程昱、张辽等返回兖州。

与此同时,刘备和周瑜的联军追击曹孟德不及,便将军队转而进入南郡,并在此召开联合军事会议,讨论赤壁大战的善后工作。

刘备说:"曹仁镇守在荆州军事重镇江陵,城中粮食贮存甚多,必须利用曹军士气未稳定前尽快攻陷,否则一旦让曹仁在江陵安定下来,荆州便不容易光复了。"

周瑜说:"豫州对荆州较熟悉,依你的看法呢?"

想了一会儿,刘备说:"曹操在荆州地区的信誉已失,不如立刻加大压力,让他撤退。我派张飞的一千名部队前往协助你,也希望你分我两千人马,表示我们双方联手的形势。你由正面进击江陵,我沿着夏水进入其背后,相信在内外压力下,曹仁定会撤退的。"

周瑜很干脆地答应刘备的计划。

建安十三年十二月初,周瑜率领赤壁之战的原班人马,与江陵外围的丁奉、蒋钦等部队联合,向江陵发动攻势。黄盖和韩当镇守三江口,程普率陆上部队凌统、吕蒙等军团为先头部队,周瑜自己率领赤壁之战的主力部队周泰和甘宁军紧随其后。

曹仁在城上看到东吴军个个耀武扬威,大吼大笑,肺都气炸了。

"我带几百敢死队乘夜色袭击东吴营寨,给他们一个下马威,不然他们太

嚣张了!"牛金请求。

曹仁同意了。

东吴军早有防备,见牛金待进入营寨,立刻将他们围了个水泄不通。牛金左右不得脱,眼看就要全军覆没了。

曹仁见状,急忙调动侍卫队,打算自己披挂上阵。

参谋陈矫极力阻止,说:"敌人太多了,你去没有用,既然已经牺牲了几百人,将军又何苦以身赴敌营呢!"

曹仁毫不理会,披甲上马,亲率侍卫队杀入敌营。由于太突然了,吕蒙部将看傻了眼,就像当年关羽斩颜良一样眨眼功夫,曹仁救出了包括牛金在内的大部分敢死队员。

陈矫在城上看出了一身冷汗,不禁对周围的将士说:"曹将军真是神仙下凡啊,难怪丞相如此器重。"

一场突袭下来,曹军几乎全身而退,吕蒙军却徒劳无功,江陵的曹军反而因此士气大振。

周瑜久攻不下,加上华中已进入严冬,军队补给日益困难,程普于是劝周瑜暂时放弃对江陵的包围。周瑜叹道:"一员猛将尚且如此厉害,若不是那奇特的东南风,东吴早已为曹操吞噬了!"

甘宁则持与程普相反的意见,他说:"可以先派小部队攻占江陵东南方另一军事重镇夷陵,和江陵遥相对峙,并作为攻入江陵城西方防线的基地,如此一来,便可以由东西两面夹击曹仁。"

周瑜同意了甘宁的建议,由甘宁带几百人顺利攻入夷陵,占领通往江陵西方的山路关口。

这时,曹孟德派往的增援部队赶到了。曹仁让徐晃接管江陵防务,自己率六千名特遣队,由山路攻打夷陵,准备全力抢回这一山路关口。

由于曹军占有绝对优势,甘宁于是暗中派人向周瑜求救。周瑜满以为曹孟德不顾江陵存亡,却不料派出徐晃这员猛将支援,加上刘备军在夏水流域为乐进派出的先锋部队阻断,无法前来会师,使东吴兵在兵力上反而落入劣势。

周瑜主张分兵前往夷陵,但程普坚决反对,他说:"如果徐晃知道这一情况,乘机反扑,问题就严重了。"

吕蒙却说:"我建议由凌统军团和徐晃对峙,坚守十天,我们就可解夷陵之围。"

周瑜采纳吕蒙的建议,由吕蒙作先锋部队,由山中捷径直入夷陵,打算攻打曹仁后方,以解夷陵之围。

曹仁万没想到,被牵制在江陵的大军,会突然出现在他的后方,不得已仓促应战,但到底寡不敌众,六千特遣队牺牲过半。曹仁只好趁夜色掩护,由山区暗中撤退。

夷陵之战后，周瑜士气大振，决心彻底攻下江陵。

周瑜亲自率军包围江陵，攻城之日，更站在前线督战。曹仁下令以箭雨对抗，周瑜右肋中箭，伤及肺部。

曹仁听说周瑜受伤不起，立刻率军出城反击，周瑜无奈，只好忍着箭伤坐镇大本营指挥，总都督的精神激励了东吴将士的士气，终于使曹仁军队遭到重创。

这时，刘备的军队终于击败了乐进的部队，逐渐切断了江陵的退路。曹仁怕大军陷于死地，乃和徐晃商量对策。徐晃才想起丞相回兖州时交与自己的秘信，连忙拆开来看，上写："固守江陵，两月之后若江陵仍在我方，我立刻举兵第二次征讨孙刘。如若不然，则弃之而退襄阳。"

于是，曹仁和徐晃迫于当时的形式也只得放弃江陵，退回襄阳。

第二十八章　再西征誓夺关中
　　　　　　　　贾诩献计间韩遂

公元208年，即建安十三年。在一个初冬的早晨，曹操的心久久不能平静，戎马倥偬的战事还在心中回荡着。想想自己经历大半生的战争生涯过去了，他镇压了黄巾军百余万人，掌握了穷途末路的献帝，挟天子以令诸侯，并先后灭了吕布、袁术、袁绍、刘表等豪强，雄霸北方。

然而，这一年，他发兵南征，企图统一全国的宏略却受到了极大的挫折，赤壁之战的一败涂地使他预感到，要灭掉孙、刘几乎已成为不可能的事情。天下三分也许已成定局，但孙、刘却不可能和平相处下去。

于是，满腹心事的曹操率军抵达了合肥，沿江布下了阵式。

这一边，果不出曹操所料，孙、刘之间产生了极大的摩擦。

赤壁之战后，周瑜一心想以嫁孙权之妹为由，把刘备骗到东吴，同时设法使关羽、张飞各置一方，而周瑜自己则"挟以攻战"，成其大事。但鲁肃却持相悖意见，反对孙权建议，借刘琦新死之机，亲赴荆州，说动刘备孙权同心抗曹，并将孙权之妹嫁与刘备。刘备审时度势，自然一一答应。一时两家通好，喜气洋洋。当然，在这之后也有其秘密的交易：两家共同抗曹，而刘备自取西川刘璋之地，取后退还荆州予东吴。所谓"借"荆州，即是此意。

周瑜见事情发展与自己的意图完全相反，自然怒从中来。他决意不待刘备进军西川，率先取之。曹操见时机不对，只得屯兵于合肥，自己则回到许都。

公元210年即建安十五年春天，曹操造铜雀台成，并在铜雀台举行大宴。第二年一月，曹操立长子曹丕为世子，并授其任副丞相和五官中郎将。礼毕之日，荀攸来见曹操，说栖斗山星君道人商曜，尽起其兵，来犯并州，并且占据太原。曹操知道商曜是一个不可多得的人才，想招为己用，就亲赴前线，最终将其生擒。

曹操在犒劳官兵的大宴上，命人为商曜松绑，并请其参加宴会。商曜连饮三杯，说道："败军之囚，尚能出言不逊的，世所不多。不过我倒是其中之一。我非今人，实古人也，从小便专做以身犯险的事，为今人所不敢为。只因早年以星君之身触动色劫，只顾自我了悟，以致天下竖子成群。我详观尔辈，视孙、刘为营营役役之小本经营，至于你所说的张鲁、马腾，更不可入眼。唯有你，尚有不甘满足于天下之分的雄心……既是假英雄，纵然活着强充其名，不也枉然？"言毕尖声吟道：色字头上一把刀，不断人头斩人腰；吟罢，哈哈大笑三声，咬舌而亡。

曹操被商曜笑之后，觉得心神不宁。整个月里都在冥思苦想，倒也觉得商曜的一些话不无道理。于是决定立即西取汉中，再取关中，待两地清宁后，再图南，续图一统天下的霸业。这一天，他把"老骥伏枥，志在千里；烈士暮年，壮心不已"两句诗，题写在了书房的粉墙上，用以自警。

随后，便命夏侯渊和徐晃开赴汾阳城，不久又命司隶校尉钟繇系与夏侯渊和徐晃大军会师，谋求灭掉汉中张鲁的道教军。

谋士高柔见曹操似乎有冲动之嫌，恐操之过急，反为不美，便谏道："丞相如今想要灭掉汉中张鲁，大军经关中而过，岂可不防关中之军害怕我军得胜后再对其下手，而造反不从？"

曹操觉得高柔言之有理。高柔喜道："如此甚好，只是这样一来，丞相现有部署就得相应改变了。"

于是曹操改令钟繇、夏侯渊、徐晃全力收集关中情报，同时监视张鲁的动静。

关中之霸姓马名腾，字寿成，扶风茂陵人，蜀汉伏波将军马援之后。马腾生有三个儿子。长子马超，字孟起，次子马休，三子马铁；另有马腾兄弟之长子，马岱。四人与韩遂一起，辅佐马腾；年前马腾因病死去，马超继其位。手下又有八部兵马，为杨秋、李堪、成宜、侯迁、程银、张横、梁兴、马沉，共统十万军马，盘踞关中，自以潼关为天险。

马超比起父亲马腾来，生得更加高大粗粝，性情也更暴烈。

此时，马超与关中诸将就曹操借道讨伐张鲁之事召开会议。韩遂咳嗽一声，说："以大局而言，如果我们向曹操示弱，放他过去，而他竟真的是借路伐张鲁，那么，商曜既平、张鲁亦定，曹操于孙、刘之处，就只视我关中群雄为眼中之钉了。那时他以乘胜之师回军一击，我等局势，堪可忧虑。"

言罢，长髯飘动，顾盼自雄。

马超同众将不禁同时击掌。只听杨秋献计道："潼关是我关中面东的第一雄关，险峻无比，又有渭水、黄河为凭，足可拒曹操大军于门外。末将愿领部下精兵，死守潼关。"

立时，又有程银、侯迁、梁兴等六位大将表示愿意同守潼关。

马超说："以潼关之险，恐怕用不了如此众多的兵马。只杨秋、梁兴、程银三支精兵，足堪此任。其余兵马，当择渭水、黄河之岸屯集，以防曹操攻潼关不下，偷袭渡河。"

议毕，马超下令斩了来使，备战迎敌。不一日，流星探马将西凉诸将联盟拒曹、斩杀使者的消息报到邺城，曹操震怒。当时，南线上孙权突然又蠢蠢欲动，刘备也进占益州，曹操的主要精力，放在了分析孙、刘的动向上。听说马超斩了派去的使者，不觉想到，孙、刘随时都会有大的动作，只是时机未到而已。若等其时机成熟，这边厢却有马超啰唣，岂不令我分心。趁此孙、刘未大

第二十八章　再西征誓夺关中　贾诩献计间韩遂

动,不灭马超,更待何时?于是,更加坚定了西征的决心。

当天,就下令曹洪领军南下,与曹仁所部换防,驻守襄阳,以牵制孙权。曹仁率大军十万,抵达潼关。那潼关着实险峻。曹仁手下徐晃、夏侯渊,多次挪战,城内的杨秋、梁兴等人只是不加理会;而一旦曹仁令兵士架云梯攻城,则有无数弓箭、滚石等从城墙上砸下来,士卒颇有损伤。曹仁等无计可施,相峙之下,竟达三月之久。

时值夏日,天气炎热,潼关地势又潮湿多瘴,不少士兵染上了恶疾,并且,粮草也颇成问题。曹操同意了曹仁的请求,令大军妥为休养。第二个月,曹操在邺城召集军事会议,专为商讨破潼关之事。参议的文武官员计有曹洪、曹仁、夏侯渊、徐晃、许褚、张辽、乐进、荀攸、邴原、程昱和贾诩等人,济济一堂。其中,贾诩因在赤壁之战前,与曹操意见不合而被曹操一怒之下,留置江陵;现在,曹操因见潼关难以拿下,乃念及他的计谋多端,又从江陵把他调了回来。

会议开始,曹操首先表示,综观全局,这次战争的主动权在他们手中。贾诩初回邺城,感激曹操对他的信任,一路之上,早把取潼关之事想了许久,这时才有了机会呈说,便接口道:"《孙子兵法》中,将战争分为'主战'与'客战'两种。所谓主战,是将敌人引入我之境内,以防御的形式歼敌;而客战,则是我军主动侵入敌境,以攻击的形式歼敌。主战虽然看起来被动,却较易掌握;客战说起来似乎颇为主动,而实际进行起来,就困难多了。这个道理,想必在座的都很明白。"

荀攸接话问道:"现在我军行'客战'之事,贾先生以为,所遇困难究竟难在何处?"

贾诩道:"这话同样要孙子来回答。他发现了九种攻防战的地理形态:散地、轻地、争地、交地、圮地、重地、衢地、死地。其中,只有散地属于主战之地,其余八类,皆属客战之地……"

曹操问:"那么,我们与马超相峙的潼关,当属'争地'么?"

贾诩摇了摇头:"潼关于我军,是倒是'争地',但窃以为老是在那里相持相争,却不会有结果。要知道,若敌军凭有天险,而我军进行'争地'之战,已立于不败了。我们又何苦与他相争,徒费力气?"

曹操急问:"那又当如何?"

贾诩道:"在客战的八地之中,当以'重地'为主。如果'争地'已明显战不下来,就应转移视线,寻找'重地'……"

徐晃听到此处,有点兴奋地点头,问:"但是,怎样才能做到速战速决呢?人人都知道应该如此,但临阵之时,总有意想不到的情况出现,要想速决,也已难为了。"

贾诩续道:"当然啦,要想速战速决,必然有其先决条件。孙子言及此道,有两点可供我等谨记：一是千方百计缩小战略目的。打一仗算一仗，每胜一仗都是具有决定性意义的攻坚战，以免战线东拉西扯，无法约束得住；二是一定要事先搜求敌人的情况，所谓'不知诸侯之谋者，不能预交'……"

"对了，"徐晃又插言道，"我向闻关中军马骁勇，尤其擅长使用长矛，我的前锋军，应特别精选，并特造兵甲，否则难以抵挡。"

诸将接着七嘴八舌地提出了许多具体而细微的问题，又——设法解决。最后，曹操说："刚才我已说过，这次战争的主动权是掌握在我军手中的。经过这次会议，我的信心已经更足了。贾诩适才委婉地对我以前的一些作战方略提出了批评，而不顾刚从江陵调回，足见其诚。我已决意亲临潼关，率大军西征关中。

"令令：贾诩为西征大军总参谋之职，曹仁为第一支兵马，夏侯渊、徐晃为第二支兵马，张辽、乐进为第三支兵马，许褚率其亲卫队为第四支兵马，即刻西征。

"曹丕留守邺城，当为国家招纳贤才，积极准备粮草，以解我西征大军后顾之忧。

"程昱配合荀攸，驻屯冀州，牵制刘备；曹洪仍留襄阳。于禁可立遣细作入关中，探回敌情。此次西征，吾誓夺关中沃土！"

众将摩拳擦掌，只等厮杀。一种高昂的斗志充塞于整个军中。

八月，曹操率西征大军到了潼关。潼关之中，已经松懈了两个月的杨秋等人见此次曹操亲率大军而至，自然紧张起来。不得已，只有派飞马报于稳坐凉州的马超。

马超得报，急与韩遂相商。韩遂道："前番曹仁引军来犯，我军不与之战，曹仁拖不过，只得撤走。今番曹操亲至，先可仍用前法，拖他一拖，以绝其粮草；然后，待其兵卒疲怠麻木之际，再出与其交战，我潼关险要，谅曹操现作寨棚，必不坚固，我军胜算肯定在握。之后，再看曹操动作以定我军行动。"

马超大喜，连说："如此甚好，甚好。只是同时当防曹操不来攻城，却安排船筏，以图渡河。可招羌兵以助冯沅、成宜、李堪、张横、侯迁等人守住河口。"

计议已定，马超便与韩遂尽起大军，奔潼关而来。到了军中，马超将计授予了杨秋等人，乃下令守关兵士坚壁清野，无论曹军怎样挑逗，半月之内，皆不出战。

曹操见马超闭关不出，一时也想不出办法，倒觉得贾诩所言，在"争地"与敌相峙，不是长久之计。于是立即叫来贾诩、夏侯渊等文武将官，说："我大军兵临潼关城下，已近一月，马超只是不出战，倒真成了个客地战争的局面。我以为马超如此，是想要麻痹我军斗志，同时也想浪费我军的粮草……"

于禁回答说："派去的几拨细作，不幸都被西凉的羌人所擒，末将已拟定亲率一支步兵，扮作商贾之人，结队渡河，进入关中。"

曹操道:"如此甚好。只是进行重地之战以前,需要大量粮草补给。你入了关中,可获知马超军粮所屯地方,待我大军渡河后,则先取其粮以为我用。"

这时贾诩出列,再次献计。

曹操喜得妙计。果然,马超听说曹军中恶疾遍起,曹操也染小恙,可能打算第二次撤军。这一日与韩遂、马岱、马休、马铁、杨秋、梁兴、程银等七位将领登楼观望,遥见曹军之内,丧旗翻飞,许多兵士正为死者祭奠;又见曹操等将帅的大本营中冷冷清清,而大军也正后营变为先营,开拔要走。

马超观罢,大笑道:"世人都说曹操用兵如神,世无其匹。然而自今年入夏已来,两次犯我关中,却被潼关天险所阻,两度撤军,无奈我何。可见这人欺世盗名,一至如斯!"

马岱说:"叔父就爱小心谨慎。那曹操雄踞北方,可也没有南下取吴越、占西蜀啊,怎又见得他能夺我西凉?况且潼关险固,渭河沿岸渡口,皆有重兵把持,我看曹操啊,此番是一去不复还了。不如我军趁其疲顿,在其撤军之际出去冲杀一阵,作为警示,令其终生不敢踏入关中一步!"

一番话只听得马超意气风发,不禁以手拍击墙砖,叫道:"痛快!不给曹操一点苦头,他岂能记得俺是伏波将军的后代!"一拍之下,那厚厚的城墙砖上竟掉下一个角来。

马岱等不由赞道:"兄长真神人也!"

韩遂苦劝不止,只得长叹而罢。

曹操命令许褚率其精锐勇健的亲卫军,负责断后,以备与马超的追兵相接。

马超果然大开城门,率兵望后追来。转过两个山口,到了一块平地,便见曹军正慌慌张张的撤退。马超大喜之下,单骑急进,大喝一声:"曹操休走,待马超斩了你的首级,以告天下!"

只见曹操、钟繇等头也不回,急驰落荒而去。而置于大军最后的许褚,则按住亲卫军,回马奔来。

马超凝目相看,见此人身形魁伟。骑匹高头大马,手持一柄点金大刀,目射神光,威风抖擞。乃问左右:"这厮看上去倒似一名虎将,不知何人?"

杨秋道:"此为曹操虎将许褚,勇力过人,主帅不可轻敌。"

马超听了,说:"也未见有什么不得了。你们看我今日斩他于马下!"言罢,圆睁怪眼,放马挺枪,去斗许褚。

两人好一番大战,枪来刀往,马盘鞍跳,直杀了二百余合,犹不分胜负。二将因马已疲惫,各回军中换马又战。杨秋劝道:"主帅切勿与他纠缠,我大军掩杀过去,何惧一个许褚?还是追击曹操退兵为要!"

马超此时已杀得性起,哪里肯听,拍马又取许褚,二人又斗在一起。

此番剧斗,比前番更烈。刚才二人初次交手,对对方的刀法枪法都颇陌生,现下却已略知其要,更是打得旗鼓相当,二百余合下来,堪堪战了个平手。而两人的坐骑,又已困乏。

许褚本来受命多阻马超,以便曹操等人通过埋伏圈。他们两个斗了起来。两个斗到三十余合,许褚奋威,举刀来砍马超;马超带了坐骑闪过,见许褚举刀向上,尚未落刀,露出黑毛参参的胸膛,便引枪往其心窝刺来。许褚只得弃刀,双臂下捺,夹住来枪。两人在马背上夺枪,各用大力,只听一声脆响,拆断了枪杆,于是,各拿半截,又开始厮杀。马岱、杨秋等生怕马超有失,纵马前来夹击。许褚哪里吃得过人多,便一声唿哨,纵马望山路驰去,亲卫军紧随其后。

马超等挥兵追来,眼看要追上许褚,刚过一隘口,只听得一声呐喊,两边山坡上冲下两彪人马,左边夏侯渊,右边徐晃,分别挥刀抡斧,击杀过来。

马超大惊,急令回师。逃得半里路面,只见隘口处迎面又来了一军,正是猛将张辽。马超无心恋战,只与马岱等做成一路,拼死一战,要逃回城去。

守城的韩遂见马超败回,冷笑不语。马超已经深悔,乃伏地请罪:"侄儿不听叔父之言,以致折兵甚众,不堪再作主帅。请叔父亲领大军,侄儿当为叔父执鞭。"

韩遂起身扶起马超,垂泪道:"韩遂老矣,怎能统领大军?贤侄若能经一事,长一智,何愁不能保住我关中西凉一方净土?自此以后,遇事见有蹊跷,定要三思而后行啊!"

马超再拜。谢过之后,说起与许褚之战,兀自赞叹不已:"唉,我之所见,能恶战如此者,莫过于许褚了。真虎痴也!"

至此,见曹军又兵临城下,无论曹操派许褚怎样在城下单骑搦战,只是坚壁不出。

过了几日,一夜曹操正与许褚谈到马超之勇,并以之下酒,于禁和徐晃来见。

曹操请二人入座同饮,然后说:"刚才许褚说起马超的神勇,我颇爱之。但许褚认为要招纳于我之麾下,恐怕很难。如果我奏表封他为征南将军,再令他南下讨伐孙权,你们以为如何?"

徐晃先饮了三杯,才说:"马超性情粗鲁,心胸不大,一心要在关中为霸,恐怕他不会为'征南将军'所动。其实,要破马超也不为难,丞相何必让他这一着棋!"

曹操眉毛一扬,惊问:"此话怎讲?"

徐晃看了看于禁,笑而不答。

曹操立时省悟,也笑了,问:"可是于禁从关中带了好消息来?"

于禁边饮边答:"几日来我冒险深入敌境,发现离潼关最远的薄阪津,竟无人防守。"

243

"我差密报将此事告知徐晃,徐晃又悄悄驰往蒲阪津渡口,证明情况属实。因此,若我军派一支精锐部队秘密渡过蒲阪津,抢攻入敌军后方,马超之败,即在眼前了,丞相又何必屈让于他?"

曹操大喜,连笑了三声,又连饮了三杯,欢言道:"关中可以无忧也!"

话音未落,只见帐前转出一人来,正是西征军的总参谋贾诩。他也笑意满面,过来给曹操一个很好的建议。曹操沉思片刻,说:"未妥。正因为河东离潼关很近,才不能挥师而去。否则,潼关结集之敌会立刻分兵驰援,而以潼关之险,并不会因敌之分兵而为我所破;敌分兵到河东,则必给我军之过河造成阻碍。不过,倒可以将计就计,令我军除了保持夏侯渊留在潼关与之相峙的兵力外,再分赴潼关以北及东南方向……"

徐晃接过话头,说:"当然,如果马超误以为我们要在潼关及潼关北线、东北线、东南线与之长期对峙,则我军过蒲阪津即可控制整个河西地区,此战的胜负,其实就已决定一大半了。"

贾诩见曹操引申出了这么多妙策,笑道:"我窃居西征总参谋,却不及丞相智慧之万一,大计拿不出来,只好出些小策了:徐将军渡河以后,可令兵士用木栅及随军车辆在河西隔出一条通道,既于我大军有利,又可阻止敌人的反攻,以与孙子'先为不可胜,以待敌之可胜'相合。"

曹操笑道:"贾先生谦谦君子,孟德所不及也。假如马超见我军占据了河西,驰援来攻,那时我再分军,由潼关之北渡黄河,尚请先生谋划。"

众人在大笑声结束了这个"临时会议",一场战斗即将开始了。

第二天,曹操令钟繇率所部前往潼关以北和东南的河岸布防。早有望风的卒子报与马超。马超与韩遂相商,都以为曹操见潼关相持不下,意图在河东等地寻求突破。便拔出驻守潼关的部分羌军,以及驻守河西的少量直属军,开赴告急的几个渡口,如此,河西完全暴露在曹军眼前。

当晚,曹操却密令徐晃、朱灵二位将领,率领一支步兵与骑兵混合的新建混成部队,共四千人,马摘铃,人衔枚,趁夜色大踏步悄悄向渭水的蒲阪津而去。

来到渡口,果然没有遇上马超的一兵一卒的阻拦,过河十分顺利。随即便进入了太原郡;急行军不久,又来到空无一人的黄河岸边。

河水奔涌,势头甚激。徐晃、朱灵在黑暗中相视一笑,说:"河西终于在望了!"

随后,部队渡过了黄河,进入了令马超和韩遂后悔不迭的河西地区。朱灵却自去取了马超屯于河西的粮草。

马超闻报,大惊失色,不住地搓手跌足。韩遂忙令梁兴率精兵五千,急驰河西,与徐晃、朱灵之军交战。

梁兴昨夜与一个舞姬欢爱了一个通宵,直到早晨才入睡,岂知刚一合眼,便被副将唤醒,说是曹操已在河西安营扎寨,不由得惊出了一身冷汗。

梁兴和副将马机急忙出兵,远远望见徐、朱临时所建的堡垒。其时,徐晃已令兵士在一夜急行军和修筑工事后小睡了一觉,之后又埋锅造饭。朱灵率一支小部队,也已控制了河西粮草。众人吃饱了饭,只等马超亲至,专一厮杀。

不料来的并不是马超。徐晃放眼一看,见门旗上大书一"梁"字,知是梁兴到了。因对朱灵说道:"我听于禁说,梁兴手下,有一副将,号称'千手将军',颇为了得。今天我双手痒得不行,恐怕是逢到了对头。"

朱灵说:"敌军长途跋涉,宜在其未及喘息时予以痛击。你可速战那厮,我引精兵随后掩来。"

徐晃于是提斧上马,上前厉声喝叫:"梁兴手下,谁是'千手将军'?"

只见门旗之下,梁兴身旁,一位横膘溢脂的勇武之士提刀勒马,真倒像个豪杰的样子,对徐晃怒目不语。

梁兴转头对"千手将军"说:"此人便是徐晃。可替我取他项上首级!"

马机立时纵马舞刀,来战徐晃;徐晃双斧翻飞,近斗马机。

梁兴惊怒交集,拍马舞刀,奔杀徐晃,这边朱灵觑得亲切,舒臂张弓,一箭射去,正中梁兴左肩。梁兴无心再战,带转马头,望来路落魄而逃。朱灵挥军冲撞过去,梁兴的五千人马顿时乱成一团,死的死,伤的伤,消折甚多。徐晃、朱灵大获全胜,当即押着所掠粮草,杀气腾腾地望潼关而来。曹操见徐晃与朱灵偷袭成功,知大军已对潼关形成前后夹击的势头。这一天,秋高气爽,曹操心情甚悦,前一段为商曜所笑的窘情,似乎完全消失。他手下的文武官员,谁都看得出来,曹操欲借西征关中,恢复自赤壁兵败以来丧失的信心。

曹操在军帐中召集众将官,把自己的新意图说了出来。说完,环顾左右,问:"诸位对此,有何话说?"

贾诩道:"刚才得报,马超、韩遂又调天水、西羌等地氐族士兵,共两万余人,集于河东地区。我看可令曹仁开赴至钟繇守区,以防马超在我军夹击之下,集中兵力冲撞河东。"

曹操允命。跟即令张辽和乐进领军先行,于禁居中,自己则率许褚的亲卫兵断后,发誓要经蒲阪津沿渭水北上,北渡黄河,与徐晃、朱灵会师。

由于是大军行动,难以秘密进行,马超迅即得知。他立刻升帐,与众将商议。韩遂认为,应该趁曹军兵力四散,大开城门,冲击潼关外与自己对峙的曹军;而马超则认为,应该立即率精兵万骑,由蒲阪津以北的战线飞速南下,绕过曹军的先头部队,直接给断后的曹操致命打击。

两人相持不下,马超乃独断说:"上次出关追敌,是我无谋,此次不击曹操,是叔父无谋。我必当亲毙曹操,以泄愤恨!"就不理韩遂的反对,径自率精兵万骑,飞扑蒲阪津。

曹操此时刚刚渡过蒲阪津。张辽与乐进一马当先,已行至黄河之畔。于禁所部，走得不紧不慢，他的任务是要接应前面的张辽、乐进，又要照应后面的曹操和许褚。

正在行间，突然从于禁军中飞马来一探子，说有马超万余骑沿渭水西岸山岭间直扑蒲阪津，并言于禁请求曹操以最快速度北上。

曹操、许褚、贾诩等，没有一人想到马超竟会率军直扑蒲阪津，无不为之一惊。当下立传急令，全军大踏步北进，不久，便赶上了于禁的部队。于是，两军合做一处，望北而来。

后面马超赶至蒲阪津，见曹操已过，立即北上。于是，马超乃命令精兵，尽全力追击曹军。

曹操和于禁率军赶到黄河边时，张辽和乐进的先头部队已经过了黄河，只有张辽一人，于其部队之后督阵，尚驾船正在河心。眼见曹操到来，复又回舟南岸。

曹操料得大军渡过，一时难以完成，便下令趁马超追兵未到，布阵相待。于是，命大军分做两停，第二停布阵，第一停渡过以后，第二停接上。阻击马超的任务，就全由许褚的亲卫军担任。

部署未完，张辽已回转岸上，才知马超将到。曹操命张辽协助贾诩，安排第一停军马渡河。彼岸，乐进见了，也忙令那边的船只过来接应。

待第二停军马刚好渡完，马超已挥军赶到。许褚怕他径直掩杀过来，便策马独自向前，单骑来搦战马超。

马超见又是许褚，不由杀性又起，更不打话，就挺枪与许褚斗在一起。这边马岱等人，怕马超又杀得忘乎所以，延误擒拿曹操，便只管他与许褚厮杀，径直冲向岸边，一看，不禁欢呼起来，原来曹操尚未过河，正在一个临时搭就的台上按剑而坐，观看马许之战。

马岱一马当先，马休、马铁随后跟上，要来捉拿曹操；谁知，从曹操身边突然跳出一位大将，生得豹头虎眼，熊掌猿臂，正是张辽。马岱先是一愣，随即直取曹操。张辽横枪刺来，拦住马岱，只几合，马岱便觉不敌。

两边马休、马铁见马岱与张辽斗在一起，曹操兀自按剑而坐，游目四顾，一付安之若素的模样，疑心有诈。但仔细一看，那边马超与许褚正在恶斗，这边马岱与张辽相交，河边，大量满载兵士的舟船正往对岸急进，曹操身边，只一个校尉模样的人侍卫在侧。不由心中暗喜，再无疑虑，径奔曹操而来。

谁知张辽瞧得分明，一枪逼住马岱，引马左奔右突，便将马休、马铁圈入了战团，一枪使得神出鬼没，把三马罩在一处。

马岱、马休、马铁此番是大功在望，岂肯罢休，各施绝技，要尽快斩杀张辽；而张辽以单骑单枪，在曹操面前护驾，又如何肯落于下风，直使出了浑身解数。这一场好杀，只看得曹操目为之眩，神为之夺；而曹操身边，仗剑侍立的张辽部下、校尉丁斐，更是看得目瞪口呆，连喝彩也忘了个干净。

那边,许褚和马超也杀得天昏地暗。此次交锋,二人都颇有戒心,因此,于大开大合的直砍径杀中,渗入了些微妙难言的巧拼豪夺,杀得更是难解难分。不知不觉间,二人已斗至三百余合,兀自分不出高下。

曹操按剑观战,心旷神怡,早已忘了身置险地,只希望此战永无休止地进行下去。

然而,丁斐此时却回过了神来。他想,若再这样缠斗下去,彼方人众,于我方毕竟不利。而主公只顾观战,如果张辽、许褚力尽,敌军大量掩杀过来,我等岂不将全部淹毙于黄河之中?心念及此,不觉吓出了一身冷汗。

突然间,看见了河边停屯待渡的物资及牛马,一个激灵,生出一计来。于是急忙俯伏于曹操耳边,说了出来。

曹操正观到爽快处,猛一听丁斐之言,心中一阵惭愧。连忙起身,向河边跑去。丁斐仗剑相护,待曹操上了一只舟船,便令亲卫兵驱散牛马,抛弃资财物品。马超手下兵士见了,都舍了曹兵,回身争夺牛马资财。马超正与许褚酣斗,听得军中嘈杂之声,方知曹操要渡黄河,也舍了许褚,急欲约束兵士。

许褚虽与马超棋逢对手,但牵挂曹操性命安危,见马超移心,也乐得回马。见张辽一人犹奋起神威,恶斗马岱等三将,从后面一刀,斩了马铁。马岱、马休惊而急遁,要与马超会合。于是,许褚、张辽命丁斐督了亲卫兵,纷纷上船,奋力划行。临行前凿穿了剩余船只。

马超见兵士都去争夺牛马资财,野性勃发,举枪连接刺死了二十几个兵士。另有无数舟船载了曹操的亲卫军,正往对岸而去。

马超暴跳如雷,令兵士一齐朝曹操坐船放箭。终于,弓箭之力不逮曹军舟船,曹操负箭登岸,而许褚身披重甲,箭皆嵌于甲上。这边乐进、贾诩接住曹操,急令随军太医来治箭伤。幸喜当时船离岸远,马超虽然力大,伤创亦轻,敷了金疮药,估计数日内便可无碍。

曹操及此方才喘了一口气,大笑道:"我今日几乎为小贼所害,多亏诸位将军死战力救,不然归命也!"乃重赏诸将。

虽然此役太过慌乱,曹操也险些丧命,但大军已占领有利地形,整个战局,仍于曹操有利。

不久,曹操令徐晃、朱灵配合自己的大军,会师夹击潼关;潼关以北和东南的曹仁、钟繇也强攻冯沅、成宜、李堪、张横和侯迁。同时,令一直在潼关外与韩遂、杨秋等对峙的夏侯渊攻城。这样,战线得以全面展开。

马超见事已如此,急与韩遂取得联系,认为潼关的优势已失,并且,河东也肯定保不住,不如主动放弃,集中全部兵力,退守渭南。

曹操大军因此不折一兵一卒,进了潼关。

时日已至深秋,天气转寒。曹操在潼关召文武官员,商讨下一步行动计划。

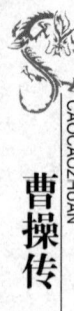

和往常一样，仍是曹操首先发话："我在起兵西征之前，曾以为收取关中，不会太难。最近这一仗下来，方知其艰。北渡黄河之时，我故意自己断后，也知道大军之行，难以掩住马超耳目，当时还有意在北进上显出我军布防的漏洞，以激起脾气本来暴躁的马超轻敌之心。然而差点假戏真做，险些遭他擒去。诸将以后在用类似计策时，当以我为前车，勿蹈覆辙。"

曹仁首先出列说："渭水湍急，又有马超死守，沿河上下，已查明共有十几个防区，以待我军，像上次偷袭蒲阪津那样的机会，恐怕再难找到。若我军择其某个防区力弱，专一强渡，其余防区得知后，必奔驰相救。以我小股力量对付敌军之众，殊不足取。但如果我军也按其防区相应分别攻取，则敌军各自为营，不能互助；我军强攻，十处总有五处要成功，而一处成功，大军就可随后鱼贯而过，何愁不能深入敌境？"

诸将听了曹仁之言，皆称其善。少倾，又有乐进出列，道："曹将军分散敌军优势兵力，勿使其联结之计，乐进心折无已。在这个基础上，我建议我军采用白天佯攻、夜间真攻的骗局，以惑马超之心。如果攻渡不下，又采用夜间佯攻、白天真攻的假相。真真假假，虚虚实实，令其懈怠。我估计，三日之内，必可横渡渭水！"

曹操大喜，又问有谁献计。众人纷纷献计。

第二天，有六支兵马强渡成功，但全部都在渡河之后又被迫退回北岸来。兵马消折，不在少数。曹操急令暂停攻势，又召众将，询问原因。

原来，渭水南岸几乎全是沙地，先头部队强攻渡河后，无法有效地建立临时性的防御工事，立不住脚跟。不得已，只好又退回北岸来。

乐进说："今天我一连渡河三次，都被迫退回，这样'硬碰硬'的打法，显然是行不通的。如果今天晚上再行渡河，暗中而无屏障，于我军肯定更为不利。因此，我请求放弃今天夜间的攻渡。"

曹操令众将苦思良策，然而无人对答。会议只得怏怏而散。

突然，帐中进来一人，曹操一看，却是荀攸年前举荐的谋士娄圭。只是这娄圭平素从来不大言语，只爱独处，曹操知异人多是如此，也不在意，渐渐已把他忘了。今日见他突然进帐，心知有异，连忙延请入座。

娄圭也不寒暄，径直说道："丞相想要跨过渭水安营，今日何不乘时渡河？"

曹操轻叹一声，说："只因渭水彼岸，其土几乎都是沙粒，我军渡河以后，不能垒筑工事屏障，为马超所宰割，所以不能得逞。隐君此来，定当有教于孟德。平素轻慢了先生，尚望宽恕。"

娄圭见曹操谦逊，连道："岂敢！子伯来投丞相多日，哪一天不是无功受禄？今一年之期已至，子伯即将重归终南，岂能就此遁去……"

曹操未等娄圭说完，已然大悟。欲要厚赏娄子伯，娄子伯坚辞不受，褪了官服,换上道袍,投终南而去。曹操叹赏不已。

随后,即令诸将以娄圭之法,待风起之后,连夜渡河。士兵们每人身边都携藏数只水袋,过河之后,立即垒筑高大沙墙,泼水其上。完成之后,立即退回北岸。

第二天,天色尚未明亮,曹操就命令昨夜渡河的士兵再次渡河。对岸守军尚在梦中。待发觉曹军已过河时,急来阻战,岂知冰沙土城已就,曹军倚之反击,守兵攻击了许多次,都未能成功。这边,曹军大部队纷纷造好浮桥,从十几处河岸,渡过渭水,到达南岸。

马超守军在接触曹军之后,一败涂地。马超、韩遂等见大势不好,斩了几个逃跑的小将,下了死命令,要兵士一定坚守所剩无几的数处险地。

曹操前进三十多里,安营扎寨。至此,完成了西征关中第一阶段的战事。几天来,关西军兵与曹操军兵只有过小股力量的接触。

某一天,马超坐在帐中纳闷,想起几月以来的节节败退,异常气愤。他发觉自己的耐性已到了极点。再不想出一个良策,关中将会毁在他手中。焦躁之下,急召众将前来,一定要设法集中全部兵力,与曹操作最后一搏。

不一刻,韩遂、马岱、马休、杨秋、程银、冯沅、侯迁、张横、梁兴、李堪、成宜等将领以及几个氐族土军将领,一齐毕至。

马超面带忧色,说:"连月以来,我关中诸将带兵御敌,只因曹贼势大,兵多将广,令我节节败退。因此,必须坚守渭南。

"这几天我观察曹军动向,又据探子密报,知曹操一面休养兵士,一面补充给养,一旦蓄足气又必来犯我军。那么,曹军又是如何估量我军的动向呢……"良久,诸将无言。

过了很久,老将韩遂缓缓说道:"我这几天以来,也常苦思:自曹贼进犯以来,我军屡战屡败,难道是我关中将领不勇不武,西凉兵士不忠不诚? 显然不是。我想来想去,发现之所以我军陷于今天这种窘迫境地,都在于谋略不够。试想我军每次出击,都落于曹操算计中,而曹操之用兵,却不在我们意料之内。马超贤侄性情又暴烈,每每用兵,不愿深思,当初若肯多听我们劝阻,也不至于落得像今天这个样子……"

话未说完,马超已拍案而起,怒道:"现在战局本于我不利,叔父岂可以责任归属为由,动摇军心!"

韩遂也把桌子一拍,凛然不惧,说道:"贤侄此言差矣! 找出以前战败的因由,正是为了以后的战胜,现在你又提出偷袭曹操,依我之见,又是送死之途……"

马超冷笑一声:"依叔父之见,我们该当如何,难道就束手待毙了吗?"

韩遂沉吟一阵,道:"我有万不得已的一计在此,诸位先听完,再置评判。

"曹操大军行进至此,不取关中,绝不罢休。若我军再与之力争,已无实

力,关中最后既失,军兵也必遭涂炭。不是老朽本人怕死,遂已年老,死又何足惜,只是为我西凉军兵计,我以为现今之上上计划,是向曹操议和,先求保留驻守西凉,偏安之后,再图复辟。"

马超闻言大怒,再度拍案叫道:"我军未与曹贼决战,叔父就如此灭自己志气,长他人威风,不是将关中拱手送予曹操吗?你有降意,我可没有。马超身为西凉军民主帅,绝不允许现在就向曹操议和!"言罢,兀自怒气不消。

韩遂向众将望去,但见人人都默无声音,叹了口气,说:"那么,我们就与曹操决一死战吧,只是,不知又要伤我关中几多军民了!"

第二天晚上,朔风凛冽,月黑星晦。马超命韩遂守营,亲率直属精兵,并几位大将,趁黑向曹操主营奔袭。到了曹操营前,所幸未被发觉。

张横与侯迁纵马冲进曹营,发一声喊,铁骑军也紧接着冲了进去,不料众兵纷纷陷入地下,原来是曹操早已驱兵布下了陷阱。炮一声响,突然间灯火通明,从四方冲出早已埋伏好的曹军,尽情杀戮。

不幸张横和侯迁都亦跌入坑中,未及挣扎,就被乱军割了首级。后面马超等人赶到,知道上当,大军急忙回马奔逃,马超并马岱、杨秋、成宜、程银等人跃马营前,来救侯迁与张横。这边,早迎上来许褚、夏侯渊、徐晃、于禁等将,捉对厮杀,被徐晃一斧砍翻了成宜。

许褚、徐晃等乘胜追击,又被夏侯渊伤了马岱左臂,才仓皇脱逃。

马超等转过山梁,又见马休、李堪、冯沅等正被曹仁、乐进、朱灵、丁斐等将截住厮杀。马超急忙与马休等会作一路,死战之下,夺得生路,往本营逃窜。直属军兵,死伤无数。

那边,早有韩遂出来相迎。见面之后,马超无言。韩遂目视马超良久,才说:

"你去偷营,反中了曹操的埋伏。我却一直在这里担心曹操反来偷我之营!"

马超羞愧难当。于是,韩遂再次提出议和,诸将无奈,只得赞同。

第二天,马超写下求和书札,以割地和送出幼子为人质作条件,要求曹操退兵。书毕,交予韩遂。

韩遂以杨秋为使者,单骑来到曹操大本营,呈上书札,具言割地求和之事。

曹操分析了当前的形式,并且和贾诩商量好。第二天,曹操亲自修书一封,遣乐进送予马超,并言将逐渐退兵,归还马超河西之地。同时,令兵士在渭水上搭起浮桥。

马超见曹操果然要退兵,便对韩遂说:"曹操一向老谋深算,我怕他又有诈术。叔父有何高见,以防其变?"

韩遂微一沉吟,说:"先父与曹操同一年被举为孝廉,我的年龄亦与曹操相近,以前在洛阳时,也曾有数面之缘,不如请他来我营中一叙,以结善缘,令其收回不诚之心。"

马超说："既有旧情,何不一试?"

于是,韩遂修书一封,又送至曹营。曹操带领许褚、徐晃等将,欣然前往。没想到,对马超,却不大理睬。

马超把这些冷冷看在眼里。

几月以来,关西各部兵士,不断败在曹操手下,无不久闻其名。岂料今天能目睹真颜,都颇为好奇。

曹操与韩遂酒罢辞回,并行于关西军前,见众兵争先恐后地朝他观看,便高声笑着说："你们都想认识我曹操吗?其实我也只是普通人而已,并没有长出四个眼睛、两个嘴巴,只不过是较善于智谋罢了!"

言罢,又与韩遂大笑而去。关西之军,气为之夺。马超见了,十分愤怒。

曹操回来后,把见韩遂之具体情形告诉贾诩,贾诩笑而不语。过了两天,贾诩对曹操说："马超只有匹夫之勇,不识机密。现在他已经有些怀疑韩遂,今丞相再修书一封予韩遂,韩、马必自相残杀。"

曹操惊问："何以见得?"

贾诩道："丞相写信给韩遂,说几句两军议和之事,并回请韩遂来我营中欢叙。但须在议和等要紧事处,故意涂改,如此一来,马超自然要与韩遂火拼。"

曹操大喜,于是照贾诩之计修书一封,又令于禁送去,径直到韩遂营中。

于禁走后,马超得报,便来韩遂营中,向他索书观看:但见凡在两军议和要紧处,皆有涂改之迹。心下生疑,就问："信上如何有多处改抹糊涂?"

韩遂回答："原来就是如此,不知何故。"

马超勃然变色,圆睁双目,怒道："岂有以草稿送人的说法?必是叔父怕我知道曹操与你密谋的详细言语,先行涂改了。"

韩遂吃惊道："贤侄万勿误会。莫非曹操真是把草稿误送了过来?"

马超冷笑道："曹操何其精细的人,怎会出这种差错?况且以他之才,登高必赋,惯会横槊吟诗。短短一封信函,又何用先打草稿?叔父何必这般做作?我虽用兵犯错,但与叔父并肩齐心,力杀外贼,叔父岂能忽生异心?"

韩遂长叹一声,说："贤侄若定要疑心于我,而我又确实早已提出过与曹操议和,我也无法。只有明日我去阵前赚得曹操出来说话,你紧跟于我身后,怀藏短刃,一刀将曹操刺杀了,才知道我的心!"

马超正色道："若真如此,才见叔父真心!"

次日,韩遂与马超轻装来到曹操营前,只见诸多将领,侍立曹操左右。韩遂拜过曹操,说："应丞相之盛情,前来一叙;吾侄马超,久慕丞相英名,瞻仰心切,韩遂未得允可,带他轻装来拜,尚祈见容。"

谁知曹操视而不见,听而不闻。

韩遂十分窘迫,不知所措。马超见群雄环侍,知不能得手,"哼"了一声,冲出帐去。韩遂只得跟随。

回了营寨,马超闷闷不语,韩遂在帐中来回踱步,想起了曹操的伎俩。马超抬起头,想了一阵,若有所动。

正当此时,忽有杨秋闯进帐来,大叫:"事情不好了,曹操刚才下过来战书,翻脸不认议和之事!"

韩遂、马超二人俱吃一惊。韩遂也怒道:"明日我们共拒曹操,你就知道了,我韩遂是否是忠耿之士!"

马超冷笑一声,冲出了帐门。

良久,韩遂一声长叹:"唉,曹操,你要弄得我军指挥不一而为你所灭,这一招,可是比我内部火拼,又是毒辣多了!咳……"

曹操就这样依西征总参谋贾诩之计,为马超和韩遂设下了这个绝妙的圈套。因此,曹操见时机成熟,便开始了与关中军的大会战。可是结果不尽人意。

至此,曹操西征关西的战事告第二个段落。但是曹操不愿松懈,准备继续北征。

一日,开宴同庆关中已定,众文武官员纷纷畅谈豪饮。将至酒酣,夏侯渊叫道:"俺今日得胜,在此饮酒作乐,想那马超、韩遂、梁兴等之辈,此时也定在饮酒,岂不气煞人!"

贾诩笑道:"夏侯将军此言差矣。马超之辈的饮酒和夏侯将军的饮酒,大不相同:他们是借酒浇愁罢了。将军何来怒气?莫非是有意起兵,斩草而除根……"

话未说完,徐晃站了起来:"贾先生所料不差。刚才我与夏侯渊言及杨秋之流居在长安之北和以西之地苟且偷生,实觉不能容忍。因此,欲要同其北征,剿灭余孽!不知贾先生有何高见?"

贾诩望了曹操一眼,说:"现杨秋在北,马超、马岱、韩遂、梁兴在西,程银已归张鲁,北方杨秋力单势薄,可先行剿灭。徐将军与夏侯将军可提兵北上,灭了杨秋。"

曹操听完几人的对话,深以为然,便说:"杨秋之患,夏侯渊与徐晃两军,足够荡平。我大军尽可在长安休养几日,便可回师。如今大雪寒天,杨秋可能不会料到我军冒雪北征,我欲亲率夏侯渊与徐晃两部,给他以出其不意的打击。"

于是,定了计议。众将官复又畅饮,至醉方散。

过了两天,曹操亲率夏侯渊、徐晃,领兵两万余骑,冒雪北上。行了一天半,抵达杨秋所据的安定郡。

杨秋闻报大惊,急与安定守将刘太卜上了城墙,倚楼而望。但见曹操大

252

军在离城门十里之外的谷地中下寨,旌旗被雪,铠甲如银。

杨秋深以为忧。此时冲杀一番,也可能真能建立奇功,但也可能遭到不测。

杨秋于是说:"现在天气冰寒,再往后,更是凛冽。我安定城中,粮草丰足,衣食富裕,若坚壁不出,足可支撑数月之久;而曹操远至,战线漫漫,其粮草必然短缺。就算他不断从长安押运解送,也颇花气力。况且天气将更为寒冷,我死守此城,他若久攻不下,士气受制于天气,必然退兵。"

刘太卜听言,说:"杨兄之言,虽然有理,但若连一次都不冲杀曹操,就龟缩不出,我不甘心。你若不去,我自领本城守军,趁曹操阵脚未稳,杀他一阵。"言罢,怒气冲冲而去。

杨秋无奈,只得跟随太卜出马。出得城来,太卜扬鞭催马,舞刀直奔曹营。却见曹军早已布好阵势,大军之前当中一人,正是曹操,左右二将,勒马相侍,正是夏侯渊与徐晃。

曹操见了杨秋,却识不得刘太卜,便哈哈大笑三声,喝道:"杨秋,败军之将,大势早失,却作这无用的负隅顽抗!我看你也非平庸之辈,何不趁早见机,献出安定,尚可免去死罪。"

杨秋尚未答话,早恼了旁边的刘太卜大骂了起来。曹操大怒若狂,对夏侯渊与徐晃喝叫:"小子猖獗,二位将军与我立马斩来,消我心头之恨!"

夏侯渊与徐晃不等曹操说完,早已双骑驰出,迎战太卜等三人:夏侯渊接了刘太卜,徐晃拦住周若止、范坤。那周若止使一枝长枪,范坤舞两只短剑,一长一短,与徐晃的双斧斗在一起。

斗到十余回合,那边夏侯渊神威显露,刘太卜渐感力怯。早有杨秋驰来,挺枪加入战斗。于是,变成了关西二将围攻曹军一将的局面。

斗到五十余回合,徐晃瞧得分明,以左斧挡住范坤双剑,右斧却撩下周若止递来的长枪,然后又突地翻转刃口,从下自上,一斧劈在他的胸膛之上。周若止大叫一声,死于马下。

范坤见状,魂飞魄散,狂舞双剑,护住周身要害,却被徐晃夹马上前,一斧砍翻了范坤坐骑,范坤跌于马下;徐晃又赶上一步,一斧落下,顿时结果。

那边夏侯渊力敌刘太卜与杨秋。刘、杨二人之力,自非周、范二位偏将所及。但既是如此,二人合斗夏侯渊,也甚感吃力。突然又见徐晃杀了周若止、范坤二将,心知不妙,两人所念,只为逃命。于是合斗死战,夏侯渊也不得不避其锋,乃得了机会,不等徐晃驰来助战,奔逃回城。

经此一役,刘太卜才同意杨秋的计议,坚壁不出,同时令兵卒准备滚木箭矢,但见曹操攻城,便一发打杀。

一日,又修书两封,一封致马超、韩遂、马岱,差人秘密送至陇西凉州城;一封致梁兴,密报送至冯翊郡。只盼两地引军来援,夹击曹操。

这边马超得报安定有急,无奈,又到韩遂帐中,与其相议。

第二天,韩遂就领本部残余兵马,辞了马超,望西北投奔羌族人去了。马超虽怒,却也一阵怅然。

于是,召集马岱及凉州守将翟忠,商议联合梁兴,夹击曹操、解救安定之事。

马岱先道:"今曹操孤军北上,而据探子所报,大军业已班师许都,正是一举杀他的好机会。我愿领军奔袭,以报一刀之仇!"

翟忠说:"以曹操现在所处局势看,三军夹击,确能置其于死地。只是曹操诡异多端,须要防其故意诱我扑击。并且,我军愿救安定,只不知梁兴是不是也愿发兵?此事尚待落实这两点后,再行定夺。"

马超见翟忠说得有理,就立即修书一封,派翟忠的副将罗纲急往冯翊,与梁兴联络。

不日,罗纲回到陇西,呈上梁兴回书。马超与翟忠共同拆阅。

二人看罢,皆大欢喜。罗纲又说,梁兴同意杨秋所约定的,与马超等于十一月一日子时正牌到达安定,夹击曹操。

马超、翟忠自然答允。于是,积极备战,只等期至。

而曹操见夏侯渊、徐晃自折了周、范二将后,便闭城不出,因对夏侯渊与徐晃道:"马超这一次看来不会像以前那么鲁莽了。他坚守不战,我们何妨攻城一试?如果攻不下来,再作别策。"二人领命。

这一天,曹操出了营帐,叫了夏侯渊、徐晃二将,另带了几个亲兵,要去打猎散心。

几人纵马向西驰去,到了一片树林之前,只见雪地之上,有一排动物蹄印,通往林中。大家细看其迹,知是一只青鹿。

曹操吩咐几位亲兵围了林子,自己则与夏侯渊、徐晃分作三路,策马进入树林。

深入一段,猛见一个黄色的影子。曹操勒住马,从腰间的箭壶里拈出一支长箭,又取下弓来,搭在弦上。那黄影动了动,终于完全暴露在曹操眼前,果然是一只精瘦伶俐的青鹿。

曹操发现若在马上搭弓放箭,极可能为树枝所阻,于是动作缓慢地悄声下马。

曹操看得真切,一箭紧跟放了出去,鲜血顺着箭杆,溢了出来。青鹿兀自未死。

曹操俯身拔出了箭头,一股鲜血涌出,青鹿挣扎了几下,便即身亡;又叫徐晃提了,一同出林。曹操与徐晃对看一眼,都未言语,等夏侯渊回转。片刻之后,夏侯渊披雪而归,下得马来,口中喷出一团热气,说:"羌马脚健,让他走脱。不过,却也另有所获。"言罢,从马鞍上拖下只黄羊。

曹操略一沉思，似有所得，笑道："我看却不是另有所获，而是正获其所。立刻回营，我有话说。"

当晚，曹操与二位大将聚于营中。亲兵早已叫营厨清洗了鹿、羊，一炖一烧，供在案上。三人据案而饮，大呼畅快。

眼花耳热、底气贯顶之后，曹操又饮一杯，说："我想了一个下午，自以为得计，不仅能破杨秋，而且将一举剿灭马超、马岱、韩遂和梁兴！"

夏侯渊手执一只鹿腿，问道："莫非丞相已把这个大计着落在了西奔羌马之上？"

曹操非常高兴："夏侯将军又有所长进了。徐晃可知道我的用心何在吗？"

徐晃笑道："跟着主公转战多年，岂能不知主公的意图？我知丞相猜测那西奔羌马是受杨秋之命，赴陇上马超、韩遂处求援来着。我已查过，今天并无别的飞骑出城。如果所料不差，明天会另有羌马，分赴冯翊、汉中求援于梁兴、程银。"

曹操令亲侍满斟三杯，与二人一饮而尽，说了自己的妙计。夏侯渊说："程银新投张鲁，而刘备最近颇有意于汉中，估计张鲁要抗衡刘备，不会分兵给程银来犯。我意此役用兵，主力精兵可主要用于对应马超与梁兴两股敌军，程银之部，稍加监视即可。"

曹操同意。三人又讨论了如何回长安搬取援军等事，直饮得人人都有些飘飘然了，才各回营中安息。

第二天，果然有一羌马冲出城门，往冯翊方向狂奔。曹军假意发喊高叫，却并不力追。翟忠在城墙上观看，也未起疑。

其后，未见再有羌马出奔。因此，曹操等便放开程银，专一对应凉州马超和冯翊之敌。

眼看时间快到十月之末，这一天，张辽、许褚、丁斐并地方将领姜叙、杨阜率军两万，遵曹操急令，押了粮草，赶到了安定，与曹操会合。

杨秋与刘太卜在堂上听得城外人马喧天，还以为是援军到了，正自奇怪，因为早已约定，两股援军要到十一月一日子时正牌才来奇袭，即使提前进入安定境内，也要按兵不动，到了夜间才能兵临城下。两人对看一眼，一种不祥之感陡然涌上了心头。

二人急急策马来到城门，上了城楼，一看之下，不觉大声叫苦。中了曹操的奸计。如此一来，杨、刘就成了瓮中之鳖。

曹操正与许褚、张辽、夏侯渊、徐晃、丁斐、姜叙、杨阜等七位将官在营内饮酒，猛听得鼓角喧天，都是一惊，急忙出营观看。只见安定城内，四处门户的碉楼之上灯火通明，亮如白昼，兵士人头攒动；杨秋与刘太卜在上面叉手而立，洋洋自得。

第二十八章　再西征誓夺关中　贾诩献计间韩遂

曹操不觉笑道："好个杨秋,竟然有此一计！"又回头对众将说："不过,他又如何算得过我？我本来不知马超、韩遂和梁兴他们何时来袭我军,只能时时防范,奈何杨秋心急,倒在警示其援军之前,先泄机密于我了：今天晚上,马超、梁兴必至。"

众将均觉有理。丁斐道："丞相何不将计就计,也来个灯火通明鼓角相闻？待其援军赶来,见城上城下一般无二,又有我军将士在下痛骂挑战,还道是常常如此相峙,必然不防我已有备。同时,再拨两彪人马,伏于马超、梁兴必经之途上,先行放过；待马超、梁兴引军来攻我营,我军可佯装猝不及防,马超、梁军必懈,我伏军再回马杀来,马超、梁兴哪里还有命在？"

曹操听了,大喜过望,说："丁斐之智,我真是知道得太晚了！"于是下令也大张灯火,击鼓吹角,又选嗓门洪亮的兵卒坐在阵前,高声侮骂杨秋、翟忠。一面派张辽领姜叙,许褚领杨阜,分赴马超、梁兴之来路,择地埋伏。

不一刻,到了城外,但见城上城下,一派鼓角喧天,灯火通明,曹操阵前,正有兵士指城而骂,而且曹操本人也坐在营前,把酒观骂,城楼之上,更见杨秋也正自饮酒。

梁兴见状立令停马,一时不知所措,陈南与田翎从旁说道："马超尚未到来,幸好我军先至,抢得头功,看来曹操已按捺不住攻城了,不分昼夜硬干。"

梁兴本有疑虑,见二人这一说,便去了大半,又想反正已来了,就算曹操有诈,也不及转意了；遂引军朝曹军营地冲来。

曹军立时大乱,阵前士兵争相逃窜。岂料梁兴兵马冲近跟前,却纷纷马失前蹄,坠于坑中,原来曹操早已密令士卒,于夜间挖出陷阱,布于敌人援军必来劫营的路上。

刘太卜见梁兴杀来,急叫杨秋出战,谁知杨秋已有醉意,乜斜一双朦胧的眼睛,说道："出战又有何用,还不是去送死！"言毕又饮。

太卜大怒,喝道："难道你已有降意？再不出战,且先吃我一剑。"一边拔剑在手。

杨秋饮下一大口,将杯子一掷在地,说："反正都是一死,你愿杀便请自便！"

太卜愈怒,但终又不忍,就独自领兵,开了城门,杀将出来,意欲杀了曹操,乘机取胜。岂知早有夏侯渊一马当先,迎了过来。只十余回合,便被刺下马来,夏侯渊立即又奔往梁兴。

正当此际,阵营两边,马超、马岱、翟忠、罗纲引行军杀到,见战场一片混乱,又见那边有陷阱,因此不敢躁进。马超见杨秋一人,在城楼上独自饮酒,甚为奇怪,高声相呼,杨秋只是不应。

马岱游目四顾,见曹操立于营关,毫无惧色,正自饮酒观战,身旁一人按剑侍之,正是丁斐。同时有夏侯渊、徐晃与梁兴、陈南和田翎厮杀,因对马超说道:"今日情形,岂不与那在黄河边上一样?"

马超看后,喜道:"今日可杀曹操矣!"

正自高兴,突然身后一声炮响,回头一看,早有张辽、姜叙率伏军杀回;一阵冲击,马超之军被迫前移,纷纷跌于陷阱之中,翟忠回马来战张辽,只一回合,就被张辽一枪刺于马下。马超等顿时无措。

那边,夏侯渊已杀了田翎;梁兴慌乱,也被徐晃赶上,双斧齐下,砍成了三截。陈南回马欲逃,迎面来了许褚,只交一回合,就被许褚一刀砍翻。

此时,曹操令丁斐率亲兵进城登楼,务必生擒杨秋。

马超见了这个势头,哪敢恋战,急命马岱与罗纲率部逃窜。此役杀伤西凉士兵二万余人,俘虏三万余人;杀死西凉将领共六人。曹操望望夜空,刚进入丑时。

早有丁斐押解杨秋上来,曹操令左右解了绑,赐座于旁。杨秋昂然说道:"我智不如人,早有死志,你又何故如此做作!要杀要剐,杨秋何曾畏惧?"

众将闻言皆怒,曹操却说:"我看你也有才学,如何这等执迷:一个人如果智不如人,做不成天下第一的智士,便要寻死,岂不荒唐?你真正不足的其实只是未遇明主罢了。假如我免你一死,却又如何?"

杨秋微微沉吟,说:"对你的智谋胸襟,杨秋一向钦服;只是一身不事二主,要叫我降你,却也无理可循。"

曹操笑道:"今天下动荡,群雄并起,得道者多助,失道者寡助,你执著愚人之忠,岂不让英雄齿冷?"

杨秋听言再也无法不服,当下就伏地纳头,口称愿降。

曹操离座,亲自扶起,令杨秋留守安定;杨秋感激不尽,又与诸将重新见过,一时间欢声笑语,皆大欢喜。

十一月初,曹操率大军回到长安;十二月,带徐晃回师邺城,自此以后,到公元214年,即建安十九年,整个西凉的清扫都由夏侯渊负责。

第二年,即建安十七年秋七月,马超再次卷土重来,占据蓝田郡;夏侯渊率军攻击,马超再次败走,投奔汉中张鲁。凉州守将当时是姜叙,眼见大军压境,姜叙告急,想向远在邺城的曹操求救。

夏侯渊与张辽正在雍州驻扎,知道姜叙的意图后,不敢同意,他对张辽说:"曹公在邺城,相去此地四千多里,要待大军到来,姜叙早已被马超击溃,凉州不复存了。因此,应实行快速度的紧急救援,以稳定凉州诸将的信心。"

于是,派张辽率步骑混成快速部队五千人先行,自己则组编新的关中军,视需要,随后支援。马超见张辽兵到,凉州守兵志气转旺,就不敢硬拼,终于撤回了汉中。

韩遂见夏侯渊兵势单薄,决心与他决一死战,便联合羌族各部土军,对夏侯渊所部实行反包围。夏侯渊手下诸将见韩遂兵多,就建议就地筑营,以图

第二十八章 再西征誓夺关中 贾诩献计间韩遂

防卫。

夏侯渊思索一阵,反对说:"如今我们千里用兵,深入敌境,在危地作客战,全凭一鼓作气之势。如果建立营寨防守,攻击的锐气一旦失去,又无粮草保证,必然要败。

"韩遂兵力虽众,但来自羌族不同的部落,指挥不一,又缺少训练,当不难击退。"

众将无奈,只得继续攻击韩遂,夏侯渊为了鼓动士气,以身作则,处处争先。结果军士锐气不可挡,羌族士兵见了,大都心惊,纷纷败退。

韩遂不得已,再向西北逃窜。这样,就再也无人威胁西凉、关中地区,曹操见夏侯渊的独立指挥能力得到了实战的检验,不惜予以重奖。整个西北方到此全部统一,曹操的目光又射向一直与他僵持的吴越孙权。

第二十九章　班师回朝献帝惊
　　　　　　　　皇室混乱众人忧

时下是建安十七年正月,曹操班师回到了邺城。他比较喜欢这个地方,地势上占有很大的优势。

曹操为了自己有一个安适的办公环境,又在邺城的北区以西、漳河之畔,修筑了铜雀台为中心,金凤台,玉凤台为左右的"邺城三台",就渐渐不去许都。

当然,也并不全是因为邺城的舒适,才让他乐不思都。

且说刘协原本是一个较为平和的人,又因感激群雄之中有曹操"奉戴天子",所以对曹操之权重颇为原宥。可是众大臣与外戚无一日不煽动,便使权力欲还不太严重的刘协为了争取天子的自尊,而开始与曹操发生愈来愈多,愈来愈严重的冲突。

首先,是议郎赵彦在献帝御前提出"宫中"和曹操"府中",实质上也就是许都和邺城的权力分配问题,涉及府中凌驾于宫中之上的具体情形,鼓励献帝与曹操谈判,收回大权。

曹操当时正与吕布激战,将破张绣之时,折了长子曹昂。一时闻此,大怒欲狂,立即派人以煽动叛乱,分化政府的罪名,处杀了赵彦。献帝大惊,此后,只要见曹操有事入殿,便深感惧怕。

一日,献帝思考良久之后,诏曹操进宫参见,曹操立即入殿。献帝见了曹操,就直截了当地说:"你如果真愿意辅佐我治理天下,我就请你尊重我应有的权责和地位;如果不能做到,我愿意让出皇帝之位。请你三思,全权处治吧!"

曹操听了,脸色遽变,立即伏地谢罪,并请求当即退朝。

从此以后,曹操能不上朝就尽量不上朝,即使有事,也由他的首席谋士荀彧一人代为沟通。这边,曹操更加紧了对邺城的扩建,他裁决军政大事,除了在这邺城"行府"外,就是在南征北战时临时的军营兵帐之中,平常只是走过场似的,向许都作些事后的报告。如果不是荀彧一人在谋划战争的同时,又花大量精力从中作出协调,许都与邺城之间,必然爆发公开的政治冲突。

然而,即使如此,事情还是终于发生了。许都的一些公卿大臣与外戚,见曹操已逐渐架空朝廷,必定要篡汉称帝,便推有"国舅"之称的董承,密与献帝商量除曹一事,于是献帝下了一道密诏,令董承联合几位朝廷武官,计有种辑、王服、吴子兰等人和客居曹操军营的刘备,阴谋杀害曹操。

事败后，诛杀董承事件连带受害的董贵人身怀有孕，献帝便请求曹操缓行贵人的刑，在他生产之后再杀。但曹操在盛怒之下，坚决不同意，这件事令献帝的正宫伏皇后感到震惊，对曹操深感恐惧，因为董承事件的真正幕后指使正是伏皇后的父亲伏完。

其实，曹操也知道是伏完指使董承进言献帝，谋划着剿灭曹操的事情。公元209年，即建安十四年，伏完突然患上恶病，不治死亡。由于事出猝然，死前就没有来得及烧掉这封珍藏了十年的密函。伏皇后得知，心急如焚，连派心腹去找这封密令，却多次未能找到。伏皇后好不容易过了十年的安稳日子，此时就又开始提心吊胆了。好在又过了两三年，一直无事。

当然，这件事曹操是不知道的。他担心的只是邺城与许都的关系日益恶化，会导致什么样的结果。荀彧受他之命，全面负责他与献帝之间的联络和关系的协调，但几年下来，他发觉在许多政治主张上，荀彧不再为他说话，而是逐渐倒向了朝廷一方。想到这些，常令他非常头痛。他的偏头痛也常常因为这类事情的纠缠而发作。

这一天，曹操得胜班师，春风满面地回到了邺城。在荒凉苦寒的关中以及更为贫瘠的西凉征战了数月，回到繁荣富足的"老家"，曹操非常高兴。只是见到了邺城，情不自禁地又想起了许都，笑容之中，令人不察地掺入了一丝忧虑。

一时，鼓乐齐天、歌舞升平，以为庆贺。随即又大开宴席，凯旋之师连同征战劳苦，至此才恢复了平和时期这种轻松舒适的生活之中。

曹操见席间有人说起讨伐关中、西凉，到了得意处，口沫横飞，心中暗想：赤壁之败痛犹如新，切不可让关中大捷冲昏了将士头脑，便止了鼓乐，罢了歌舞，只令大家饮酒谈话。曹操总结了自己的战争历程。

说着，站起身来，用手往台前大片空地一指，说："你们看，这大片空地未派用场，废之不用，如此浪费，令我心痛！我意可因地制宜，妥为利用。诸公有何高见？"

荀彧知道曹操意在用兵孙权、刘备，便说："丞相之意，想必属意于长江。今孙、刘联防，确也是我军未来最大的劲敌，汉中的张鲁还在其次。因此，我认为可在左侧设立一座'讲武城'，百官众将在无军事行动时，可以不像以往一样呆在营中，而都来讲武城，共同研究未来可能有的军事行动方略。

"据目前形势，可根据事情的缓急，分作两步进行：一是绘制吴越详细地形图，并制模拟地形盘……

"这样，中间尚余一地，足够跑马之用。铜雀三台，可以由此而文武备至，为邺城增辉了！"

众将官听了，无不附掌、欢笑。曹操更是高兴，说："我部大军西征，无暇顾及他事，荀彧先生早已有成竹在胸，实为社稷之福啊！"

荀彧连忙说:"身为臣下,焉敢不为社稷出力!我另有一件喜事,要禀丞相:皇帝得闻丞相亲领大军平定西凉,龙颜大霁,即刻便有诏至,亲赐丞相如汉相萧何故事:赞拜不名,入朝不趋,剑履上殿!"

众将官闻言,顿时轰动。连一向沉稳不惊的曹操也不禁为之动容,惊喜道:"皇上如此眷爱,孟德何堪承受?!"

其实,曹操心中的惊喜更大于他所表现出来的兴奋之情。本来,在回师途中,他就苦思与朝廷的关系越来越僵,竟无良策改变,现在,献帝主动下诏赐他如此殊荣,很可能不是伪作,而是真心感激他平定西凉。因为他深知,献帝虽然对他的专权心存芥蒂,但却一直对他为平定天下而南征北战的行动,持高度的赞赏态度。曹操想,说不定可由此契机而设法恢复自己与许都的良性联系。

百官纷纷离座来贺。刚随曹操征战归来的徐晃、于禁等一众将军,更是喜形于色。正在热闹之际,只见一彪人马向铜雀台驰来,正是天使从许都到了邺城。

曹操连忙率百官下得台来,在台前空地上列队相迎。须臾天使到来,口称诏至。

曹操振衣露膝,望东南许都方向伏地而拜,文武百官也跟随跪下。曹操接了诏,览毕又拜,然后邀天使登台,重张管弦,尽欢方散。第二天,荀彧等人随同曹操往许都而去,献帝亲排銮驾,去城郭迎接,满城百姓争相观看,这一天曹操第一次认真地向献帝亲口汇报了西征战事的详情,以及即将亲率大军南征的计划,献帝见曹操说得诚恳,倒是许久未有之事,也就颇为感动,说:"你替朕为国家征战多年,劳苦功高,个中艰辛,朕岂有不知?治罪之言,今后休再提起。只希望你我君臣一体,能使国泰民安,朕心就足。至于公卿外戚之言,于理有合,于实际情况,则显得有些勉强。朕也不求这勉强,世间之事,强求者多有不得!"曹操听了,知献帝似乎已表示不再与他争权,心中暗喜,说:"深谢陛下对为臣苦处作了这设身处地之想。为臣本也无欲专权,更早在铜雀台建成之际,便已公开声明绝无异心。只是天下尚未平定,孟德一旦身退,局面恐不堪设想,是以背了虚好之名而处实祸之地,不得已啊!一旦功成,孟德岂敢继续专权?"

之后,君臣之间又说了些国家大事,方才退朝。

出殿后,荀彧对曹操说:"丞相此次回师,若能重新建立邺城与许都的关系,便无内患,可以全力对敌了。"曹操此时非常高兴。

"是啊,"荀彧接过话,说:"要是丞相本无篡汉之意却因平常不拘小节,而给人似要篡汉的印象,虽然人正不怕影子歪,却会造成许多不必要的麻烦,而且,徒令天下名士齿冷,就太不划算了。因此,我建议丞相从这次回师后,平常的言行宜多加注意,收敛节制,使宫府相睦,便于专心南征。"

第二十九章 班师回朝献帝惊 皇室混乱众人忧

曹操"嗯"了一声，表示同意。但他这时却被刚才想起的赵俨之言，勾起了另一番心事。就问荀彧："赵俨说我定能完成天下统一的大事。但以现在的局面而看，你以为如何？"

荀彧沉默了半晌，才说："自赤壁兵败，尤其是铜雀台宴饮以后，众将官都发现你感到天下三分的局面初露端倪，而意气消沉，甚至连商曜都有察觉。只是我军将官中，无人敢说罢了。但现在的情况又有所改观：孙权只能守不能攻，刘备却至今迟迟未能进军西川。而我军已拿下西凉，如果能乘胜拿下张鲁，战线就可直接推到刘备的鼻子下面，要是我军拿下了张鲁，刘备仍未攻取西川，那么，我军据有关中、汉中，西川也就不会再有刘备前来分食。那时，刘备只有荆州，孙权与他的关系就会不同……"

曹操听了甚喜，说："先生之见，正合吾意。并且，你昨天那个关于开设'讲武城'的设想也甚合我心。以前对人才的选拔，都是由人推荐，或靠碰运气碰上，或从降兵中得到，无论怎样，都属被动之举。我求才心急，颁发不拘一格招致人才的求贤令，却竟未想到开设一个讲武太学，主动培养人才。只是讲武城，不应只是讲武，还应从政治、文学等多方面培养人才。我希望它能为国家供应一批文武全才的重臣良将。"

……说到紧要处时，两人不知不觉中早已停步而谈。曹操见随侍的亲兵恭恭敬敬地立在一旁，这才打住话，开怀一笑，与荀彧出了宫门。

驻守在长江边上的柴桑城中的吴侯孙权，此时正与长史张弘于军中议事。

一年多来，东吴在赤壁大败曹操后，为防其卷土重来，听从鲁肃之计，借荆州之长沙、零陵、桂阳三郡给刘备，共同御曹，负责西线防卫。

曹操虽令曹仁军在西线屯于襄阳等地，又令张辽率军屯于合肥等地，但因亲率大军远征西凉，便按曹仁、张辽之军不动，只是自己和刘备相持而已。这一天，孙权预感到，曹操南下的时间快到了，便叫来张弘，同议大事。

张弘因赤壁之战时在营中受了风寒，当时就一病不起，但因军情紧急，未及延医服药。后来战斗结束，再图医治，竟已无力。

但既是孙权要商量军国大事，张弘不敢怠慢。他由亲兵用车驾送到孙权之处，见了面，就直接问孙权："明公相召，可是为曹瞒将至？"

孙权回答："正是。我这几天颇有预感，曹操即将挥师南下来犯。他这一次来，显然是有备而至，依你之见，我应当如何应付？"

张弘说："曹操收取了关中，士气正旺。演练水军，亦时有一年。如果他这次卷土重来，必然要报赤壁之仇。因此，不宜一上来就和他作大规模的硬拼硬斗的决战，而应与他进行小范围的接触和摩擦，以此来拖他，致其士气不能一鼓作气，终于疲惫。那时，我军既可击溃他，又不至于要像现在就击溃他付出较大伤亡的代价。"

孙权点头称善，张弘续道："近一月，我因抱疾在身，多读兵书古籍，时或偶尔,以江川山冈娱目,亦望其气。发现秣陵山川有帝王之气,如果长期居住,足成大业。因此,曾与吕蒙相议,要劝明公迁都于彼,不知吕蒙曾先行禀过?"

孙权回答:"还没有听他说起。吕蒙亲自率领一支精干密探,几天以前便已过江,刺探曹军动向,想必当在这两天回来。我正因这些天预感曹瞒将至,才请他亲自出马,多多探得实情回来。"

张弘"哦"了一声,又说:"新迁之都不宜再叫秣陵,可依明公壮志,呼之为'建业',不知明公尊意如何?"

孙权喜道:"建业!这个名字好啊。"

话音未落,一个洪亮的声音从外面传来:"果然是个大吉大利的名字!"

孙权和张弘抬头看去,见是吕蒙,都是十分高兴。吕蒙向孙权躬身拜了,又过来问候张弘的病情。

寒暄罢,孙权便急切地问:"将军之行,可探到了曹操有何动向?"

吕蒙略一皱眉,说:"果不出明公所料。曹操已基本完成南征军的最新组建,克日便要亲率大军南下,号称拥兵四十万!"

见孙权低头不语,似有忧虑之态,吕蒙又说:"但我在驻守浔阳时,便已打听到,此时曹操南征,并未打算与我一决死战。"

孙权抬起头,惊问:"何以见得?"

吕蒙回鉴:"此次南下,曹操只想击我东线战场,西线竟未在计划之中,此为其一,号称四十万大军,却只有曹洪和程昱两部,加上本来屯驻合肥的张辽等部,也只有十余万兵马,密云不雨,此为其二。"

孙权有点疑惑:"那么,曹操如此兴师动众,却又不尽全力,是什么意思呢?"

张弘插了进来,说:"一方面是向我炫耀他凯旋之师的军威,同时也想把调来的军队长期安屯下来,即使一时不敢犯我,也为以后做好准备。"

吕蒙先表示赞同,然后又补充道:"第三点,说明曹操想进军汉中了,而以新来的'四十万'大军牵制住我军,尤其是牵制刘备。"

说到这里,孙权不禁失声:"刘备这几天正开始进入西川,与刘璋为敌。若曹孟德克日便来,西线防卫,谁能放心?"

"因此,不管曹操此次的真实意图如何,"吕蒙说,"都应做好各方面的准备。张子纲说秣陵颇宜作我东吴都城,确是罕见的江山形胜之地。不过,为了预防万一,当重新筑一个石头城墙,令其固若金汤,以御随时可能来犯之敌。"

孙权一一同意。见张弘又开始发作起来,表情十分痛苦,就立即唤来太医。张弘不要,只是要求回到自己营中。于是,孙权就令吕蒙亲自护送。

不料,第二天中午,便有张弘手下亲兵前来哭报,张弘昨夜因胸痛而失

眠,至天明才入睡,岂知竟一睡不起,急呼太医,方知已经气绝多时。

孙权闻报大哭,急往张弘营中吊丧。随即吕蒙、凌统、徐盛、韩当、周泰、陈武、潘璋、甘宁、陆逊等将官,凡是就近的,也纷纷前来。孙权痛哭流涕,对众官说:"子纲遗言劝我迁都秣陵,改名建业,不意今日就永诀于阴阳之隔!子纲之言,我如何不从!"

于是,立即下令迁都建业,即今之南京。又过了一月,某一天吕蒙独自骑马,外出散心,纵马驰骋。不知不觉间,到了濡须口。而曹操已即刻来犯,不由心中忧虑。

回到浔阳后,吕蒙一夜没有睡好,第二天,终于想出一个水陆两全的办法,便又来到柴桑,晋见孙权。

孙权见是吕蒙,十分高兴,说:"建业城正在大兴土木,相信不久便可竣工。"

吕蒙一笑,说:"我今天来,也正是想向明公建议,在濡须口也来个大兴土木!"

"修什么?"孙权和当时在场的其他将领都感奇怪。

"我昨于单骑到濡须口,看其地势,无险可凭。因此,想在濡须水口两岸修筑码头和城寨。"

许多人都反对,认为是多此一举。有人说:"身为水军,举止即攻击敌人,离岸便登上战船,修城寨干什么?"

吕蒙解释了水寨的用处。孙权认为吕蒙的话极有道理,立刻下令在短期内完成濡须坞,又称偃月坞。这样,两地各自加紧建造,后于十一月全部建成。

不久,曹操完成南征大军的重新编制,即将出师。在战略上,曹操仍保持传统的东、西两条战线。由樊城、襄阳到江陵之间,是公元208年,即建安十三年南征荆州时的老战线。经过赤壁及乌林两役的失败,夷陵及江陵等军事重镇全为周瑜所攫取。曹操转师讨伐马超时,便让曹仁屯兵于襄、樊地区,和周瑜长期对峙。

东线的重点是在居巢、合肥及濡须口一带。曹操屯兵于此的是以骁勇著称的张辽所部。

现在,曹操再次南征,西线上又多了刘备这股敌对力量。因此,他根据实际情况,在重组南征大军时,对部队人员的配置作了一些新的修改。

从这两份兵力配置名单上,可以看出,双方是势均力敌的。唯一不同的是,曹军此番经过了一年多水兵训练,如今卷土重来,誓雪前仇,似乎士气更盛。

临近大军开拔,曹操从邺城住所中率众将官来到铜雀台左侧新建的讲武城中。

讲武城规模虽不及铜雀三台,但外形粗砺,墙石宽厚,自有一番威武之气,与三台的华美相映。内部分为讲武堂、白虎堂、朱雀堂、青龙堂,门户众多;另辟一个演武厅。讲武堂居中,白虎堂居西,朱雀堂居南,青龙堂居中,演武厅居北,以与对面的玄武池遥相呼应。

自讲武城建成以后,曹操常与文武百官在此研讨军情,琢磨战术;此时南征的战略规划和详细步骤,就是在这里完成的。曹操身边的许多大臣,也是名动天下的诗人骚客,如祢衡、繁钦、缪袭、应璩、左延年、杨修、吴质、路招、丁异等,更有孔融、陈琳、王粲、阮瑀、应场、徐干和刘桢七人,被时人称为"建安七子",领导当代的文学潮流,这七人又叫做"邺下七子",都归属于曹操。此外,讲武城中的军事太学也早已开始授课。整个太学充满生气,令曹操十分满意。

不过,学员们也有过令曹操生气的时候。原来,两批学员因来历不同,自然而然地就分作了两派,两派常常相互争强好胜,或以雄辩、或以武艺争锋,互有高下。一次,大夫丁仪之子丁凿与一名来自营中的学员臧兴相争,先在演武厅中较艺,摔跤、剑术都战了个平手,又到台前的跑马场上比试弓箭,皆中靶心,都不服气,臧兴便提出去玄武池上试水上功夫。

那丁凿本来并不会水,但到了这一步,周围又尽是"观战"的同窗,就横下心,要为本派争光。结果,被臧兴打败,淹死于池中。

曹操到了讲武城,于讲武堂中坐定。此来一方面是作临行前的最后军事部署,另一方面,则是总结前一段时间发生的一场战斗。

半个月之前,曹操回了一次故乡谯县。正待回邺城之时,突然偏头痛发作,不得成行。而正当此时,却有河间人田银、苏伯,聚兵起义,引起幽州、冀州一片混乱。

五官中郎将曹丕在邺城得报,便欲立即用兵;他见父亲因病未回,就想趁此机会,一显自己的军事指挥能力,以补未能西征马超之憾。

但是负责人事调动的官员常林却劝他说:"北方官民,喜爱太平、厌倦战争,好不容易归服了朝廷,至于今天,为日已久。因此,奉公守法的占绝大多数。田银和苏伯,不过是一群狗羊而已,凑在一起,势不能大。以这种情况,你就要亲自率军去平息,而不顾镇守邺城的要职,未免有失法度。"

"其实现在邺城并无危险啊,"曹丕不悦地打断常林的话,抢着说,"我率军前去,不也能增加一些临阵对敌的经验吗?"

于是不顾反对,只带将军贾信,领兵一万前往河间府讨伐。那田银、苏伯,本是无谋之徒,一经曹丕大军围城,才三天时间,就被攻下。

破城之后,曹丕正待出榜安民,却有残余变民一千余人,请求投降。曹丕左右之人见了,几乎是异口同声地对曹丕说:"丞相从前颁布过一项命令,凡是围城之后才投降的,一律诛杀。"

曹丕听言,也知父亲确有此令,便打算不准其请,立予屠杀。突然,却有

程昱到来,听说曹丕要屠城,连忙表示不同意。

他说:"屠城这种极端的举动,是在天下大乱之际,而采取的暂时应变之法。丞相颁布此令时,北方尚未平定;现在北方已基本平定,主要精力应放在建设性的事务上,而不应该随意杀戮,以绝民心。"

曹丕听了,就有些犹豫。可是赞成屠城的人却一再强调丞相既未修改法令,就应坚决执行,以免兵士视纪律为儿戏。

其他人纷纷反对,说:"军事情况有时本应专断,不能事事请示。"

程昱说:"专断的意义,是指临时发生了紧急情况,如果还请求指示,则会贻误战机,因此,将在外君命有所不受,才不得已行专断之特权。而今,变乱已平,残余变民手无寸铁,已不会对社稷造成什么紧急的恶性影响。因此,我实不望贾信将军在内部未取得一致意见前,擅自动手屠城。"

因此,曹丕在这种难以委决的情况下,立即写了一封信,派人飞马送往谯县。曹操见后,在信的背面写了两个字:"赦免。"便令来人火速送回。

这样,降城的一千多个变民保住了性命。后来,曹操回到邺城,才知道这是程昱的建议,高兴地对程昱说:"你不但了解军事,还能同时正确地协调别人父子间的亲情,真是一个难得的智将。希望你以后多多指点我的儿子们。"

曹操自立曹丕为世子,封曹植为陈平侯以后,一直想找个机会让他们直接参与政治和军事。他在谯县得到曹丕的书信并作了"赦免"的批示后,想到人民生活但求安定这一事实时,深恐沿长江一带郡县的居民在大战将至的时期,受孙权的侵扰,便打算把居民强行迁移到内地。

回邺城后,曹操尚未把这个打算告诉任何人;他也不知道是否有人反对。便准备把这个问题在讲武城提出来,让曹丕和曹植参与其中。正好扬州别驾蒋济也刚从南边赶来,如果此事议定,就可赶在开战之前,令蒋济督促居民内迁。

曹操批评了曹丕屠城那件事的做法,说罢,目视曹丕。曹丕面红过耳,立即起坐,诚惶诚恐,说:"我临事未能分析当时形势,以致险些贻误人命,甘愿领罪。只盼丞相给我改过自新的机会,以观后效。"

曹操见曹丕态度诚恳,这才温言道:"事情不急不大,尚可留观后效;如果相反,则不可能有什么后效来弥补已经造成的损失了。你今后可切记。"

曹丕唯唯诺诺。

稍后,曹操向众将官扫了一眼,说起了正题:"自古明君贤臣治国,都以爱惜百姓为己任,今我即起大军南征,恐怕长江淮河沿线居民受战争之苦与孙权之害,想强行将当地居民迁到内地来,以避其锋。"说到这里,望了曹丕一眼,"你以为如何?"

曹丕略一思忖,说:"昔日丞相跟袁绍在官渡对抗时,曾强行迁移燕县、白马两地的居民,人们聚而不散,躲过了敌人的掠夺,今天与孙权对抗,又把长江淮河沿岸一带郡县的居民迁移到内地,正是同情同境,百姓将感恩戴德,自然是迁得。"

曹操脸露笑意,又把头转向刚从扬州赶来的蒋济:"请对当地情况熟知的蒋别驾说说对迁移的看法。"

蒋济连忙站起,微一沉吟,才道:"我体会丞相刚才所说的,根据实际情况的变化而作出行动决策的意思,认为现在不宜强令居民迁移。"

曹操目光一闪,说:"愿闻其详。"

蒋济说:"丞相讨袁之时,我军的兵力较弱,而敌军则强大,如果那时不令居民强行迁移,势必落入敌人之手,为其所掠。我认为军与民的关系应该是这样的:当士兵与敌人对抗时,民众应尽各种可能的力量帮助士兵,以民心鼓励兵心,士兵才会真正做到保国安民,如果士兵在前线与敌人拼命,而民众却一味远遁,士兵觉得自己连一个可以叫做后方的地方都没有,有的只是自己战线上的一座座空城,仿佛注定是要失败似的,信心定会受挫。如果军民同城,敌人见此,必定知道我军胸有成竹,因此而产生畏惧心理。属下这些话,请丞相三思。"

曹操听得相当仔细,及至蒋济说完,先是面红过耳,继而脸露笑容,喜形于色地说:"唉,真是让人羞愧难当啊!程昱教育了我的儿子,我本来想让自己也给儿子做一个表率,却不料又成了蒋济教育的对象,这种活跃和自由的气氛,真是令我高兴,它应当成为讲武城的精神。为此,我得感谢上天给我赐来了像程昱、蒋济这样刚正的智慧之士!"说罢,起身向程昱与蒋济坐着的方向拱了拱手。

二人连忙重新站起,口称"不敢"。

随即,众将官再一次将南征方略作了详细的审评,直到认为该计划无懈可击,方才散去。

眼看即日便要南征了,这一天,他率百官前往许都,向献帝报告南征计划。

却有以长史董昭为首的众官员于当天向献帝呈书,请求献帝把曹操从丞相之位擢升为魏国公,并赐公爵名号,加九锡。董昭在上书中表明了自己的愿望。

又私下与曹操说:如果你长期居于丞相之位,自己乐于保全名节,却反而使人以大事怀疑于你;这样一来,你有了正式的爵位,就不只是政府官员,在宫中也有了公开的位置,还会有谁来怀疑你对国家的真心呢?

总之,董昭认为,这是解决外人疑心曹操终要篡汉的一个彻底的办法。

曹操心中立刻同意了这个方案。曹操被这个"喜讯"弄得一时头昏眼花,以至于终于铸成了大错。

果然,荀彧第一个出来反对。他以从来没有过的严厉对曹操劝道:"曹公你原本怀着理想,举义兵奉戴天子,为的是匡正朝廷,安宁国家,如今北方平定,天下尚待统一,更应秉忠贞之诚、守退让之实。西征归来,皇帝赐丞相,赞拜不名,入朝不趋,剑履上殿,已足以表彰丞相的伟业,比萧何也多出了一个'赞拜不名',当此之际,更应谦逊。君子爱人,应砥砺他的德行,是万万不能采取这种行动的。"

曹操闻言,十分不快,一时无话。稍后,才狡辩说:"这也并不是我的本意啊,你也知道,是董昭上书给献帝的。"

荀彧正色道:"君子当远小人,这个道理丞相岂有不知?丞相又怎么会忘记,西征归来时与我许诺的那些'收敛节制'、'宫府相睦'之言?又怎能忘记你念念不忘,常在耳畔的赵俨之言?"

曹操见荀彧语气咄咄逼人,怫然不悦,说道:"我早已在铜雀台建成之时便自明心志,决不篡汉。况且,你也知道我素以周公为榜样,要学他功成身退的至德。董昭上书,我也未曾答允!"

荀彧听了,沉默了许久,才叹息道:"我跟随丞相多年,从来直言相进,丞相之所以对我垂青加宠,不就是为了我不敢在你面前虚伪作势,而丞相也从来没有对我说过什么虚伪的谎言。然而,今天丞相之言,我怎么看都感觉绝非由衷而发。"

"就以周公而论,他称王或不称王,都是在真正功成之后。今天下三分,刘备、孙权乃一时之雄,自然会迟早称帝,但以丞相一世之雄,又何必视区区一魏国公若至宝?丞相称帝或不称帝,只能在一统天下之后才是一个问题,现在就在这种问题上急功好利,弃多年来的理想而不顾,莫不是雄心渐失私心渐起了⋯⋯"

这一席话听得曹操一身冷汗,浃背而下。

他深知荀彧代表了大多数士大夫的观点。曹操闷闷不乐,脸青一阵、红一阵、白一阵,双手也有些发抖。荀彧见状,心头涌起一股悲怆之情,与曹操告了别,回府中去了。

由于荀彧的反对,曹操不敢勉强执行加公之议。但由于这一惊,连日纳闷,心慌肉颤,不觉又引发了偏头痛。前些日子回邺城,就因西征劳顿而旧疾复发,养了半个多月才见好转。刚好没几天,又被引发,就来得十分猛烈,只病得他有一点神志不清了。

而只要一见到荀彧,他就觉得心虚神散,脸上不自禁地要涌上一阵潮红,甚至在后来出征之后,一想起荀彧,也觉芒刺在背。加上偏头痛的折磨,左右都发现,曹操在这些日子里简直变了一个人。将领们不禁感到忧虑:曹操以这种面貌率军南征,难道会有什么好的结果?

第三十章 疑虑戒备丧忠贤
二荀弃世心悔痛

从此以后曹操对荀彧有了戒备之心，不再相信荀彧了，总觉得荀彧不再像从前一样对自己那么忠心。于是经常做噩梦。

曹操开始做噩梦，在梦中，荀彧当着包括刘备、孙权、诸葛亮、鲁肃，以及死去了的周瑜、袁绍、董卓等天下豪杰的面，如数家珍似地指出他的所有过错……

曹操大叫一声醒来，用双手抱住痛如针刺的脑袋，喃喃自语："不除荀彧，我如何能活！"

第二天，曹操上书献帝刘协，要求放任荀彧赴谯县劳军。荀彧见曹操以正式行文请他去，便知曹操已有相害之意，不觉流涕长叹。但仍然带了儿子荀恽前往。

曹操待荀彧劳军事毕后，找了一些借口将荀彧留住，不令其再回许昌，并免除了他原有的尚书令之职，而以荀攸代之。荀彧则改任侍中、光禄大夫，并参丞相军事。荀彧见曹操如此，知其决心已定。因此，当曹操从谯县结束休整，前往濡须口后，在中途之上，行于寿春时，便托病不再前行。

曹操此时已丧心病狂，他一到了濡须口做的第一件事，就是派特使专程到寿春，赠食品给荀彧，以为看慰。荀彧打开后，发现是只空盒子，并无一物。荀彧至此，证明了曹操的相害之意，乃服毒自尽。

曹操下令厚葬荀彧，谥号为"敬侯"。

荀彧的一生坚持大义，行为端正，而又极有智谋，且喜爱推荐贤能，训练武装部队，掌握机会，制定谋略，征战四方，连获胜利，辅佐曹操复兴汉室，转弱为强，化乱为治，十分天下，占有八分，作为曹操最有力的臂膀，立下了不可磨灭的功劳，而又能为汉王朝尽节。他的死讯传出，时人，甚至包括他的敌人，无不惋惜，皆以为他的仁德，尚在管仲之上。

荀彧死后，邺城与许都的关系就由荀攸负责沟通。但由于荀彧之死，朝廷重又对曹操深怀惧心。荀攸的任务，无疑是十分艰难的。

十二月，孙权见曹操大军压境，立刻派人向刘备求援。但刘备大军此时正与刘璋争夺益州，一时无力东顾，同时，在江陵及公安镇守荆州的诸葛亮和关羽所部，则守有余而攻不足。因此，刘备只好修书一封，派人送交孙权，具言处境，并同时下令诸葛亮和关羽全力在西战线上作战，以减轻东战线的压力。

虽说刘备未立即率大军来援孙权，却被刘备的军师庞统借用这事的名目，来收取西川。

一年以前，庞统就投靠了刘备。刘备以貌取人，让他做了个从事，兼耒阳县令。庞统到职后，每日里只是饮酒，不理政事，民有怨声，闻于刘备。刘备怒而免其职。庞统于是又有去意。这时，鲁肃闻讯，立即给刘备写了一封信，说："管辖一个面积不过方圆百里的郡县，怎敢劳动庞统？至少都要让他当治中或别驾，方可显出他的才华。"诸葛亮也再次力举。刘备这才醒悟，大惊愧，立即正式召见庞统，相谈之下，顿时有相见恨晚之叹，立即委以治中的重任。待遇仅次于诸葛亮，并且与诸葛亮同时担任军师中郎将。

庞统一上任，便建议刘备收取西川。刘备却一直因自己和刘璋同室同宗，而不愿前往。恰好刘璋手下的别驾张松，与军议校尉法正有意来降，愿做内应献出益州，庞统更是从旁附和。

张松为人短小精干，行为放荡，可是，他辩才无碍，常常有真知灼见，超过常人。张松自负才干超过当世，而刘璋庸庸碌碌，毫无作为，使自己的才华无处施展，因而常常暗自叹气，同时，也暗中留心。

当前年刘璋听说曹操取得荆州之时，十分震动，派张松前往晋见曹操，以示敬祝。曹操当时轻易地取胜，刘备也狼狈逃走，对其貌不扬的张松，认为并不是重要角色，从而不像平常那样，对其亲切接纳。然而主簿杨修知道张松的能力，便敦请曹操延聘张松在朝廷当官，张松本来也有意投降曹操。谁知以最爱招纳贤士而闻名的曹操一口拒绝了，张松引以为奇耻大辱，心怀怨恨，立即返回了益州，建议刘璋跟曹操断绝关系，转跟刘备交好，刘璋立即同意了。

曹操做梦也没有想到，就是他这一次倨傲，便葬送了他一统天下的美梦，使天下分裂为三。在赤壁之战前，他尚有广阔的胸襟，能以张绣之仇而一听来降，握手言欢，加官晋爵，能以许攸、邴厚之狂而一听来投，跣足倒屣，急切相迎，却不能容下张松的容貌！而假如能以从前的胸襟对张松，以张松之能，焉不能献出益州，令刘备无立锥之地，天下又如何能三分？

张松自此以后，便全心注意刘备的动向。正好有一个也注意上了刘备的人。此人也有高才，但未得重用。只有张松十分看重他，因此二人交好。

一日，张松再次建议刘璋，应立即与刘备联系，以对抗曹操，刘璋问："应派谁去？"张松就保荐法正。法正从公安晋见了刘备回来，悄悄向张松汇报，说刘备确有雄才大略，二人遂密谋迎奉刘备为益州之主。

不久，曹操令司隶校尉钟繇讨伐张鲁，进攻与益州相毗邻的汉中。刘璋得到消息，内心深感恐惧。张松就向刘璋建议。刘璋深以为然，立即派法正领四千人去迎接刘备。主簿黄权却劝阻此议，说："刘备以骁勇名著一时，请他前来，把他当做部属，他一定不会满足，但把他当做宾客，则一国岂能容得下二主？如果客人来这里有了泰山一般的安全，那么主人你，就有累卵般的危险了。不如一切稍缓再议,关闭边界,等待天下大势安定。"

刘璋认为这种被动的姿态是只可能挨别人打的,就不采纳。黄权又谏,刘璋就把他逐出成都,前往广汉当刺史去了。

于是,法正到了荆州,向刘备秘密献计:"以将军的才干和英明,正好利用刘璋的昏庸懦弱。张松是他身边的最重要角色,用来做内应夺取益州,易如反掌。益州形势,只等将军收取。"

刘备仍因老原因,迟疑不决。

庞统说:"荆州荒凉残破,人才已尽,且北有曹操,东有孙权,很难向外发展。而益州户口一百万之众,土地肥沃,财产丰富,有'天府'之美誉,如果能收为自己的资本,大业何愁不成功!"

刘备摇头说道:"而今,跟我势如水火的,只有曹操。他严厉,我则宽厚;他凶暴,我则仁慈;他诡诈,我却忠信;事事跟曹操相反,才能成功。现在,为了小利,竟让我抛弃信义,面对天下,将如何善后呢?"

庞统又耐心解释:"在战乱时代,一个人死死地坚持某一个原则,并不能安定天下。知食弱小的,兼并愚昧的,以及逆取顺守,这些貌似不义的行为,如果不是有它在特殊情况下应有的道理,古人怎么会给予赞赏?不妨到事后封刘璋一个广大的采邑,大义就不至于缺欠了。如果我们坚持原则,讲求信义,而不顾迫在眉睫的实际情况,结果又会怎样呢?还不是要为别人所夺。"

刘备终于被说服了,就命令孔明、关羽等留守荆州,自己率步兵数万人,进入益州。刘备进入益州境内后,大有回到家乡之感。刘璋又亲率三万步骑兵,车辆豪华,色泽跟阳光相映,眩人耳目,与刘备相会于涪县。

此时,张松命令法正迅速通知刘备,要刘备在会面时发动袭击。刘备不忍,说:"事情怎么能如此仓促!"

庞统进言道:"如果能趁会面时一举将刘璋擒住,将军可以不用一兵一卒,就坐得一州,岂不更显仁德?"

刘备仍然不忍,说:"我们刚到一个陌生的地方,恩德和信义两缺。不宜冒此奇险。"众人只得罢言。

会面之后,刘璋推举刘备为大司马兼司隶校尉,刘备则推举刘璋为代理镇西将军,兼益州刺史。两军将士互相交往,在涪县欢宴达一百余日之久。刘璋更增加刘备远征部队的兵员及装备,充分供应给养,使其北上攻击张鲁。又命刘备统领以西蜀名将杨怀、高沛率领的驻白水两支军队。其后,刘璋返回成都,刘备则将其远征军推进到葭萌,打算攻击张鲁。

庞统却秘密向刘备建议不要攻打张鲁。并且分析了上策,中策和下策。

刘备分析了他的建议,并且认真想了他的三个策略。正好,曹操这时大军南征,孙权来函求援。刘备见益州事急,便回信说明情况,只令孔明、关羽等死战西线。这时,庞统又想出一计,又让刘备给刘璋写了一封信,信中说:

第三十章 疑虑戒备丧忠贤 二荀弃世心悔痛

"孙权与我,唇齿相依。关羽的留守部队,十分微弱。如今不往救援,曹操一定会夺取荆州,而荆州一失,曹操兵锋一转,势将侵犯你的益州边界,这样的灾难远远超过张鲁对你的威胁。与曹操比起来,张鲁不过是一个主要图谋自保的小贼罢了,不足挂虑,而曹操,你知道,则是一个野心将整个华夏都纳入他的版图的盗世巨贼。"因此,刘备向刘璋要求增加一万士兵和相应的军需物资。

庞统说:"这样一来,弄假成真,也由不得杨怀、高沛二人不降了。"

可是,刘璋的手下一致反对,刘璋恐生内乱,就只答应拨付了一部分士兵和物资。

于是,刘备认为终于找到了和刘璋翻脸的借口,激怒他的部下说:"我们来益州讨伐强敌,殷勤劳苦,刘璋却如此吝啬,凭什么教我们的将领卖命送死?!还不如回到荆州去。"

张松在成都等待刘备大军的到来,正如坐针毡,突然却听说刘备要回荆州,信以为真,大吃一惊,连忙写信给刘备和刘备身边的法正,说大事即将在望,军至即成,怎么可以放弃?

不料这两封信被张松的哥哥张肃看到了。张肃是个胆小怕事之徒,生怕事发以后连累自己,便把张松稳在家中,自己立刻飞奔刘璋处,告了密。刘璋大怒,立即派人拿了张松,立刻斩首。可怜张松壮志未酬,却先被亲兄所害。

刘璋于是下令各关隘守将不准再与刘备交往。而白水的杨怀、高沛却在得到命令之前便果然如庞统所料,到了葭萌与刘备惜别,倒还真的搞成"惜别"了,被刘备以二人"待客不周"之罪予以诛杀。刘备于是吞并了他们的部队,据守涪城。

一边又立即通知孔明与关羽,说即将进军刘璋,对抗曹操的大军,只有主要依靠孙权了。如此一来,刘、孙联合抗曹,就有其名而无其实了。

孙权见了刘备的信,也无可奈何,只得打起精神,要与曹操一决死战。

曹操在濡须口因为赐死了荀彧,心中悲痛、懊悔了几天,方才缓过气来,而偏头痛也随之好转了。于是,在重新恢复了神志的宁静后,曹操开始谋计进攻。

这天,荀攸仔细分析了与孙、刘的对抗的局势,在会议上首先提出了一个进攻方案。

他说:"我大军南来,正值刘备率主要兵力进入益州,欲取刘璋,而诸葛亮与关羽所率的荆州方面留守军,兵力较弱。这正是我们可以利用的地方。

"但孙权、鲁肃、吕蒙及孙瑜之辈,都是计谋倍出之人。他们必定要在西线上屯集重兵,以补其空虚。目前探得,他们在西线上以智囊鲁肃为主帅,率潘璋、朱然、陆逊、董袭、顾雍、丁奉、周泰、黄盖、蒋钦等将所部数万人,与孔明、关羽于此会合,其强盛由此可见。而东线,虽以孙权亲自挂帅,吕蒙为辅,率甘宁、凌统、徐盛、韩当、陈武等将雄踞大本营,但凌统与甘宁有杀父之仇,二将一直不肯配合,虽经孙权多次调解,仍耿耿于怀。此又为我军可乘之机。因此,我建议先大张旗鼓,以我西线之军直扑鲁肃,但进入战区后又坚决不战,至少先不主动出战,以把孙权的注意力引到西线来。同时,我军大本营设在与孙权大本营遥相对应的地方,给孙权造成将长期与之对峙的假象,再突发奇兵,袭击其东、西线相交结处的历阳,以快速动作完成对这个孙权设在长江西岸的大营的攻击……"

曹操本因荀彧之事而荒废了军务,而来到濡须口后,才得到刘备将攻打益州的消息。敌情变得似乎对自己有利了,但究竟怎样出奇制胜,却还没来得及想周全。而现下,荀攸的一番话正说进了他的心坎里去,于是大喜道:"如果众将对荀攸先生的计议没有别论,就立即行事!"

众将都说荀攸计妙,更无异议。于是曹操立即派定曹仁率本部兵马及曹洪、徐晃、吕柔所部,仍驻守西线,于襄阳、樊城、江陵、夷陵一带布防,一面与李典、乐进、许褚驻扎在濡须口,造大本营。

历阳都督是大将公孙阳。长史张昭在一年前赤壁大捷后,建议孙权在此筑造仅次于大本营的大营,居中而与东、西两线相呼应。孙权同意了,并派善战的公孙阳任战事指挥官。

公孙阳的部队以速度快闻名一时,因此,由他来担当这个居中策应的重任,是再恰当不过的。却没有料到曹操会放弃两边,直接插入中央。听说曹操大军压境之后,公孙阳接到了孙权的命令,要他密切注意形势,做好随时两头救援的准备。公孙阳慨然领命。

十二月底,孙权等见曹军大张旗鼓地屯兵西线,以为曹操首先要在此发难,急令鲁肃严防。曹操却令张辽、程昱、于禁率受过水战训练的精兵于夜间急行至历阳。

公孙阳一觉醒来,方发现曹操军马已到,大为震惊。

公孙阳率兵奋战不敌,只得退到离岸几里地的营寨之中,严令坚守,只待援军到来。

张辽哪里能待他喘息,与于禁、程昱围了营寨,从三个方向突破,故意留出一个缺口,让公孙阳逃跑。

公孙阳果然慌不择路,冲出缺口。早有张辽侍候在前,只几个回合,就将公孙阳生擒了过来。然后,又以最快速度取了孙权江西大营中能够由船装载的粮草辎重,不能运走的,立即放火烧毁。这一役,杀伤吴军精锐快速部队五千余人,夺得军需无数,烧毁营寨一座,擒得大将一名,大获全胜。

然后,立刻渡江返回。

孙权与鲁肃闻报历阳告急,俱大惊,不得不佩服曹操之智。鲁肃因恐曹操还有连环之计来趁西线之空虚而进攻,未敢援助历阳,孙权则大怒欲狂,亲

第三十章 疑虑戒备丧忠贤 二荀弃世心悔痛

自挥军,带甘宁、韩当、陈武,急驰历阳,留吕蒙坚守濡须口,要解公孙阳之危。走到半路,见公孙阳之残军径直逃来,知已往不及。问了详情,不由得大叫一声"苦也"。

这曹操首战告捷,三军士气,为之一振。曹操意欲在西线令曹仁等牵制鲁肃,自己则乘胜与孙权决一死战。当孙权率甘宁等驰援历阳时,更是急令李典、乐进与许褚大举进攻力量顿时薄弱的濡须口守将吕蒙。可是,吕蒙凭借他在濡须水口修筑的坚固码头和城寨以寡敌众,全力反抗,竟使强大的曹军没有能占到一点便宜。只得鸣金收兵,再图良谋。

孙权在半途之中驻马而怒,然后令甘宁领韩当、陈武直往历阳,以填其空,防止曹军再度来犯,自己则率几个亲兵立刻赶回濡须口。

果然,吕蒙正率众与曹军作顽强的抵抗。凌统、徐盛与周泰等,无不身先士卒。曹军只好见机收兵。

当夜,孙权与吕蒙、凌统、徐盛、周泰和张昭一起,研究对策。

张昭说:"以前,老臣曾错误地因曹操势大之故而劝明公投降曹操,力主反战。今曹操兵败后卷土重来,其势与上次相比,颇有不如。为什么我们就只能守,不能攻呢?比如,在西线令鲁肃北上渡江,未必不能击败曹仁。"

"但是,"孙权反对说,"就算我们过江袭击,攻破曹仁的防线,又怎么样呢?最终还是要退回长江以南。现在曹操雄踞江北以上,我军不可能背抵长江,与他抗衡。如果硬要这样,那么,与曹操进行的每一次战斗,就都是背水一战,士兵的承受力显然是不行的。同时,刘备又正在攻取益州,一旦得手,也必定与我为敌,但有曹操之患,目前也不可能与他翻脸。因此,现在的情况应是我军力保于不败,但暂时也不要为急于击败曹操而丧失军力。"

吕蒙详细分析了当时的境况。

张昭还要再说什么,却被孙权摆手截住,说:"明天我即率大军与曹操决一死战,如果他不知难而退,难道我江东大军又是好惹的吗?"

张昭只得陷入沉默之中。他心中暗想:难道上次我估计错了形势,这次又错了?总之可能我已未老先衰了吧?

第二天,孙权尽点江东西线防区的军队七万余人,在濡须口与曹操对阵。曹操率众将在对岸的一个小山坡上引马观望。曹操遥见东吴战船,各分队伍,依次排列,旗分五色,整齐鲜明,像一座水上城池浮于大江之上,而孙权的旗舰位于中央,左拥右簇,据濡须关人为之,看上去进可攻、退可守,颇有不动如山的气势,深感对方部署严密、无懈可击,不禁脱口而出:"生子当如孙仲谋,至于刘表的儿子,不过是一条猪狗!"于是从内心深处恍然感到要在近期内击败孙权几乎是一件不可能的事,哪怕能在局部上,如昨天的历阳之战那样取得一定的胜利。而要换在大范围内一举取胜,则难而又难。孙权大势如此,现在与他硬拼,很可能两败俱伤。

当下，便下马登船，划到江心，与孙权通话。

孙权也驾船过来，抛锚定位，两舟相隔有一箭之地。两军顿时静默，只有水声在耳。孙权高声道："丞相坐镇中原，富贵已极，何故不在北地纳福、坐享其成，却贪心不足，还来侵犯江南？况且，丞相在江南即以有覆舟之鉴，今番不顾天意，仍图旧谋，岂不又将获罪于天？"声音洪亮，在江面上远远传了开去。

曹操也提声答道："你是朝廷之臣，却封疆自立，不尊王室。今番又来，不为其他，专程拿你而已！"

孙权嘲笑说："你这样大言不惭，难道没有一点羞耻吗？普天之下，谁不知道你是挟天子以令诸侯，假公营私。我又怎敢不以汉朝为尊，正是为此，才要讨伐你这种乱臣，以匡定国家！"

曹操一时语塞，怒而令大军发船攻击。孙权坐船立即起锚退回，左右早有战船于两侧划出，掩护旗舰。一时，孙权战船上万箭齐发，曹操坐船也急退于后，让战船与对方的军舟拼斗。

激斗了半个时辰，两军各有损伤，互相都占不到便宜，只得各自收兵。

之后十多天，要么就是类似的没有结果的争斗，要么就是互相隔岸观望。曹操沉吟不答。他心中虽然已有意撤军，但想到自己下决心如此之大，浩浩荡荡地挥师南下，却未建奇功便要悄没声息地回师，心中总是不甘。这时，想起荀攸，便到荀攸的帐中去作充分的询问。

荀攸自从接任尚书令后，便郁闷不乐。不久，在奇袭历阳成功后没几天，便生起病来。营医看了，说是劳心过度，并且有郁闷于心而心气不开。再过几日，病势转沉，便不再出帐，只在营中休养。

曹操因撤军事大，这才来找荀攸相商。只见荀攸睡在床上，脸色蜡黄、额冒虚汗，气息稀疏，眼见竟是不能活了，哪里还有平常那些神采飞扬、言词玲珑的景象？曹操大惊，急令营医前来看视。

荀攸摇了摇头，喘息着说："人命在天，医生是无法替天行道的。"

曹操见状，心中伤感，于是不再打算询问军事。

荀攸却说："丞相是否打算回师许都？这样做是正确的。从目前的形势看，丞相应先取张鲁，再图谋灭掉刘备。刘备志气高远，不能令他得势。孙权只有守意，无心扩张，灭了刘备再去图他，不会有什么困难。"

曹操上前握了荀攸的手，说："孟德谨记先生之言。待先生病好后，即班师回朝。"

荀攸却摇头道："我是已经不行了。只望丞相励精图治，保持年轻时就已抱定的理想，为皇帝统一天下，重光汉室。万勿听信小人的谗言，急小功，好微利，而忘却千秋万世的功德。若丞相他日能记住这几句话，荀攸死也不朽了！'人之将死，其言也善'，望丞相明察。"

第三十章　疑虑戒备丧忠贤　二荀弃世心悔痛

言罢,竟睁眼而断气,阖然长逝。

曹操心中惭愧而伤痛,想不到不足一月,二荀都弃世而去。他用手合上了荀攸死而不瞑的眼睛,步履缓慢地离开了荀攸生前的营帐。

当晚,消息传遍三军,众将士无不悲痛。曹操令华歆为其继任。

第二天,曹操召集众将到营中说话。要按照荀攸的指示撤军。

正说到此,突然有许褚手下的近卫亲兵急急入帐,说孙权派使者送来一封急函。

曹操打住话头,令吴使晋见。

吴使礼毕,呈上孙权的书函。曹操拆而阅之,但见孙权写道:

孤与丞相,彼此皆汉朝臣宰。丞相不思报国安民,乃妄动干戈,残虏生灵,岂仁人之所哉?即日春水方生,公当速去。如其不然,复有赤壁之祸矣。公宜自思焉。

曹操看罢,正要生怒,忽见书函背后似有字迹。于是调转一面,只见孙权在背面又批两行字,道是:

足下不死,孤不得安!

曹操看了,不禁大笑道:"孙仲谋不欺我也!"于是重赏来使,令其回报孙权,说南征大军即日班师回朝。来使大喜而去。

于是,当即令庐江太守朱光镇守皖城,西线由吕柔镇守江陵,即日班师回朝。

回到许都,曹操入宫朝见献帝,述说南征之事,并言及即将进攻汉中的计划。献帝予以赞同。

几天以后,献帝下诏,把全国十四州,合并为九州。原来的十四州是司州,即京畿卫戍州,豫州、冀州、兖州、徐州、青州、荆州、扬州、益州、梁州、雍州、并州、幽州、交州。合并之后,撤销了司州、凉州、幽州、并州和交州,所属郡县,划归邻州。这样做的目的,是使天下的位置合于上古的"禹贡九州"之说。

但当时有不少知识分子认为,献帝在天下大乱,国家分裂之时画此蓝图,只能更使人伤心而已。但曹操却认为,献帝的这个蓝图能鼓励他一统天下的决心,因此甚为高兴。

这样在许都呆到了四月,常常与献帝沟通,以不辜负死去的二荀的嘱咐。然后回到邺城。

不久,就又有人重议加封曹操为魏国公之事。曹操先是不想接受,但反复思虑,仍旧忍不住诱惑,接受了献帝的封赐,在"魏国"称公,加九锡。

曹操已位于丞相,已被赐"赞祥不名、入朝不趋、剑履上殿",现在又加爵封为魏国公、建立采邑,加九锡,兼领冀州牧,一时权倾四海,震动中外,无人能与其攀比。

曹操心中甚喜，入许都接受了加封，便立即赶回邺城，要在铜雀台上大开空前盛大的宴席，令百官为自己庆祝。

虽然有许多人对曹操的加封持竭力反对的意见，但一想到荀彧的遭遇就无人敢言了。士大夫噤若寒蝉，曹操却喜形于色，率百官浩浩荡荡地登上高台。

如今的铜雀台又已是另一番景象。曹植性爱风流，留恋光景，为使铜雀台千古流芳，便四处差人于各处收取奇花异果，栽植于高台上的空中花园之中。但见花园中姹紫嫣红，花团锦簇，五彩缤纷。

曹操见了这番景致，心中欢喜。不免多饮了几樽，便觉沉醉。忽见曹植过来，禀告说当时正有一个专门外出寻求北方所无花木果草的官员，差人到吴地冒险买了四十担大个柑子，星夜送往邺城。这一天，眼见邺城在望，众挑夫力乏，就地歇脚于路边的小山之下。突然来了一个头戴白藤冠，身穿青懒衣的跛足先生，前来作礼说："你们长途挑担辛苦，贫道替你们挑一担，如何？"

众人大喜，纷纷感谢。近前看，才发现先生不仅是跛足，而且还瞎了一只眼睛。众人更是感动。

先生却不多说，挑了一担便走。众挑夫因要径直把柑子挑到铜雀台去，便叫先生同去。先生一笑，说："我稍后自然会来，若有人问起我，就说我是魏国公故里的人，姓左名慈，字元放，道号乌角先生。"说罢，就在城墙根下席地而坐，立时打起呼噜来。

众挑夫无奈，只得立即将柑子直接送到铜雀台下，又经另外的官员呈给正在庆贺自己封公的曹操。

曹操听说是星夜从吴地送来的柑子，不觉非常愤怒。

众将官见曹操正甚是自得地剖食柑子，却突然掷之于地，都惊而起坐。只见一只剖成两半的柑子丢弃在地，却是空的，又是一惊。

众人议论纷纷。曹操这才发话："这些柑子怎么只有空壳而无果肉？可从实招来，否则尽予诛杀！"众挑夫招出了左慈。

曹操与其论及国事，大发感慨。左慈大笑，说："我曾听人说你对栖斗山商曜的雄心大志颇为敬慕，却又逼他自杀。如果你后悔当初的作为，愿意让位给他，贫道愿以人遁之术立起商曜于九泉，替你做这魏国公！"言罢又是一阵大笑，笑声之中，但见其人突然变形，霎时，便成了商曜的形象。

曹操巨惊，昏倒在地。众将官看那商曜时，却已不在。突然听见左慈的声音在台下传来，朝下一望，见又恢复了左慈的形貌。只听他说道："曹操听着：贫道今日先寄下你颈上人头，以观后效。不然，随时以飞剑伺候！"言毕，化作一阵清风而去。

可惜这句话曹操并未听到。众将官这才急忙把他扶起，在他的人中穴上一按，缓缓醒来。头向上睁开眼，却见上面竟有一张与自己长相一模一样的脸在看着他笑,又是一惊,挣脱左右的扶持,要想站起身来。这一挣扎,才真正醒了过来,只听得一片喧嚷之声,环顾四周,文武百官正自饮酒欢笑,方知是南柯一梦。

曹操心中暗惊,但表面上却并不露出什么异相。他看看曹植,正在左侧方向与众大夫高谈阔论,不由得感到奇怪,怎么这个不祥的怪梦,竟会由他而开始?

第二天,在东井星旁,出现了孛星。

曹操醒来,想起自己竟为私心之事而沉湎不振,不由得十分惭愧。于是,将左右叫来,吩咐立即请陈群、程昱、于禁、夏侯渊、许褚、刘晔、华歆、辛评等将官前来,研究攻打汉中的军情。

然而,亲兵尚未出门,就有一项秘密的急报传来。

原来,随着曹操被封为魏国公,曹操手下的官员也相应作了一些人事上的变化。原来属于国丈伏完的府第一直空着,现在就拨给专为曹操收集情报的一个官员。这个官员在搬进去之前先将旧房中彻底搜了一遍,以便舍弃无用的东西,保留有用的东西,哪知在搜屋时竟找到了一封由皇后伏寿写给她父亲伏完的密令,在其中,皇后要求父亲联络反对曹操的人谋杀曹操。

官员见了大惊失色。这封信虽然写于十多年前,但仍然如新的一般。他立刻保藏好,提心吊胆地过了一夜,翌晨便亲自来到曹操府上,秘密晋见了国公。

曹操看罢密信,顿时怒不可遏。他立即要亲兵暂停议兵之事,而派他们改请御史大夫郗虑前来。

不一会,郗虑到来,听说了伏皇后的事后,一时不知所措,曹操说:"我一直设法与朝廷保持良好的关系,却不料竟会有如此凶险的阴谋在等着我!"

郗虑说:"此事已有十多年,但一直到现在,都没有发生,况且,伏完也早已去世。现在皇帝对丞相十分信任,近又封丞相为国公,是否丞相可以为了大局,而不予追究呢?"

曹操说:"这样的事怎么能够容忍?你可立即与华歆一道,持节勒兵,入宫中接收伏皇后的玺绶。"

郗虑无奈,只得找到华歆,勒兵入宫。

皇后伏寿听到了消息,藏到了夹墙之中。

华歆查了出来,竟然打破夹墙,硬把皇后拖了出来。

可怜伏皇后连鞋子都被拖掉了,披头散发地被华歆亲手揪着向外走。

路上,遇见献帝。皇后向献帝放声大哭,哀叫道:"难道就这样不能再活下去了吗?能不能救我一命?"

献帝道:"我也不知道自己将命尽何时啊!"言毕痛苦不已。

郗虑在一旁看见,不知所措,便要离开。献帝抬起头,问:"郗公,天下真有这样的事呀!"

郗虑无言以对,急匆匆随华歆出了宫门。

当天,伏寿被囚入称为暴室的宫廷监狱,立即被鞭死。她生的两个皇子,全部用毒酒药死,伏寿兄弟及娘家的人全部被杀,多达一百余人。

于是,经由荀彧和荀攸建立起来的邺城与许都的良性关系,至此中断。

几天后,曹操率领一批将官到了孟津。在这里,他没有按原定计划商讨进攻张鲁的军事方略,而根据最近一些事件,就刑律的问题让大家探讨。

但他不从诛杀伏皇后说起。

他先看了陈群一眼,然后说:"从前陈群的父亲、大鸿胪陈纪,认为死刑对一个犯了死罪的人来说,是最为仁慈的。现在,陈群,对你父亲的观点有什么看法?"

陈群不假思索,说:"我父亲陈纪,认为汉王朝在废除肉刑之后却增加了鞭打,本是一番爱心,却没料到死于鞭打的人更多,正是名义上轻,实质上重。

"名义上轻,人民觉得无所畏惧,很容易冒犯王法,实质上重,人民却遭到重于名义之轻的伤害,心中不服。因此,我父亲对此不是很赞同。"

"他的真实想法是什么呢?"曹操问。

陈群略作沉思,回答了曹操的问话。曹操点了点头。

陈群接下来又说道:"但是,废除了肉刑,只有死刑和鞭打,而鞭打又常常致死,因此,我听有人说我国其实就只有死刑,也不管是否罪该致死。因为这个原因,我建议恢复肉刑,使那些可以不判死刑的人身上,处罚的痛苦和保存性命的喜悦平衡起来,这才能达到警示民众的目的,否则,用鞭死的方法来代替本来可以不杀的刑法,就是重视人的四肢,而轻贱人的生命。"

曹操本来听了陈群的话,也有赞同之意,但又听他连续说起"鞭死"二字,似在暗指伏皇后之死,便暂不表示出来。本来,他是想向众将官说明杀死伏皇后的必要性和正当性,却不料话题被岔开了。

但他立即转念一想,只要没有人公开表示反对意见,我又何必主动提起。于是就随势将话题转移了开去。

负责司法管理的理曹掾兼尚书郎高柔说:"现在所用的是旧有的法令,如果有士兵逃亡,就逮捕和拷打他的妻子和儿子。不过,逃亡的人数却并不见减少。我已拟出一个新法,正要呈上。"

曹操问:"可是扩大到拷打他的父母兄弟?"

高柔一怔,才答:"不是。我想,士兵在前线最需要的时候逃跑,实在可恶,但是,我也听说好些逃跑的后来都非常后悔。因此,新的法令应该宽恕他们的妻儿,使她们来诱导他回心转意。刑法的主旨在于什么?一方面是处罚坏人,但更主要的是要让坏人变成好人。

"如果只是捕拷他们的妻子和儿子,已经让他们绝望,再扩大到捕拷父母

兄弟，恐怕从今之后，军中人士一见有人逃亡，诛杀便将临身，在军中呆着总觉得提心吊胆，一方面减少了作战能力，一方面逼急了也会随即逃跑。因此，我以为重刑不一定能阻止逃跑，很可能还会鼓励逃跑。"

曹操听了，笑道："你说得很对。不久我军就将进攻汉中，就请高柔先生拟定一部新的军法，务求要使士卒们的战斗力被最充分地调动起来，思想上没有任何负担。"

高柔唯唯领命。

之后，便就进攻汉中的计划作出了具体而详实的研究和讨论。到这一年为止，曹操已完全平定了整个北方、关中和陇西。然而天下三分的局面已初步形成，并且，很难改变了。迎接曹操的，难道就只是张鲁和他的汉中了吗？

曹操的手指却越过了汉中的疆界，指向了刘备正在夺取中的益州。嘴角露出了一缕令人难以察觉的微笑。

第三十一章　踏汉中征讨张鲁
敢死队斗志昂扬

公元214年,即建安十九年,曹操于许都处理伏皇后事件的同时,流星探马又把刘备在益州的军事行动不断向他汇报,此刻内忧外患,他百感交集。

秋八月的一天,曹操与谋士贾诩、刘晔正在丞相府商议军政之事,近卫亲信许褚求见,曹操询问何事,许褚答道:"主公,探马密函。"说完呈上。

曹操拆开密函,见是刘备已占据成都的消息,他脸上的肌肉抖动了一下,喃喃道:"果然羽毛已丰满,果然羽毛已丰满……"

贾诩不知何事,他在曹操麾下谋事多年,还从未见过他神情这样的沮丧。于是,他走过去拿起曹操丢在桌上的密函,一看,果然是让人震惊的消息。刘晔也把密函看了,但他却没有发表言论,他以坚定的眼色看着曹操,曹操见他如此镇定,神色由沮丧转为了平缓。

曹操沉默不言,倒背双手走出房间,几个谋士肃然跟在他后面。时令已是中秋,天空一碧如洗,纤云不染。曹操抬头仰望,南飞之雁排列成一个纵队,有条不紊地飞越而过。群雁过后不久,远处天空又出现一个小不点,由远及近,渐渐看清,仍是一只雁子,只不过是一只孤雁罢了。许褚为了遣去曹操的郁闷,唤亲兵取来雕花宝弓,想射下这只雁子。曹操阻止了他说:"许褚,放过它。这只雁子孤零零的仍奋力飞翔,其之执著,定会与朋友相聚。唉,想我曹操,当时放过了末路穷途的刘玄德,酿成今日之大祸,真是天命啊!"

曹操感慨不已,后悔不迭。

刘晔趋前一步,向曹操进言:"主公,玄德孤弱无力,是你收留了他,器重他,让他有机会生存,足见你爱才仁慈之德。如今盘踞巴蜀,他的企图还不止如此而已。"

曹操非常喜爱身边这位足智多谋的后起之秀,刘晔的深谋远虑颇得他的欣赏。他听刘晔说刘备还有企图,其实他心中有底。他知道刘备占据益州的下一步棋就是夺取汉中。但他还是想听听这位年轻谋士的分析。

他用鼓励的眼色盯着刘晔,询问:"你有什么好的建议,请讲一讲。"

刘晔说:"由于刘玄德已拥有益州,天府之国粮草充足,兵丁旺盛,他的左右臂诸葛亮又善于治理国家政事,等他在蜀中立住脚,他的战略便是出汉中,入关中了。众所周知,汉中地区是关中与蜀中的边缘地区,谁先占据这里,谁便拥有进军关中或蜀中的依托。汉中地区,早就是闻名全国的富庶之地,刘备夺取这里是势在必得。"

刘晔分析局势的语气斩钉截铁,曹操听了也禁不住点头称许。曹操又转头问贾诩的意见。

贾诩与曹操相知较深,曹操对他的建议看得比较重。早在赤壁之战就因为没有听从贾诩的建议,导致大败。

贾诩对刘晔的分析表示赞同,他说:"主公,汉中地区应极早出兵占领,晚了便会错失良机。汉中地区是张鲁经营的,他率一个道教军团盘踞。张鲁生性懦弱,他的亲信与弟兄常与他发生冲突,采取离间瓦解和大军压境威胁的办法,张鲁很容易被击溃。"

曹操对二谋士的建议产生了强烈的共鸣,他早在征战西凉时就留下了一支劲旅于关中,目的就是继续平定西北少数民族的同时,监视汉中的军情,而这支劲旅的主要统帅就是他的亲信大将夏侯渊。

曹操在军事上素以果断著称,如果方案已有雏形,便会马上动手实施。他回到府中,召集了将官、谋士会议,商讨出兵汉中的事宜。

在会议上,众人看不到他脸上沮丧的神色,只见他神定气闲,调度不乱。他吩咐道:"贾诩、刘晔负责起草战争方案,贾逵、司马懿负责丞相府的日常工作。王粲、张承、辛评、杨修等协助贾诩、刘晔完善方案。粮草、兵器、被服、行军帐篷由杜袭负责筹备。"

曹操把任务分给这一群谋士之后,又单独召集了武将会议,张郃、徐晃、朱灵、夏侯惇、曹休、曹真等人听曹操的吩咐安排,积极回去备战。

进军汉中的准备工作还未到半个月,夏侯渊平定了西凉、雍州,把安抚平民的工作做得较扎实之后,就回到许都,拜谒曹操。

夏侯渊是深夜回到许都的,当他进见曹操时,曹操正在审定他积了几十年心血写成的兵书《孟德新书》。亲兵禀报时,曹操大喜,亲自出帐迎接:"夏侯将军功高劳苦,操这里多谢了。"

曹操见了夏侯渊就微微一躬。夏侯渊赶紧伏地,口称:"末将些小微功,丞相夸奖,折杀末将了。"曹操扶起他,两人又寒暄了几句,曹操就命亲兵设宴为夏侯将军洗尘。曹操在席间倾听了夏侯渊汇报西凉、雍州安抚工作情况后,攻打汉中的欲望就越发强烈。

"夏侯将军,操即将挥师入汉中,击张鲁,扼蜀州咽喉,将军可曾听说。"曹操行军打仗,骨干部队的指挥权常交由曹仁或夏侯兄弟指挥。

夏侯渊道:"末将刚从西北归来,还未曾听说此事,请丞相详告之,末将愿充先锋。"

曹操就把刘备占据益州,汉中的战略地位、众位谋士的建议以及自己的决心一丝不漏全告诉了夏侯渊。他最后说:"夏侯将军,操知你转战西凉、雍州,也曾长期驻扎过关中,西边的地理、人情风俗颇为熟悉,操决定让你担任先锋,而这一重要的任务,非你去完成不可。"

夏侯渊兄弟忠心耿耿追随曹操多年,由于作战勇猛,屡立战功,深得曹操喜爱,尤其是夏侯渊勇猛不逊其兄长夏侯惇,谋略却胜兄长一筹,曹操知人善用,重要的军机大事,往往分配给夏侯渊担任。夏侯渊看着这位雄才大略的统帅,聆听他的调遣,早已热血沸腾。他感觉到自己就是一把宝刀,而曹操也把他看成一把制敌为胜的宝刀,酒酣之际,他挺身而起,朗朗说道:"主公,末将誓将踏平汉中,突入益州,提刘备之头来见主公。"

曹操对他的话很满意,但他深知提刘备之头来又谈何容易,不过,他仍鼓励夏侯渊:"愿将军马到成功!请干一杯!"

两人在帷幕中开怀痛饮的剪影被红烛的光映得清清楚楚。

更兵打响第二更时,夏侯渊告辞,曹操送他到府前的石阶上,亲兵牵了战马伫立在阶下。曹操执着夏侯渊的手,告诫他:"行军打仗,知己知彼,百战不殆。将军回去调兵遣将时,先要派细作到汉中地区,详察地形、军情,切勿疏忽。一旦有消息,直接禀报于我。"

夏侯渊一一点头称是,两人告别。夏侯渊虎虎有声跨下石阶,跃身上马。月光下,铠甲头盔熠熠生辉。夏侯渊抱拳在胸,说声"主公早歇",勒马转身,骏马"嘚嘚"地冲出了丞相府大门。

曹操目送夏侯渊剽悍的背影,直至彻底没了踪影,马蹄声歇,才踱回卧房。

公元214年即建安十九年十一月,曹操调兵遣将,筹备粮草,准备大军西征讨张鲁时,许都却发生了一场政变风波,耽搁了进军汉中的时间。

这一场政变风波使曹操面临着艰难、痛苦的选择。政变风波是汉献帝与曹操争权引起的,外戚要国丈伏完受其女伏皇后的密召,想弄垮曹操,没想到机密被泄。曹操令御史大夫华歆处理这件事,华歆屠杀了伏皇后及皇子,又杀了参加这一政变活动的三百余人。这一事件,使曹操在政治上陷入了被唾骂的尴尬处境。

处理完这一事件之后,曹操曾想废去献帝这个傀儡,但这是他醉酒后的想法,实际上,曹操仍没采取措施。

有一天,他与刘晔谈起献帝之事,刘晔的一句话使他茅塞顿开。

曹操问刘晔:"倘若我行军打仗,后方起火,如何处之?"

刘晔知道曹操对这样的事情早就有对策了,但是,既然这样问,必定是要求自己说出一些合理的建议,以便他下决心。

刘晔说:"主公,伏皇后联络国丈,叛乱滋事,根源在于外戚大权旁落而引起的。"

刘晔话未说完,曹操就自顾自地说:"外戚,外戚……"

曹操说完这个词,就沉默冥想去了。刘晔见他有所触动,也缄口不语。

曹操心里想到:献帝无权,他的皇亲国戚自然无势,对整个局势的控制,献帝已无力而为,但那些外戚们却不甘心,寻机谋害于我,以求东山再起。那

些保守的士大夫盲目遵从汉朝,荀彧便是个例子,这些人要帮助外戚起事是极有可能的,那么,皇帝的外戚是我呢,内患何来呢?"

曹操打定主意,就又问刘晔:"铲除外戚的方法如何?"

刘晔说:"主公何不当外戚。"

刘晔的话很露骨,但曹操也认为只好如此了。

为了稳定后方,摒除后患,曹操把自己的三个女儿嫁给汉献帝,择其一为正宫,这是建安二十年的事了。曹操做这一切都是为了其军事目的,但他或许过分把注意力放在军事上,政治上他的心思用得较少,因此,这就为以后几年的许都几次政变撬他墙脚留下了隐患。

夏侯渊自领曹操之令以后,立刻派出了能干的细作潜入汉中,作了充分的调查工作。

十二月的隆冬,夏侯渊策马来到丞相府,把几个月搜集到关于张鲁军的情报交给了曹操。

北方的天气异常寒冷,曹操穿着貂皮大袍,坐在皮垫子上,与夏侯渊分析情况。

"夏侯将军,张鲁对我军的防范还是有准备的。他布重兵于散关至郑间的险道上,这里是一夫当关,万夫莫开的有利地形,攻打下来恐不大现实。你有可教张鲁兵败的奇谋吗?"

夏侯渊搓着冻僵的手说:"主公,张鲁的道教兵士未经大战,经验及野战不及我军。张鲁性格懦弱,决策优柔寡断,他在汉中久居多年,唯一的法宝就是凭险据守,乃井底之蛙。我军若派死士夺关斩将,他自会束手待擒。"

曹操对夏侯渊的陈说不甚满意,他皱了皱眉头,右手轻轻捋着胡须上下抚弄,这是曹操沉思的一个显著特征。他对夏侯渊的一番藐视敌人的话语中只听到老生常谈,具体的战术问题夏侯渊却以"率死士夺关斩将"一语带过。

曹操重新审视情报内容,每一个字他都不漏过。自己的一席慷慨激动的陈词未让曹操满意,夏侯渊有些诚惶诚恐。曹操赏识他,叫他独立作战,主要是想把他培养成独当一面的人,在这等事上,他却显得粗疏无计,他不禁责备自己,埋下头去。

当曹操把情报上载的一个地名,武都划了一笔之后,他叫随从去把参谋刘晔请来。

刘晔来了,曹操把武都这个地方向夏侯渊问了一下。

夏侯渊说:"武都在甘肃,该地区聚居的是一些氐族部落,张鲁未派军队驻守。"

曹操就问刘晔:"如果我们绕道武都,再入汉中如何?"

刘晔与曹操几个月来一直在考虑进入汉中的最佳方案,只是收取对方的情报资料还不翔实,一直还未拟出到底从何进军的路线。听了曹操的这句话,他赞道:"主公所想高妙。兵法云:出其不意,声东击西。主公率大军绕道武都,行军虽艰苦,但避实击虚,神不知鬼不觉地从张鲁背后一击,其败局无可挽回。而张鲁重兵布防的地方,主公只需少量精兵佯攻牵制,给张鲁错觉,以为大军压境,其必令所有军队调至这里,后方自虚。然后偷袭成功,两面夹击,汉中尽收主公囊中。"

曹操听刘晔精妙的分析,乐得呵呵大笑,夏侯渊也佩服得五体投地。

曹操在快乐大笑之后颇带诡秘的口吻说:"听说张鲁在汉中装神弄鬼,画符验水,迷惑士兵、百姓。汉中民风素迷信,也信他的那一套。嘿嘿,我们将计就计,也来装装鬼神。"说完,他向夏侯渊招手,夏侯渊走过去,知有密计传授。夏侯渊虎背熊腰,人极高峻,曹操五短身材,夏侯渊就只好躬下身子来,曹操眉飞色舞在他耳边如此这般叽叽咕咕了好一阵子,夏侯渊边听边笑,等到曹操说完之后,他再也忍不住,直起腰来哈哈大笑,曹操也笑个不停。刘晔被这气氛感染,也莫名其妙地开怀大笑,室外的卫兵被这笑声弄得丈二和尚摸不着头脑,挺纳闷往日庄严肃穆的曹府,今日怎么如此"轻浮",卫兵互相你看看我,我瞅瞅你,竟也忍俊不住,窃窃笑起来,丞相府沉浸于欢乐的笑声之中。

攻打张鲁的决心已下,曹操自己对将官们说,打汉中必须先下手为强,否则,刘备出川占了汉中,关中就会受到威胁,后果将不堪设想。

刘晔等重要参谋很快拟出了出军汉中的计划。当刘晔把计划书带到丞相府时,曹操正在朝廷上与汉献帝商议出军汉中的事。

曹操铲除外戚后,他又成为外戚,目前身份既是魏国公,又是丞相,还是献帝的老丈人。

曹操对献帝说:"臣将进军汉中,朝中之事请多与华歆商议。"

献帝已惧怕曹操至极,唯唯诺诺,早已全无皇帝的尊容。华歆又是献帝的仇人,曹操以此人推荐给汉献帝,当然是有用心的。至少可起到威慑群臣的作用,以免他在外打仗时有后顾之忧。

与献帝枯坐多时,话语索然,曹操告辞回府。到了府上,曹操的情绪就好了。他感觉到,在献帝的宫殿里,如同掉在坟墓一样,面对的是一具行尸走肉;而在自己的府中,无论谋臣、武将,还是夫人、儿子,个个充满朝气。他心里感慨万分:汉朝的开国元祖哪个如同这样的末世皇帝,这样的皇帝不做也罢。想起汉朝高祖的后代,他马上又联想到自己的几个儿子,他对几个儿子早就在着意培养。长子曹丕较沉着,次子曹彰不过一介赳赳武夫,三子曹植行为放纵,饮酒无度,空有一身才华,而曹熊也真如熊一样憨顽。想遍诸子,他又转开注意力,因为刘晔正在等着他审阅进军汉中的计划。

曹操把这份计划书看得很详细。由于曹操年龄已到六十岁,眼力有些不济,刘晔就把计划书的字写得较大,这样,曹操审阅起来就较快。

计划书中对行军、部队的调遣安排很详细。

曹操对这个计划略加修改,增加了一些内容后,就把这个计划向各个部队的统帅发出了命令,令克日休整部队,厉兵秣马,囤积粮草,准备远征。

有一天,曹操的御林军将官王必听医生说治偏头痛用冰块敷头效果很好,但这个时候已是"七月流火"的夏季,哪里去找冰呢?

王必的一个亲兵对他说:

"将军,献帝宫室后的花园里,去年冬天在那里挖了一个很深的地道,里面储存了很多冰块,以备献帝夏季冰冻西瓜之用,何不取出一部分为魏国公治病呢?"

王必一听,眉开眼笑,也未请示汉帝,直接启开地道,在地心深处,找到了去年的冰块,保存尚好,就用宝剑敲下几块,载于丞相府。曹操经过几天的冰敷之后,头疾减轻,他召来王必,重赏之,那个亲兵也得到嘉奖。

曹操病未完全痊愈,却挣扎起来与众谋士商议出军汉中可能出现的情况。

杨修建议曹操召坐镇合肥的薛悌,他说:"主公出师汉中,孙权必兴兵攻合肥。而我方南线防守的据点很多,又无天险,分兵据守容易遭孙权的大军分而击破。不如召薛悌回来,委派他联络张辽、乐进、李典军合成一个大军,共抵孙权。孙权远途而来,粮草接济困难,只要采取清壁坚守,东吴自退。"

杨修素以才思敏捷著称,他是汉献帝的太尉杨彪之子,曹操爱他才华,聘他为幕僚。杨修的建议博得了众人的赞同。

其余的如孙、刘联军等问题大家虽各抒己见,意见并不一致,而曹操此时也拿不定主意了。此时的曹操优柔寡断,疑虑重重。

薛悌由合肥到曹操处领命,曹操写了一封密函给他,并对他说:"等到孙权入侵之时拆开,依计而行。过早看了,反而无益。"薛悌领命驰去,全身心经营起防备工作。

公元215年,即建安二十年八月,曹操病愈,进军汉中的军事行动终于成为现实。

出发前的誓师大会把西征推向了高潮。那天,三军齐聚邺城郊外一平原,战马嘶叫,旌旗蔽日,金鼓齐鸣,刀剑生辉,已经61岁的曹操登上点将台,俯瞰台下雄壮、整齐的军队,年轻时征战的热情贯满全身,此时,士兵们根本看不出曹操有丝毫的老态龙钟相。曹操振臂高呼,千万名士兵响应,真是响彻云霄。当曹操宣布出征时,夏侯渊、夏侯惇、曹休、曹真等将率队依次离开邺城,铁流滚滚望西逶迤而进。

夏侯渊为先锋,先率三千精兵到达阳平关。早在曹操附耳密传夏侯渊以诡计逗弄张鲁军不久后,夏侯渊就派了一口舌伶俐的心腹到汉中,打扮成黄老道士模样。以生花妙舌给那些颇信鬼神的张鲁士兵宣称,曹军带妖气,如其攻城时,可备猪羊内脏和米粒抛下,其沾上这些腥气,将不攻自退。一些将官信以为真,就在关口准备了成群的活羊活猪,以备急用。

　　夏侯渊带三千铁骑日夜兼程。曹操因为想到远途用兵,粮草很金贵,打算"克扣"夏侯渊的三天粮草,叫他以计赚得口粮。夏侯渊的士兵们只带了一天口粮,到阳平关时,肚子已饿得咕咕大叫。

　　夏侯渊就给士兵鼓气说:"大家休整一下,等夜幕一到,诸位冲至城下,只顾呐喊,便会有猪肉、羊肉可吃。"

　　众士兵跟随夏侯渊多年,知道夏侯渊将军从不食言,果然磨刀的磨刀,扎腰的扎腰。

　　深夜,夏侯渊令士兵点起火把,鼓噪前进,到达关口,只见上面的张鲁士兵扔下了猪羊内脏,霎间,曹兵的脸上、身上鲜血淋淋,血腥熏人,早有士兵伍长之类的人喝道:"一边捡东西,一边呐喊。"夏侯渊的士兵这时方明白主帅的意图,加劲呐喊,也竭力捡拾关上雨点般掉下来的东西。

　　看看捡够了,传令官一声令下:"撤。"

　　三千士兵真的溜之大吉了,关上的张鲁士兵竟欢呼得手舞足蹈。

　　张鲁府中。

　　张鲁,其弟张卫,张鲁的主要谋士阎圃正在争论对付曹操军队的方法。

　　张鲁的探子半年前就向他报告了曹操图谋汉中的消息,他虽作了准备,如巩固险关要隘的防务工事,一些具有战略性的大道也设置了栅寨、鹿角柴,连一些小路也设下了若干陷阱,也准备了足以应付一年之久的粮草。

　　张鲁与张卫争执的焦点是闭关自守还是主动迎击,而阎圃对他俩争论的问题不发一言,他忧虑的是曹操避开阳平关,绕道武都,顺西汉水东流而下,击张鲁的后方。

　　在张鲁集团中,阎圃是一个极有远见的人物,张鲁每逢大事必找他商议。

　　张卫最后服从张鲁的安排,决定率重兵把守重要关口。

　　而阎圃却说:"阳平关等关口,一夫当关,万夫莫开。夏侯渊已攻打数日,关口岿然不动。据谍报说,攻阳平关仅夏侯部,曹大军并未出现,其中必有诈。"

　　张鲁一听,恍然大悟:"操贼准绕道而行,袭击后方?"

　　阎圃点点头,从座位站起,来回走了几步说了自己的建议。张鲁对阎圃是言听计从,很快重新布置部队。汉中地区草木皆兵,百姓人心惶惶。

　　阎圃的计谋并未完全得到推行,张鲁之弟张卫一意孤行,仍率重兵把守重要隘口,这就为曹操取胜汉中搬去了最大的一块绊脚石。

　　曹操率大军西进武都,沿途颇为顺利,在进入武都与汉中的边界时,道路险阻重重,车辆辎重难行,士兵们经受着严峻的考验。自然天险困扰着曹军,当地的氐族部落也经常骚扰部队,抢劫粮食,夺取马匹。

　　曹操一怒之下,令张郃、朱灵率五千步骑军为前锋,先进行扫荡。

张郃、朱灵行前,曹操亲手刹鸡,将血掺入酒,端与两位将军,并说:"山路崎岖,险沟深壑,望二位将军多留神,不铲平氐族,休来见吾。"

张郃、朱灵被曹操一激将,就立下军令状,率五千士兵立于曹操前,异口同声宣誓。侍从从帐内拿出笔、砚、纸,曹操前临悬崖,背后是整装待发的五千士兵。士兵们见衣衫猎猎的曹操眺望远方以后,提笔在纸上写起字来,少顷,曹操写完,投笔于地,转身把这张写满字的纸交给张郃。

张郃见是一首诗,他用雄浑的声音,向众官兵朗诵。曹操那种忍受危险和痛苦,寄望太平盛世养情怡性的理想,由61岁的他写出来,虽有历尽人间炎凉的苦味,但仍不失年轻创业时的热情。曹操大胆、爽直、自然地以这首诗道出他的理想,感染着他的部下,士兵们振臂高呼:"不灭夷人,誓不归还。"尔后,张郃、朱灵率部向氐族部落的营盘浩荡而去。

大军远去了,曹操痴痴地望着远处队伍行进中激起的滚滚烟尘,感怀万千。他叫随军乐官立即把自己这首诗谱曲作歌,教其他部队的士兵演唱,以激励大家的士气。

很快,士兵唱会了以曹操的诗谱的歌谣。"……坐磐石之上,弹丘弦之琴,为清角韵……"曹操自己于音乐也是行家里手,他也和着士兵们一起高唱,曹军士气大振。

张、朱率兵扫荡了氐族部落的骚扰,为曹操大军的行动开辟了道路,当曹操挥师过武都,抵达河池(今甘肃徽县附近),遭到了一个强大的氐族部落的阻挠。这个氐族部落的首领叫王窦茂,剽悍、勇敢而有计谋,曹操率军与之苦斗达几个月之久。

河池城高大坚固,守城的士兵善射,由于箭头往往淬毒,杀伤率极高。曹操令夏侯渊攻打时,中箭者无法治,伤亡很大。

曹操推断,如果再在这里僵持不下,张鲁得知消息后,他的部署就会打乱,甚至会陷入兵败之窘境。曹操把忧虑告诉给刘晔等人,众人也是一筹莫展。

当曹操在西线征讨张鲁受阻河池时,南线孙权果然如他所料率七万大军,以十倍于曹军薛悌的兵员围攻合肥。这样,曹操面临着西、南两线作战的困难时期。

对合肥之战,曹操希望取胜,但他不可能分身前去指挥。所幸他对薛悌早有密函授计,孙权大军至,薛悌拿出密函看完,派信使邀张辽等到合肥,召开紧急军事会议,并出示曹操的亲笔密函。众将均以敌我军力悬殊,主动出击非常危险而颇感犹疑。

张辽却自告奋勇给曹操一个很好的建议,要再打一次官渡之战。

张辽注意到众将凝神听他演说,就索性把自己的想法和盘托出:"如果我们现在趁孙权远来,处于疲惫,立足未稳之际,率铁甲精兵猛烈袭击他,挫其锋芒,一可以激励我方士气,方可作长久的坚守准备;二可以使东吴军心涣散,作战无力,惧怕我军。待其粮草消耗完,孙权退兵自不消说。"张辽话语激动、乐观。

但是乐进这个理智型的将军认为主动出击的成功机率太少,摇摇头表示不赞同,可曹操的命令又的确是张辽所表达的那样,所以不便反对,大家以沉默来面对张辽的演说。

张辽看大家迟疑不决,恐误军机,于是站起来大声说道:"成败之机,在此一战,诸君若仍前瞻后顾,迟疑犹豫,那就由我张辽独自承担攻击东吴军队的任务吧!"

李典与张辽曾有过节,彼此积怨颇深,但此刻张辽那一腔慷慨热情,视死如归的气魄感动了他,他先沉默缄口,这时支持张辽的提议了。只见他站起来,扼腕大声说道:"军国大事迫在眉睫,我怎可以计私仇而让张将军孤身独挡孙权大军,是死是活,是胜是败,我与将军并肩作战,共同承担这一重担,共同赴患难!"

于是张辽从自己部队中,挑出精悍惯战、勇猛顽强的士兵组成敢死队,人员仅800,分成四支队,每支队各200人,一队由张辽亲率,其余三队分由三个将校带领,打算突入孙营之后,各自成一个小团体,力求速战速决。

当晚,张辽杀牛款待敢死队,众将士们也摩拳擦掌,斗志昂扬。偷袭行动决定于破晓时刻开始,士兵们与马相拥,稍作休息。

第三十二章　张辽威震逍遥津　老骥伏枥志千里

总攻开始了,只听一声清脆的锣响,在微明的晨曦中,张辽全身披挂,执一柄方天画戟,身先士卒,一马当先冲向孙权营寨。八百壮士紧随其后。

由于冲击的速度极快,又比较突然,东吴前锋部队虽在警戒,但他们长途奔袭而来的盛气早已耗尽,此时仍未消除疲劳,所以面对张辽的冲击还未把阵脚布牢,顷刻之间,这一道防线就被闪电般的铁骑突破了。八百敢死队成四块方阵,一波又一波冲向孙权的大本营。

东吴看守大本营的数位近卫将领,毫无思想准备,仓促间拿起长短兵器护住孙权。张辽飞马而入,砍倒数名士兵,孙权的两位近卫队将领当场也被其他勇士砍死。

孙权被突发事件惊得目瞪口呆,在数十名贴身护卫的死战下,登上附近的一个小山丘暂避张辽的锐锋。

张辽见孙权胆怯,他一时也冲不上被弓箭手封死的山丘,于是执着方天画戟,指着孙权大骂:"匹夫,与张某决战几百回合!"

孙权忙问左右:"此人是曹营的什么人?"

有人答道:"他是张辽!"

孙权很早就听说曹营张辽英勇善战,今日一见,才知果然名不虚传。他对左右说:"任其挑衅,只顾守住阵脚,待大军围拢。张辽此时逞匹夫之勇,彼时就成阶下囚了。"

此时,东吴军各营听说曹军劫寨,孙权有危,各自催军前来解围。

李典的预备队随后来接应,撕不开东吴军包围张辽的袋形口子,而东吴大将吕蒙又拼命挡阻他的冲击,韩当、甘宁的部队则全力夹击张辽的敢死队。

张辽深深呼吸一口气,拍马挥戟,如同一尊战神,率几十位部将冲向韩当,韩当无力抵挡,阵脚一乱,张辽大呼着,双脚猛踢马肚,画戟前指,东吴兵立刻让开一条道路,几十条汉子穿隙而过,突出去了。

而仍困在包围圈内的曹军见张辽突围出去了,于是大呼:"将军就这样抛弃了我们吗?"

张辽闻言,勒马回身,再度奋勇冲入敌阵,神勇不减,挡着非死即伤,所向披靡。韩当的部队及孙权的护卫部队慑于他的神威,无法抵挡。东吴军眼看着曹军个个拼死作战,不禁心惊胆寒,盛气遂衰。

此消彼长,张辽、李典、乐进军心大振,士气旺盛。整个合肥城中充满精诚团结,同仇敌忾的气氛,合肥的防守也更加严密了。张辽等修书派人向远在西线的曹操报告军情。曹操接到张辽的信件时已拿下了征张鲁途中的绊脚石,河池县城。

河池之战,曹操损失较严重。当士兵叩关而入时,报仇雪恨的心理愈炽,曹军便在这里进行屠城行动,整个河池城陷入血腥的恐怖中。

这段时间曹操的南线、西线战事较顺了。孙权自被张辽挫了锐气之后,只把合肥城团团围住,攻击力不强。这样围了几十天,带来的粮草基本耗尽。孙权就只得下令撤军,各路东吴大军拔寨分由大道返回驻屯地。

当孙权率心腹护卫部队退驻在长江渡口的逍遥津时,孙权在江边召集各路大军的统帅商议事务,除韩当负责指挥大部队撤退不参加外,甘宁、凌统、吕蒙等都只带了为数不多的亲兵、侍从来到逍遥津,因此,孙权身边的士兵,加上诸大将的近卫人员,仅500人左右。

张辽在合肥城楼上观察到东吴军有撤军的迹象,就派出一支探马打听,收集东吴军的情报。

很快有了回音,探马的汇报证实了张辽的估计,同时另一条重要的消息令张辽兴奋不已,那就是孙权在逍遥津的情报,遂决定率劲旅突击逍遥津。

张辽点兵5000,1000骑兵全握长兵器,先期行军,想达到冲乱孙权营寨的目的。步兵4000强行军,要在骑兵冲击后立刻投入战斗。士兵们在张辽"擒贼先擒王"的鼓动下,争先恐后,如潮水般涌向逍遥津。

看看将近逍遥津了,孙权的卫兵见黑压压的曹军像一条矫健的长龙,行动相当迅捷,向津口逼来,赶紧三步并作两步跑到孙权的帐前,大呼小叫:"不得了啦!曹军偷袭来啦!"

孙权的营寨顿时紧张起来,诸将与孙权都领略过张辽偷袭的滋味,此刻又面临这种情况,无不变色瞠目。于是,孙权于仓促间上马,在凌统的护卫下,奋力突围。甘宁、吕蒙只率几十人拼命抵挡曹军骑兵排山倒海似的冲击。张辽见孙权与凌统突围而去,舍下甘宁、吕蒙,不与他们缠斗,分兵追击孙权。

凌统面临灭顶之灾,转眼又逢凶化吉了。原来甘宁的救军到了,冲乱了曹军一角,两人乘机拍马冲出重围。二人估计孙权已脱险,就往南方落荒而逃。

孙权在众将拼死救援下,冲出了重围,到了逍遥津桥,但是此桥已被曹军破坏,桥面从中而断,无法渡过。后面的追兵渐渐逼近了。谷利急中生智,他先要求孙权把马稍向后退,然后用刀刺向孙权坐骑的屁股。那马受锥心之痛,向前猛冲,"呼"的一声,竟腾空而起越过了断桥,安全地把孙权载到了对岸。霎间跑得没有踪影。曹军望桥叹叹,扫兴而归。

这便是历史上有名的"张辽威震逍遥津"的战斗。此战张辽大获全胜。曹操任用他主抗东吴,真是慧眼识英雄,张辽的军事行动有力地支援了西线

作战的曹操。

孙权败回长江以南后,曾痛定思痛总结失败的原因,慰劳拼死作战营救他出险境的将士。

部将贺齐在座上痛哭,孙权也忍不住落泪,众多将士对这次战斗还有后怕。贺齐泣道:"至尊的主人,你带兵到第一线,虽可激励将士,但须持重,防范定要严密,今日之疏忽,差点造成不可挽回的憾事。所有文武百官闻说你处于危情时,无不胆战心惊,有若天塌地陷一般,希望主人以此为终身之戒。"

孙权连忙下座,用手抚摸痛哭流涕的贺齐说:"我对这次用兵大败而回深感羞耻、惭愧,这次疏忽造成将士惨重损伤,我一定终身以此为戒,绝不食言。"

孙权大军退后,驻扎濡须口,自此,南线暂时无战事。而西线,曹操大军在汉中的决战正处在紧锣密鼓阶段。自曹操对河池进行屠城之后,在汉中西面的群山峻岭的茂林沟壑中行军,虽披荆斩棘,架桥牵绳备受艰辛,但再无氐部落前来骚扰。部队的军心渐趋稳定。大约在九月中旬,曹操来到西汉水岸边驻扎屯兵,想休整部队,然后顺西汉水一鼓作气攻入汉中。曹操为此还特地召开了军事会议。

会议的地点在西汉水一个浅滩边的营寨里。这里的地势较开阔,前面是汹涌怒卷的西汉水,后面是林深兽多的万仞高山,左右是狭长的一坝平地。汉水边,曹军正伐树制造木筏,打算以此作船顺江而下。

刘晔经过这几个月的长征,明显瘦了,但他的精神依然饱满。还建议曹操要解决张鲁的情况。刘晔把徐晃军收集到的关于张鲁布防西汉水各道防线的情报告诉了大家。

众将领议论纷纷,曹操静静听他们议论,最后,他示意大家静下来,众将知道曹操开始决策了。

曹操声音洪亮,他说:"仲达(注:司马懿)曾给我建议,说张鲁已知我军主力的动向,现在戒备很严,我以前提出的避实击虚虽达到目的,可是,现在又立刻丧失了这个机会。"司马懿与刘晔是曹操启用的第二代谋士精英,他俩与曹操前期创业阶段的荀彧、荀攸、郭嘉等一样富有才华和谋略,这两人在曹操晚年的军事、政治活动中起了很大的作用。

曹操早已确定了行军路线,他对众将领说:"我们从这里转向东南,可以很快到达阳平关,届时粮草后行,每人只带三天口粮。前锋由夏侯惇担任,逢水架桥,逢林伐树,动作要神速。"

曹操把任务分给了众将后,只留下徐晃一人单独交谈。

曹操步出营帐外,偕徐晃登上江边一块裸露的大石,曹操看着湍急的江水说:"公明,我知你的部队最擅长野战,水战不熟悉。而此次分给你的任务却是水战,你能完成吗?"

徐晃对答道："主公，公明愚拙，水战不熟，但公明会全力以赴。"

曹操回头看着身边的爱将，不停地鼓励他们。曹操与徐晃又互相交换了具体的作战方法，帅将二人显得兴致勃勃。

第二日，徐晃军留在原地，曹操的主力吹号、灭灶，拔寨向东南蜿蜒而去。

曹操亲自到前军阵中指挥开道，登高山越低谷，越过了阳平关前的好几个隘口。

徐晃待曹操走后，着手迷惑张鲁的军事行动。张鲁的细作把这些假象汇报回来时，除了张卫一人外，所有人都毫不怀疑。张鲁忙令张卫征调戍守阳平关的士兵去防卫西汉水一带，张卫勉强应付，只拨了万余人去，重兵仍在阳平关一带。

曹操的主力经几十天的艰苦行军，终于到了阳平关前，与夏侯渊的部队会师。张鲁得到这一消息，吓了一大跳，"曹操军队神出鬼没，说到就到，真叫人难料啊！"张鲁由衷感叹道。接着，这个懦弱的川西统帅心知大势已去，决定不战而降。

但是负责守阳平关的张卫与部将杨昂强烈反对，张卫说："兄长请放心，不要过早说出丧气的话，否则会动摇我军的军心。曹军虽强，但长途跋涉，粮草难济，现到了阳平关。也仅是强弩之末不穿鲁缟矣，况我部曾与夏侯渊部接触过，一年来，他也未夺去我寸土半草，实力也不过尔尔。我军在阳平关筑有高大的城墙十余里，岂是曹军轻易攻破得了的？"

杨昂附和张卫道："师君，俗话说'狡兔三窟'。我们在曹操大军来之前，就作了充分准备。我与战将们商量好，如曹操叩关而来，我们拼死力战，师君退居南郑，筹备粮草接济我们。如曹操真的破关，师君也可马上避入巴中，逃脱厄运。何况，曹操与我等孰死孰活，还无定论呢！"

参谋阎圃也赞成这个方案，张鲁也鼓起信心，退居南郑，以便策应自己的部队。

曹操率军驻扎在阳平关以外十多里的地方，刚安顿下来，他便率心腹亲信察看阳平关的地形去了。

阳平关建在两座险峻的山峰之间，依山势建有一条十余里高大的城墙。曹操看到墙顶插着整齐的军旗，墙顶每隔几十步便堆放着大量的棱角尖利的石头。曹操心里有了数，认为攻城破关看来是要付出代价的。

曹操亲自督战，令先锋官夏侯惇派兵进行第一次攻城，以试探对方军力情况。

夏侯惇这位独眼将身先士卒，率一万士兵扛云梯，冲到城脚，弓弩手用箭射上城头，掩护冲击。

当曹军奋勇争先冲向城脚时，只见城头上红旗一招，十里长城顷刻间立起成千上万的士兵，举着石头，砸向城脚的曹军。如雨点般的石头落下去，曹

第三十二章　张辽威震逍遥津　老骥伏枥志千里

军有的手脚折碎,有的血污满面,脑浆迸裂。第一波冲击受挫,曹操命亲兵鸣金收军,张鲁士兵在城墙上看到曹军溃退,欢声雷动,而退回的夏侯惇耷拉着脑袋,沮丧至极。

以后十天内,曹操让部队轮番攻城十几次,进展仍然不大,而自己的军队伤亡的人数不断增加,粮食也逐渐耗尽。

经验丰富的曹操开始有些紧张了,对战事的全局掌握也显得力不从心。他对司马懿说:"我老了,脑筋也不灵了!"说罢,不胜唏嘘伤感。

曹操左思右想也决定停止用兵。这段时间,最让他欣慰的是张辽击退了孙权的进攻,但是,据密报,许都有些士人、贵族正在加紧联络,想利用他在陇西之机进行政变,这又成为他的忧虑。他写了信叫御林军首领王必加强防范工作之外,也无其他良策。

最后,曹操作出了回师撤军的决策。他令贴身护卫官许褚,亲赴前线召回夏侯惇驻守山上的部队。由于部队分散山上各地区,所以集结的行动一直到入夜仍未完成。

曹操见许褚前去很长时间内没有回来,害怕有意外情况,他唤来刘晔说:"请你与辛评亲自到前线去察看一下,许褚应该早就复命了,我很担忧……"

刘晔点点头,与辛评率数十骑快马,冲入黑夜中,马蹄声渐渐隐去。曹操在帐篷里坐立不安,几次走出来,翘首以望,盼望部队早点回来。

其实,刘晔与辛评出发的同时,许褚率队回来途中经过一个山湾,很偶然地发现了张卫的一个较大的隐蔽着的行营。张卫正在里面饮酒作乐,哨兵跑来报告:"将军,有曹兵来劫寨。"

张卫大惊,推开窝在怀里的一个娇艳的女子,伸手之间撞翻了桌子上的酒钵。

他结结巴巴地问道:"曹军有多少人?"

哨兵回道:"还不清楚,由于天太黑,只能凭曹军的脚步声判定是一支人数很多的部队。"

张卫的这个行营只有很少人知道,他寻思道:"大概阳平关已失守,亲信被逮,故叛变我,并把我的行踪告诉了曹操,事不迟疑,先逃为上策。"张卫就率军向南郑方向的山区逃跑。

许褚听前哨报告了这一情况,大喜,挥刀拍马,冲向张卫的行营,到了那里,只剩下一片狼藉,空空荡荡的营寨不见一个张鲁士兵。许褚舍下空寨,率兵穷追不放。

阳平关内的士兵也听闻张卫逃跑,军心大动,开小差逃向南郑的人成群结队,曹军乘机拿下了阳平关。

当刘晔与辛评赶到时,曹军已大部分进入了阳平关内,刘晔高兴自不待说,忙修书一封,令亲兵火急送给正在翘首以待的曹操。

曹军进入了阳平关内,也并非一帆风顺。夏侯惇与张鲁部将杨任展开了巷战。杨任力大无穷,在马上以一敌三,仍游刃有余。夏侯惇爱他英勇,在圈外劝他投降:"杨将军,我佩服你的忠义,欣赏你的武艺,如你投入曹公麾下,定会大材大用。"杨任大声怒骂,夏侯惇率亲兵上前一阵乱刀,杨任受伤落马,被刀枪刺如烂泥。

曹操也大宴众将,赐许褚三大碗酒,众将也纷纷向许褚敬酒,许褚立了大功,高兴之余,也就大喝猛唛,最后烂醉如泥。曹操这时也醉眼蒙眬,击碗唱歌,众将和着他沙哑、苍凉的嗓音,放开喉咙大唱,发泄着一年来征战憋着的一股气。

张卫逃到兄长张鲁驻守的南郑,只剩下千余人了。

张卫到张鲁的住宅外,跪着把兵败之事详细告诉了兄长。张鲁扶起他,安慰其弟,但他知道阳平关已失,南郑已无险关可据可守了,曹操挥师而来,自己必败,遂第二次下决心投降曹操。

他的谋士阎圃劝告他说:"师君在危机重重的情况下投降,会被曹操认为缺乏诚意而归顺,遭到他的轻视,也将得不到好的待遇,因为你与他交换的筹码,汉中……"

张鲁听了之后,认为有理,从其言,就准备越过南山,逃往益州山区去。张鲁召开了撤军的会议。在会议上,许多官员建议张鲁烧毁城里的仓库所积的珍宝、粮食和一些军队器械,让随后进城的曹操只得到一座空城。

张鲁拒绝道:"我原本就想把这些东西献给朝廷,只是一直未找到好机会,如今远走山区,也只是权宜之计,并不是真正想和朝廷对抗到底,府中的财宝物资属国家所有,怎能心怀歹意毁灭呢!"

张鲁的话搪塞住仇视曹操的官员,他不毁府库,在政治上无非就是向曹操暗送秋波。

张鲁果然把府库妥善封存,派了一些老弱残兵守住,然后退入益州的山区中去了。

曹操征汉中的时候,成都府的刘备、诸葛亮也曾得到这个情报。诸葛亮曾对刘备说过:"曹操想先下手征服汉中,是害怕主公从该处北上,威胁关中。看来,汉中的张鲁孤掌难鸣,主公何不遣使到张鲁处,双方结好,共同抗曹呢?"

刘备此时刚定益州,军政大权还未彻底安定,不敢出兵去汉中争土夺地,出于无奈,只好派使者到汉中去争取张鲁,或者去声援张鲁,从政治上去威胁曹操。

曹操在张鲁不战而逃的顺境下,一兵不废,占领了南郑,尽得张鲁府库的珍宝粮食。曹操向守府库的张鲁士兵大力称赞张鲁的德行,特遣使者到山区慰问张鲁。

主要参谋刘晔、辛评、司马懿等人全到齐了,坐定之后,曹操就先让大家各抒己见,以便他作决策。

司马懿说:"张鲁已成丧家之犬,在老林深山中惶惶不可终日,他气数已尽,汉中可定了。但益州刘备恐想一沾汉中肥泽,主公需派一支劲旅驻守这里。"

刘晔听了司马懿的话,受到启发,略略思索了一下,开口说道:"汉中的最大敌人莫过于刘备,仲达提出派颈旅驻守于此,我认为很有必要。张鲁经营汉中多年,地方实力派都听他的调度,何不用丞相历来使用的方法,招安他们,封他们官呢?但是必须去掉他的军权。"

刘晔的话令众谋士不约而同点首。曹操沉吟半晌,捋着胡须说:"刘备暂时还不敢出川,张鲁降顺也不成问题。但汉中的实力派、富绅随时会拥戴张鲁牵头谋反,张鲁那时不干也不行。洛阳经过战火的毁灭,至今还是一座毫无生气的城市,我想把汉中的几万富户迁移到洛阳,一便于管辖,二便于充实洛阳,诸君意下如何?"

众谋士自然称善。接着又分工去做曹操说的事情。

九月,曹操用重金收买了陪伴张鲁躲进大巴山中的七个军队将官,这些将军归顺了曹操。张鲁本人一直支撑到十一月,在曹操几封辞恳意切的书信催促下,才带猛将庞直、程银、侯选等到镇守南郑的曹操大本营投诚。

曹操率文武百官出营迎接张鲁。张鲁见忙趋前几步,跪于地,双手拱道:"丞相,张鲁请罪来了!"

曹操紧上几步,扶起张鲁,柔声道:"快快请起,折杀老夫了。"

张鲁被曹操携起,转回大本营。庖官早已杀猪宰牛,整治老酒,款待从山区饥寒交迫困境中来归顺的张鲁及部下。

曹操在席上劝张鲁饮酒,不谈战事,只言政治,话语大而无当,空之又玄。

第二日,曹操封张鲁为镇南将军,阆中侯、邑万户,张鲁的五个儿子也皆封列侯。张鲁的谋士阎圃虽然阻止张鲁归降,但曹操认为他能紧守立场,为主帅作最好的打算,与主帅同甘共苦,尽于职守,因此也封他为列侯。

曹操这种"秋后不算账"的开明政治态度,使曾帮助张鲁的汉中各郡县的首领而安心不少,这些人安下心来,汉中的老百姓才能迅速恢复生产。

十二月初,曹操把汉中的一切事宜安排好,留下张鲁率五千余精兵守南郑外,班师回朝了。曹操征讨张鲁,未攻下阳平关之前,或乘坐骑赶于军前,带头披荆斩棘,或亲自卷裤脚涉涧水而拒绝部将的扶持。但是平定汉中以后,回归途中却感到身心太疲惫,非躺在车与软席中不能行军。为此,他曾在车中悄悄叹息:"老啦! 不中用啦!"

曹操班师后回到邺城,汉献帝主动从许都到邺城来嘉慰曹操。汉献帝这一举动,在北方的政治派别中抛起了轩然大波。老式士大夫或忠于朝廷的知识分子认为这有伤献帝的权威,对曹操的责骂暗地里相当盛行,但在曹营,忠于曹操的少壮派军人,文士却认为献帝名存实亡,曹操该趁早称帝。但是,有一点是大家共识的,汉献帝仅是一个幌子在曹操手里摇来摇去发号施令。

在建安二十年十二月初,曹操准备班师回邺城时,刘晔和司马懿向曹操建议,趁机攻入益州。

司马懿说:"刘备以阴谋夺取刘璋基业,不少蜀中大族人家颇不服气,而且目前刘备的防线远及江陵,军力分散,是攻打他最好的机会。如今大军已克汉中,益州必为之震动,大军压境下,他势必瓦解。自古圣人能够成功在于不悖时机,请主公立刻采取行动!"

曹操笑道:"仲达,你的话当然很有道理。我从青年时代就有统一全国的雄愿,但至今仍只占据北方半壁河山。人生之痛苦,皆来于不知足,何必得陇望蜀呢?"

刘晔虽听曹操有这种表示,但他仍劝曹操道:"主公,刘备乃人中俊杰,其行军打仗不谙军法,但他的政治野心不可小觑,从败局中翻身,坚韧不拔,于艰辛中取得了蜀中……"

曹操只顾笑而无语,刘、司马见说他不动,就准备告退。这时,曹操叫住刘晔:"你既然来劝我急于攻刘,但必先收集他方的军情,来日再做决定吧!"

刘晔二人有些怅然,在回各自的行营路途中琢磨着曹操的真正意图。

曹操不轻信别人提供的假情报,对军事行动审慎而不冒进,显现了他在军事上超人的智慧。所以回师时,他只派了重兵镇守汉中而已,但这也表现了曹操青年时代积极进取的热情在这时已经被"水盈而溢"的思想取代了,他的霸主之光少了耀眼的色彩;或许他对天下三分的看法已成定势,后来他回师加紧安排曹家班底的计划而不积极用军,便是他不想当天下霸主或不能当天下霸主的有力证明吧!

建安二十一年,曹操在少壮派及忠于他的武官推戴下,要求汉献帝刘协给他晋爵为魏王,这一事件激起忠于汉朝廷的士大夫崔琰等人的强烈不满。崔琰在公开场合抨击曹操有篡权的阴谋。他说:"曹公早在建安十五年冬天于铜雀台上,述其平生理想,我还记得他的几句话:……我如今身为宰相,位极人臣,已超出我平生夙愿太多,因此我很坦然……大意如此。可是不久,他由宰相进封魏国公。荀彧因此以死谏仍未阻止曹公进封。现在又晋爵为魏王,这与他述职时说的何止是南辕北辙。"

毛玠、和洽、桓阶都附和他的话,忠于曹操的士大夫也不示弱,双方展开了唇枪舌战的激烈争论。

当曹操听到崔琰竟公然四处说他的坏话时,他怒不可遏,拔出剑来削去书桌的一角,恨恨想到:"我曹孟德顺应天运,爱惜人才,纵横几十年,还从未见过自己的部属公然嘲骂自己。想那崔琰当年投在袁绍帐下何等状况,在我

第三十二章 张辽威震逍遥津 老骥伏枥志千里

麾下却得到了重用,如今恩将仇报,太无道理。"曹操想到自己曾招徕崔琰,让他给自己提拔人才,崔琰在这些人中有相当的影响后,害怕他的话在许都制造政治风波,"杀"这一念头就游悬于大脑之中了。

那一天夜里,曹操在寝床中辗转反侧,不能入睡.

第二天,曹操的支持者云集魏王府,在曹操面前纷纷声讨崔琰。

曹操自昨晚想到半夜,终于下了杀心。此时又听诸人义愤填膺的过激话,他也失去平时的持重,声音明显听得出愤怒:"我待崔琰并不薄,他昔日那么不得志,是我发现他有才,委以重任。可是我实在不明白,他今天达到这样高的地位,是我给了他权柄,那么,我也能够收回权柄。"

曹操下令修书给崔琰,书中写道:

"孤念旧情,无奈出此下策,孤不移汝其愚,乃能赐汝毒酒。奈何!奈何!"

崔琰对曹操的讽刺的确引起了一个政治风波,许都、邺城之间的知识分子为此针锋相对各自阐述着忠于朝廷、忠于曹操的正确与错误的问题。当曹操赐崔琰死,使曹营里的"尊王派"对曹操不满达到最高潮。

尚书仆射毛玠,对崔琰的死愤愤不平,他以曹营中的老资格身份为崔琰呼冤。毛玠是曹操创业时的一个重要伙伴,曹操兴义兵时,毛玠就给曹操策划了一个"奉戴天子,征服诸侯"的计划。曹操以他订的计划作为创业的蓝本,收到了理想的效果,曹操也仍以"奉戴天子"这个政治口号收服了北方民心。曹操把毛玠推荐给献帝朝廷中,任尚书。

现在老伙伴也对他反戈一击,令曹操大吃一惊。忠于曹操的将帅认为毛玠思想僵化,对他也进行了毁谤和攻击,曹操一气之下,逮捕毛玠交付有司审议。

侍中桓阶、和洽为毛玠说情,历数毛玠在曹操营中的功劳,据理力争,曹操念于旧情,免了毛玠的死罪,但是为了削弱那些"尊王派"的实力,曹操下令把毛玠废为庶人,永不录用。

曹操从逼荀或死到毒死崔琰、废毛玠为庶人等一系列事件中,表明了他由于权势的增长,初期创业的理想已发生了偏离。

曹操曾向司马懿谈起自己戎马倥偬几十年,在军事往往有建树,而在政治上却没有长远的规划,因而导致了自己后院中几起政治风波,这些事件分散了他的精力。现在年岁已高,长途征战已很吃力,于是他打算加强他们曹家班底,为今后的政治、军事作好人才的储备工作。

正当曹操处理完崔琰毛玠的政治风波之时,汉中的夏侯渊写信报告曹操,他那里又有军事争端的可能了,曹操全力以赴,处理这些前线送来的公文。

张郃在建安二十一年突过巴山,来到了巴中地区。这块地区也是刘备垂涎已久的肥肉,早在曹操与张鲁作战的时候,刘备就派熟悉这一带地形的黄权进占了巴山地区,打败了当地一个叫做胡的部落,刘备的军队在此作出了攻击汉中的一个态势。张郃自然不甘示弱,就率部打击这一带的蜀军,并鼓励这里的居民移入汉中,显示将选此地与蜀军作大规模决战的场所。张郃治军有方,部队行动快捷,很快攻垮了黄权的巢穴,并连续进占了益州的窄溪及蒙头、汤石等军事重地,均纳入其统辖之中。

张飞年龄大于张郃,但他的勇猛仍是世所罕匹。张飞外表相当粗犷,其实心思细密。当阳长坂之战时,他利用自己勇冠三军的威名,大胆地采用疑兵断后,拖住曹军,刘备才得以侥幸脱险。

张飞对抗张郃的兵力明显处于劣势,为了避其锐锋,张飞不逞匹夫之勇,把部队时而化整为零,时而集结一体,采取游击战术与张郃周旋。

张郃此时凭兵多将广之优势,又未经正面与张飞决战,张飞也尽量不与他单打独斗,于是,张郃就骄狂自大起来,认为张飞是"廉颇老矣",并令士兵大声呐喊"廉颇老矣"激张飞来决战,以便以优势兵力围而歼之。

张飞不睬张郃的激将法,只是恃险坚守,彼此缠斗达五十余日,张郃军的粮食耗尽了,士兵仅靠挖野草、捉青蛙充饥。张郃心急如焚,迫切希望能够与张飞速战速决,张飞在查知张郃的心情后,乃故意率领万余人马,假装由狭路前往偷袭张郃。

张郃在探马将此消息报知后,以为张飞想趁其粮食少军心不稳时袭击他,就将计就计,决定留下空营,率所有士兵进行反偷击战。

张郃率军尾随张飞军队后面,打算以迅雷不及掩耳之势打张飞一个措手不及。

但是,当张郃军队进入一个叫做瓦口隘的地方时,张飞的部队已无踪影。张郃见败势已定,就慌忙弃马,徒步向一险崖奔去,甩掉了张飞的追击。他与数十名亲兵冒险登上悬崖,急急如漏网之鱼,向汉中夏侯渊的驻扎地逃去。此役,莽张飞战胜曹操的猛将张郃,击溃收降了张郃的几万兵马。这是张飞军旅生涯中的第二个杰作。

夏侯渊见张郃的数万大军全部覆没,大怒之下,喝令刀斧手把拼死逃回来的张郃推去斩首,并且怒骂道:"汝骄傲自大,折我精兵,辜负魏王的重托,还有何面目活着!"

夏侯渊的参谋郭淮劝道:"三军易得,一将难求。张郃虽然有罪,但他昔日屡立战功,魏王也很爱惜他,不可斩也。让他戴罪立功,于我们很有必要。"

夏侯渊稍解气愤,就暂不处死张郃,把他监禁了。然后写信告诉曹操进兵巴中失利的消息。

曹操闻张郃败于张飞之手,深感意外。为了稳住汉中部队的军心,就写了一封信给夏侯渊,信中大意为"胜败乃兵家常事,张将军兵败,是轻敌所致,切盼戒骄,加强防卫",云云。其时曹操本想再到汉中督战,无奈东线孙权又

动干戈,他实在分身乏术,只一味令夏侯渊坚守,切忌轻举妄动。他自己到东南线督战去了。

建安二十年,张辽与李典、乐进等大败孙权后,在这里就形成魏吴对峙的局面。孙权在合肥之战中险些送掉性命,而且损失了一些得力大将,报仇雪恨的思想在东吴军中广为盛行,因此,在濡须口布防的东吴军随时会倾巢北上。

曹操深信张辽能独当东吴军的进攻,但是,驻守于这一线的兵力还是比较薄弱,为了逼迫孙权撤军,或者是曹操想彻底解决与孙权的连年征战,建安二十二年,他亲率大军南下。濡须口第二次战云密布,大战即将爆发。

孙权得知曹军精锐全来了,也毫不示弱,抽调东吴最善战的水陆大军云集濡须口,号称东吴第一大将的吕蒙防守在第一防线上;少壮派将领凌统、甘宁率主战部队紧靠吕蒙。不仅如此,孙权加编了素以勇猛忠烈闻名的行伍出身的周泰、芜湖令徐盛、右护军蒋钦,以及赤壁之战的名将董袭,阵容之庞大在东吴军历次战斗中几乎是空前的。孙权军队的这些实力,如与曹操决战的话,大概也是伯仲之间。

曹操这次率大军南下,他没有带谋士如刘晔、司马懿等,从邺城出发时,他对送他出城门的刘晔说:"我们兵逼孙权,绝非是硬碰硬,只是一种战略态势罢了。我最担忧的是一旦我离开邺城,那些人又趁机来兴风作浪,以前没有重视这方面的事情,现在深感'末大难折,尾大难掉'了,希望你留下摒除可能出现的隐患。"

刘晔点头,一一答应。

曹操把前锋将领乐进的部队派遣到长江口,大战拉开了序幕。孙权令吕蒙负责前线指挥,徐盛和董袭亲自迎战。

徐盛率一支千人部队首先从一偏僻处登岸,暂时开辟了一小块陆地。徐盛为提升士气,和董袭商计决定绕道偷袭李典的部队,他俩分成两路,徐盛率几百勇士从陆路进击,董袭乘快船顺江而下,到了李典军营,徐盛以迅雷不及掩耳之势冲了进去,董袭在船上击鼓鼓舞士气。霎时,双方混战起来,徐盛人少,尽管人人争先勇斗,以一当十,杀了部分曹军,但不久,很明显地处于下风,李典派大船撞沉了董袭的快船,曹军用枪搠死了水中沉浮的董袭。徐盛见董袭死掉,带伤突围而去。

孙权听说前锋失利,立刻亲率周泰的部队前去接应,却被曹操安排的伏兵,张辽部、徐晃部截住。张辽、徐晃军训练有素,周泰的军队是东吴的精锐,双方打得异常猛烈。

孙权在战斗中被曹军围住,周泰奋力死战,血染战袍仍不惧怕退缩。曹军被这位白发长须的老将威慑住了,孙权才侥幸逃了回去。

当吕蒙听说孙权被张辽、徐晃截住有性命之忧时,离开濡须口,扬鞭打马,催军前去营救。当他到达出事地点,孙权已安全撤退了,张辽、徐晃正清点战果,见吕蒙自投罗网,赶快集结部队迎战。

吕蒙无心恋战,拨转马头就走。张辽哪肯放掉他,拈弓搭箭,"嗖"的一声,射掉了吕蒙头盔上的红缨。

吕蒙大怒,心想从军以来还未受此侮辱,令部队停下来,列成方队,弓箭手压住阵脚。自己单刀独骑冲上一个小山岗,扬鞭指着张辽大叫:"张辽,吕某今天与你独斗,要见个高低!"

张辽叫徐晃压阵,执戟冲上前去。

正当吕、张二将酣斗时刻,东吴军一个校尉乘徐晃聚精会神看吕、张单打独斗的场面,弯弓施了暗箭。箭没射中徐晃,却把他后面执着军旗的偏将射中,徐晃忍无可忍,令大军冲入对方阵中。东吴军人马较少,虽然放箭如雨仍抵挡不住徐晃的凌厉攻势,颓然大败。吕蒙偷隙看到了败相,一分心,张辽画戟刺伤了他的手臂。吕蒙弃刀策马,狂奔而去,张辽追赶不及,眼睁睁见他钻入江边的丛草之中。

曹操了解到吕蒙带兵营救孙权去了,濡须口的防务出现了漏洞,就亲自率乐进大军、曹真、曹休子弟兵乘虚而入,东吴军面临全线崩溃的危急情势,守将凌统、甘宁抱必死之心,在濡须口左右侧全力拼战。

濡须口经孙权多年经营,墙高沟深,城内储箭颇多。曹操军队组织了多次攻击,都被东吴的箭雨击杀退后,死伤惨重。乐进为了鼓舞士气,亲自扶盾执剑登城,可是仍旧没有突破防线,相反,他的头部却中了一箭,受了重伤。

曹操亲眼目睹奋不顾身的士兵们如树林般密集地倒在前沿阵地上,内心如焚。他暗自后悔攻城之前没作好规划,导致了这样的伤亡。他紧张地思量着攻城的方法,这时一里之外的警戒士兵飞马来报:"启禀魏王,东边一支东吴部队前来援救来了。"

曹操最担忧的就是这样的事了,因为攻城不下,伤亡过大,士气受挫后,敌人援兵一到,城内士气必旺,两相夹击,威力增大。

他正想抽调一支部队去阻拦,东侧攻城的曹仁部队阵脚就已经大乱,曹仁部一乱,整个战场的格局就陡地改变,曹操由攻势变为守势了。他知道取濡须口已成泡影,立刻调曹休的骑兵断后,其他部队火速集结,退回大本营去了。

攻击曹操东侧曹仁部队的东吴将领是刚从东吴后方赶来增援孙权的年轻儒生陆逊。陆逊是孙权兄长孙策的女婿,他深通兵法,是一流的参谋人才。这次攻击曹操是他初次亲临战场,但在这场战斗中,他在攻防战的部署及指挥,丝毫不输给曹操那些经验丰富的大将。

曹操回营后在总结这次战斗的时候,称赞陆逊不已。但他指挥了一天的战斗,显得有些疲惫。众将官因部队损失惨重也感到心情郁闷,曹仁尤其感

到羞愧,曹操委他封疆大吏的高位,他的确战功赫,打了不少胜仗,这次栽在初出茅庐的陆逊手上,实在令他不服气。

于是,曹仁向曹操请缨道:"魏王,请让末将领一支军再向孙权搦战,杀了陆逊,以其首级告慰死去的众将士。"

曹操摇摇手,说道:"今次战斗,我们没有规划好,才招致这个结局。我常对你们讲'见可而进,知难而退'的道理,军事行动的每一个步骤,都必须详细算计其利害;'既参于利,则亦计于害,虽有患,可解也。'利害算得清楚,自然能够通于机变,一切不受既定的思考及原则限制,在利思害,在害思利,当难行权也。'我所主张的东西,我却没好好实施,唉,真是丧气!"

"见可而进,知难而退",这是曹操军事上一贯主张的"机诈"。众将士听他一番独特的带有理论性的教诲,如醍醐灌顶,立刻明白曹操现在的心境了。

孙权的实力已不弱,若想硬对硬,的确是两败俱伤。曹操以"雷声大雨点小"的战术敲了孙权一下,双方就只在对峙而已,实行冷战。

孙权自知战曹操不过,更因荆州问题与刘备的矛盾日深,孙刘联合的关系已经破裂,他就拟定了一个北亲曹操,西排刘备的战略。三月,他派使者到曹营中议和。使者徐详持孙权的投降书直接交给曹操。曹操也立刻派使者表示和解之意,双方正式结束赤壁之战后连续长达十年的战争。曹操把二十几支大军布防在汉中、襄城、合肥一线,自回邺城。终曹操之世未再对孙权用兵。曹操班师回邺城的途中,他的头脑开始酝酿一个关于建立曹家班底的计划。他对自己创业之初到现在位极人臣的经历梳箅似地想了一遍,他知道自己创业时期的伙伴如荀彧、荀攸、郭嘉、崔琰、毛玠是因为他提出义兵勤王,拥戴天子的号召而归顺他的帐下的。这些人骨子里是忠于汉王朝的,明知汉王朝已到日落西山,他们仍对它痴迷,曹操暗地里送他们一个"迂"字。

曹操回到邺城,几个月内未到许都去一次,献帝那边的事务由华歆全权处理。他深居简出,一方面调养多年征战后相当疲惫的身心,一方面思考着建立曹家班底的问题。

六月,曹操把邺城和许都的心腹官员召集于魏王府邸开会,正式着手组建曹家班底。

依据曹操的意思,魏王府的幕僚很快就拟出了一个曹家班底的名单:

文官方面:贾诩、刘晔、张既、王琰、钟繇、邢贞、司马懿、杜袭、蒋济、胡质等人。

曹家子弟及武将方面:曹仁、曹洪、徐晃、李典、牵弘等人。

曹操确立了这样一个班底之后,他终于完了一桩心事,心情颇为轻松。这是他有生以来在政治上花功夫最多的一件事,尽管如此,他仍有预感地对刘晔说过:"我和刘备、孙权面临的政治局面不同,我之困扰较他们为重。刘备号称汉室之末裔,旗号易打。孙权三世营造江东,吴人贯于称他为王。吾于汉室之中,老迁士人颇多,忠于名存实亡之汉室的观念根深蒂固,难以根治,祸起萧墙之事,不得不防。"刘晔为曹操后期活动中最为重要之谋臣,他不似忠于曹氏之其他士人那样急功近利。他理解曹操之苦衷,因而曹操最喜与他交谈。八月,《举贤勿拘品行》的文告起了很大的作用,以他们为主,曹操启用了一大批新涌现出来的英才,分配去给曹丕、曹植兄弟工作,这样,曹家班底总算逐渐奠定了牢实的基础。

曹操选定曹家班底之后,为了让儿子和这些将帅多接触,曾以打猎为幌子,带子到幽并等州,以及襄城、合肥等地。

曹操对他的四个儿子有相当精妙的评价,他说曹丕"深沉早熟,文武全才",说曹彰"黄须猛将",说曹植"任性而行,不自凋劝,饮酒不节",说曹熊"平庸随流",从曹氏四弟兄的行为看来的确如此,真是应了"知子莫过父"的俗话。

第三十三章　孙刘决裂引事端　曹操拱手让汉中

曹操在襄阳视察了军情之后,了解了当地的情况,准备先回邺城,商议之后再做定夺。此时,得到消息说孙刘大军发生了战争。

孙权与刘备由初期结盟到撕破脸皮互相仇敌的原因,是为了争夺荆州这块土地。

刘备答应孙权攻下益州就还荆州,但益州收入他囊中后,却对荆州只字不提。后来,维持荆州和平的鲁肃死了,关羽就在江陵一带集结重军,作出迎战东吴军的姿态。

孙权先想通过外交途径去解决荆州问题,就派遣在吴做官的诸葛亮的哥哥诸葛瑾前往晋见刘备,要求归还荆州之地。

想不到刘备却推辞表示:"目前我正全力想争取凉州,等凉州到手后,再将荆州全部归还给你们吧!"

诸葛瑾只好据实向孙权报告,孙权听了大怒道:"此乃刘备不还荆州之厚颜无耻的借口而已,他拖延归还时间,虚假应我一番。他还培植关羽势力,吾非剪去其羽不可!"

于是,下令重新设置长沙、零陵、桂阳三郡的行政官位,准备接收事宜。但关羽下令军力戒备,禁止东吴的官员入城,并派军队驱逐之。三郡行政官员狼狈逃了回去,孙权见状大怒,下令吕蒙率两万军队,要以武力夺回荆州之郡。刘备不甘示弱,亲自由蜀中到公安,指挥关羽以武力威助。孙刘大战一触即发。

就此局势,曹操召张、徐、李等将领分析了一下。

张辽道:"孙权无力与大王、刘备两边作战,因之与你修好,以便放手对付刘备;刘备自以蜀中道险关坚,不惧大王之军,就不把孙权放于眼中。愚下认为,大王表面是助孙权,实则按兵不动,静观其势。"

曹操道:"文远之意即为'鹬蚌之争,渔翁得利'。但战场局势变化莫测,忽友忽敌乃是这时期的主要特点。请君随机应变,不可大意。"

曹操把襄阳、樊城、合肥的部队重新布置了一下,又调于禁的军队南下,加强南边的防务。建安二十三年春正月,关羽率军袭击襄阳城,曹军猝然间守城不住,退缩樊城,曹操正欲往前线督军,哪知后院又祸起萧墙,发生了一次较大的军事政变,他匆匆赶回城去平定,把南线作战的指挥权交给曹仁。

这次军事政变称为"吉本事件"。

吉本是献帝的御医，原来颇为支持曹操，但他经常到许都汉献帝的宫室里为皇帝看病，皇帝拉拢他，希望他除去曹操。

吉本暗接圣旨，与他的两个儿子吉邈、吉穆在许都串连，少府（财务官）耿记、司直（丞相府行政官）韦晃参与其中。后他又与好友韦晃联系上，韦晃忧郁地说："你我虽恨曹操擅权，但他握有重兵，起事不慎，如同伏完、董承一样下场啊！"

耿纪说："彼等失势，乃其行不周密，手无一卒而致。我们如要成功，须得组织一支兵马，缴械王必的御林军，占据曹府。"

韦晃信心不足地说："招募士兵，谈何容易。"

耿纪说："汝之好友金祎，乃金日䃅之后，忠于朝廷。他为洛阳令，手下有部分军马可用。"

韦晃恍然大悟，大喜道："金祎素有打曹之心，且他与曹操心腹王必是多年老友，他参与进来，王必势必不会怀疑。"

于是，韦晃、耿纪、金祎、吉氏父子组成一个倒曹团体。金祎为迷惑御林军头目王必，常去拜访他，王必的探子因这个关系，不敢去刺探金家之事，韦晃、耿纪、吉氏父子因而才可以放心在金祎家实施密谋计划。

王必是曹操的心腹老将，忠贞可信。荀彧、荀攸去世后，他便以丞相府最高长官的身份兼任首都许都的御林军头目，其实就是曹操安排他监视皇帝和文武百官。

正月初，金祎与韦晃等人密集商议起事计划。几人计划一定，就对天发誓，歃血为盟，然后积极厉兵秣马，临期行事。

起事当晚，金祎先去王必府中拜望，趁机留下刺客。吉氏兄弟以打猎为由，出了城外，与金祎的士兵会合，只等城中火起，便冲进去。王必与金祎饮酒至二更，金祎才告辞。这时王必已有微醉，脚下飘然。暗匿的一个刺客冲出，一刀斫去。王必武艺高强，闪身躲开，护卫的兵丁急忙持械抵挡。另外一个刺客却放起火来，埋伏在外的耿纪、韦晃率三百士兵冲进王府，一场混战立即展开。

王必持剑拼死抵住四个士兵的进攻，杀了两人，他自己也中了几刀，鲜血汩汩地从手臂、臀部流出，他的肩头也被耿纪一箭射中。生命危在旦夕，此时，一个卫兵牵来一匹马，掩护他逃跑。王必忍住剧痛，腾马逃向金祎家去。背后追兵赶来，王必着忙，弃马步行。至金祎门前，大叩其门。原来金祎从王府辞出后并未回家，率人在城里放火，招吉氏兄弟进城。他家中闻王必叩门之声，只道金祎归来。仆人隔门问到："主人，王必那厮你们已杀了么？"王必大惊，方悟金祎与耿纪等同谋造反，不敢进去，只好返身奋力杀向追兵，他这时虽已是血人，但求生欲望令他勇猛异常，当场斩杀了四五名追兵，威慑住了敌人。王必又向一骑兵扑去，砍下了那兵一支手臂。兵丁大嚎一声，应声坠

第三十三章　孙刘决裂引事端　曹操拱手让汉中

马,王必夺过马匹,疾驰而去。

城外的吉氏兄弟见里面起火,知道事已半成,率兵呐喊冲进来,观赏元宵花灯的百姓被马蹄踏死不计其数,城中只闻"杀尽曹贼,匡扶汉室"的口号声。

王必单骑夜奔许都城外的典农中郎将严匡的军队中,当即点兵五千,不管伤势严重,只略为包扎一下,就又冲回许都城。许都城虽被金祎等控制,但曹操的一些部将,仍把献帝居住的宫门死死守住,不让皇帝与金祎等汇合。

王必杀回许都城时,吉本、金祎、韦晃、耿纪等人惊慌莫名。他们以为王必早就战死,没想到他还活着。王必指挥大军狂杀叛军,金祎、吉氏兄弟、耿纪等人纷纷战死,叛军群龙无首,投降的投降,逃遁的逃遁。

王必把许都的变故飞报曹操后,尽将金、耿、韦等五家宗族老小全部拘拿,许都的在朝大小百官,悉数拿下,押解邺城,听候发落。

过了十天,曹操回到邺城。王必箭伤复发,不治而死。曹操亲自到王府,主持丧事,他安慰了王家后人,并亲自手书"国之良臣"四个大字的门匾,悬于王府的门首,以示表彰王必的功劳。曹操把王必厚葬后,就着手清理这次叛变事件的漏网之鱼。他把叛变的金、耿、韦、吉等人的家族全部斩首于市中菜市口。

过了四天,曹操于教场立红旗于左,白旗于右,对王必拘捕的朝中百官下令道:

"耿纪、金祎、韦晃等造反,放火焚许都,汝等亦有救火者,亦有闭门不出者。如曾救了火的人,请立于红色旗帜那边;如没有参与救火的人,立于白色旗帜之下。"

朝中众官多数未参加叛变的人认为自己问心无愧,就站在红色旗帜之下,那些叛变的官员也都钻入这个队伍之中,自忖救火的必不会获罪;很少一部分人立于白旗之下。

曹操对立于白色旗帜下的人说:"汝等虽未出来救火,实则是不参加叛变,可嘉可贺。"就令人厚厚赏赐,释放他们。

对立于红色旗帜之下的人,曹操以严厉的口吻说道:"汝等之中,确有一片忠心出来救火的人,但是,大批漏网之鱼却潜伏于汝等之中。以为救火即救国,其实非救火也,乃实想助叛贼成事。"说后他把华歆叫来,令他对这些人严加审察,叛乱者绝不放过,真正救火者令其回家。

华韵详加追查,逮了不少漏网之鱼。他把这些人牵出漳河边斩之,死者三百余名。平定这次大乱之后,曹操令曹休接督御林军马,钟繇为相国。遂定侯爵六等十八级,关西侯爵十七级,皆金印紫绶;又置关内侯十六级,银印龟纽墨绶;五大夫十五级,铜印环组绶。定爵封官,朝廷换成清一色的曹氏人物。

却说曹操于建安二十三年正月平了吉平等叛变事件后,汉中的夏侯渊亲笔写了一份汉中地区的战报送给曹操,曹操看见信中写道:"……刘备经一年之准备,完成进军汉中部署,彼于二月自成都倾巢而去,军马颇众,率参谋法正、武将黄忠、张飞、马超、吴兰、赵云等五支部队,号称有四十万大军。据谍报其军队前锋乃老将黄忠,左军张飞,右军马超,中军吴兰,殿后为常山名将赵云。刘备此次动兵,为其历来用兵最多的一次,颇有势在必得之决心……汉中我军虽经长期防御准备,但兵力不足,切望派大军来增援,挫敌之锋,迎头痛击。我等现以逸待守,将死守之……"

曹操阅完,怒从胆生,立即点将集结部队,都护将军曹洪,率曹休指挥的曹操最精锐"虎豹队"克日从邺城出发。曹操本人将随后一拨队伍亲去汉中指挥。

曹洪出发之际,曹操召曹休来授计,他对曹休说:"曹洪猛勇忠诚,战功赫赫,他曾数次救孤出危险之地。因此他倨傲不凡,多次不听调度配合友军出战,此次征战非同凡可,如他一味冲锋,势必影响整体实力,孤对他不大放心,望你临敌前冷静,助他成功。"

曹休领命而去。

三月,刘备遣张飞、马超、吴兰向北攻打武都郡,驻屯在下辨,有意截断曹军汉中与关中地区的联系。他自己率领黄忠军先行,赵云军则暂留益州待命。

曹洪、曹休听武都已失,拼命催虎豹部队向武都进发。虎豹部队全是骑兵,兵士往往使用三种武器,一种是戈、矛、戟等长兵器;一种是近身作战用的剑、刀;第三种是对付敌方冲击时射出的弓箭。这支部队是曹操精心地经过多年的训练而成,其特点是速度快,杀伤力强,最擅长野战。虎豹骑在当时军队中可算是王牌军,因而它是曹操的嫡系部队,全是曹氏子弟指挥,外人不能染指。曹操虽然特别钟爱这支部队,但并不是长期把它当做贵族部队闲置不用,相反,每一次规模较大的战斗,这支队伍总是冲锋在前,断路在后,因而战斗实力很强,在战役中往往起到鼓舞军心的作用。

日夜兼程,风餐露宿,虎豹骑在几天之内到达了武都。曹休、曹洪先去侦察蜀军的部署情况。他们发现蜀军在固山有张飞、马超的军队,吴兰驻在下辨。曹洪想先打吴兰,但害怕张飞、马超趁机切断自己的退路,然后与吴兰两面夹击自己,决定不下,他召集众将研究对策。许多将领都表示不能贸然进攻。

曹休力排众议道:"张飞、马超若是真有意切断我军后路,理应秘密行动,如今仍按兵不动,正暗示他们耳目不明,实力不强。我军应发挥自己闪电战特长,突然于他们还未集结前冲击。我知道某些将军惧怕张飞、马超,认为其勇冠三军,无人能敌。有些还悲观地称张将军还是张飞的败将,我等岂是对手?我曹休不信这些,兵法云'两军相逢,勇者胜',只要我们一鼓作气,先冲击蜀军最弱的吴兰军队,其必溃败,到时,张飞、马超纵有英名,也回天无术。

他们一旦失去吴兰军这只犄角,固山我谅他也守不住!"

曹休斗志昂扬,言谈有理,猛曹洪信心陡涨,挥剑斩去桌案一角,大声说:"曹洪今日率先冲击,誓为国捐躯,言休战者如同此桌!"

是夜,曹洪令士兵们全持长矛,不带任何短兵器,轻装上马,曹休率部分兵监视张飞、马超的军队。

深夜,吴兰部除少数士兵提着灯笼在营盘里巡逻外,皆沉入酣梦之中。吴兰本人也毫无戒心地休息了。曹洪的轻骑兵悄悄来到离蜀寨三四百米的平坝上,重新集结,分成十支分队,依次排列。曹军个个精神饱满,紧张地等着主帅发出攻击号令。只见曹洪一马当先,长戟向前一挥,第一支冲击部队如飓风刮向蜀寨,紧接着一支又一支跟着冲去,刹那间,呐喊声、马蹄声撞破了深夜的寂静。等吴兰的士兵刚从梦中醒来,曹洪军的马蹄、戈、矛,已踏上他们,刺向他们,曹兵乘势放火烧寨,蜀兵的粮草燃烧起来,火焰冲起,映红了大半边天空。火光中,衣冠不整,铠甲未挂,兵器没拿的蜀兵或抱头鼠窜,或跪下投降,曹军的战马在火光中纵横驰骋,宛如天兵天将,吴兰在几十个亲兵的护卫下,丢下大量粮草与士兵,落荒而逃,遁入了黑沉沉的夜色之中。

此仗,曹军只用一个时辰就结束了战斗,大获全胜。

吴兰夜中突围,本想投奔张飞营中求救,哪知匆忙间迷了路,逃入山区的氐族部落中,这些氐族部落忠于曹操,就把他杀了。

张飞、马超第二天才接到吴兰全军覆没的消息,失去吴兰,他们就失去了互相牵制、打击曹军的优势,只好闭寨不出。

三月底,曹军大量的有生主力部队源源不断开到这里,张飞、马超无法承受曹洪、曹休优势兵力的压迫,往南退去。

刘备见张飞、马超等丢了武都郡,又折了大将吴兰,勃然大怒。四月初,他亲率主力军扎营在阳平关附近,要与曹操举行一次大规模的决战。面对空前庞大的刘军压境,夏侯渊、张郃等出关扎营叠堡对抗。

刘备派猛将陈式抢攻马鸣阁道,想以居高临下掌握优势。陈式力大无穷,在蜀中有"力士"之称。此人使一柄四十斤重的厚背砍刀,刀法精湛。陈式率军攀藤爬壁,悄悄向马鸣摸去。曹军有一小股部队驻守在这里,以为天险,无人敢犯。哪料到他们正优哉游哉之时,攀藤而上的陈式挥刀冲向了他们。曹军毫无防备,猥集一团,陈式一刀竟斩了两名士兵的脑袋,其余士兵吓破苦胆,纷纷扔刀投降,跪地求饶,陈式占据了马鸣阁道。

陈式偷袭成功,正洋洋得意,哪料战场上奇峰突起,一支曹军部队也来到了马鸣阁道。率军之人正是曹营中赫赫有名的徐晃,徐晃部一直是曹操备用的机动部队。哪里危急,哪里就会有徐晃的军队。曹操闻汉中情势吃紧,就调徐晃部队从马鸣阁道去汉中支援夏侯渊。徐晃与陈式陡然间打起了遭遇战。

陈式人少,徐晃人众,双方短兵相接,斗做一团,陈式最终抵敌不住,眼看带的士兵均成刀下鬼,就虚晃一招,纵身跳下悬崖,抓住一根青藤,猿臂一舒,如荡秋千一般。徐晃搭弓射去,陈式已荡向一个山沟中去了……

陈式败逃回去,详细陈述战情,刘备不好责备他,好言相慰,以令其安心。但刘备却失去地利上的优势地位。

徐晃与张郃会师后,张郃让他守住他占据的关口,他率部乘机进屯广石,与刘备之主力营寨相隔一箭之地。

张郃自瓦口隘败在张飞之手,一直寻机要报一箭之仇,因而作战积极而且亡命。

刘备每日率部与张郃混战,虽然士众,却也胜他不过。

张郃与刘备对抗之中,采取掘挖地道设陷阱之计,使刘备蒙受了巨大损失。由于张郃的营寨与刘备营寨相隔只有一里之遥,双方只要一个冲刺就可以冲入对方营中,但双方均以弓箭手埋伏营中,如冲进去便会受很大的损失。张郃久战之后,突然心生一计,令兵士夜晚从营帐内向外挖地道,挖了半里远,尔后向地面上挖,形成一个个很深的大陷阱,但并不捅破地皮,作上识别标志,又令两支弓弩部队埋伏在陷阱旁边。一夜之间,张郃布置了几十个这样的陷阱,而刘备根本不知其事,蒙在鼓中。

第二日,张郃率部从陷阱之间的安全地带度过,耀武扬威向刘备挑战。刘备一连几日不能取胜,派陈式及另一员大将与张郃单斗,并亲自督战。张郃力拼二将,毫无惧色,一柄长枪使得生龙活虎,刘备再派马超迎战,马超艺高胆大,三国皆闻,三人滴溜溜围住张郃,张郃力不能支,拍马而回,曹军仿佛大败,但又有规律地分成几支有条不紊地退回寨中。刘备见张郃已败,心想:今日不乘胜追击,破不了寨,不知还要拖至何日,忍耐不住,下令冲击张郃。

蜀兵争先恐后冲向曹营,还未到一半地点,马匹、步兵踏入仅薄薄一层泥土遮掩的陷阱中。几十个大陷坑中竟装满了战马与人,埋伏的曹军弓箭手,立即朝里面的蜀兵射去了如蝗雨般的箭雨。张郃见计得手,拆马回来,冲向不知如何应付的刘备的近卫队,刘备无力抵挡,火速退回营中。张郃追到蜀营旁,一阵箭雨把他射了回去。

此仗张郃俘获了大量的蜀兵。刘备清点部队时,才知损兵五千,失去陈式等两员大将。

刘备无计可施,派使者进成都请诸葛亮和预备军赵云来支援。七月,曹操审视汉中地区局势,认为自己非亲自出马不可了,他对周围的谋士刘晔、辛评等人说:"征张鲁,我们侥幸获胜,那时即担心刘备与我争兵,但他无力来此,现他积蓄蜀中军力,财力已久,实力大增,汉中之仗,我不得不去督战!"

于是他征调夏侯惇军、曹真军,以及刚由武都回来的曹休虎豹军,即刻西征,九月,曹操抵达长安,立刻派使者召回武都驻防的曹洪,以进一步了解汉

第三十三章 孙刘决裂引事端 曹操拱手让汉中

中的军情。

刘备在诸葛亮未到汉中之际吃了几次败仗。就按兵不动,耐心等待攻击时机。汉中首席大将夏侯渊见自己击败了鼎鼎有名的英雄刘备,因而流露出骄傲的神气。他在给曹操汇报战功的信中写道：

"……刘备不过如此而已,行军打仗,不谙兵法,袭我马鸣阁道,大败而回;攻我张郃营寨,损兵折将,黔驴技穷,苦候孔明前来……"

曹操看到夏侯渊信中对刘备的轻蔑之心,心内大骇,他想道,刘备何许人也。乱世群雄纷争,皆过眼云烟,唯他存于世与孤争雄。他立即写信告诫夏侯渊："为将者须懂临事而惧,知己之弱,方才不过分恃勇,'木硬则脆'就是此理;为将者需勇,但以智谋为上。汝观历史,有勇无谋者结局如何？是故,猛勇无谋者,匹夫也,焉能统帅三军！切戒！切戒！"

曹操之信意思再明白不过,可夏侯渊仅一笑了之。他一笑了之就把曹操的汉中一笑丢了。

八月,诸葛亮到刘备军中,刘备立刻如鱼得水,展开了有计谋的攻击。

诸葛孔明到刘备营中的第二日,在黄忠及法正的陪同下观察了汉中的地形及曹营的部署之后,就精心为刘备设计了一个攻打夏侯渊的计划。

诸葛亮对刘备说："夏侯渊侥幸胜了几仗,气焰狂放,他把张郃军布置靠前,便是骄兵之证。兵法上说'骄兵必败',意即统帅失去了冷静分析的能力。夏侯渊就是如此之人了。"

黄忠年迈却爱逞勇,当即向刘备请缨前去挑战。

刘备对他说："老将军虽然英勇,然夏侯渊乃北国名将,不是轻易可以战而胜之。此人深通韬略,善晓兵机,曹孟德倚之为汉中藩薮。操不托他人而独渊者,以渊有将才也。"

黄忠奋然答曰道："战国廉颇八十尚食斗米,肉十斤,而忠未及七十,两臂尚开三石之弓,浑身能担千斤之力,难道怕他夏侯渊？"

法正笑道："老将军勇猛善战,世人皆晓。只不过此战,不宜硬碰,只求智取。"

刘备连声说："对！对！智取。孔明此行就是来设计除掉夏侯渊那厮。请孔明告诉军事行动的计划。"

诸葛亮说："夏侯渊骄傲自大。骄傲自大之人必喜功。我们送一个功劳给他抢,然后击杀他。"

"如何击杀他？"黄忠忍不住打断他的话。

"击杀夏侯渊可用诱兵之计。黄将军先率军去攻击夏侯渊部将张郃的南营,采取火攻,张郃危急,夏侯渊必救。当渊出兵营救,黄将军就令兵佯败,向定军山奔去,我于那里和法正伏下一支军队,如夏侯渊追来,该处即是他的葬身之地！"

"如果夏侯渊不追来怎办?"黄忠听了孔明的话,抓住这一计策的关键问题提问。

"问得好!"诸葛亮微微一笑,用激将的口吻说:"那夏侯渊追不追,只有凭将军的临场应变了。"

刘备也说:"那夏侯渊只要言语一激,定会来追。老将切莫与之恋战。"

第二日,黄忠率军攻击张郃之前,令每一位士兵背一捆干柴来到张郃营前,张的营寨外围全是巨木围成的。被那点燃的干柴一烧,忽剌剌燃成一条火墙,张郃大怒,想率军冲出火墙,却被黄忠军一阵乱箭阻住。

夏侯渊闻讯,立刻拨兵支援张郃,黄忠军仍勇猛抵抗,夏侯渊远远看见一位金盔银甲的老将在指挥蜀兵抵挡他的部队,料定那是黄忠,于是率数十骑兵杀过去,黄忠见一彪军马奔来,为首一员大将后面飘起一面血红的旗子,上面"夏侯"二字斗大刺目,知道夏侯渊来了,于是抖擞精神,破口大骂:"夏侯竖子,老将黄忠恭候你多时了!速来,伸颈待宰!"

夏侯渊怒发冲冠挺枪与黄忠缠斗在一起,数合过后,黄忠佯装不敌,率军败逃。

夏侯渊吼道:"老贼休走!吾恨不得食你肉,剥你皮。"说罢追去。

黄忠只顾向定军山方向后退,由于黄忠撤退未及时发出撤军信号,蜀军阵容秩序显得大乱。夏侯渊分析认为蜀军慌乱退却,是溃败的征兆。于是奋力追赶黄忠,想彻底摧毁刘备军队。张郃见夏侯渊猛追不舍,深怕有诈,立刻率军前往支援、接应。

但夏侯渊好大喜功,马匹脚力也快,把张郃远远抛在后面,孤军几十人深入到定军山中,黄忠此时也只剩下几十位骑兵相随,他们冲上一个山岗,隐蔽起来。夏侯渊不见黄忠踪影,四顾周围,见地形险要,马上知道中计,正想急速退出,站在山顶瞭望情况的法正一挥旗子,山上山下突然间出现了成千上万的蜀兵。"活捉夏侯渊"的吼声震撼得山摇地动。

夏侯渊绝望之际,奋勇冲杀,妄想突围。但大势已去,他那点人马无异是羊入狼群中,顷刻便被撕碎,夏侯渊与部将被枭首示众。

张郃的援军赶到时,闻知巨变,立刻回头退入阳平关坚守。统帅突然战死,群龙无首,人心惶惶。夏侯渊的谋士郭淮出面协调防务职责,他力荐张郃代理统帅之职,获得众将同意,张郃也临危受命,先行稳住阳平关防务,并派急使向驻屯长安的曹操报告这一惊人消息。

夏侯渊战死当晚,刘备军马再返回阳平关前,隔汉水和张郃大本营对峙。黑夜中,阳平关的曹军只见对岸蜀军灯火通明,显然即将准备前来攻战。在哀悼紧张的气氛中,张郃召集众将商议对付目前战局之事。杜袭悲观地说:"主帅已死,军心大动,魏王远在长安,声援不济。目前应持汉水之险而坚守,待魏王大军到来再作定夺。"

第三十三章 孙刘决裂引事端 曹操拱手让汉中

徐晃赞成杜袭的说法,他说:"渡汉水而来的蜀军,因船只有限,不可一齐渡过河来。只要布防汉水边,多积弓箭,就能阻止刘备军的强渡抢攻。"

但郭淮却不赞同这些建议,他对张郃道:"杜徐二将军之议,只会让对方认为我军已经示弱。那么刘备利用士气正高的蜀军倾巢而出,渡江,或择近处,或涉远外,那么就防不胜防。不如冒险撤去江边防守之兵,离江三箭之地,列下阵势,显示我方不怕决战的信心。"

张郃赞成郭淮的意见,他也道:"我军并非损失大量兵士,主帅与亲兵之死,不过几十人而已。我军与蜀军决战的实力不分上下,以刘备作战审慎的个性而言,见我军这般,必会产生疑心,不敢直接攻击。"

众将见张郃决心已定,只好服从调度。

天明时分,刘备亲到汉水边观察对岸的曹军,见张郃布阵严密,心知对方已作了硬拼之准备,怕有伏兵,因此不敢渡河。张郃终于松了一口气,又在郭淮的建议下,强化防御堡垒,显示死守到底的决心。

夏侯渊战死的信送到长安,曹操看完信颓然倒于地上。左右忙扶他起来,安置于床上。曹操昏迷了片刻,终于睁开了眼睛,文武百官方才松了一口气。

曹操对夏侯渊之死感到切肤之痛。他的股肱荀彧七年前死去,那是他所逼;另一股肱夏侯渊却是他不断忠告爱护下死去的。

曹操对身边的刘晔、司马懿等人说道:"我创的基业,是夏侯将军兄弟出生入死,为我挣得的,没有他们,袁绍、马超等人恐怕还盘踞北方,危害国家,我委夏侯渊于汉中积蓄力量,满以为用他作彻底征服益州的利矛,哪知他用兵不当失了这个优势,我统一天下的雄心已自此破灭。夏侯渊未竟大功就先撒手而去。今日与大耳儿刘备汉中争锋如何取胜,又如何征服天下?"

说罢,曹操竟然泪如雨下,常言道:英雄不流泪,只是未到伤心处。曹操青年一统天下的理想在他赤壁之战后就不能实现了,因而他苦心营造北方地盘,雄心壮志逐渐消磨,而助他创业的股肱人才相继去世,他感到了一种只有英雄才知道的寂寞啃噬着他的心。

刘晔劝曹操道:"两军作战,胜败乃常事。夏侯将军骄兵失败,的确为国家一大损失,但大王过于伤悲,伤了身子,不能亲临前线指挥,士气就不能振作。倘刘备得寸进尺,夺了汉中三川,大王打下的半壁江山就会被蚕食而去。"

曹操道:"刘备现在的实力已非昔日,汉中能否坚守住我还不敢下定论。"

刘晔说:"大王请不要如此悲观,汉中张郃之军还凭据汉水之险,急切盼望你速去。倘若拱手把汉中让给刘备,苦心经营汉中三川的将士们又岂肯甘心;如从汉中撤军,刘备乘势掩军直扑关中,三军将受重大损失,中原生灵涂炭,那是大王不想见到的吧!"

刘晔苦苦劝告曹操，司马懿等谋士也力陈失去汉中的后果。曹操终于鼓足信心，于二月亲率虎豹军曹休部从斜谷挺进汉中。

曹操抵达阳平关时，张郃率郭淮等人出关迎接，当阳平关上守军听到曹操来到前线的消息时，众官兵奔走相告，军旗左右招展，欢呼声雷动，对岸蜀兵不知曹营发生了什么事，一个个皆引颈张望。

曹操见士兵们士气大振，与刘晔对视一眼，两人均流露出一种欣慰之情。曹操从乘马改为乘战车，他站在车上，高举右手，不断向士兵们挥手，士兵们皆举起刀枪异口同声大喊："魏王！魏王！"声音传过汉水，岸边观察曹营的刘备却自信地说："阿瞒虽来，也无能为力也，我誓必拥有汉川两地。"

曹操下榻于张郃的行营，略事休息后，急性好动的他立刻召集前线的将领们开会，张郃、郭淮、徐晃等人留下偏将戒备蜀兵，匆匆到曹操那儿去了。

等众将到齐后，曹操把他们一一看过，张郃、徐晃、杜袭，胡须头发已经花白。他暗暗想道：众将也都老也。当他看见郭淮、司马懿等人时，见他们正当壮年，青丝润肤，正值风华正茂，心里想法就更趋复杂：一方面，自己已耄耋之年，哀叹韶华已逝；另一方面，新一代人才又已涌出，开始崭露头角了。

曹操定定心神，询问起刘备的军队部署。

张郃道："刘备据西汉水险要之地，慑于我军死战之信心，不敢渡河，但他请诸葛亮协助指挥，赵云的支援部队源源不断开来，目的无非是想与大王进行持久战。"

郭淮向曹操报告说："刘备有备而来，又夺定军山。我们运来的粮草被黄忠施放的大火一烧而空，眼前部队急需的是大量粮食，望大王派人督促后方快快运来，以解燃眉之急。"

曹操眉头紧锁，他没有想到面临如此棘手之事。从长安出发，几万军队只带三天口粮，现在早已吃光，将士们满以为到了汉中就可以得到接济，如今听说粮食已烧光，怎样才能安稳士兵的军心呢？想到这里，曹操立即作出决定："徐晃将军！"

徐晃躬身答道："末将听命！"

"你从西汉水渡过去，制造攻势，让刘备派主力对抗你，你乘机牵制住他，我立刻派人从长安运粮草来，解决大军吃饭问题。"

第二日，徐晃在破晓之前的黑夜掩护下，悄悄渡过汉水，早有蜀国哨兵报告刘备，刘备派黄忠、赵云迎敌。

黄忠、赵云并肩齐进，黄忠对赵云说："今徐晃恃勇而来，要学项羽背水一战，我们不可与他正面冲击，何不待今晚夜色浓厚时，两面夹击他？"

赵云一听，极佩服黄忠的计谋，遂分头而去。傍晚，徐晃也想趁夜色偷击刘备的大本营，哪料刚出营门，忽见两边各拥出一彪人马来，赵云、黄忠夹击徐晃。徐晃抵敌不住，急忙退入营中。赵云黄忠紧跟其后。蜀兵涌入，行营

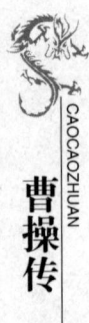

顿成战场。情势相当危急,只见徐晃大吼一声:"将士们!前无出路,后有汉水!生路已无!只有死战,方保生命无虞!"说罢,像一头疯狂的猛虎,挥斧冲向黄忠,曹军受此刺激,紧随徐晃冲锋陷阵,以一当十。杀了半夜,蜀兵锋锐已尽,胆怯之心顿起,遂退出营门。徐晃令尚存的弓弩手警戒大门,重新部署部队,清点下来,损兵三分之一,受伤之人不计其数。黄、赵二将被迫退出徐晃营寨,损失也很严重,双方遂对峙了几天。

徐晃见曹操交给他的任务没有完成,心里过意不去,就派人涉过汉水向曹操递交请罪书,曹操虽然丧气,但为了安慰徐晃,还是亲笔写了一信给他:"黄、赵二人兵多将广,士气颇旺;而将军以少量兵力,抵挡其攻势,未退后半步,实属不易,不求大功,只求保住阵地,此乃我之目的。"

徐晃心下略安,强打精神,积极备战。

却说曹操的运粮队从长安搬运了大批的粮食来到汉水,张郃督促士兵们用车马运往于汉水北山脚下。这个极其重要的消息被黄忠得知,他给赵云打个招呼道:"子龙,你监视徐晃,我率一千兵去劫粮,若一天之内未回,望你前来接应!"遂迅捷向北山冲去。

黄忠绕道来到北山脚下,见曹军忙忙碌碌正在堆积粮草。粮草堆积如山,颇为壮观。少数守军正在巡逻,突见一支蜀兵如同天降,大惊失色。黄忠一声令下,蜀兵点燃火把,冲了过去,霎时间火光冲天"剥剥毕毕"的声音响成一片。张郃闻说此变,怒从胆生,须发直竖,率大军把黄忠死死围住,战场上刀枪旌旗乱舞,始同狂风中的森林,黄忠苦苦支撑着,一千多士兵被杀得七零八落。

赵云见黄忠逾时未回,亲率数十骑前往接应,正好碰到张郃的部队追击着黄忠。赵云挺枪催马直杀进曹兵中,左冲右突,如入无人之境。那枪浑身上下,若舞梨花,如飘瑞雪。赵云力挑曹军数名将官,终于到了身受数处重创的黄忠身边。两人遂合力怒挑狂砍,杀透重围。

渐渐冲出包围圈,赵云回头一看,除了他与黄忠两人后,身边再无一人生还。"常山赵云"的旗帜被曹军的马蹄一踏而过,两员大将狂奔不停,终于摆脱追击,回到营中。

曹操听说蜀军劫粮,亲自到战场指挥截敌。在山头上看到赵云的猛勇刚强,救出了黄忠,遂时向将领们发令到:"定捉赵云、黄忠,不叫其逃逸!"故赵云、黄忠逃回了营寨,喘息未定,曹操大军就掩至营外了。

赵云怕曹操大军强攻营寨,无计可施之下,竟冒险单枪匹马而出,立于营门之外。同时令弓箭手于寨外长壕中埋伏,将营内旗枪,尽皆拔出放倒,士兵们握枪待机,准备死战。

张郃见赵云威风凛凛立于营前,时天色已暮,月光清辉,照着赵云银色铠甲之上,赵云顿增威风之色。张郃又见赵云寨内偃旗息鼓,疑有伏兵,不敢上前。

赵云见张军气势先失,遂把银枪向后一招,霎时,金鼓齐鸣,呐喊声起。长嚎内埋伏的弓箭手一齐引箭怒发,飞蝗满天。曹兵翻身就逃,赵云不失时机冲了过来,营内的蜀兵也唯恐落后少杀了敌人,奋不顾身追向逃兵,曹兵不知蜀兵多少,亡命间自想践踏,拥到汉水边,落水而死,不知其数。这一仗,曹兵先遭偷袭后又被疑兵所吓,伤亡损失严重,尤其严重的是大军维持生计的粮食,少部分抢了出来,大部分成了灰烬。

隔日,刘备亲自到赵云寨,视察战场。众军士将赵云勇救黄忠,智退曹兵之事,细述一遍,刘备大喜,看了山前山后险峻之路,对众将说:"子龙真的浑身是胆呵!"欣喜之色掩不住,从眉间荡开来。

在曹操行营中,曹操正在开会,他与刘备的神色迥然不同。愁眉苦脸的曹操责备张郃道:"此次以优势兵力围住黄忠、赵云,却让他们逃脱,损兵折将,均是将军带兵无方所致,归根到底就是一个'怯'字坏了大事。"

张郃痛哭流涕,他恨自己失去了这次绝好的反击良机,先胜后败。

曹操知张郃痛苦不亚于自己,遂转变态度,好言相慰:"世上无百胜之将。想今日之败绩,非将军之过,乃操之过也,将军不必过于自责,但再去与刘备决战,恐士气不旺,反不能胜,还是等待时机吧!"

张郃请缨不成,又见曹操不再责怪,但悔恨、惭愧仍驱散不开,忍不住放声痛哭,众人也唏嘘不已。

曹操与刘备在汉中冷战相持了两个月,大战没有发生,双方仅在局部地方发生过几次小小冲突。

五月,初夏。汉中每年一度的雨季来了。连绵不断的雨水袭击着汉中三川,汉水陡涨。刘备军队驻扎在汉水南岸的山头上,居高临下,汉水不能浸入他的军营中。北岸西边,地势平坦低洼,雨水灌溉之后,这里的水积达尺许,成了沼泽之地。而曹营就驻扎在这里。连绵百十里的平地上,曹操的十八支部队陷于水淹之中。

汉水的堤岸较低,一旦汹涌的汉水猛涨起来,决堤而泻,曹营被冲走的危险随时可能发生。

一天中午,大雨歇了下来,北岸上缓缓行着一小队军马,为首之人马后撑着一柄杏黄色华盖,正是曹操。

曹操、张郃、刘晔、司马懿等人审视着水势,检查着堤岸。

浑浊的洪水"哗哗"地裹着劲风一泻千里,如山里奔出的猛兽,撞击着堤岸,岸边少许杨树也被激流卷刮而去,在水里随波逐流,时沉时浮。

刘备听说曹操亲自到岸边审视水情的消息时,也带着诸葛亮等人出营,与曹操隔岸相视。

赤壁之战后,曹操与刘备是第一次这样近距离相视。

曹操看着对岸青色华盖下的刘备跨着白马，手执鲜红的缰辔，扬鞭指着自己，嘴里兀自大声说笑。

洪水咆哮的声音太大，曹操听不清刘备说些什么，但他估计得出是说些得意或挑衅之类的话。

两位同时代的伟人，各据一方的霸主，此时的心情一点也不同。曹操后悔纵虎归山，刘备欣幸大鹏展翅。

曹操把刘备注视良久，尔后，投鞭于河中，一言不发拨马回走。众谋士不知其意，又不好问，默默无言跟随其后，下了堤岸归回营中。

刘备见曹操投鞭于河，也不解其意，就问诸葛亮："曹操之举，有何意图？"

诸葛亮答道："他可能是想与主公分江而治，互不入侵。不过，他退兵的意图却比较明显。"

"何以见得？"刘备刨根问底。

"曹操粮食全靠关中运来，路途遥远，本已不易。如今雨季来临，道路泥泞，车马难行，一旦粮草接济不上……"

诸葛亮话未说完，刘备先呵呵笑了起来："天助我也！曹操的汉中三川即将移入我的手中了。他粮草不济，而且行营全泡在水中，士兵无一日有干燥之衣可穿，无一日有干床可卧，已经苦不堪言了。倘若我再派一支奇兵，掘开汉水北岸，洪水猛兽排山倒海灌进他的营盘，曹操三军覆没之日不远了。"

刘备被诸葛亮点明之后，想到了这一条计谋。

诸葛亮也微微一笑道："汉水真乃我们的一支精锐大军啊！"

蜀营众将听刘备、诸葛亮一番胜券在握的话语，不禁兴高采烈。实际上曹操最担心的就是怕刘备派兵掘开汉水的堤岸，淹他大军。

他在营寨里忧心忡忡地对刘晔说："从今天开始，每隔一个时辰就派一支队伍巡视汉水北岸上下，以防刘备掘堤。"

刘晔安慰他说："大王不要过分忧虑，汉水汹涌澎湃，鸿毛也沉，量刘备之军也不敢涉险渡河。"

曹操仍说："不可大意，目前士气低沉，稍有败绩，全军就会崩溃。"

于是，张郃等人亲率士兵轮番巡视河堤。刘备见曹操识破自己的计策，又苦于找不到良机，就又按兵不动，双方就这样僵持着。

五月中旬，雨还没有停下来的迹象。长安等地运来的粮草果然在泥泞中受阻，军队一连几天没有粮下锅。雨水淹没了大地，地上的草根、野物也冲得干干净净，士兵饥号痛苦，时有所闻。曹操为了稳定军心，与将官们赤脚涉水，到各营盘视察兵情。各营盘积水齐膝，士兵们浑身湿透，几天内，饥饿就令他们眼眶深陷，无精打采。

曹操回营后决定撤营后退，另择高地扎营。司马懿不赞成这样，他劝告道："雨水再过半月就会停止，只要咬牙再坚持半月，粮食运到，洪水退去，情况自会好转。若现在择高地而居,势必退军五十余里,刘备之军养精蓄锐后,正思渡河,只无良机。此时趁我疲师后退,一举渡河,乘势掩杀,汉中之地就拱手让与他人了。"

曹操道:"仲达,我明白你的意思,但士兵确实苦不堪言,今日所见惨状,触目惊心,我于心不忍。"

刘晔道:"大王,仲达之言请接纳。未有牺牲,何成大事!汉中三川,无论如何也不能让与对方。"

曹操沉吟半响,神情有些恍惚,近日他的营盘也是积水成洼,虽兵士掘土为其筑了高台,重新扎了营帐,无奈年岁已大,受了风寒、水浸,偏头痛又偶尔发作,健康就每况愈下,精力也不集中,因此,处理政事就显得效率低下了,思路也有些混乱。

刘晔见他身体摇晃,就叫亲兵扶住他,劝他休息,曹操摇摇手,勉强坐住,说道:"快催粮草,否则军心会瓦解的。"说完,支持不住,颓然昏了过去。

刘晔等赶紧唤随营医生前来诊治,把他抬上卧榻。医生费了九牛二虎之力,才使曹操苏醒过来。

曹操看着围住他的众人皆露紧张、关切之情,为了宽慰众人,他努力挤出一丝笑容道:"不碍事,不碍事。诸位请回各自的营盘,鼓舞众士兵们渡过难关。"

他只留下刘晔,交谈军机大事。此时,营外一阵欢呼。亲兵来报,曹彰来了。曹彰建安二十三年征服北方乌桓,建安二十四年回到邺城,其时正是曹操于汉中苦苦支撑的时候,闻说汉中危急,率兵来支持前线的父王。

曹操令曹彰来相见。曹彰掀帘而入,满腮黄色胡须上沾满晶莹的水珠。曹彰来到曹操营帐前就听说父王突然晕倒之事,心里着急,进屋后见曹操无事之后,才安下心来。

他趋前几步,跪下请安道:"父王,儿闻说你身体欠安,心下大急,如今可好些了吗?"

曹操招手让他起来,拉于床边坐下,说:"我儿千里迢迢而来援助为父,心里高兴,大病去矣。"

曹操此刻欢愉,偏头痛就不知不觉无影无踪了。父子两人叙着家常,逾三更才安歇入眠。

曹彰前来并未改变局势,雨依旧滂沱,粮草还是接济不上。曹营里开始有少数士兵偷偷开小差跑了,过得几天,竟然一小股一小股部队集体逃跑了。张郃杀了几名士兵,挑起首级悬在辕门高高的旗杆上示众,想"杀一儆百",不使兵士产生逃跑之心。但是,饥饿的士兵早已置生命于不顾,他们冒着杀头的风险,还是寻机逃跑。

军中储存的粮草彻底告罄,军马杀了一半,关中粮食还是没有运来。张郃就率一部分兵马来到汉水边，拿着长戈，打捞上游淹死漂下来的死牛、死羊、死猪的尸体。这些东西有限，打捞起来的那点仅是大军极小的点心而已。

而这边刘备的部队却是另一番景象。

他从益州带来的粮食丰裕，又没遭过对方焚烧。后方从巴中源源不断地送来大批山羊、黄牛。他们见曹军饥饿得连水里泡涨的死马、死牛的尸体也当成宝贝，于是，刘备就叫士兵们把牛、羊全赶在汉水南岸边屠杀。

鲜活乱跳的山羊、黄牛一匹匹被杀，被剥皮、被剖肚。然后挂在岸边的杨树枝上。牛、羊的肚脏全部倾倒在汉水中，汉水顷刻之间就把牛羊的心肺、肝脏吞没了，河面上只是一个个恶意万分的漩涡。

牛、羊杀完了，趁雨水暂停的时候，汉水南岸的蜀兵从营寨里搬来了干燥的柴薪，把火石撞击火星，点燃柴薪，把剥得精赤溜溜的肥羊瘦牛烘烤起来。

炊烟袅袅，肉香袭人。蜀兵们喧闹着，穿梭着，因饭饱食足，他们的一张张脸在火光照耀下，特别红润。

牛、羊肉熟了，百尺宽的汉水上面飘荡着令人流口水的肉香。

"香啊！香啊！"

蜀兵们撕下羊腿肥腴的一块块肉，盘腿而坐，面朝北岸大嚼着。

北岸。打捞动物死尸的曹兵早就放下了长戈。他们看见蜀兵把一串串牛、羊心脏随意抛在水中，心里的感觉就如同是自己的心脏，自己的肠子，自己的血肉掉入了水中。

当肉香袭来，饥肠辘辘的他们吞着口水，这些口水咽下去的声音，合起来绝不逊于汉水澎湃的声音。

"香啊！香啊！"

"饿呵！饿呵！"

仅百尺之遥，便是别一番洞天。

几个饥饿发昏的士兵，不知是失去了理智，还是彻底昏厥，"扑通！扑通"跳下了汉水，但几个漩涡一卷，人的头发尖尖也没踪影了。

曹操听说刘备在对岸宰羊杀牛，大啖畅饮来瓦解自己的部队，心里甚为不安。又听人说刘备从西汉水上游派了军队渡河，要进击自己陷入困境的大军，他想到虚弱的士兵无力气应付战争了，撤军念头就占据了他大脑里的整个空间。

夜很深了，曹操还在思忖。

庖官王昱端进一碗鸡汤。由于粮食，肉类奇缺，只有曹操一人还可以吃一点荤菜，但一只鸡仍分成三天来吃。

曹操望着碗里的鸡肋，联想翩翩："夏侯渊辜负我的重托，失粮丢险，导致兵败如山倒的局势。唉，只怪我不听司马仲达的话，平定张鲁后没有打进益州，如今织席小儿饮马汉水，哪里还有当日落魄的样子。"

曹操小呷了一口鸡汤,却不知其味。

这几天他的脑海中总是浮现出刘备的脸庞,总是想起十几年前与刘备煮酒论英雄的情景。那时他与刘备才四十多岁的年纪,正值壮年,抱有纵横四海,一统天下的理想。当时,刘备问他雄踞一方的天下豪杰的看法,他曾以豪气干云,盖棺论定的语调称淮南袁术为"冢中枯骨";河北袁绍"色厉内荏,见利忘命";荆州刘璋"守户之犬";汉中张鲁、西凉韩遂等"碌碌小人",只有他与刘备才是包藏宇宙万机,吞吐八方之志的英雄。

然而,刘备却称自己"少雅量与谋略",不敢称英雄。

想到这里,曹操不禁苦笑。

"英雄!英雄!我?刘备?织席小儿昔日狼奔豕突,如今争锋却谈笑自若。我呢?……"曹操有些自嘲地乱想着。

他用汤匙搅着碗内的鸡汤,汤已经冷了,光滑微黄的鸡肋似乎是一张长圆的脸,这不是刘备的脸么?曹操舀起它。看了半晌,又倒在碗中,他生气地想着:"我纵横环宇大半辈子,何日不吃羊脍牛脊,区区一鸡肋,竟吃它三天。夏侯渊啊!夏侯渊!我逐鹿天下的霸业被你毁于一旦!"随后他又想:"汉中无非鸡肋般大小之地,送与刘备又何妨!大丈夫只取天下,天下皆收,汉中岂非我囊中之物?"

曹操自赤壁之战后,认为天下三分,差一点放弃统一全国的理想,曾想急于废去汉献帝。

曹操做英雄,图大业的想法,到这时已经无法自圆其说,他感到英雄末路的伤感,他更为自己"不取汉中,只取天下"这种回避现实的想法而羞愧。

刘备自称不是英雄,而他这个大英雄却面临可能兵败的窘境,真是莫大的羞耻啊!曹操想起这些,什么豪气,什么大事,仿佛就是天空的云彩高不可攀。他有生以来,第一次体味到了理想破灭后的空虚……

正在他长叹之时,许褚进来请示夜间口令。曹操随口说了一声"鸡肋!"

当"鸡肋"口令传遍曹营时,行军主簿杨修就叫他的随从,各各收拾行装,整理文件,备好马匹,准备回家,军士皆喜形于色。

曹营众将见杨修之举,颇为纳闷,便问他是什么意思。

杨修说:"魏王之意即是汉中有如'鸡肋'也,食之无肉,弃之有味,犯不着为此付出沉重代价。因此,我猜魏王将克日班师回朝,为免拆营时慌乱无序,故先收拾行囊。"杨修口气轻松而喜悦。

众将闻听,认为言之有理,遂立刻收拾回家车马、行李。

正当大家忙碌之时,监察官来了,不解其故,询问之,众人把杨修的说法又一五一十告诉了他。

监察官为了证实这是否是真的,就亲自到曹操处禀问,曹操一听,先惊后怒。想到:我霸业未图,全是一班自作聪明之人所误。夏侯渊坏我大事,你杨修还掘我墙角，真是岂有此理。于是曹操大声叫道："他怎能妄言？我军士兵正有涣散之险，他却在我未作决定之前造言扰乱，实在过分！"

于是喝令刀斧手，把杨修捉将起来，当日下了斩令，不顾众将反对，枭首示众。

杨修少年就以才华闻名于北方，建安十五年左右曹操宣布"求贤令"时，他25岁就举孝廉。曹操称他"总知内外，事皆称意"，一度器重他。

但杨修恃才放旷，嗜酒成癖。他与曹植性格相合，曹植常邀他于府中饮酒谈文论政。一次与曹植痛饮至醉，兴之所至，两人竟违宫禁私自开了司马门，入皇宫的外门，曹操处罚曹植之时暗记杨修一过。建安十四年，曹植酒醉误了军机大事，激怒了曹操。而那次聚饮，又有杨修在场，曹操曾怒斥了他一番。尽管如此，由于曹操是位爱才之人，他讲究"唯才是举"，不计较杨修乖张、放旷的小节。然而，杨修参与曹植、曹丕太子争位的斗争，却惹恼了曹操。

再者，杨修是效忠汉献帝的太尉杨彪的儿子，他舅父袁术是曹操早期的政敌之一。如此身份的人，曹操提防之心当然存在。只是杨修不像其父，其舅那样，他只忠于曹家。

杨修死于屠刀之下，只能怪他聪明反被聪明误，或者是他运气太坏罢了，他撞在曹操英雄末路时伤感、寂寞、空虚交织一起而产生出怒气的罗网里，此时的曹操极容易迁怒于人，因为他一方面承认自己失去信心，害怕真的与刘备决战，一方面又孤芳自赏，夜郎自大，矛盾夹击，气无处泄，怨无处伸，那么杨修要揭破他的隐秘世界，或无意识揭破，都犯了现在已经外强中干的曹操大忌，终于落得尸首分离的可悲可叹的下场。

杀了杨修，曹操暂时出了一口气，但新的想法又折磨着他。他痛苦地想道："杨修已杀，如果不久就撤军，众将就会明白他说的是真话，而我又如何能够承认这是事实呢？如果不撤军，刘备真的从西汉水渡过，来杀我的疲弱之师，其势可想而知。"

他顿时陷入一种进退两难的困境。想来想去，他只好装病，以此作为借口，下令撤军。五月底，曹操带大军后撤了，他躺在帘布紧闭的战车里，想到撤军竟以老迈多病为借口，岂是英雄所为，不禁涕泪纵横，人陡然间衰老了许多。但是，他那种从未有过的痛哭，只有载他的车知道，大地知道，上天知道。

车辚辚，马萧萧，汉水呜咽。一代素有凌云之志的英雄如同一只上了年岁的老虎，威势已去，额中的王字也模糊不清了。

汉中三川，曹操拱手让给了刘备。这是曹操有生之年最后一次和宿敌刘备的对抗，他不战而败。刘备与他终于实现了"天下英雄，唯有使君与操耳"的预言。这话于刘备来说，他已经满足了，因为他占据汉中不久就称汉中王，实现了他的最高理想；而对曹操来说，却是悲剧。因他已经知道，汉中失去，并非仅是失去鸡肋，而是失去了肥鹿的一半，或是金鼎之一足。在他多病之晚年，想重新收复汉中，统一全国，无异痴人说梦。所以，滚滚车轮声中，颓然而卧的曹操已知自己是末路英雄。从汉中出来经斜谷回朝，"撤军"二字应该换成"逃遁"，他彻底丧失了早年作战硬拼到底的锐气了。

秋七月，曹操留下的张郃、曹洪镇守陈仓、武都郡，以防止刘备由武都进逼关中；另外雍州刺史张既，加强部署雍州边界防务；不久，曹氏第二代精英曹真又掩护曹洪离开了武都。

汉中战役历时一年有余，曹操战败于刘备！

曹操回到邺城以后，积劳成疾，或忧郁过度，得了大病，每日就呆在府中，闭门不出，潜心养病。

第三十三章 孙刘决裂引事端 曹操拱手让汉中

第三十四章　节节败退拖于禁 水淹七军获全胜

公元219年,即建安二十四年秋七月,曹操没有取得汉中之地,之后去了斜谷,进军益州的长远计划也彻底失败了。但一波未平,一波又起,率军驻襄、樊一线监视东吴军队,对峙荆州关羽的曹仁派使者向曹操告急。原来长期驻扎荆州的关羽听说刘备汉中击败曹操,也想趁机攻入襄、樊两城,把矛头指向长安、洛阳,威胁曹操的后方大本营。

关羽进驻荆州是在赤壁之战后的事,那时,孙刘联军火烧曹操大批战舰,曹操从华容道退回北方。而孙、刘两家却围绕荆州这块土地展开了时紧时松的外交活动,曹操鉴于此,也派间谍、说客离间孙刘关系。曹、孙、刘一场敌我不分、变幻莫测、扑朔迷离的战斗就此展开。

邺城魏王府。

曹操头上包着一块洁白的绢帕,他的偏头痛最近疼得厉害。但是襄、樊告急,他不亲自处理这样的军国大事,谁也不敢妄自决定。他强打精神召集所有谋士、将军商议抵抗关羽的对策。

刘晔、贾诩、司马懿、满宠、董昭、于禁、庞德等文官武将云集一堂,纷纷发表自己对时局的看法。

司马懿现在已经升迁为丞相府参谋,成为曹操最亲信的参谋之一。向曹操提出见解。曹操沙哑着嗓子说:"仲达之意,莫非想采取离间孙刘关系之计。"

司马懿应道:"禀告大王,正是此意。倘派一生花妙舌使者,向孙权陈述刘备的野心,或在'道义'这两个字上做文章,揭穿刘备的阴谋小人的伎俩,激怒了孙权,刘备陷入孤立,关羽就不敢如此嚣张!"

参谋满宠第一次参与曹操召开的军事会议。心情有些激动,又有点忐忑不安,心里虽想发表自己的看法,但又害怕出口失言惹得众人耻笑,嘴翕动了几次,仍吞回了已到嘴边齿间的话。

曹操锐利的眼睛捕捉到他的欲言还休的神情,就鼓励他说:"满伯宁请放胆发言,集思广益,是我开会历来主张的原则。"

满宠见曹操话语温和,又充满信任与鼓励之情,就说:"愚下认为,关羽虽勇武慑人,精通兵法、韬略,但樊城坚固,只需坚守,再派一支部队支援襄阳,他腹背受敌,两面作战,战斗力自然削弱。如果大王联络孙权,合力击他,不仅襄、樊之危可解,夺取荆州也是指日可待的了。"

满宠说完,偷眼观曹操神色,见他聚精会神,显然在认真听自己的建议,忐忑不安的心情就烟消云散了。

曹操也在考虑派兵增援襄、樊之事,但在谁率军远征的问题上一直犹豫不决。

他注视着右边站立的武将,目光停在老将军于禁身上。这位随他南征北战,以智勇双全闻名华夏的老战友,现在已经须眉全白了,但白发红颜的于禁仍是气宇轩昂,背不驼,眼不花,眉宇间可以见到昔日的英武之气。

"于禁将军!"曹操唤了他一声。

于禁微微躬躬身,抱拳在胸,响亮地回答到:"末将在。"

"我想委派你去襄阳援助曹仁,可愿担当重任。"曹操问他。

于禁答道:"大王调遣,纵是下刀山火海,于禁也无半点推辞之意,愿率军驰援曹仁将军。只不过需要大王再委派一员上将,协助我作战。"

曹操问道:"谁愿助于将军此行征战?!"

这时,一位虬髯满腮的虎将站出来,大声说:"末将愿往!"曹操看着他抢着争取任务,心里颇为高兴,头痛也减轻不少。他提高声音,中气十足地说:"好!一智一勇!我希望你们两人协调配合,击败关羽。大功告成之日,我亲自为两位斟酒庆贺!"安排了领军人选之后,众人又讨论了一下行军布阵的细节,最后,会议在愉快的气氛中结束。

当众谋士、将官回去时,曹操把于禁单独留下来,他想对于禁一个人说些最重要的话。

曹操要求于禁和他一起到后花园中长谈。曹操走在前面,于禁紧紧跟着。穿过一条长廊,在转角时,曹操突然一个趔趄,差一点跌倒。于禁慌忙扶起他,小心翼翼地搀扶着他的胳膊,曹操推开他的手,略带愠怒地说:"不要搀扶,我自己还行!"

于禁脸上有些尴尬之色,讪讪地不知怎么办。曹操意识到自己的失态,赶忙对于禁说:"头痛时,有点眩晕,不过是小病,将军不要挂怀。"

于禁就借阶下台,说道:"大王小病不可大意,你日处万机,易劳神,还望多休息。"

曹操嘴里含糊一声,虚掩过去。

两人来到花园中心一凉亭下,一张檀木方桌放置之中,四把雕花椅子围住桌子,显得古朴凝重。亭子里恭立着两位貌美如花的俏婢,各执一团翩扇。方桌上一瓷碟盛满了切开的鲜红、腻嫩的西瓜;还有两个香炉,燃着薄荷叶子,散发出淡淡的药香味。花园里的桂树上还有知了在鸣唱,亭子不远处一塘荷花开得正艳,几只绿黄颜色的青蛙轻灵地从这片荷叶跃到那片荷叶之上。

于禁见到赏心悦目的景色,心情不似刚才那一刻的沉重了。

两人落座后,俏婢把团扇对准他俩的后背,有节奏地挥动。曹操递一片

西瓜给于禁,说道:"请吃一片,冰镇的。"

于禁接过一片,咬了一口,一片冰凉的瓜瓤就滑入了肠中,沁人心脾的美感油然而生。

曹操没吃西瓜,他让两位俏婢回去,只和于禁两人单独相对。

于禁见曹操将两位心腹俏婢也打发走了,就停止吃西瓜,自忖起来:魏王莫非有重大机密告诉我。念头未转完,就听见曹操先启口了:"于将军,我与你相识已三十余年,在我与袁绍、吕布、刘备、孙权等人的上百次战斗中,你都参加了,我创的基业有你的血汗,我感激你。但是在赤壁之战后,由于水军不敌孙权,导致兵败,退回北方后,我与你商议过培训水军的计划。训练水军的目的,你最清楚不过,主要是为征服孙权而备,玄武湖、讲武城,是你主持的。北方七大军团也交给了你,全是我信任你的缘故。这七大军团是我南下完成统一大业的左股肱。夏侯渊汉中军团是我西征的右股肱。但是,我万万没想到,强大的夏侯渊军团很快被刘备击破,西川大地拱手让与敌人。"

说至此处,曹操声音有些呜咽,但他随即又清了清喉咙,继续说道:"夏侯渊骄兵必败,我早就料到,只是没有亡羊补牢罢了。他的失败,使我面临进取益州无望的境地。不瞒将军,我为此痛心而哭涕,不是为失了汉中而惋惜,而是统一大业严重受挫而失望。你知道我平生的愿望是统一天下,为一代霸主,救民于纷纷战火之中,以免生灵涂炭。然而……然而……"

曹操眼睛红了,两股浊泪沿颊而下,沾在胡须上。于禁慌了,他不知所措,他是第一次见到曹操如此痛苦。他也突然明白曹操之所以单独与他叙谈的原因。

他回忆起年轻时追随曹操的动机来。那时的曹操才华横溢,英武果断,礼待下士,豪气干云。他还记得曹操对英雄所作的激动人心的评价:英雄,就是胸中包罗宇宙万机,吞吐八方之志,纵横四海者。当时于禁就是在曹操的强烈影响下,和曹操等在汉末乱世中征讨对手,逐鹿中原的。

曹操的啜泣打断了于禁的浮想翩翩的思路,他被曹操的伤感而泣震动不已。

曹操用绢帕抹去老泪,沉声又说:"于将军,我之所以如此,或许是自己衰老无力了吧。"

于禁柔声劝道:"大王,天下至大英雄,非你莫属。你至今还尊献帝不废他而代之。而刘备之辈却抢先称王称帝,只想做半壁江山的领主,鼠目之辈,眼光寸远,况我们还有七支大军团刀锋未试,蓄锐之军,定能所向披靡。"

曹操心情趋于平和了。他听于禁称七大军团未试锋芒,口气颇为自大,立刻警诫于禁道:"于将军,夏侯渊因骄傲自大损兵折将;你怎么也如他一样轻敌? 七大军团是我最后一点南下血本,一直存而不用,统领于你麾下,不可不谨慎用兵啊!"

于禁自知失言,见曹操如此紧张,就保证道:"大王放心,于禁决不像夏侯将军骄傲自满,这次南征,不胜不返!"

曹操听了他这样说后,稍微放下心来,但曹操还是反复叮嘱于禁行军打仗事宜。直至天黑,曹操才送他出府。

于禁走了之后,曹操刚想休息,亲兵报董衡求见,曹操召之进来,问他何事,董衡劝谏曹操说:"于将军率军南征,期在必胜,但是庞德为副将恐怕不妥。庞德故主马超早已投奔刘备,刘备封他为'五虎上将'之一;庞柔是庞德的兄长,也在刘备蜀中为官。前不久听说庞柔来信叫庞德背离大王,投奔刘备。今派他南下,他投奔关羽,这不是泼油救火吗?"

曹操沉思片刻,随后说道:"庞德投奔我屡立战功,忠义可嘉。今你说他会生叛道之心,我不相信。倘他真生叛逆之心,其兄来信的内容怎么会让众人知道呢?正是众人知其兄之信,我才知他光明磊落,不会叛我而去。"

当曹操对董衡说的这番话传到庞德耳中时,庞德感动得涕泪四横,于是,召几个木匠来,伐巨树做了一口沉重的棺材。几日后,他请好朋友、亲戚赴席,把棺材陈列到大厅中。

众亲友见到这口朱红漆的棺材,不禁大愕。庞德解释说:"这棺材将和我一起到战场。"

有人说:"将军出征,抬不得这不吉祥的东西!"

庞德举杯豪饮,对亲友们说:"魏王以泰山一样重的恩德待我,誓要以死相报。克日将拔军南征,与关羽樊城决战,我若不能取他的首级,那么就让他削掉我的脑袋。即使未被他杀掉,如兵败的话,我也要自杀。所以抱必死之信心,准备这口棺材,以殓我的尸首。"

众亲友闻说,嗟叹不已。庞德的妻子更是由低声啜泣到嚎啕大哭。

庞德听到恩爱妻子这叫人肠断肝裂的哭声,英雄气概更化为悲壮。他提气叱责自己的妻子道:"大丈夫知恩必报。如今魏王不听小人谗言,信任于我,我只能以血肉之躯相报,你妇人目光短浅,还乱我心神,休得再哭!"

庞德尽管底气十足,但声音也有些颤抖道:"好好调教虎儿,以承父志!"

其妻哭哭啼啼答应着,庞德兀自不再理睬她,举杯劝邀众人饮酒。

翌晨,于禁、庞德校场点兵。七大军队旗帜鲜明,人强马壮,整齐地排列在点将台下。曹操亲自到点将台检阅。其时,秋风飒飒,拂着曹操的花白胡须。

曹操深情地注视着这支精锐部队,他端起一碗酒,向空中一洒,台下千军万马一声喝彩,声音震撼霄汉。欢腾的壮观场面,令曹操热血沸腾,他仿佛又回到了青年时代……

三声清脆的锣响,这是部队开拔的号令。霎时,牛角呜呜,战鼓隆隆,十几万大军宛如一条巨大无比的长龙,向远处的地平线蜿蜒而去。

第三十四章 节节败退拖于禁 水淹七军获全胜

点将台上，曹操与于禁、庞德告别，曹操握着于禁的手，充满信任的目光包含着殷切的期待……

公元219年，建安二十四年秋七月，刘备汉中称王，诸葛亮及全体武将都向他朝贺。刘备交还原来的左将军及宜城亭侯的官衔印绶，立其子刘禅为王太子。并以拔牙门将军魏延为镇北将军，领汉中太守，负责汉中地区防务。

刘备与诸葛亮等返回成都，以许清为太傅，法正为尚书令，关羽为前将军，张飞为右将军，马超为左将军，赵云为翊军将军，征伐汉中地区功劳最大的黄忠为后将军，地位高于其他四将，组成新王国的四大军团。关羽、张飞、马超、赵云、黄忠五人，时称"五虎上将"。

刘备在成都封官施爵时，荆州的关羽正率军攻打襄、樊，刘备为了以爵位激励关羽攻城拔寨，亲自委派益州前部司马（相当于侍从副官）费诗前往荆州授关羽印绶。

费诗负刘备的亲笔信与印绶，顺江而下，沿途经险滩恶浪，飞栈峭壁，风尘仆仆来到荆州。

关羽闻听刘备侍官来荆州，将印绶交于自己，于是，出城三里迎接刘备的使者。

费诗坐驿车中，远远地见荆州城外一彪军马整齐排列着，几面写有"关"字的帅旗迎风招展，知道关羽亲自出城来迎接自己来了，心里不禁高兴起来，旅途的劳累一扫而光。

看看就要走近关羽的军队，费诗就下了车，手持一卷信纸，向迎来的关羽拱手施礼。

费诗几年没与关羽谋面了，此刻乍见，仍觉关羽威仪不减当年。

关羽迎接费诗进了城门，辟一馆雅舍为其居住。夜，关羽摆筵为费诗洗尘。

主客兴会，其情渐浓，饮至酣处，费诗拿出刘备写的信给关羽，关羽就着红烛之光阅读。先前脸上还是微笑自若，当读至"孤封汝为前将军，张飞为右将军，马超为左将军，赵云为翊军将军，黄忠为后将军"之时，不禁捋起美髯，卧蚕眉紧锁。阅完，他向费诗问道："费司马，汉中王封我为前将军，黄忠为后将军，这是为何？"

因后将军是所有将军中地位最高的爵位，故关羽不服。

费诗道："黄忠在汉中屡立战功，宝刀不老，汉中王就封他为后将军了。"

关羽怒道："翼德是我结拜的兄弟，勇猛善战，他是令敌人丧胆的虎将；马孟起世代名将之后；赵子龙护幼主，功高劳苦，他们三位与我平起平坐，我无意见。黄忠是何许人，竟与我等同列？大丈夫终不与老兵为伍！"

关羽说完，兀自发怒，不肯受印绶。

费诗万万没有想到关羽会如此窄量，他素知关羽重义，一诺千金，现在听他口吻真是盛名难副。

于是他笑着说:"将军为争爵位,竟不受印,实在辜负汉中王的期望。从前萧何、曹参与汉高祖一同举大旗反暴秦,得到高祖的重用,信任,地位极高。而韩信、陈平来降高祖,地位反高过他俩,未闻萧、曹以之怨恨过。何况将军与汉中王亲如骨肉,祸福与共,非外人所比。而汉中王要建立王业,难道只用属于自己同派别的亲信吗?我劝将军不要计较官位之高低,爵位之多少。我只是一介使者,衔命而来,你不接受印绶,我带回去复命而已,但将军这种粗率之举,可能让汉中王左右为难,请慎重地三思吧!"

费诗言语有理中暗含讥讽,关羽有怒也不好发作,他听到如不接受印绶会使刘备左右为难时,就说:"好吧!多谢费司马剖解其中利害,关某愿意接印。"

说完,来到费诗前。费诗把金印紫绶奉上,关羽双手举至眉间,恭恭敬敬地接了过来。

是夜,主客皆酒酣而退,各自安歇了。

翌日,关羽的养子关平从他的包围樊城的营寨里归来,告诉近日的军情。

关平向关羽说:"父亲,曹操的大将于禁、庞德率十几万大军来解樊城之围,据说离樊城只有一天的路程了。"

关羽捋须一笑:"呵呵,曹营无将矣,派一老犬与关某决战。正好费司马来了,请他与我到前线去,亲睹我杀曹兵取樊城。"

说罢,就令亲兵备好快马。关羽到费诗暂居馆中,邀他一同前去,留下糜芳守荆州城池。

费诗与关羽一行骑马驰在去樊城的大道上,只两个时辰,就到了樊城外的营中。关羽与费诗视察了营中军情,再派流星探马侦察于禁大军的进程情况……

深夜三更了,关羽帐中还燃着两支巨烛。明亮的灯光中,关羽正襟危坐书案后,他翻着《春秋》,神色平静而稳重。

不一会,帐外不远处一阵急促的马蹄声传来,关羽抬头望向帐外,两个探马已来到帐外。

"启禀将军,于禁前锋已离樊城三十余里。"汗流浃背的探马简短地报告了军情后,喘息不停。

关羽心中一惊:来得真快。随即他吩咐道:"你二人辛苦奔劳,想必已饿极,后营备有水酒,自去吃罢。"

两探马退去,关羽唤养子关平道:"明日率一百精兵,去看于禁扎营何处。"

天破晓后,关羽与关平率一队精兵,望于禁军来的方向迎去。

于禁军于昨日夜晚全部赶到离樊城以北仅十里的地方驻扎下来。由于长途奔驰,大军已疲劳不堪,不敢乘夜冲击关羽驻扎在樊城外的几万大军,只派弓弩手把来援大军已到的信息射进樊城。曹仁得到信后,向守军宣布,樊城内的军民无不喜气洋洋,宛如过大年一样。

关羽、关平登上樊城以北的一个高地视察于禁扎寨的地形。山峰上,关羽与一队负刀而立的军士沐浴着朝霞,阔大刀面闪耀着光芒。关羽把手搭在额上,挡住太阳的光线,俯瞰山下的地形。关羽看到了樊城北边一个阔大无水的山谷中,于禁的营帐一串连着一串,如同山麓下成片的蘑菇,像蚂蚁般的曹兵来来往往走动着,山谷里千百口灶正熬着稀粥,炊烟袅袅,一片繁忙景象。

关羽问身边士兵道:"曹兵扎寨的地方叫什么名字?"

其中一人答道:"罾口川。"

关羽听罢,仰天长笑,笑声在空洞的山谷、深涧里回荡。笑够之后,他见众人皆以迷惑、好奇的眼光看着他,于是说道:"听说曹操曾派于禁训练水师,然而今天看他扎营布阵,才知他一点也不懂水性。于禁空有智名,但也老而愚钝了!"

关平及众人依然不解其中深意,就又问是否有计可破曹军了。关羽意气风发而又挺神秘地说:"军机不可泄露!"说完就掉转马头,下山去了。

于禁与曹仁取得联系后,派庞德去挑战关羽。关羽却闭寨不出,只令弓箭手怒射曹兵而已。一连几日,庞德不能取胜,反伤了不少士兵。而当庞德退兵罾口川后,关羽就令一部分军队夜间移营到樊城与川口之间,他的意图是想压住罾口川的士兵拔寨他移,这便于他日后的军事行动。

八月中旬,天气恶劣起来,秋雨聚降,一连几日,均不停止。关羽令人从荆州拖来不计其数的小艇、船筏,准备水上作战的武器。

当关羽为自己打造了一只坚固的小船后,试着在水中划行时,关平好奇地问他:

"我们正与于禁在陆上对抗、冲杀,父亲却准备大量船只,不知何故?"

关羽笑答道:"平儿可记得我平时给你讲的兵法?陆战,择其易守难攻之地而居;水战,定其风向水势而栖。今于禁驻军罾口川,空负水师统帅之名;他只会陆战而已,以为罾口川是易守难攻之处。"

关平恍然一悟,话脱口而出:"父亲莫非采取水淹之计。"

关羽自信地笑道:"正是水淹之计。罾口川距襄江之水不远,如掘开襄江,导水去罾川口,于禁便成瓮中之鱼鳖,我伸手可擒。最近几天秋雨连绵,襄江之水必然泛涨。我已派人堵住襄江的各个出口,待水蓄满之后,掘开堤岸,乘高就船,放水一淹,大功可成矣。"

却说于禁驻军于川口,山洪泄来,少数营寨积满了雨水。他有些不安了,于是把庞德找来商议迁营之事,庞德到后,天已晚了。于禁忧愁地对他说:"我军仓促间驻扎于此,主要是峡谷两边是山鸟不至,猿猴不攀的峭壁,峡谷口又是一夫当关,万夫莫开的有利地形。但没有想到这里地势低平,更没想到秋雨连绵,以致水灾困人。我长年训练水师,知这地形最易被敌人水攻。今日请将军来,是商议移营之事。"

庞德说:"我几日向关羽搦战,他都闭寨不出;又听小兵说关羽这几天正在准备战筏,不知何故?"

于禁听罢大吃一惊,道:"此言当真?"

庞德认真地说道:"的确如此!"

于禁立即吩咐庞德:"请将军即刻率军去襄江堤上观察水势动静,我们明日就移军高阜。"

庞德衔命而去,于禁马上传令:"收拾行装,明日拂晓移营。"

七支军队的将士们均忙了起来,于禁亲自督促,以免军士懈怠。

深夜五更,庞德率的一队兵马在泥泞中艰难行走着,渐渐近了襄江,忽然,有士兵惊呼道:"洪水决堤了!"

庞德借火把之光,果然看见两里之外的襄江缺了一个几百步宽的大口,洪水如一块巨大的瀑布,"隆隆"地向平川洼地怒卷而去。

庞德临变不惊,下令道:"绕道火速登岸!"

士兵们避开洪水的指向,迂回几里,到了襄江岸缺口处。

掘堤坝的一千多关羽士兵未离开,还在继续挖堤,庞德冲上来一阵砍杀,一部分荆州兵乘上早就备好的快艇逃命,一部分或死于庞德士兵之手,或跌入洪水中。

庞德占了堤坝,但没有麻袋装土堵堤,眼巴巴地看着千军万马似的洪水冲向远处的罾口川,庞德想回去援救于禁,无奈来路均是汪洋一片,哪里还有退路。

天将破晓,忙碌了一夜的罾口川曹兵,刚刚歇下来想休息片刻,忽然,营门口的士兵惊呼连连:"洪水来啦!洪水来啦!"

于禁与亲兵赶快奔出营帐,向营门翘首而望,"隆隆"的洪水如一座座小山,劈头盖脸涌了进来,川口峡口立刻积满了一丈多深的水,十几万大军顷刻之间冲得七零八乱,呼救的绝望声听之令人心碎。于禁在十几个亲兵的护卫下,爬上了一块离水面一尺多高的岩石,避这飞来水灾之祸。

于禁看到挣扎水中的不习水性的军士心中痛如刀绞。一个时辰前,除少数士兵攀着战马和木头还活着外,十几万大军就消灭得干干净净了。洪水之灾没完,关羽的荆州军驾船使舟,开进了这罾口川。船上的荆州兵用长枪、尖刀、刺杀着侥幸浮在水面的曹兵。于禁见状,捶胸顿足,悲愤万状,仰天大叫:"魏王!于禁有负重托!十几万大军顷刻覆没,真是羞耻呵!我无颜苟活,只好以死请罪了!"

于禁说完,拔出佩剑就想刎颈自杀。随从一个校尉死死拽住他的手,哭

第三十四章 节节败退拖于禁 水淹七军获全胜

叫道："将军不可自杀！将军还有悲悯之心的话，请向关羽投降，以拯救尚在水中挣扎的士兵吧！"

于禁丢了宝剑，泪水涟涟地看着水中幸存的几万生命，万念飞转之后，颓然坐于岩石之上，有气无力对亲兵说："好吧。"

这时关羽的心腹将领周仓驾舟来到这里，于禁的士兵把投降之意告诉了他，周仓遂以舟接下于禁，缚了双手，押解归去。

不一会儿，荆州军得到关羽的命令：停止屠杀，营救曹兵，幸存的曹兵被押解到关羽营里。

关羽在清点战果时，听说庞德和一队士兵困在襄江堤上，遂决定一网打尽，率周仓、关平与大队士兵，驾舟逆水而行，来到庞德受困处。

关羽见庞德在堤岸上如困兽一样急得团团转，提气向他喊道："岸上大将可是庞德？"

庞德应声答曰："正是庞某！"

关羽又道："你主将于禁已成我阶下囚，七支军队死伤剩三万余，仍是我樊笼之徒。你孤掌难鸣，还是学于禁样，降了我吧！"

庞德用刀指向关羽道："废话少说！我庞德早在出征之前，已向魏王立下军令，誓斩你首级献于他。"

关羽呵呵大笑："庞德，你兄及故主，均在蜀中为大将，你投降汉中王，骨肉团聚，何为不美？"

庞德已不耐烦，早就想冲下河与关羽决一死战，只恨自己不会游泳，终不敢下水。听关羽左一个投降，右一个投降，遂破口大骂："竖子！什么叫投降？魏王带甲兵百万，拥沃壤千里，威震天下，乃一世雄主！你刘备庸才昏主，岂能匹敌于魏王！我受魏王厚恩，将以一死报答于他！"

关羽听庞德骂自己是"竖子"，勃然大怒："我因你兄才给你情面，难道我的大刀还有情面吗？"说完，令士兵驾船进攻庞德。

庞德与众曹兵拈弓搭箭，射向关羽水军。庞德箭法精妙，箭不虚发，关羽近不得身。关羽也教士兵用箭射向庞德，双方对射了一个下午，渐渐地天快黑了，庞德的箭射尽。关羽不失时机，率军逼近堤岸，庞德毫无胆怯之状，奋不顾身地用大刀斩杀登岸的关羽士兵。但他的士兵抵挡不住多自己数倍的荆州水军，一个个被杀、被擒，最后只剩下庞德一个人孤身奋战了。

庞德在混战中见关羽就在附近的船上指挥着战斗，偷空杀了两个驾舟靠岸的关羽水军，腾身上舟，摇楫划橹，奋力冲向关羽的战筏。将要靠近之时，周仓用长枪搠穿他的小舟，水漫进舟，顷刻沉没。出身西凉雍州的庞德，呛了水无力浮游，被关羽擒获，押解到了他的营寨。

关羽此次水淹七军，大获全胜。他在营中摆下了庆功宴，大肆犒劳众将士，荆州军士喜气洋洋，痛饮庆功酒，大啖胜利肉。

第三十五章　大势已去心无力
　　　　　　　穷途末路走麦城

　　关羽、关平、周仓等人很快就喝得酩酊大醉,醺醺然就令刀斧手将五花大绑的于禁和庞德带入了帐中。

　　于禁目光呆滞,战袍破损,整个头发披散着,而庞德则是满身的泥浆,昂首挺胸,双眼迸发出的怒火简直是要焚毁一切。

　　关羽戏谑地问于禁说:"于老将军,关某知你打仗,雄韬武略,富有计谋,但是,现在你看,你的十几万大军在我面前瞬间土崩瓦解,你还有什么话要说吗?"

　　于禁垂首沉默,庞德却在一边怒叫着:"竖子!别以为这次侥幸获胜就得意,我现在恨不得剥你的皮,吃你的肉,抽你的筋!"

　　关羽却哈哈大笑道:"成王败寇,缚手败将,还如此口出狂言。不过关某却敬慕你的忠义,不如你降了我,加官进爵,怎么样?"

　　庞德也哈哈一笑道:"要杀要剐,何须此言,庞某绝不会眨眼!"庞德死心已定,哪肯投降。

　　关羽见自己三番劝降却遭此斥责,就下令道:"将于禁打入大牢,庞德斩首!"

　　两名刽子手推着庞德走出了营帐,庞德此刻仍然毫无惧色,大步流星走向辕门。

　　当刽子手将庞德的首级捧回来的时候,双目仍然怒睁着。关羽惋惜地说:"庞德忠厚仁义,是一个顶天立地的好汉,命人将首级与尸体缝在一起,明天厚葬了吧。"刽子手领命之后就退出去了。

　　关羽用水淹的方法大破于禁的七大军团,掘开了襄江的大堤,但是洪水却同样淹没了大片的平地和城池。樊城外水一片汪洋,翻腾的洪水冲击着城墙,年久失修的城垣已经开始坍塌,很快冲入了樊城中。

　　樊城守将曹仁根本就没有想到关羽会出此招,自然也就没有准备船筏,匆忙间只得召集更多的人来抢修城墙。

　　几乎全城军民一同出动,拆屋搬砖,和灰拌泥,打包填草,与时间争夺,去抢修这坍塌的墙口,以遏止洪水的泛滥。

　　经过紧张的抢修,虽已遏制住,但是也已经到中午了。

　　曹仁登上城楼最高点,向城北的川口望去,他看见洪水滔滔不绝向峡谷里涌去,于禁的所有军队都被淹没在水中,密密麻麻的小黑点在水中时沉时

浮。关羽战船上的士兵,正用枪用刀刺杀水中曹兵。

曹仁顿足大叫道:"完了!完了!于禁大军今天完了!"

曹仁深知北方士兵多数不谙水性,现淹于急湍的洪水中,十有八九会送掉性命,故一改平日沉重冷静之态,大声悲叫着。

站在曹仁身边的曹雄向他进言道:"将军,樊城被大水所围,今虽堵好缺口,但随时都有再次崩塌的危险。而此时关羽的军队正在屠杀于将军的士兵,无暇顾及围攻樊城,何不趁这个最佳时机,扎筏备船弃城突围,这样,城内的大军和几万黎民,还可保全性命。"

其他的将领也为情势所吓怕了,纷纷附和曹雄的建议。

正在曹仁犹豫不决的时候,从邺城来到樊城的满宠却力排众议,劝告曹仁道:

"将军,关羽掘开襄江后,大水不仅只淹樊城,荆州地区一样也会淹没,这会威胁关羽的后方,他一定会把江口封住。我敢保证,不到十天,水势便会减缓退去。在关羽攻城之前,我们再巩固城防,备下十万支箭羽,严阵以待。只要固守住樊城,我到孙权处,向他陈述关羽占领襄、樊的后果,打动他的心,让他率军袭荆州。关羽面临腹背受敌的局面,樊城之围自然可解。如果现在不战而退,关羽进逼长安、洛阳、邺城,许都必会受到震动,魏王的大业,将军的功绩,将成为泡影,这是何等可怕的事啊!"

满宠本是曹操派出东吴游说孙权的使者,当他路过樊城,送曹操给曹仁的信才进了樊城。出城去东吴时,被关平的部队阻拦,遂又退回城中,因而滞留至今还未出城。

曹仁听满宠的话十分有理,十分佩服他,就向他说:"伯宁先生,曹仁听你一席话,如醍醐灌顶。如弃城而逃,后果不堪设想。"

接着他又对身边众将说:"今谁再敢说退兵逃跑之事,格杀勿论!"

为了激励士气,曹仁把部属及全城百姓全部集中到城墙顶上,他慷慨激昂地演说:"我等受魏王恩宠,秉以重任,把守樊城。今关羽大兴兵戈,淹我城池,生灵涂炭之日不久便会发生。面临敌人的侵犯,除了精诚团结,努力抗敌外,别无出路,俗话说'养兵千日,用在一时',众将官报效国家之日已来到,胆怯者为狗熊,胆雄者为人杰,望大家都争做人杰。若谁要当逃兵,就如同我的宝马一样下场!"

曹仁说完一挥手,几个军士把曹仁所骑乘的白色骏马,绑上腿脚,推出城墙外汹涌的洪水之中。全城守兵看见那马连一声嘶鸣也未来得及发出,就沉入了水中。

曹仁乘机又大呼:"誓与城亡,报效国家!"

全城官兵、百姓受了感动,万口同呼:"誓与城亡,报效国家!"声音雷动,洪水发出的巨大声音也被压了下去。

曹仁见士气大振，马上就安排防务，派一部分士兵日夜抢修工事，一部分士兵打造弓箭，号召老百姓捐粮、搬运土石，樊城上下众志成城，同仇敌忾。

满宠见曹仁坚守城池的决心坚定，遂松了一口气。他又建议曹仁道："将军坚守城池的同时，速派一使者去向魏王求救，我今夜缒绳下城，日夜兼程到孙权处，离间他与刘备的关系，打动他出兵夺取荆州。"

曹仁这时对满宠言听计从，急修书一封，令水性极好的士兵泅水北去。

夜幕刚笼罩大地，满宠与曹仁在城墙上告别。

曹仁忧心忡忡地说："伯宁先生，水急、浪高，你又不谙水性，此去望小心自救。如若有闪失，樊城将功亏一篑。"

满宠忙安慰他："将军放心，满宠之命如今非自己的，我会小心的。"

曹仁派三个通水性的精兵跟随满宠，对他们一拜，说道："三位，曹仁拜托你们护好伯宁先生了。如伯宁先生有失，你等不必回来见我！"

三位士兵慌忙回拜曹仁，异口同声道："我等受将军重用提拔，一定会圆满完成任务，否则，提头来见你！"

曹仁这才放下心来，令随从端来五杯酒，他与满宠等一一干杯。祝道："愿先生一帆风顺，大功告成！"

两人洒泪而别，满宠以绳自缠其腰，坠下城头，三个精兵早已放下船筏于水中，四人驾向东方驰去，转眼没了踪影。

曹仁望向北方，天空无星……

曹操送走于禁浩浩荡荡的七大军团之后，天天都在等待大军进程和战斗的消息。只几天，于禁到了樊城，派信使报告自己已到达的地点，曹操曾夸奖他"行军无紊，迅捷超常"。可是他哪里料到"迅捷超常"的于禁大军在一夜之间就彻底覆灭了。

那一天，曹仁的使者冒险泅渡，历尽千辛万苦到了邺城。这时，曹操正在处理丞相府的公事。曹操的亲兵向他禀报曹仁信使到了，就宣他进来。送信的使者形容憔悴，衣衫褴褛。曹操惊问到："莫非前线兵败，否则怎是这等模样？"

那使者叩首道："大王，正是这样，请阅曹仁将军的亲笔信。"说完，从怀里摸出了一层又一层油纸包的书信，双手举过头顶，呈给曹操。

曹操的心跳怦怦，他此刻甚至产生了不想接信的念头。但是，前线到底如何的疑问又驱使不得不去接信。

他伸出右手，颤抖着五指，接过使者托的油包，一层又一层地拆开，等了好久，曹操才拆完油包。

曹操的手抖抖索索地摸进信封，取出了信笺，慢慢展开，他看见了他早已熟悉的曹仁的字迹。信上写道："……于禁将军布阵扎营于罾口川，此处乃峡谷，地势低洼，近日秋雨连绵，河水陡涨……关羽掘开襄江堤岸，大水如无缰

第三十五章　大势已去心无力　穷途末路走麦城

· 333 ·

之野马,淹川填谷,于禁七大军团一夜间陷于汪洋之中。我北方军士大多不谙水性,淹死不计其数,又关羽乘筏驾舟,尽力戮杀浮游之士。据说于禁被俘投降,庞德临死不屈,枭首示众,七大军团无一人生还……今樊城亦遭水淹,墙坍水入,危于一旦。吾与众将誓与城亡,抵挡关羽。满宠已去建业,游说孙权,正待佳音。望大王发一支劲旅,前来解围……"

曹操还未看完,就丢了信笺,仰天大恸而哭,随即又昏厥过去。

众人忙去扶住他,抬往居室,有人立刻延医来给他治病。

医生火速赶到,把脉探息,忙得不可开交。

刘晔、司马懿等人云集曹操寝室之外,看了曹仁的求救信,急得来回走动。

司马懿对众人说:"今前线吃紧,魏王大病,如何处置?"

刘晔虽多谋富计,但每每面临大事只是提出建议,让曹操参考定夺。现在曹操昏迷不醒,他有一腹智谋,可是不敢擅自决策。

他对司马懿说:"仲达,不要过分着急,待魏王醒后,再作决定!"

于是众人安下心来,静候曹操苏醒。

不一会,医生从里间出来,对他们说道:"大王一时气急,血冲脑门,所以昏了。休息片刻,自会醒转,但他醒后不能再劳神,不然病情会加重。"

众人听从医生的劝告,一步三回头地离开了曹操的寝室。

深夜三更,曹操终于苏醒过来。

他睁开双眼,见床边坐着一位少年公子。他眯着眼睛看,少年公子正是曹丕。曹丕从他的驻地回来向父亲汇报当地政情,恰巧逢上父亲昏厥,心里惊骇不已,忙去护理父亲。

曹丕见曹操睁开了眼喜道:"啊!父亲你终于醒了。"

曹操想从床上起来,但是四肢无力。曹丕忙扶他坐起来。

曹操双眼木然,呆了半响,才有气无力地对曹丕说道:"快去叫刘晔、司马懿来这里,我有重要的话给他们说。"

曹丕点点头,退了出去。

曹操独自一人坐在床上,蜡烛放着光亮,几只小小的白色飞蛾扑着烛火,他看见一只飞蛾扑上蜡烛,一不小心就被烧伤,跌在滚烫的蜡油里,"嗤嗤"作响,而另外的飞蛾浑然不知前车之鉴,依然欢快地扑着灯火。曹操仿佛有所悟,他痛苦地闭上双眼,两行眼泪顺颊而下。他想到:我让夏侯渊镇守汉中,他年壮气盛,误了大事。可是,经验丰富,智勇双全的于禁依然不成功业。进取江东、益州的大军,地盘全失。难道真是天绝我的大业?难道我就是飞蛾,明知是火,却偏向火中行吗?

曹操想着,叹息着。

不久,曹丕、刘晔、司马懿鱼贯而入,曹操招手叫他们坐下。

曹操声音很低地说道:"于禁兵败,是我始未预料到的事。但是于禁是真的老昏庸了,他投降变节,不及庞德忠贞重义,我与他相识三十多年,结果还是看错了人。如今樊城危在旦夕,我也病魔缠身,军国大事,实在不能亲力躬行。现三更半夜搅两位清梦,是因有大事相托,请两位筹划驰援曹仁良策,望勿推辞。"说罢,曹操又似乎支持不住,他不等刘晔、司马懿说话就作了一个让他们出去的手势。

曹丕送他们出去后,又到曹操身边守候。

刘晔、司马懿第一次承担本只有曹操方可以决定的军国大事,感到了肩上的重担沉如千钧。他俩向曹操平时主持政事的大厅走去。

两人沉默着,一直到了大厅,刘晔方才说话:"仲达,看曹仁的信,我才知道满宠还未到东吴。如果到了东吴,他真能说动孙权兴兵取荆州吗?"

司马懿说:"满宠素有辩才之誉,他在讲武台向太学生讲课,由于话语机智、精警,又博学多才,精通时事,博得了太学生的喜爱。据我所知,他话讲到精彩处,往往令人忘了身在何处。东吴之行,他的三寸不烂之舌定会使孙权动情、起兵。"

刘晔见司马懿对满宠之行充满信心,心中悬着的石头方落了一半,于是说:"但愿他马到成功,如果他失败的话,我们的援军到达樊城,也仅是同关羽进行硬碰硬的决斗。双方还在缠斗不休时,如果刘备从汉中攻入关中,或派援军支援关羽,我们就非败不可了。"

司马懿也同意刘晔的看法,但他却不像刘晔那么悲观,他对刘晔说:"刘备出汉中的力量不够集中,因为汉中只有魏延的几万军队,而曹洪、曹休、张郃在关中的守军远远超过他的实力。目前关羽得了胜,刘备更不会派兵增援荆州,即使他派援军,也因蜀道艰险,行军速度也不会很快。另外一方面,我们派出的援军,进袭关羽的后方,他面临两面受敌的局面,纵使他英勇善战,威振华夏,也不是很容易战胜我军。"

刘晔听司马懿细如毫发的缜密分析后,信心有了提升,但他又皱眉道:"要与关羽这样一流的战将进行战争,派谁担当援军的统帅最合适呢?"

司马懿却胸有成竹地说:"我知道有一个人能胜任。"

"谁?"刘晔问道:

"徐晃将军。"司马懿说,"他曾与关羽相识,彼此比较熟悉战法。"

听了司马懿的话,刘晔也不禁拍腿叫好。

两人商议了一个通宵,第二天早晨,就召驻扎宛城的平寇将军徐晃速到邺城。

徐晃到邺城领了军命,急速率几万人马开往樊城援助曹仁。

满宠别了曹仁,在夜幕掩护下,躲过了关羽荆州军的袭击,不一日便到了孙权处,他找到昔时的故人蒋云,由他引荐来到了孙权的府中。时吕蒙正从零陵归来见孙权,商议应付荆州地区、襄樊地区出现的新战局的对策。当吕

蒙、孙权听亲兵禀报曹操使者满宠求见时,孙权问吕蒙:"曹使此来有何意图?"

吕蒙答道:"是因为樊城被围一事而来。"

孙权又问:"可是联合我合击关羽吗?"

吕蒙笑道:"请他进来一说,如何?"

孙权遂命召见满宠。满宠整理衣冠,昂首进来,向孙权施了大礼。孙权令人赐座,问道:"先生此来贵干?"

满宠开门见山答道:"我负魏王之命,前来与将军联络,希望双方合作,共同击败关羽。"

孙权笑道:"我听说曹操的于禁七大军团前几天已被关羽悉数歼灭,樊城守将曹仁也成瓮中之鳖,关羽当真势不可挡。今先生来江东求救于我,实在没有必要。我又未失径草尺土,何必劳师兴众呢?"

满宠正色道:"将军此话错了,将军说自己未失寸土,可我却知道荆州三郡原为将军地盘,为何至今还在刘备手中?据人说,刘备借了将军荆州,说占了益州就归还你,但他占了益州又实现诺言没有?关羽驻守荆州,时时还列重兵于零陵一带,故意威胁你。更甚者是关羽目中无人,丝毫不尊重将军。你为儿子婚事向他聘女,他却说'我虎女怎可嫁他犬子',言语无礼之极。"

孙权见满宠言语咄咄,揭了他的私处,不悦道:"关羽狂徒,我自会灭之朝食!"

满宠见孙权言语中仇恨关羽,就乘势诱导他:"将军,魏王与关羽决战樊城,虽目前情势不妙,但他北方屯兵百万,只要集结兵力,一举击之,关羽岂能不败?但北方氏族有南下蠢蠢之心,魏王派兵北拒,实在不能速战速决,倘若将军此刻发兵进取荆州,占了关羽后方,他失去依托,必然在你我两家夹击之下大败。如果成功,将军收回荆州,魏王保住樊城,两家划江而治,难道不是好事吗?请将军三思,切莫错过如此大好机会。"

孙权闻言,沉吟半响,方说:"先生长途而来,辛劳已极,请去别馆用餐休憩。你刚才所言,容我与将士们商议一下再答复你。"

满宠见孙权动心,就在离去之前颇有意味地说,"将军'机不可失,时不再来',望果而决之。"

孙权俟满宠去后,就问吕蒙:"阿蒙,你对满宠之言有何看法?"

吕蒙答道:"主公,鲁肃主张借荆州给刘备是时事所逼,当时并没有错误。可是现在战局发生了变化。以前曹操势大,我们非与刘备结盟不可挡他。如今刘备已经强大起来,曹操在汉中败给他,在樊城又败给关羽。如果我们继续支援刘备,他灭了曹操,定会占我江东。所以,与刘备断交,联络曹操,才是明智的外交活动。现在关羽与曹操大军缠斗不休,荆州守军不多,的确是收回荆州的绝佳机会。"

孙权听后，觉得有理，但他还有一些疑虑："听说关羽在樊城作战，仍派了精兵驻守荆州后方，他早已提防着我们。况曹操与我击关羽，难道真的会守信诺与我划江而治吗？"

吕蒙自信十足地说道："关羽刚愎自用，只要做出一副怕他的样子，他就会轻视你而失去戒心。在他无戒心的时候出一支奇兵，定会获胜。至于曹操的信诺，可信，也不可信。因为战场上的胜利皆是以自己的实力、信心、智谋来取得的。"

吕蒙的分析折服了孙权，他终于下了联合曹操一起夹击关羽的决心。

第二天，孙权写了一封与曹操交好的信，交给满宠。满宠高兴地挟信渡江回邺城，向曹操报告好消息去了。

自此，曹孙联盟结成。荆州地区的战云更加密布，关羽的大军面临灭顶之灾……

建安二十四年九月初，满宠回到邺城，拜见曹操，将孙权写的要与曹操交好结盟的信呈上。

这时的曹操大病方愈，身体还相当虚弱，尽管这样，他仍是抖擞精神，与刘晔、董昭、司马懿等人商议处理军政大事。

曹操拆开孙权的信，从头至尾一字不漏看完过后，心里很不是滋味。他想到：我纵横四海，东征西讨，灭了北方群雄，仅剩南方的刘孙二人还未使之臣服。历来都是我讨孙权，讨刘备，或是剿他俩的联军，想不到今日也学他们的样。他越想越难过，越想越生气，竟抓起孙权的信一把撕成碎片。

满宠睁大了眼睛。他不解曹操之举的意思，于是张口惊呼："大王……"

曹操听满宠惊呼，方从愤怒中转过神来。他知道自己失态，于是赶紧虚饰说道："孙仲谋重义，我亦重情，即日便请献帝封他官爵。伯宁，我撕此信，不为他故，只是示决心击败关羽而已，不必慌张。"

满宠于是心里释然，高兴地说："大王与孙权联手，刘备末日不远了。"

曹操点点头，随即命刘晔去许都，把请求封孙权官爵的奏折呈给献帝。

司马懿却劝曹操不要去向汉献帝为孙权请命加爵。

曹操笑而不语，不听他的劝告。

司马懿急道："大王，如你向献帝为孙权请命加爵，不是向天下人昭示你与他修好交盟，这样就泄了机密，关羽知道了，会有戒心的！"

董昭悟出曹操的意思，于是就对司马懿说："仲达，大王有意让关羽知道这件事。因为军事行动，崇尚权术，以获得最大胜利为根本。关羽若听到孙权要袭他荆州，自然会分军回保荆州，樊城之围就好解了。并且，一旦孙刘交战，我们就可坐观虎斗，孙败后，刘也会削弱；刘败后，孙也会削弱，到时再去击幸存者，就好办多了。"董昭说完之后，曹操笑道："我意正是这样。"

司马懿、刘晔无不称赞佩服。

九月初徐晃军已到阳陵坡，曹操派了参谋赵俨到他的驻地，协助他攻打关羽。

关羽听说徐晃军已到，派出部将进驻偃城对抗。徐晃遂紧逼荆州军的营寨扎下营帐，通过侧翼的小路，挖掘壕沟，故意显示将一直挖到偃城之南，切断关羽的后路。关羽寻不出与徐晃军决战的时机，就令部将烧营退走。徐晃轻易地夺得了偃城，连接军营，稍稍向前推进。

当时，徐晃孤军一支，还无力量破关羽军。但他的部将求胜心切，天天来请缨出击。赵俨对徐晃说："关羽的围城工事极其坚固。我们几万人马战斗力比不过敌人。曹仁被隔绝在城中，不知道我们到达，不能发挥内外夹攻的威力，如果我们轻率出击，必会受挫。现在我们不进逼关羽军，把我们到达的消息写成信射入城中通知曹仁，使他知道外有救兵，用以鼓励将士，当荆州被孙权攻占，关羽自乱。"

徐晃与众将听了大喜，因此射箭传书。赵俨故意把孙曹结盟的密信射入关羽营中。关羽看信过后，果然上当，分了一部兵马，令傅士仁、糜芳镇守公安、江陵二城，令探马侦察东吴动静。

孙权自送走满宠北归后，就令吕蒙筹划进攻荆州大计。

吕蒙经过一番思索后，过了几天就去见孙权报告自己的计划。

两人闭室密谈，吕蒙大声说道："据我侦知，关羽令傅士仁、糜芳二人守江陵、公安，是害怕我们驻在陆口的军队蹑其后，并且派出细作侦察我们的举动。为了迷惑他，我想出一计。"

孙权听到这儿，示意他低声。

吕蒙压低声音，凑近孙权的耳朵继续道："由于我一向有宿疾在身，因此这次故意借口说自己病重，乞求返回建业休养。关羽必会认为我军交接防务时，作战力最弱，不可能有所作为，就可能掉以轻心，只顾集结军队猛攻樊城。到那时，就挥军乘快船昼夜急驶，逆江而上，攻击关羽后方。关羽失去后方根据地之后，在曹军的猛烈反击下，一定会迅速败之。"

孙权同意吕蒙的作战计划，于是就准他长假，召回建业养病。暗地里，吕蒙则积极进行西线进军的紧急调动。

准备了一段时间，吕蒙到达芜湖，专门去会见驻屯当地的定威校尉陆逊。

寒暄后，陆逊问吕蒙道："将军防线和关羽相接，如今突然远离，如果关羽由樊城回来，则陆口防线就很危险了啊！"

吕蒙道："将军所言，我也知道，无奈病重，不堪重任了。"

陆逊说："关羽一向骄矜，傲视群伦，如今军威鼎盛，又有大功，更会意骄志逸。目前他全心北征之事，本来只是戒防我们一下，何况现在又听将军病重，想必更会轻于防备，不如将军回建业晋见主公时，应好好拟定偷袭关羽的计划。"

吕蒙见自己的心事为陆逊所识,深为惊讶,却仍装作不知,告诫陆逊说:"关羽勇猛盖世,且长期经营荆州,恩威并行。目前又因败曹于禁大军,气势强盛,绝不可轻易击他,将军应慎思之。"

陆逊笑而不语,吕蒙知道陆逊深解其意,便放心地返回建业,晋见孙权。告诉他自己的准备情况。

两人谈至深夜,吕蒙临走之前对孙权说:"我不去西线指挥战事,想推荐一人代替我的职务。"

孙权问道:"谁可替代将军?"

吕蒙说:"陆逊可代。他才思敏捷,目光深远,加上年轻,又精通兵法,谙熟儒书,却知名度不高。由于关羽历来重武将,轻文士,一定会轻视他,这正好掩饰住我们的企图。若他担任统帅,他日发动偷袭,自可轻易击败关羽。"

于是,孙权就召见陆逊,拜为偏将军,代替吕蒙驻屯陆口。

关羽的细作把孙权这一人事变动探听回去不久,陆逊就遣使者致书关羽。表示一向倾心及尊重之意,并称赞其北伐之功,表示自己深为倚赖之情,语气谦仰,颇有尽忠自托之意。

关羽得书后,对关平说:"我早知曹军诈称与孙权结盟,今日见陆逊之书,果然如此。陆逊乃一儒书生,行军打仗全然不会,不必惧矣。"

关羽心存轻视陆逊之心后,就放心从荆州调大量的部队到樊城,想很快击垮徐晃,于是后方就空虚了。

正当徐晃与关羽形成胶着之际,邺城的曹操打算亲率大军支援他。

他对刘晔等人说:"徐晃将军已挫了关羽锐气,如果我率大军南下,支援他们,一方面可以增加兵力、鼓动士气,另一方面,防止孙权袭击荆州后乘机扩大地盘,你们对我的提议有无意见。"

董昭说:"大王高见。关羽猛勇,又富谋略,就算孙权占了荆州,他也会坚守北方阵地,决不会向孙权示弱,当他们苦争时,我们获得的利益就更大。"

但另一参谋桓阶反对,他询问曹操说:"大王以为徐晃等不足以应付危难吗?"

曹操道:"不,我相信他有此能力。"

桓阶:"那为什么要亲自率军前去解围呢?"

曹操道:"我是担心关羽势大,徐晃无法与之对抗!"

桓阶摇头道:"既然徐晃又已到达那里,曹仁又能坚守城池,大王不宜过分干涉他们的行动,若急于赴战场,不正向关羽表明我们力量不够,需要不断的增援吗?这只会减弱军士的信心。不如驻屯长安等地,表示我大军随时可以大量增援,实力绰绰有余,让关羽孙权心里产生巨大的压力,也让前线的将士们可以放手一搏,全力与关羽军周旋。"

曹操考虑了一会,就听了桓阶的建议,乃将大本营驻屯于颍川附近的摩陂,遥遥观察荆州北部战事之发展,并派遣殷署、朱盖等十二支部队,增援徐晃军团。

徐晃得到曹操的有力、及时的支援,扬言要袭击关羽设在一个较高土丘上的指挥部,却秘密集结部队,攻击关羽另外的四个营寨的指挥分部;这四个指挥分部向关羽告急,于是,关羽亲率骑兵五千人去应战。徐晃掉转兵锋,直接攻击关羽,关羽率军败走,徐晃紧紧尾随关羽之后。关羽逃回营中,来不及关闭营门,徐晃就杀了进来,再度与关羽缠斗在一起。关羽部将傅方、胡修同时战死,关羽就到水军船舰中,集结兵力,想反戈一击。

可他万万没有想到,此时荆州后院起了一把大火。

由于陆逊以"胆小无谋"这种表面现象迷惑住关羽后,就率兵进抵寻阳,把全部精兵埋伏在船舱之内,让平民水手摇橹划桨,船上官兵都扮作商人,昼夜不停,顺长江逆流而上。遇到关羽设置的江边瞭望岗哨或密探,一律擒拿捆绑,是以关羽不知道一把利刃在背后举起。留守江陵南郡的麋芳和留在公安的将军傅士仁深恨关羽平时对他们的轻视。关羽北伐樊城,令麋、傅二人供应粮草,有时因未及时完成任务,关羽就派人对他们说:"等我回来,当用军法制裁。"两人都因此而恐惧。就在这时,吕蒙的旧部下虞翻写信给他曾经相识的傅士仁,分析成败利害,傅士仁接到信后,即刻投降,陆逊没费一刀一枪拿下了江陵。

傅士仁出城迎接陆逊进城后,陆逊大大犒劳他,并恭敬地请求他:"陆某早已听将军大名,但你屈居暴戾的关羽帐下,实在可惜。今将军归我主公,还望将军再立一功。"

傅士仁道:"愿为将军出力。"

陆逊说:"我们行军隐蔽,关羽不会察觉。将军与麋芳素友善,遭遇相同,试去说服他放弃南郡,不知可否?"

傅士仁答应了,随后与陆逊同行。到达南郡时,傅士仁果然为陆逊赚得了第二城。关羽的荆州屏障全除,陆逊占据了荆州,在江陵,陆逊释放被关羽囚禁的于禁;安抚慰问关羽及部将们的家属、亲友,同时下达军令:"不准骚扰百姓,禁拿一物。"

军令下达不久,天下起了细雨,陆逊的一个部将拿了百姓一个斗笠遮盖自己的铠甲,但陆逊认为他违反军令,遂处斩首。于是军中震恐战栗,城内秩序就建立起来了,以致路不拾遗,夜不闭门。

陆逊为了瓦解关羽的军心,就对荆州城内的百姓父老,有病的供给医药,贫寒饥饿的供给衣服粮食。而这些人大都有儿子、兄弟在前线为关羽作战。

关羽与徐晃苦斗之时,猛然闻说南郡、江陵丢失,大惊,立即回军南下。

樊城内的曹仁经艰苦的奋斗,终于在徐晃的援救下,在孙权谋袭荆州成功后,脱险而出,城内士兵、百姓无不欣喜若狂。

当徐晃与曹仁两军胜利会师后,有人建议力追南下的关羽,彻底歼灭他。

赵俨却反对说:"陆逊偷袭成功,抄了关羽的老巢,关羽必率军反击。我们应使他还有力量存在,让他与陆逊争个你死我活。如果这时率军穷追猛打,消灭关羽,则我们两败俱伤,孙权他却以逸待劳,他们随便攻击我们或关羽,都会轻易获胜,我们何不采取这样的对策呢?"

众将一听,无不拍手称妙。徐晃、曹仁等按兵不动。曹操听说关羽败走,恐怕将领们追击,急令禁止追击。众将见赵俨与曹操想法如出一辙,皆佩服他至极。

关羽挥师南下后,不断派人跟陆逊联系。陆逊礼待关羽的使节,并让他走遍全城,家家户户都向使节报告平安,有些还亲笔写信给军中子弟,作为见证。使节回去后,将领们士卒间私下向他探问消息,当大家都知道家属如故,而且比过去过得更好时,于是军心浮动,人无斗志。

关羽知道自己穷途末路了,遂向西撤退,抵达麦城,孙权派人游说他归降。他假装承诺,都在城头遍插旌旗,树立稻草假人,然后逃走。这时他的大军已经瓦解,左右只剩十余个骑兵。孙权早已派出朱然、潘璋切断他逃走去益州的通道。

冬十二月,潘璋的部属马忠,在章乡生擒关羽、关平父子。当关羽押到孙权帐前,孙权劝他投降时,关羽破口大骂:"狗屁鼠辈!我与刘皇叔桃园结义,誓扶汉室,难道与你等逆贼为伍!我关某只忠我兄玄德!要杀要斩,我伸颈而待,何必多说废话!"

孙权遂斩了关羽父子,时年,关羽五十八岁。刚愎自用的关羽败于吴下阿蒙(吕蒙)、年轻有谋的陆逊手中,一代名将休矣!

建安二十四年的荆州、襄阳、樊城之战以关羽的失败告终。孙权得了荆州,为了向曹操表示自己归顺的诚心,为了避免驻扎樊城的曹操大军袭击荆州的东吴军士,他派人运土特产给曹操,并送回于禁,言辞恳切求做曹操的臣下。于是,曹操召回驻扎摩陂的徐晃将军。曹操亲自来到城外七里处,摆下盛大筵席,宴请徐晃。他向徐晃举杯敬酒,说:"保存樊城、襄阳,是将军的功劳。"

徐晃却谦逊地说:"没有大王的指挥,属下怎能得胜?"

曹操的忧郁已经从脸上消失了,笑脸相迎桓阶、赵俨、满宠等人,并且命令下属要重重奖赏这些人。于当年的冬天十二月曹操回了邺城。

第三十五章 大势已去心无力 穷途末路走麦城

第三十六章　遗志未尽空遗恨
　　　　　　　恨断后事驾鹤归

　　建安二十四年冬十二月。曹操从长安率领刚从荆州、樊城得胜回来的大军，浩浩荡荡开向八百里秦川，锋矛直指汉中，他要在汉中地区再与刘备一决胜负。

　　经过了一个月的时间，行军到了汉中。

　　月初，曹操的偏头痛突然发作。这次的头痛超过以往任何时候。曹操召集谋士、武将会议，他把自己目前的健康如实告诉属下。首席谋士贾诩就劝他回邺城养病，曹操考虑到荆州撤回的部队太疲惫，也就放弃了此次争锋，回师邺城，打算病好之后重新整编南征部队。

　　建安二十五年正月中旬，曹操到了洛阳，离邺城已经不远；但是他的病情愈发严重，无法乘车前行了。于是只好停驻在洛阳官邸中。

　　正月是北方的隆冬时节，黄河冻流，大地银装，西北风从寒冷的西伯利亚、蒙古高原肆无忌惮地刮着中原大地，鹅毛大雪在凛冽而雄劲的风中凌空飞舞。

　　曹操卧在裘毛被中，四位随军侍嫔有的在给他熬药，有的在为炕床添柴加炭。

　　贾诩、刘晔、曹洪等人坐于曹操的卧房中，他们都面呈焦虑之色。

　　曹操昏迷着，他苍老的脸上、额上汗水涔涔。这汗水不是由于炕床温度高的原因，而是脑痛时渗出来的。一个年轻美貌的侍女用绢帕揩拭着曹操额上的汗。

　　揩汗的侍女名叫月儿，是曹操晚年的掌上明珠。现在曹操病重，月儿就成为他最贴身的护理人了。

　　众人见曹操昏迷多时，仍未醒来。而军队随营医生医技平庸，只急得团团转，束手无策。

　　曹洪自言自语说："要是华佗还在，大王就会很快好转呀！"

　　贾诩听曹洪说出这样的话，忙向他摇手阻止他说下去，并小声说："不要说这种话，魏王听见会不高兴的。"

　　华佗自官渡之战应荀彧邀请，到曹营为曹操暂时治好了偏头痛后，就被曹操留在身边，为他个人及家人治病。华佗擅长针灸、麻醉开刀等医技，当时就名满华夏，有"神医"之誉。曹操每一次头痛，华佗就用针灸为他解除苦痛，但由于不能彻底治好曹操的偏头痛，曹操曾迁怒于他，骂他"骗子"，"神医"乃虚名。华佗也深知曹操的病他根治不了,但自己一番苦心,却被曹操误解,随即不告而辞。曹操被华佗激怒,遂派人把华佗囚禁起来。华佗不能忍受这种侮辱,就向狱中小吏声称曹操的病是绝症,任何人也治不了。此话传到曹操耳中,"英雄"岂能载于病体的观念促使曹操动怒,遂下令处死华佗。华佗无辜而死,曾使曹操亲信大惊失色,曹操见状也后悔不迭,谎称自己头痛时昏了理智,才误杀华佗,并且大哭,叫人厚葬华佗,亲自殓棺。曹操安抚了慌张的亲信属下,但这些属下仍有"欲加其罪,何患无辞"的恐惧感。正因为老年时的曹操有很重的猜疑,华佗死于非命也就无足怪哉。所以贾诩劝曹洪不要说华佗一事,是害怕揭了曹操的伤疤,而令他发怒。

  曹洪知道自己失言,但他依然不惧,他认为自己说的是心里话。他之所以受到曹操重用,一方面因为他是曹操的亲属,另一方面,曹操欣赏他的忠诚。

  贾诩与曹洪的对白,昏迷中的曹操并未听见。他此时做着一串串梦,他梦见自己的最有谋略的荀彧朝他笑着,问他为什么只给空盒而不装食品,他瞠目结舌,无以言对。荀彧忽然翻了脸,质问他拥戴天子,统一天下的理想为什么未完成?质问他为什么求才如渴,却又杀死自己的股肱?他向荀彧解释说自己为了全局,为了帝业,许多事是无可奈何而为之的道理。但荀彧哪肯听进去。他只好哭着继续阐述自己的苦衷,说他对不起荀彧。荀彧却仰天大笑,说自己投错了人……猛然,荀彧又变成了刘备。刘备笑着对他说,曹瞒,"天下英雄,唯曹操与使君耳"果然被你言中,但你汉中兵退斜谷如丧家之犬,空夸什么统一全国的大言!他自己依旧无言以对,正在他沉思之时,他又看见华佗的眼睛充满愤怒,注视自己,说道,我一番苦心侍候你,反被你杀害,如今命将丧,黄泉路上我等着你。华佗话未完,商曜、左慈、袁绍、献帝、伏皇后等人又纷纷来到他的身边,这些人手如戟指,众口一舌,怒斥他,恨骂他,他纵有百口,也难辩解。正在要紧处,这些人又全不见了。他的眼前是一片萧条的平原,那上面离乡背井的百姓,混战的军阀,累累的白骨,断垣残壁,触目惊心。他面露苦戚之色,领着大军,登上高阜,横槊赋诗:"白骨露于野,千里无鸡鸣""关东兴义兵,兴兵讨群凶""人之恙恙,皆得以寿终;恩泽广,及草木昆虫""山不厌高,海不厌深。周公吐哺,天下归心""神龟虽寿,犹有竟时。腾蛇乘雾,终为土灰。老骥伏枥,志在千里。烈士暮年,壮心不已"。陡然间,他赋诗的同时,又见面前立着孔融、董承,以及先前出现的人物,他居高临下,言语铿锵地向这些人说道,我奉戴天子,纵横天下,虽有过失,但北方黎民是因我而得安宁,朝廷礼仪,是我维系。话还未完,披头散发之杨修,没有身体,只有一头,张口诉道,我尽忠于你,未料因扶持幼主而获罪过!你不篡汉,却鼓励儿子篡汉,这不过是把一个东西从左手换到右手而已。说罢,飞过来张口便咬,他大吃一惊,"呀"地一声大叫,睁开了双眼,看见贾诩等人正神色慌张地看着自己,才知原来是在梦中。

第三十六章 遗志未尽空遗恨 怅断后事驾鹤归

贾诩等人见曹操从梦中醒来,均松了一口大气,刚想请安,曹操却挣扎着向床里面躲,叫道:"不要过来!不要过来!华佗,你不要杀我!不要……"

曹操叫着,挣扎着,又昏了过去。

贾诩见曹操仿佛中了邪似的,忧心忡忡地建议道:"魏王中了邪!我们请道士给他做个道场,祛邪避怪,好让他早日恢复健康。"

刘晔不赞成这个提议,他说:"魏王历来不信鬼神,我们这样做他绝不会赞同的。"

众人只得罢了,又等了许久,曹操终于醒来。这一次他头脑还清醒,他回忆起梦中的情景,奄拉着沉甸甸的、痛如刀割的头脑,他感到生命即将结束。他嘶哑着嗓子说:"请诸位立刻写信召离我最近的儿子曹彰火速到这儿来。唉,好汉最怕病来磨。诸位,我可能行将就木,告别大家了。"

曹操的话令人听之垂泪,曹洪痛哭流涕,向曹操说道:"大王不要如此伤感,你吉人天相不会有灾的。"

此时曹操精神有些好转,听了曹洪的话,安慰他道:"人生几何?如同朝露一样,一夕便失。我如今大业未成,却先你而去,实是天命。"

众人哭声震天。曹操大命已去。

丞相府秘书陈群止住泪,对曹操说:"大王不要说不吉利的话,只要好好将息,隔不几天就会好的。"

曹操勉强一笑,对他们说:"唉,人不能长生不老呀。"

曹操叫陈群、司马懿和贾诩备好纸墨,他要口授遗言。陈群等不敢违命,坐于他的床前,执笔研墨,记下了曹操的遗言。曹操先说自己安葬的遗言:"古之葬者,必居瘠薄之地,因此,我择定西门豹祠的西原作我的寿陵,可以在高地上建立坟陵地基,暂时不用封固也不必种树。

"古时《周礼》上记载云:冢人掌公墓之地,可以让诸侯居其左右,卿大夫居后,前汉的法律上也有如此规定,称之为陪陵。以后有功的公卿大臣列将,宜陪葬我的陵旁,所以陵墓的基础宜做得宽广些,以能作有效地容纳。

特别不允许占民良田,破坏生产的葬俗,切记!切记!"

曹操说完话,已是气喘如牛。月儿端来一碗当归汤给他喝,他喝了两匙,苦笑道:"当归!当归!天要我归去矣!"

众人更是悲不胜禁,哭着一团。

曹操叫月儿把汤端开,对贾诩等人说:"我与诸君相识,深为倚之。今天事急,只得向诸君委以重托了。请佐我的儿子们完成我的事业,现把继承我位的话留给他们,请记下。

"我纵横天下三十余年,群雄皆灭,只有江东孙权、西蜀刘备未曾消灭。我现在病危,不能再与你们相叙,特以家事相托。我的长子曹昂,刘氏所生,不幸早年夭折于宛城。后续卞氏生有四子:丕、彰、植、熊。我平生最爱者三

· 344 ·

子曹植,为人虚华少诚实,嗜酒放纵,因此不立。次子曹彰勇而无谋,四子曹熊,多病难保,唯有长子曹丕,笃厚恭谨可继我业,望你们辅佐之。"

曹操说完自己的遗嘱后,就问贾诩,曹彰到没有,贾诩告诉他曹彰还没赶到,他说道:"他已赶不上了,唉,请你再为我给彰写封信吧。"

曹操声音断断续续地道:"……我夜半睡觉不佳,恶病缠绕,食不进胃,服当归汤……这几年来,我在军中最感到得意的事,是持法一向公正,你等应努力效法。至于平常的一些小忿怒、大过失,不值效仿也。天下尚未安定,我的丧事一切从简,不可依循古法,过分铺张。

"我头常痛,必须随时包头巾。我死后,必须着礼物下葬。记着把头巾拿掉,以免违反大礼。百官在殿上服丧只要十五天即可,时间一到就脱去丧服,一切恢复平常样子。其余驻屯各地的将士,不必奔丧,不可擅离防区,所有各级官吏,仍谨守岗位,不可以之为借口耽误工作。

"收殓我的时候,依一般礼节即可,不必费用周章,并将我葬在预定中的邺城西岗上西门豹祠的附近即可,更不必以金玉珠宝随葬。

"我的婢妾及歌妓一向勤俭艰苦,让她们住在铜雀台上,并且妥善地安排她们的生活。可以在铜雀台堂上安置一个六尺床,施彩帐,早晨摆上果脯、肉类等祭品,每月初一及十五,从早上到中午,要求她们向帐中奏歌曲来吊唁我即可。

"你们兄弟可常常登上铜雀台,在此望我陵墓田地吊拜,剩余的祭品可分于我几个夫人,不必让她们特别另行准备。我的嫔妃们在府舍中,无事时,可让她们学做织履贩卖以贴补家用。我历年来的官服,也帮我在墓中准备一箱,剩余放不下的,你们兄弟可共分之……"

曹操说到这儿,喉咙被一口痰堵住,出气困难,众人忙去救护,见他泪如雨下,脸变成死灰,顷刻气绝身亡。

盖世英雄,逝去了……

月儿悲伤地痛哭起来,曹洪等人也大恸。

驻屯于周围的大将、士卒得到这个消息,如丧考妣,嚎啕大哭,撼天动地。

哭声旋转在凄厉的寒风中,震落了积压在大树上的陈雪,片片飞扬的雪片,如同上天掉落的伤心之泪;远处寒风呼号,响彻天籁,那是大地的哀鸣。

曹操死去的第二天,曹彰才急匆匆赶到洛阳,看到没有呼吸的父亲,就像一个霹雳打得他不知所措,当看完父亲留给自己的信后,忍不住失声痛哭。

正月末,几万大军均素衣素袍,护送曹操的灵柩到邺城。

苍茫的雪原上只有一行穿着白衣的军队在缓缓而行,纷纷扬扬的雪花和漫天的白色的丧纸交相翻飞,大军过后,只剩下一行行深深的脚印,蜿蜒伸向遥远的北方……

当曹操的灵柩临近邺城的时候,闻讯从各个驻地赶来的曹丕、曹植、曹熊

以及曹操的众多夫人、妾嫔,都已经披麻戴孝,在离城数里的地方,率文武百官静静等候一代天骄的灵柩。

灵柩一出来,哭声震天,整个天地似乎都在为此而沉哀,曹操一生的丰功伟业就此终结,戎马一生就这样结束了……